· 经 典 润 泽 生 命 ·

资治通鉴

（北宋）司马光◎编纂
于江山◎主编
王学典◎解译

中国纺织出版社

内 容 提 要

《资治通鉴》是北宋司马光主持编纂的一部空前的编年体通史巨著，当时主要是为了“鉴前世之兴衰，考当今之得失”，影响极为深远。本书在尊重原著的基础上，选取了部分精华，对原著中的书目做了适当删减，对标题做了重新提炼，撷取了一些在为人处世、才智谋略、道德修养方面具有现实意义的内容，帮助读者开启通往中国古典文化的殿堂之门。

图书在版编目(CIP)数据

资治通鉴：插图版/(北宋)司马光编纂；王学典解译．—北京：中国纺织出版社，2015.1（2024.1重印）

（国学今读）

ISBN 978-7-5180-1237-4

Ⅰ.①资… Ⅱ.①司… ②王… Ⅲ.①中国历史—古代史—编年体②《资治通鉴》—译文 Ⅳ.①K204.3

中国版本图书馆CIP数据核字（2014）第269750号

责任编辑：李伟楠　　特约编辑：李　冰　　责任印制：储志伟

中国纺织出版社出版发行

地址：北京市朝阳区百子湾东里A407号楼　邮政编码：100124

销售电话：010—67004422　传真：010—87155801

http://www.c-textilep.com

E-mail：faxing@c-textilep.com

中国纺织出版社天猫旗舰店

官方微博 http://weibo.com/2119887771

北京兰星球彩色印刷有限公司　　各地新华书店经销

2015年1月第1版　2024年1月第5次印刷

开本：710×1000　1/16　印张：20

字数：353千字　定价：59.80元

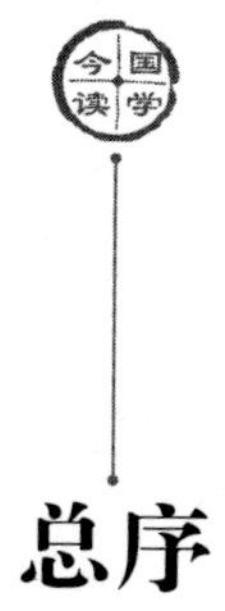

总序

国学的本来与未来

对于中华民族来说，迄今为止的大事因缘，莫过于国家的命运——诞生、跋涉、传衍和弘扬，当然也包括国破家败与绝处逢生。从这个意义上讲，国学的命运也就是中华民族的命运。

国学潮之所以汗漫于21世纪初叶的中国，是因为其内生的属性契合了民族复兴的强烈诉求。这一波潮涌不是返祖而是进化，承载着一系列厚本厚生、资治化民、与时偕行的历史使命，其目标麾指人类文明的又一巅峰。

红尘滚滚的世俗显然对国学大潮的浪迭涛涌缺乏理性的应对预案。于是在价值多元的当下社会，国学便被推向了纷纭披拂的“春秋战国”。红艳艳的国学大旗随风飘扬起来，却鲜有人去理性思索其背后的动因。

今天我们传承着国学的本来，于是就有了这套插图版的国学经典系列。

我们知道国学经典浩如烟海，“累世不能通其学，当年不能究其礼”。所以我们选择了一个力所能及的方向和规模。当然也可以做得更大，但我们宁愿选择做得更精。我们像双手掬捧着祖先的遗惠，虔诚而勤勉地加以拂拭、点饰、悟析和解读，力图让这些千年经典焕发出时代的清辉。从这十几本入选经典中，我们不难看到国学经典为我们提供的精神资源和思维向度：

一、生生不息的变易之道；

二、居安思危的忧患意识；

三、安贫乐道的幸福观；

四、自强不息的进取观；

五、厚德载物的道德观；

六、民为邦本的政治哲学；

七、和而不同的和谐理念；

八、阴阳互生的发展观；

九、义利统一的价值观；

十、天人合一的宇宙观；

十一、知行合一的学统；

十二、资治化民的宗旨和践行。

而这些，都已化成了中华民族的文化基因，成为中华民族伟大复兴的精神渊薮。

至于国学的未来，我们认为：就是践履国学智慧的大众化、现代化和生活化。这同时是我们推广国学的最终目标，当然也是我们推出本书系的重要宗旨。能以本书系的出版来助推国学潮的澎湃，是我们莫大的荣幸。

参与这项工程的诸多同人的敬业精神不止一次让我感动倾情。我一直认为我们这一书系在众多同类出版物中毫不愧恧，因为在统稿的过程中我读出了底蕴、良知和用心。没有什么能比得上这样强大的支撑了。所以我满怀欣悦地向读者推荐我们的插图版经典读本。这是一套继往开来的书系，伴随着国学的本来走向未来。

于江山　甲午之秋

朝秦暮楚地　巴山夜雨中

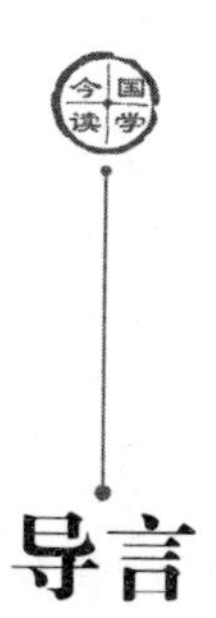

导言

中华民族历史悠久，源远流长。五千年的文明史中，有过多少兴亡、盛衰、成败、得失；有过多少明君、忠臣、豪杰、君子；也有过多少昏君、奸佞、枭雄、小人。朝代在不断地更替，岁月在无声无息地流逝。然而，往事如昨，对于今人，仍历历在目；故人犹在，他们在今人的口里、心中仍栩栩如生，其人其事让人评说、借鉴、向往。这全要感谢古往今来无数史学家们所编写的浩如烟海的史学典籍。

早期的史书，如晋国的《乘》、楚国的《梼杌》，都已经失传了。一般人认为，孔子整理编订的《春秋》是我国古代第一部编年史，它记录了鲁隐公元年至鲁哀公十四年（公元前722年~前479年）共二百四十二年的历史。但这部书仅一万八千余字，记事过于简略，因此，在战国前期出现了《春秋左氏传》，又名《左氏春秋》，简称《左传》。《左传》较之于《春秋》，所记历史略长，记载至鲁哀公二十七年；内容也详尽得多，如隐公元年《春秋》书“郑伯克段于鄢”，只用六个字。《左传》则叙述了郑庄公家庭间的矛盾、群臣的警告以及颍考叔调和庄公母子的关系，极其详备。《左传》与《春秋》体例相同，都是编年体。到了汉代，司马迁以《史记》开创了史书纪传体的新形式，被封建正史所承袭和沿用，成为《二十四史》之首，从此编年体不再受重视。直到北宋司马光《资治通鉴》的出现，编年体才重新大放光彩，取得与纪传体并驾齐驱的地位。从此，“两司马”成为史学领域前后辉映的两大巨人，他们的著作也成为传统史学的两座丰碑。

《资治通鉴》是一部空前的编年体历史巨著，也是我国第一部编年体通史。它继承并发展了《左传》写人叙事的特色。《左传》最后讲到晋国韩赵魏三家灭智伯，司马光也就以三家分晋作为开篇，一直写到五代十国为止，即上起周威烈王二十三年（公元前403年），下至后周世宗显德六年（公元959年），用三百余万字，记录了一千三百六十二年的历史，成书二百九十四卷，另有《考异》三十卷，《目录》三十卷，总共三百五十四卷。

《资治通鉴》是司马光受宋英宗之诏编纂的，宋神宗赐以书名并亲自撰序。其写作目的就是为了“鉴前世之兴衰，考当今之得失”，其指导思想虽是为帝王政治需要而提供历史参考，但司马光在写作过程中，参考了正史、稗官野史、奏议、笔记、文集、谱录、墓志、碑传、行状等杂史野书三百余种，记载史事详实、人物形象生动、语言简洁洗练、故事饶富趣味、场景恢宏大气、表达情真意切，被推崇为“前古之所未有”的辉煌巨著，是以“读十七史，不

可不兼读《通鉴》"。

人们常说:"读史使人明智""观今宜鉴古""前事不忘,后事之师"。为此,笔者在尊崇原著体例、忠实于原著的同时,又从这部三百余万字的鸿篇巨著中,撷取其精华,对原著中的篇目进行了适当的删减,省去原著中较不重要的篇章,将最具代表性的章节呈现在读者面前,以突出对当时社会、乃至后世影响深远的重要历史人物和历史事件,尤其是那些在为人处世上、在才智谋略上、在道德修养上仍具有很重要现实意义的,使读者在阅读其中王侯将相和先贤明哲的行事风格及成败始末的史实中汲取经验,以史为鉴。

本书力求语言简洁凝练、语意通俗易懂、语句通达顺畅,使读者在阅读时既有节奏明快之惬意,又有如饮甘泉之况味。期望这样的呈现,能为读者开启进入中国古典殿堂的方便之门。本书内容分为原文、译文、评析三部分,标题为编者所加,另附上事件发生的时间,以便读者阅读、查找。

解译者

2014 年 10 月

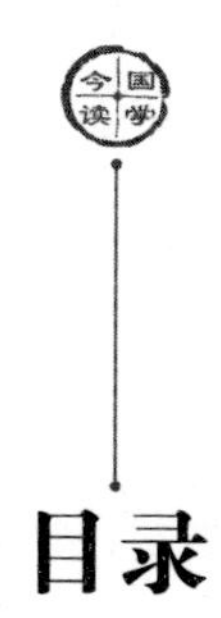

目录

周纪

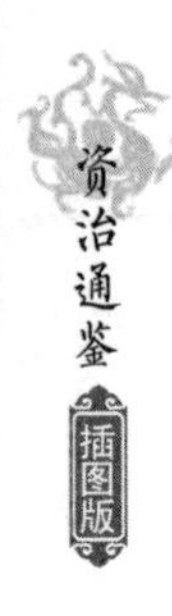

三家分晋

【原文】

周威烈王二十三年

初，智宣子将以瑶为后。智果曰："不如宵也。瑶之贤于人者五，其不逮者一也。美鬓长大则贤，射御足力则贤，伎艺毕给则贤，巧文辩慧则贤，强毅果敢则贤，如是而甚不仁。夫以其五贤陵人，而以不仁行之，其谁能待之？若果立瑶也，智宗必灭。"弗听，智果别族于太史为辅氏。赵简子之子，长曰伯鲁，幼曰无恤。将置后，不知所立。乃书训戒之辞于二简，以授二子曰："谨识之。"三年而问之，伯鲁不能举其辞，求其简，已失之矣。问无恤，诵其辞甚习，求其简，出诸袖中而奏之。于是简子以无恤为贤，立以为后。简子使尹铎为晋阳。请曰："以为茧丝乎？抑为保障乎？"简子曰："保障哉！"尹铎损其户数。

【译文】

周威烈王二十三年（公元前403年）

当初，智宣子准备立智瑶为继承人。族人智果说："不如立智宵的好。因为智瑶比别人贤能的地方有五点，却有一点短处。他留有美髯，身材高大，是一贤；擅长射箭，驾车有力，是二贤；技能出众，才艺超群，是三贤；巧于文辞，善于词令，是四贤；坚强果决，刚毅勇敢，是五贤。虽然有如此的贤能，但他唯独没有仁德之心。如果他运用这五种贤能去驾驭别人，而用不仁之心去力行，谁能受得了呢？如果立智瑶为后，智氏种族必遭灭门之灾。"智宣子对此置之不理。智果为了避灾，改依别族为辅氏。赵国大夫赵简子的大儿子叫伯鲁，小儿子叫无恤。赵简子不知道立哪一个为继承人会更好，于是他把日常训诫之言刻写在两块竹简上，分别交给两个儿子，并嘱咐道："用心记住这些话！"过了三年，赵简子叫来两个儿子，询问他们竹简上的内容。大儿子伯鲁说不出来，让他拿出竹简，他说早已丢了。赵简子又问小儿子无恤，他则熟练地将竹简上的话背出，问他竹简在哪儿，他立即从袖中取出奉上。通过这件事，赵简子认为无恤贤能，便立他为继承人。赵简子派尹铎去治理晋阳，尹铎请示："您是打算让我去抽丝剥茧

战国·猿形银饰

般地搜刮财富呢，还是把那里建为一道屏障？”赵简子说：“建为一道屏障。”尹铎便去整理户籍，减少交税的户数，减轻百姓的负担。

【原文】

简子谓无恤曰：“晋国有难，而无以尹铎为少，无以晋阳为远，必以为归。”及智宣子卒，智襄子为政，与韩康子、魏桓子宴于蓝台。智伯戏康子而侮段规，智国闻之，谏曰：“主不备难，难必至矣！”智伯曰：“难将由我。我不为难，谁敢兴之？”对曰：“不然。《夏书》有之：‘一人三失，怨岂在明，不见是图。’夫君子能勤小物，故无大患。今主一宴而耻人之君相，又弗备曰，不敢兴难，无乃不可乎！蜹、蚁、蜂、虿，皆能害人，况君相乎！”弗听。

智伯请地于韩康子，康子欲弗与。段规曰：“智伯好利而愎，不与，将伐我；不如与之。彼狃于得地，必请于他人；他人不与，必向之以兵。然后我得免于患而待事之变矣。”康子曰：“善。”使使者致万家之邑于智伯，智伯悦。又求地于魏桓子，桓子欲弗与。任章曰：“何故弗与？”桓子曰：“无故索地，故弗与。”任章曰：“无故索地，诸大夫必惧；吾与之地，智伯必骄。彼骄而轻敌，此惧而相亲。以相亲之兵待轻敌之人，智氏之命必不长矣。《周书》曰：‘将欲败之，必姑辅之；将欲取之，必姑与之。’主不如与之以骄智伯，然后可以择交而图智氏矣。奈何独以吾为智氏质乎！”

【译文】

赵简子对儿子无恤说：“晋国如果有祸乱，你不要嫌尹铎的地位低，不要嫌晋阳地方远，一定要以他那里作为依靠。”等智宣子去世后，智襄子智瑶继位当政，他与韩康子、魏桓子在蓝台宴饮。席间，智襄子戏弄韩康子，又羞辱了他的国相段规。智瑶的家臣智国听说此事，便告诫说道：“主公，您对灾祸不加提防，灾祸就一定会降临啊！”智瑶说：“别人的生死祸福都取决于我。我不降灾落祸，谁还敢兴风作浪？”智国说：“并不是您说的那样。《夏书》上有这样的话：‘一个人屡次犯错，人们的怨恨往往克制着不表露出来，所以要在不显著时谨慎提防。’贤德的人要在小事上谨慎戒备，才能避免招来大祸。现在主公在一次宴会上就得罪了人家的国君和国相，事后又不加戒备，还说别人不敢兴风作浪，这恐怕不行啊！蚊子、蚂蚁、蜜蜂、蝎子都能害人，何况是国君、国相呢！”智瑶不听。

梳双股大辫的战国女子

智瑶向韩康子提出割地要求，韩康子不想给。段规说：“智瑶贪财好利，又刚愎自用，如果不割地给他，他一定会讨伐我们，不如给他。他得到了土地，一定会更加狂妄，而再向别人索要；别人不给，他一定会兵戎相见。这样一来，我们便避开了祸患，就可以伺机而动了。”韩康子说：“好主意。”便派使臣去见智瑶，同意

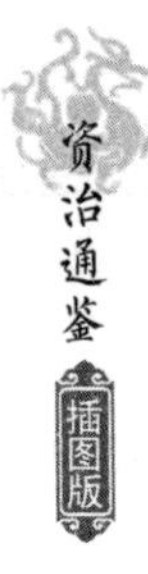

把一块有万户人家的土地割让给他，智瑶大喜。果然，又向魏桓子提出割地要求，魏桓子打算不给他。任章问：“为什么不给呢？”魏桓子说：“他无缘无故地来要地，所以不给。”任章说：“智瑶无缘无故地强索他人领地，其他大夫官员们定会惧怕，我们答应给地，他一定会骄傲。他因骄傲而轻视敌人，我们因恐惧而互相团结。用团结的队伍来对付骄傲的智瑶，智氏的命运就不会长久了。《周书》说：‘要想战胜敌人，姑且先听从他；要想夺取敌人的利益，姑且先给他一些好处。’主公不如先答应智瑶的要求，以助长他的骄横，然后我们可以选择盟友共同对付智氏，何必要单独成为智瑶的攻击目标呢！”

【原文】

桓子曰：“善。”复与之万家之邑一。智伯又求蔡、皋狼之地于赵襄子，襄子弗与。智伯怒，帅韩、魏之甲以攻赵氏。襄子将出，曰：“吾何走乎？”从者曰：“长子近，且城厚完。”襄子曰：“民罢力以完之，又毙死以守之，其谁与我！”从者曰：“邯郸之仓库实。”襄子曰：“浚民之膏泽以实之，又因而杀之，其谁与我！其晋阳乎，先主之所属也，尹铎之所宽也，民必和矣。”乃走晋阳。

三家以国人围而灌之，城不浸者三版。沈灶产蛙，民无叛意。智伯行水，魏桓子御，韩康子骖乘。智伯曰：“吾乃今知水可以亡人国也。”桓子肘康子，康子履桓子之跗，以汾水可以灌安邑，绛水可以灌平阳也。絺疵谓智伯曰：“韩、魏必反矣。”智伯曰：“子何以知之？”絺疵曰：“以人事知之。夫从韩、魏之兵以攻赵，赵亡，难必及韩、魏矣。今约胜赵而三分其地，城不没者三版，人马相食，城降有日，而二子无喜志，有忧色，是非反而何？”

【译文】

魏桓子说：“好。”于是也把一块万户人口的土地割让给智瑶。智瑶又向赵襄子索要蔡和皋狼两处土地。赵襄子拒绝了他。智瑶勃然大怒，率领韩、魏的军队进攻赵氏。赵襄子准备外出避难，问道：“我逃到哪里去呢？”随从建议：“长子城最近，而且城墙坚厚完整。”赵襄子说：“百姓筋疲力尽才修好城墙，又要他们舍身入死地为我守御，谁能与我同心？”随从又说：“邯郸城仓库充实。”赵襄子说：“搜刮民脂民膏才使仓库充实起来，又因为仓库充实而让百姓送命，他们能与我同心吗？还是投奔晋阳吧，那儿是先主的属地，尹铎又待民宽厚，百姓一定会和我们同舟共济的。”于是赵襄子逃往晋阳。

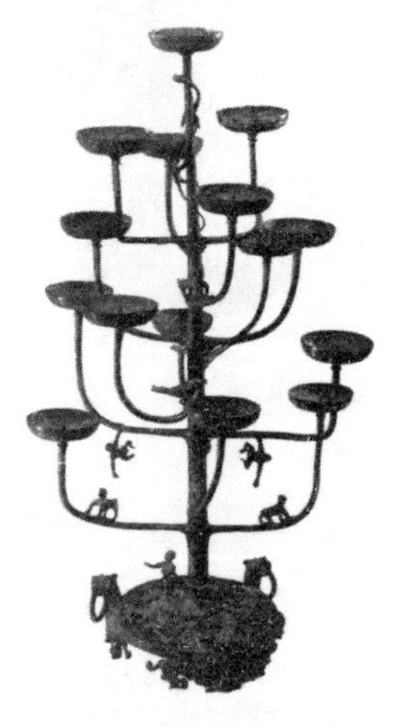
战国·十五连盏灯

智瑶、韩康子、魏桓子三家围住晋阳，引水灌城。城墙头只剩六尺露出水面，锅灶泡在水中，青蛙四处乱跳，但百姓都没有叛变之心。智瑶巡视水势，魏桓子为他驾车，韩康子持矛居右护卫。智瑶说：“我今天才知道，水可以亡人之国啊！”魏桓子用胳臂肘碰了碰韩康子，韩康子也踩了踩魏桓子的足背——因为汾水可以灌魏国都城安邑，绛水也可以灌韩国都城平阳啊！智家的谋士絺疵对智瑶说：“韩魏两家一定要反叛了。”智瑶问：“你怎么会知道？”絺疵说：“我是就人之常情而论的。我们调集韩、魏两家的军队来围攻赵家，赵氏灭亡，随后灾难必然会降临到韩、魏两家。我们约定灭掉赵氏后，三家分其地。现在，晋阳城仅差六尺就被水淹没了，城中粮绝，已经在宰马为食了，破城也是指日可待。然而，这两人不但没有高兴的表情，反而面有忧色。这不是要反叛又是什么？”

【原文】

明日，智伯以絺疵之言告二子，二子曰：“此夫谗人欲为赵氏游说，使主疑于二家而懈于攻赵氏也。不然，夫二家岂不利朝夕分赵氏之田，而欲为危难不可成之事乎？”二子出，絺疵入曰：“主何以臣之言告二子也？”智伯曰：“子何以知之？”对曰：“臣见其视臣端而趋疾，知臣得其情故也。”智伯不悛。絺疵请使于齐。

赵襄子使张孟谈潜出见二子，曰：“臣闻唇亡则齿寒。今智伯帅韩、魏而攻赵，赵亡，则韩、魏为之次矣。”二子曰：“我心知其然也，恐事未遂而谋泄，则祸立至矣。”张孟谈曰：“谋出二主之口，入臣之耳，何伤也？”二子乃潜与张孟谈约，为之期日而遣之。襄子夜使人杀守堤之吏，而决水灌智伯军。智伯军救水而乱，韩、魏翼而击之，襄子将卒犯其前，大败智伯之众。遂杀智伯，尽灭智氏之族。唯辅果在。

【译文】

第二天，智瑶把絺疵的话告诉了韩、魏二人。二人齐声说道：“这一定是小人想为赵氏游说，使主公您怀疑我们两家，从而放松对赵氏的进攻。不要相信这样的话。我们两家岂会放弃早晚就要分到手的赵氏之地，而去图谋那既危险又必不可成的事呢？”两人走后，絺疵进来，问道：“主公，您为什么把臣的话告诉他们两人呢？”智瑶吃惊地问：“你怎么知道的？”絺疵说：“刚才他们两个人见到我，便仔细地端详我，然后匆匆走开，可见他们已经知道我识破他们的心思了。”智瑶不听絺疵的劝谏，仍不肯改变主张。絺疵见状，便只好请求出使齐国。

赵襄子派遣张孟谈秘密出城，来见韩、魏二人，说道：“我听说唇亡则齿寒。现在智瑶率领韩、魏两家进攻赵家，赵家一亡，就该轮到你们两家了。”韩康子、魏桓子说：“我们也知道会这样；只怕事情还未办好而计谋先泄露了出去，那样就要大祸临头了。”张孟谈说：“计谋出自两位主公之口，只进入我一人耳中，有什么妨害呢？”于是两人秘密地与张孟谈商议，约定好起事的日子，然后便让他回城了。这天夜里，赵襄子派人杀死智军守堤官吏，决开堤口，让大水倒灌智瑶军营。智瑶军队为

春秋·龙耳尊

救水乱作一团，韩、魏两军乘机从两边杀来，赵襄子率兵从正面攻击，大败智瑶之军，杀了智瑶，又将智氏族人尽行诛灭。只有辅果一家幸免于难。

【评析】

公元前453年，韩、赵、魏三家灭智氏，三分晋国土地。从此，晋国为韩、赵、魏三家瓜分。公元前403年，周天子正式承认三家为诸侯，标志着战国时代的开始。这篇“三家分晋”讲的就是这个故事。踌躇满志的智瑶以为攻下赵氏是易如反掌的事情，却没有考虑到，韩、魏两家为了自身的利益，会和赵氏合作。当智瑶正沉浸于独霸晋国的美梦之中时，自己反而成了众矢之的，落得家破身亡的结局。

吴起才识

【原文】

周威烈王二十三年

吴起者，卫人，仕于鲁。齐人伐鲁，鲁人欲以为将，起取齐女为妻，鲁人疑之，起杀妻以求将，大破齐师。或谮之鲁侯曰：“起始事曾参，母死不奔丧，曾参绝之。今又杀妻以求为君将。起，残忍薄行人也。且以鲁国区区而有胜敌之名，则诸侯图鲁矣。”起恐得罪，闻魏文侯贤，乃往归之。文侯问诸李克，李克曰：“起贪而好色，然用兵，司马穰苴弗能过也。”于是文侯以为将，击秦，拔五城。起之为将，与士卒最下者同衣食，卧不设席，行不骑乘，亲裹赢粮，与士卒分劳苦。卒有病疽者，起为吮之。卒母闻而哭之。人曰：“子，卒也，而将军自吮其疽，何哭为?”母曰：“非然也。往年吴公吮其父疽，其父战不还踵，遂死于敌。吴公今又吮其子，妾不知其死所矣，是以哭之。”

吴起

【译文】

周威烈王二十三年（公元前403年）

吴起，卫国人，在鲁国为官。齐国攻打鲁国，鲁国想任吴起为将，但吴起的妻子是齐国人，鲁国就对吴起有些不放心。吴起便杀掉妻子才当上了大将，率军大败齐军。有人在鲁侯跟前谗毁吴起，说：“吴起当初曾经师从曾参，母亲去世他不奔丧服孝，曾参为此与他断绝关系；如今，为了一个大将之职，他居然杀了自己的结发妻子。吴起真是个残忍的小人啊！况且，小小的鲁国战胜了强敌，未必是好事。

有此名声，各国都要一起来对付鲁国了。”吴起知道此事，担心鲁国治他的罪。听说魏文侯贤明，便前去投奔。魏文侯向李克征求对吴起的看法，李克说：“吴起为人，贪婪而好色，但在用兵打仗方面，就连齐国名将司马穰苴也不如他。”于是魏文侯任命吴起为将，带兵攻秦，夺取了五座城池。吴起担任魏国大将，与最下等的士兵吃同样的饭食，穿同样的衣服，睡觉不铺席子，行军不乘车马，亲自捆扎行李、驮运食粮，为士卒分忧解难。有个士兵长了毒疮，吴起为他吮毒。这个士兵的母亲听说后，放声痛哭，有人奇怪地问：“你的儿子不过是个士兵，而将军却为他吸吮毒疮，你哭什么呀？”这位母亲说：“我不是为这事哭泣。当年吴将军为孩子的父亲吸过毒疮，他父亲打起仗来拼命冲杀，最后没有回来。现在，吴将军又为儿子吸毒疮，不知道儿子又会战死在哪里。所以我哭泣啊！”

【原文】

周安王十五年

秦伐蜀取南郑。魏文侯薨，太子击立是为武侯。

武侯浮西河而下，中流顾谓吴起曰：“美哉山河之固，此魏国之宝也！”对曰：“在德不在险。昔三苗氏，左洞庭，右彭蠡，德义不修，禹灭之。夏桀之居，左河济，右泰华，伊阙在其南，羊肠在其北，修政不仁，汤放之。商纣之国，左孟门，右太行，常山在其北，大河经其南，修政不德，武王杀之。由此观之，在德不在险。若君不修德，舟中之人皆敌国也。”武侯曰：“善。”

魏置相，相田文。吴起不悦，谓田文曰：“请与子论功，可乎？”田文曰：“可。”起曰：“将三军，使士卒乐死，敌国不敢谋，子孰与起？”文曰：“不如子。”起曰：“治百官，亲万民，实府库，子孰与起？”文曰：“不如子。”起曰：“守西河秦兵不敢东乡，韩、赵宾从，子孰与起？”文曰：“不如子。”起曰：“此三者，子皆出吾下，而位居吾上，何也？”文曰：“主少国疑，大臣未附，百姓不信，方是之时，属之子乎，属之我乎？”起默然良久，曰：“属之子矣。”

【译文】

周安王十五年（公元前387年）

秦国攻打蜀国，攻取了南郑。魏文侯逝世，太子击继位即魏武侯。

战国刀币

魏武侯乘船顺黄河而下，在水中央的时候对吴起说：“真美啊，险固的山河！这是魏国之宝呀！”吴起回答：“一国之宝，应是国君的德政而不是山河的险要。当初的三苗氏，左面有洞庭湖，右面有彭蠡泽，但由于他不修道德，被夏禹消灭了。夏桀所居住的地方，左边是黄河、济水，右边是泰华山，伊阙山在南边，羊肠阪在北边，由于他治国不施仁政，被商汤放逐了。商纣的国土，左边是

孟门山，右边是太行山，常山在北面，黄河经过南边，因为他不行仁德，被周武王杀了。由此可见，国宝在于德政而不在于地势险要。如果君王不施德政，恐怕船上这些人也要成为您的敌人啊！”魏武侯说：“你说得太对了！”

魏国设置国相时，任命田文为相。吴起心里很不是滋味，就与田文商谈：“我和你谈论功劳如何？”田文说：“可以。”吴起问：“统率三军，使士兵乐于战死，敌国不敢侵略，你比我吴起如何？”田文说：“我不如你。”吴起又问：“整治百官，亲善百姓，使仓库充实，你比我吴起如何？”田文说：“我不如你。”吴起接着问：“镇守西河，使秦兵不敢向东侵犯，韩国、赵国听之任之，你比我吴起如何？”田文仍然说：“我不如你。”吴起质问：“这三条你都在我之下，而职位却在我之上，为什么呢？”田文说：“如今国君年幼，国家多疑难，大臣们不能齐心归附，老百姓不能信服，在这样的情况下，国家是嘱托给你好呢，还是嘱托给我好？”吴起默然想了许久，回答说：“嘱托给你！”

【原文】

久之，魏相公叔尚主而害吴起。公叔之仆曰：“起易去也。起为人刚劲自喜，子先言于君曰：‘吴起，贤人也，而君之国小，臣恐起之无留心也，君盍试延以女？起无留心，则必辞矣。’子因与起归，而使公主辱子，起见公主之贱子也，必辞，则子之计中矣。”公叔从之，吴起果辞公主。魏武侯疑之而未信，起惧诛，遂奔楚。

楚悼王素闻其贤，至则任之为相。起明法审令，捐不急之官，废公族疏远者，以抚养战斗之士，要在强兵，破游说之言从横者。于是南平百越，北却三晋，西伐秦，诸侯皆患楚之强，而楚之贵戚大臣多怨吴起者。

威安王二十一年。楚悼王薨，贵戚大臣作乱，攻吴起；起走之王尸而伏之。击起之徒因射刺起，并中王尸。既葬，肃王即位。使令尹尽诛为乱者，坐起夷宗者七十馀家。

战国·蟠螭纹方鉴缶

【译文】

过了很久，魏国国相公叔娶了公主为妻，忌妒吴起。他的仆人献计说：“去除吴起很容易。吴起为人刚硬而沾沾自喜。您可以先对国君说：‘吴起是个杰出人才，但君主您的国家小，我担心他没有长留的心思。国君您何不试着要把女儿嫁给他，如果吴起没有久留之心，一定会拒绝的。’主人您再与吴起一起回去，让公主羞辱您，吴起看到公主如此轻视您，一定会拒绝国君的婚事，这样您的计谋就实现了。”公叔依计行事，吴起果然辞退了与公主的婚事。魏武侯对吴起起了疑心，更不敢再信任他。吴起害怕被诛杀，于是投奔了楚国。

楚悼王一向听说吴起是个人才，吴起一到楚国便封他为国相。吴起严明法纪，裁减掉不必要的闲官，废除了王族中疏远的亲戚，用来安抚奖励士兵，大力增强军力，破除合纵连横的流言。于是楚国向南平定了百越，向北抵挡住了韩、魏、赵三国的扩张，向西征讨秦国，各个诸侯国都害怕楚国的强大，但是楚国的王亲贵戚、权臣显要中却有很多人怨恨吴起。

周安王二十一年（公元前381年）。楚悼王去世。楚国的贵族和大臣作乱，攻打吴起，吴起逃到悼王的尸体边，伏在上面。攻击吴起的暴徒用箭射吴起，还射到了悼王的尸体上。安葬完楚悼王后，楚肃王即位。他命令楚国令伊全数翦灭作乱之人，因射吴起之事而被灭族的就有七十多家。

【评析】

吴起是战国时期非常著名的军事家，他杀掉自己的妻子，当上了鲁国的大将军，却还是没有受到重用，在魏国又因受到排挤而逃离，直到在楚悼王那里才充分发挥自己的才能。可惜，楚悼王死后，他就受到别人的攻击，即使俯身在楚悼王的尸体上，也没有逃脱最终被杀的命运。

商鞅变法

【原文】

周显王八年

孝公下令国中曰："昔我穆公，自岐、雍之间修德行武，东平晋乱，以河为界，西霸戎翟，广地千里，天子致伯，诸侯毕贺，为后世开业甚光美。会往者厉、躁、简公、出子之不宁，国家内忧，未遑外事。三晋攻夺我先君河西地，丑莫大焉。献公即位，镇抚边境，徙治栎阳，且欲东伐，复穆公之故地，修穆公之政令。寡人思念先君之意，常痛于心。宾客群臣有能出奇计强秦者，吾且尊官，与之分土。"于是卫公孙鞅闻是令下，乃西入秦。

公孙鞅者，卫之庶孙也，好刑名之学。事魏相公叔痤，痤知其贤，未及进。会病，魏惠王往问之曰："公叔病如有不可讳，将奈社稷何？"公叔曰："痤之中庶子卫鞅，年虽少，有奇才，愿君举国而听之！"王嘿然。公叔曰："君即不听用鞅，必杀之，无令出境。"王许诺而去。公叔召鞅谢曰："吾先君而后臣，故先为君谋，后以告子。子必速行矣！"鞅曰："君不能用子之言任臣，又安能用子之言杀臣乎？"卒不去。王出，谓左右曰："公叔病甚，悲乎！欲令寡人以国听卫鞅也！既又劝寡人杀之，岂不悖哉！"卫鞅既至秦，

商鞅

因嬖臣景监以求见孝公，说以富国强兵之术。公大悦，与议国事。

【译文】

周显王八年（公元前361年）

秦孝公在国中下令说：“当年国君秦穆公，在岐山、雍地励精图治，向东平定了晋国之乱，以黄河划定国界，向西称霸于戎翟等族，占地千里之阔，被周王委以重任，各诸侯国都来祝贺，所开辟的基业是多么伟大！只是后来历代国君厉公、躁公、简公及出子造成国内动乱不息，不得安宁，所以才无力顾及外事。魏、赵、韩三国夺去了先王所开创的黄河以西的领土，这是无比的耻辱。献公即位后，平定安抚边境，把都城迁到栎阳，并亲自前去治理，打算向东征讨，收复穆公时的旧地，重修穆公时的政策法令。我想到先君的未竟之志，常常痛心疾首。现在宾客群臣中谁能献上奇计，使秦国强大昌盛起来，我就赏他高官，封他土地。”卫国的公孙鞅听到这道命令，就西行投奔秦国。

公孙鞅是卫国宗族旁支子孙，喜好法家刑名的学说。他侍奉魏国国相公叔痤的时候，公叔痤知道他是有才能的人，但还未来得及向国君推荐重用，就身患重病卧床不起了。魏惠王前来看望公叔痤，问道：“您如果有个三长两短，国家大事该如何处置呢？”公叔痤说：“我的中庶子公孙鞅，虽然年纪轻，却有奇才，希望国君把国家交给他来治理，并且信任他！”魏惠王默然不语。公叔痤又说：“如果您不采纳我的建议而重用公孙鞅，那就必须杀掉他，不能让他离开魏国。”魏惠王答应后离开。公叔痤又召见公孙鞅，深怀歉意地说：“我必须先忠于君主，再照顾属下，所以先为国君出谋划策，再把详情告诉你。你赶快逃走吧！”公孙鞅回答：“国君不听从您的意见重用我，又怎会听从您的意见杀我呢？”他最后还是没有逃走。魏惠王离开公叔痤以后，对左右近臣说：“公叔痤病入膏肓，真是太可悲了！他先让我把国家交给公孙鞅去治理，一会儿又劝我杀了他，这岂不是前后矛盾了吗？”公孙鞅到了秦国，靠着一位叫景监的宠臣推荐，见到了秦孝公，并向秦孝公陈述了自己富国强兵的办法，孝公十分高兴，便和他一起商讨国事。

春秋中期·秦公簋

【原文】

周显王十年。卫鞅欲变法，秦人不悦。卫鞅言于秦孝公曰：“夫民不可与虑始，而可与乐成。论至德者不和于俗，成大功者不谋于众。是以圣人苟可以强国，不法其故。”甘龙曰：“不然。缘法而治者，吏习而民安之。”卫鞅曰：“常人安于故俗，学者溺于所闻，以此两者，居官守法可也，非所与论于法之外也。智者作法，愚者制焉；贤者更礼，不肖者拘焉。”公曰：“善。”以卫鞅为左庶长，卒定变法之令。

令民为什伍而相收司、连坐，告奸者与斩敌首同赏，不告奸者与降敌同罚。有军功者，各以率受上爵。为私斗者，各以轻重被刑大小。僇力本业，耕织致粟帛多者，复其身。事末利及怠而贫者，举以为收孥。宗室非有军功论，不得为属籍。明尊卑爵秩等级，各以差次，名田宅、臣妾、衣服。有功者显荣，无功者虽富无所芬华。

【译文】

周显王十年（公元前359年）。商鞅想实行变法改革，秦国很多人都不赞成。他对秦孝公说："跟自己的臣民，不能考虑开创事业，只能分享事业的成功。最高尚的人不必附和世俗的观念，想建大功的人也不必跟民众商讨。因此圣贤之人，只要能够强国，就不必拘泥于旧传统。"大夫甘龙反驳说："不对。按照过去的章程办事，官员才能熟练自如，百姓才能安定不乱。"商鞅说："普通人只知道安于传统，而学者们往往受所学知识的限制。这两种人，让他们做官守法可以，但与他们商讨旧法之外开创新业的事，就不行了。聪明的人制定法规政策，愚笨的人只会循规蹈矩；贤德的人因时制宜，无能的人墨守成规。"秦孝公说："说得好。"于是任命商鞅为左庶长，制定变法的律令。

商鞅下令将百姓编为五家一伍、十家一什，互相监督，犯法连坐。举报奸邪的人，能获得与杀敌立功者同等的赏赐；隐瞒不报的人，和临阵降敌者受到同等的处罚；立军功的人，可以获得上等爵位；私下斗殴的人，根据情节轻重处以大小刑罚；致力于耕田织布的人，如果生产的粮食布匹多，就免除赋役；不务正业、因懒惰而贫困的人，全家充作国家的奴隶；王亲国戚没有获得军功的，不能再享有贵族的地位；确立由低到高的各级官阶等级，分别配给其田地房宅、奴仆侍女、衣饰器物。使有功劳的人尊贵荣耀，没有功劳的人即使富有也不光彩。

战国·双兽三轮盘

【原文】

令既具，未布，恐民之不信，乃立三丈之木于国都市南门，募民有能徙置北门者予十金。民怪之，莫敢徙。复曰："能徙者予五十金！"有一人徙之，辄予五十金。乃下令。令行期年，秦民之国都言新令之不便者以千数。于是太子犯法。卫鞅曰："法之不行，自上犯之。太子，君嗣也，不可施刑。刑其傅公子虔，黥其师公孙贾。"明日，秦人皆趋令。行之十年，秦国道不拾遗，山无盗贼，民勇于公战，怯于私斗，乡邑大治。秦民初言令不便者，有来言令便。卫鞅曰："此皆乱法之民也！"尽迁之于边。其后民莫敢议令。

周显王二十九年。卫鞅言于秦孝公曰："秦之与魏，譬若人有腹心之疾，非魏并秦，秦即并魏。何者？魏居岭阸之西，都安邑，与秦界河，而独擅山东之利。利则西侵秦，病则东收地。今以君之贤圣，国赖以盛；而魏往年大破于齐，诸侯畔之，可因此时伐魏。魏不支秦，必东徙。然后秦据河山之固，东乡以制诸侯，此帝王之业也。”公从之，使卫鞅将兵伐魏。魏使公子卬将而御之。

【译文】

法令详细地制定出来了，没有立刻公布。商鞅担心百姓不相信，便在国都的南门立了三丈长的一根木杆，并下令说，谁能将此木杆搬到北门去，便赏他十金。老百姓觉得此事很古怪，谁也不敢去搬动。商鞅又传令：“能搬过去的，赏五十金！”后来有个人半信半疑地把木杆搬了过去，商鞅立即赏了五十金。商鞅这才颁布法令。在实施法令的一年中，秦国数以千计的百姓到国都指责新法的不便。这时太子触犯了法令，商鞅说：“新法之所以实施不畅，就在于上层人物带头违反！太子是国君的继承人，不能施以刑罚，把他的老师公子虔处刑，另一个老师公孙贾的脸上刺字。”第二天，秦国人都知道了这件事，于是每个人都小心翼翼地遵令行事。新法施行了十年，秦国被治理得路不拾遗、山无盗贼，人民勇于为国作战，不敢为私利斗殴，乡野和城镇都安定太平。这时，当初那些说新法不便的人中，有些人又改口称颂新法好。商鞅说：“这些都是乱法的刁民！”于是把他们全部迁到边疆去住。从此以后，人民再也不敢议论法令的是非了。

战国·蟠螭纹铜鉴缶

周显王二十九年（公元前340年）。商鞅对秦孝公说：“秦国与魏国的关系，就像人有了心腹大患一样，不是魏国吞并秦国，就是秦国兼并魏国。为什么这样说呢？因为魏国东面是险山恶岭，建都于安邑城，与秦国以黄河为界，独自获得崤山以东的有利地形。它强盛的时候就向西侵入秦国，窘困时就向东收缩自保。现在秦国在您的贤明领导下，国势渐强，而魏国去年大败于齐国，各国都背弃了与它的盟约，我们可以乘机攻伐魏国。魏国无法抵抗，必然向东撤退。那时秦国就占据了黄河、崤山的险要，向东可以制服各诸侯国，就奠定了称霸的大业。”秦孝公听从了商鞅的建议，派他率兵攻打魏国，魏国派公子卬为将军前来迎击。

【原文】

军既相距，卫鞅遗公子卬书曰：“吾始与公子欢，今俱为两国将，不忍相攻，可与公子面相见盟，乐饮而罢兵，以安秦、魏之民。”公子卬以为然，乃相与会盟。已饮。而卫鞅伏甲士，袭虏公子卬，因攻魏师，大破之。魏惠王恐，使使献河西之地于秦以和。因去安邑，徙都大梁。乃叹曰：“吾恨不用公叔之言！”

秦封卫鞅商於十五邑，号曰商君。

周显王三十一年。秦孝公薨，子惠文王立，公子虔之徒告商君欲反，发吏捕之。商君亡之魏。魏人不受，复内之秦。商君乃与其徒之商於，发兵北击郑。秦人攻商君，杀之，车裂以徇，尽灭其家。

初，商君相秦，用法严酷，尝临渭论囚，渭水尽赤。为相十年，人多怨之。赵良见商君，商君问曰："子观我治秦，孰与五羖大夫贤?"赵良曰："千人之诺诺，不如一士之谔谔。仆请终日正言而无诛，可乎?"商君曰"诺。"

【译文】

两军对垒，商鞅派人送信给公子卬，写道："当年我与公子交情很好，如今都成为两军大将。我不忍心互相攻杀，想见面后互相起誓结盟，畅饮之后罢兵回国，使秦国、魏国两国以后相安无事。"公子卬信以为真，便前来赴会。两方盟誓结束，正饮酒时，商鞅事先埋伏好的士兵冲出来，俘虏了公子卬，又乘势攻击魏军，使其大败。魏惠王闻知败讯，十分惊恐，派人向秦国献出黄河以西一带的土地以求和。此后他离开安邑，迁都到大梁。这时，他才懊恼地说："我真后悔当年不听公叔痤的话杀掉公孙鞅!"秦国封给商鞅商、於等地的十五个邑，封号为商君。

战国·青铜戟

周显王三十一年（公元前338年）。秦孝公去世后，其子即位为秦惠文王。因为公子虔的门下指控商鞅要谋反，就派官吏前去捕捉他。商鞅急忙逃往魏国，魏国人拒不接纳，把他送回到秦国。商鞅只好与他的门徒来到封地商於，起兵向北攻打郑国。秦国军队进攻商鞅，将他斩杀，车裂分尸，全家老小也被杀光。

起初，商鞅在秦国做国相时，制定的法律极为严酷，他曾亲临渭河处决犯人，血流得河水都变红了。他担任国相十年，招致很多人的怨恨。一次，赵良来见商鞅，商鞅问他："你看我治理秦国，与当年的五羖大夫百里奚谁更高明?"赵良说："一千个人唯唯诺诺，不如有一个人敢于直言不讳。请允许我全部说出心里的意见，而您不加以怪罪，可以吗?"商鞅说："好吧!"

【原文】

赵良曰："五羖大夫，荆之鄙人也，穆公举之牛口之下，而加之百姓之上，秦国莫敢望焉。相秦六七年而东伐郑，三置晋君，一救荆祸。其为相也，劳不坐乘，暑不张盖。行于国中，不从车乘，不操干戈。五羖大夫死，秦国男女流涕，童子不歌谣，舂者不相杵。今君之见也，因嬖人景监以为主；其从政也，凌轹公族，残伤百姓。公子虔杜门不出已八年矣。君又杀祝懽而黥公孙贾。《诗》曰：'得人者兴，失人者崩。'此数者，非所以得人也。君之出也，后车载甲，多力而骈胁者为骖乘，持矛而操闟戟者旁车而趋。此一物不具，君固不出。《书》曰：'恃德者昌，恃力者亡。'此数者，非恃德也。君之危若朝露，而尚贪商於之富，宠秦国之政，畜百姓之怨。秦王一旦捐宾客而不立朝，秦国之所以收君者岂其微哉!"商君弗从。居五

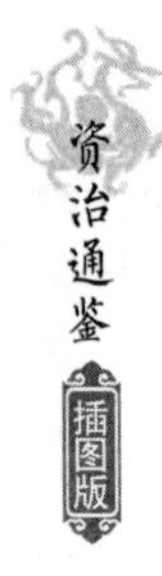

月而难作。

【译文】

赵良坦然而言："五羖大夫百里奚，原来是楚国的一个乡下人，秦穆公把他从卑贱的养牛郎提拔到万民之上，地位无人可及。他在秦国做国相六七年，向东讨伐了郑国，三次为晋国扶立国君，还有一次拯救楚国于危难之中。他做国相，劳累了不乘车，炎热的夏天也不打起伞盖。他在国中巡察，从没有众多车马随从，也不舞刀弄剑。他去世的时候，秦国的男女老少都痛哭流涕，连孩子也悲伤地不唱歌谣，舂米的人也不再唱舂杵的谣曲了，以此自觉遵守丧礼。现在再来看您，您靠着结交国君的宠臣景监才得以面见秦王，待到您掌权执政，就凌辱践踏贵族，残害百姓。弄得公子虔被迫闭门不出已经有八年之久。您又杀死祝懽，给公孙贾以刺面的刑罚。《诗经》中说：'得人心者兴旺，失人心者灭亡。'上述几件事，您可算不上得人心。您出行的时候，后面尾随大批车辆，孔武有力的侍卫在身边护卫，持矛操戟的武士在车旁疾驰。这些防卫措施缺了一样，您肯定不敢出门。《尚书》中说：'倚仗仁德者昌盛，凭借暴力者灭亡。'上述的几件事，可算不上以德服人。您的危险处境就像早晨的露水，很快就会消失了，却还贪恋商於的富庶收入，在秦国独断专行，积累百姓的怨恨。到时候一旦秦王舍弃宾客而不能当朝，秦国想要报复您的罪名会少吗?"商鞅没有听从赵良的劝告。五个月后大难临头了。

【评析】

商鞅本来复姓公孙，是个难得的人才，在卫国却没有得到重用。来到秦国之后，秦孝公急于改变秦国落后的状态，就广开言路，商鞅才受到了重用，开始了他的变法。秦国因变法被治理得路不拾遗、军强民富，但商鞅本人却因为变法被处死了。他的新法取得了成功，秦国强大起来，终于在战国末年统一了六国。

围魏救赵

孙膑

【原文】

周显王十六年

初，孙膑与庞涓俱学兵法。庞涓仕魏为将军，自以能不及孙膑，乃召之。至，则以法断其两足而黥之，欲使终身废弃。齐使者至魏，孙膑以刑徒阴见，说齐使者。齐使者窃载与之齐。田忌善而客待之，进于威王。威王问兵法，遂以为师。于是威王谋救赵，以孙膑为将，辞以刑余之人不可。乃以田忌为将而孙子为师，居辎车中，坐为计谋。

田忌欲引兵之赵。孙子曰："夫解杂乱纷纠者不控拳，救斗者不搏撠。批亢捣虚，形格势禁，则自为解耳。今梁、赵相攻，轻兵锐卒必竭于外，老弱疲于内。子不若引兵疾走魏都，据其街路，冲其方虚，彼必释赵以自救。是我一举解赵之围而收弊于魏也。"田忌从之。十月，邯郸降魏。魏师还，与齐战于桂陵，魏师大败。

周显王二十八年。魏庞涓伐韩。韩请救于齐。齐威王召大臣而谋曰："蚤救孰与晚救？"成侯曰："不如勿救。"田忌曰："弗救则韩且折而入于魏，不如蚤救之。"

【译文】

周显王十六年（公元前353年）

当初，孙膑与庞涓一起研习兵法。庞涓到魏国做了将军，自己深知才能不如孙膑，便召孙膑前来魏国。孙膑刚到魏国，庞涓便设计以法砍断孙膑的双脚，并在他脸上刺字，想使他终身成为废人。齐国使者出使魏国，孙膑以受刑待罪人的身份暗中与他相见，说动了齐国的使者，齐使偷偷地把孙膑装在车上带回了齐国。齐国的大臣田忌把他奉为座上宾，后又把他引荐给齐威王。威王向他讨教兵法，于是请他当老师。这时齐威王打算出兵援救赵国，便任命孙膑为大将，孙膑以自己是个残疾人坚决推辞，齐威王便改以田忌为大将，孙膑为军师，让他坐在帘车里，为作战出谋划策。

田忌将要率兵前往赵国，孙膑说："排解双方的争斗，不能用拳脚将他们打开，更不能出手帮着一方打，只能因势利导，出其不意，紧张的形势受到禁锢，就自然会解除。如今两国攻战正激烈，精兵良将倾巢而出，国中只剩下老弱病残。您不如率兵突袭魏国都城，占据有利地势，冲击魏国空虚的后方，魏军一定会放弃攻打赵国而回兵援救。这样我们就能一举两得，既解了赵国之围，又给魏国以痛击。"田忌听从了孙膑的谋划。同年十月，赵国的邯郸城投降魏国。而魏军又急忙回师援救都城，在桂陵与齐国军队遭遇激战，结果魏军大败。

周显王二十八年（公元前341年）。魏国的庞涓领兵攻打韩国，韩国派使者向齐国求援。齐威王便召集大臣商讨道："是早救好呢，还是晚救好呢？"成侯邹忌建议道："还不如不救好。"田忌不同意，说："如果我们坐视不管，韩国很快就会灭亡，被魏国吞并，还是早点出兵救援为好。"

战国·联禁龙纹壶

【原文】

孙膑曰："夫韩、魏之兵未弊而救之，是吾代韩受魏之兵，顾反听命于韩也。且魏有破国之志，韩见亡，必东面而愬于齐矣。吾因深结韩之亲而晚承魏之弊，则可受重利而得尊名也。"王曰："善！"乃阴许韩使而遣之。韩因恃齐，五战不胜，而东委

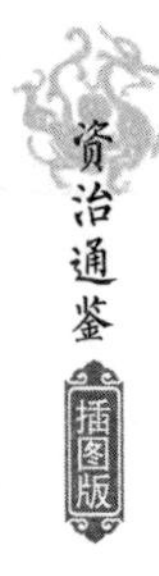

国于齐。

齐因起兵，使田忌、田婴、田盼将之，孙子为师，以救韩，直走魏都。庞涓闻之，去韩而归。魏人大发兵，以太子申为将，以御齐师。孙子谓田忌曰："彼三晋之兵素悍勇而轻齐，齐号为怯。善战者因其势而利导之。《兵法》：'百里而趣利者蹶上将，五十里而趣利者军半至。'"乃使齐军入魏地为十万灶，明日为五万灶，又明日为二万灶。庞涓行三日，大喜曰："我固知齐军怯，入吾地三日，士卒亡者过半矣!"乃弃其步军，与其轻锐倍日并行逐之。孙子度其行，暮当至马陵。马陵道狭而旁多阻隘，可伏兵。乃斫大树，白而书之曰："庞涓死此树下!"于是令齐师善射者万弩夹道而伏，期日暮见火举而俱发。庞涓果夜到斫木下，见白书，以火烛之。读未毕，万弩俱发，魏师大乱相失。庞涓自知智穷兵败，乃自刭，曰："遂成竖子之名!"齐因乘胜大破魏师，虏太子申。

【译文】

孙膑却说："如今韩国、魏国的军队士气正旺，我们前去救援，其实是我们代替韩国承受魏国的打击，反而显得我们听命于韩国了。这次魏国有一定要吞并韩国的野心，等到韩国感到亡国已经迫在眉睫时，必定会再向东恳求齐国，那时我们再发兵，一方面可以加深与韩国的亲密关系，另一方面则可以趁魏国军队的疲弊给以痛击，这正是一石二鸟之举，名利兼收。"齐威王说："说得好!"于是就暗中答应韩国使臣的求救，让他先回去，却迟迟不发兵。韩国自恃有齐国的援救，便奋力抵抗，但经过五次大战都以失败而终，不得已只好把国家全部希望寄托在齐国身上。

战国 · 鸟纹卣

齐国这时才发兵，任田忌、田婴、田盼为将军，孙膑为军师，前去救援韩国，他们仍旧采用老办法，直捣魏国的都城。庞涓听说后，急忙放弃攻打韩国，而回兵援救国都。魏国集中了所有兵力，任太子申为将军，抵抗齐国军队。孙膑对田忌说："魏、赵、韩一带的兵士素来剽悍勇猛，轻视齐国士兵，不过齐国士兵的口碑也确实不佳。善于指挥作战的将军必须做到因势利导，取长补短。《孙子兵法》说：'从一百里外去奔袭会损失上将军，从五十里外去奔袭则只有一半军队能到达。'"于是就下令齐国军队进入魏国地界后，做饭修造十万个灶，第二天则减为五万个，第三天再减为两万个。庞涓率兵追击齐军三天，见到如此情形，便大喜过望，说道："我早就知道齐兵生性胆怯，刚进入我国境内三天时间，士兵就已逃散了一多半。"于是舍弃步兵，亲自率领精锐轻兵日夜兼程追击齐军。孙膑估计魏军当晚将到达马陵。马陵这个地方道路狭窄而多险关隘口，可以埋伏重兵，孙膑于是派人刮去一棵大树的树皮，在白白的树干上写上几个大字："庞涓死于此树下！”又从齐国军队中挑选万名优秀射手沿路埋伏，相约天黑后看见有火把亮光就万箭齐发。庞涓果然在夜里赶到了那棵树下，看见白树干上隐隐约约有字，便令人举火把照看，还未读完，便见两边矢如雨下，突遭乱箭，魏军顿时乱作一团，溃不成军。庞涓深知大势已去，便拔剑自刎，临死前叹息道：“到底让孙膑这小子出头了！”齐军趁机痛击魏军，俘虏了魏国大将太子申。

【评析】

孙膑和庞涓是同门师兄弟，两人同时在鬼谷子门下学习。后来，庞涓到了魏国，孙膑到了齐国。两个人不可避免地在战场上相见了。齐国在桂陵之战和马陵之战中大获全胜，从根本上削弱了魏国的作战实力。“孙膑减灶灭庞涓”说的就是这个故事。

客死秦国

【原文】

周赧王二年

秦王欲伐齐，患齐、楚之从亲，乃使张仪至楚，说楚王曰：“大王诚能听臣，闭关绝约于齐，臣请献商於之地六百里，使秦女得为大王箕帚之妾，秦、楚嫁女娶妇，长为兄弟之国。”楚王说而许之。群臣皆贺，陈轸独吊。王怒曰：“寡人不兴师而得六百里地，何吊也？”对曰：“不然。以臣观之，商於之地不可得而齐、秦合。齐、秦合则患必至矣！”

秦·双鹿纹半瓦当

王曰：“有说乎？”对曰：“夫秦之所以重楚者，以其有齐也。今闭关绝约于齐，则楚孤，秦奚贪夫孤国而与之商於之地六百里？张仪至秦，必负王。是王北绝齐交，西生患于秦也。两国之兵必俱至。为王计者，不若阴合而阳绝于齐，使人随张仪。苟与吾地，绝齐未晚也。”王曰：“愿陈子闭口，毋复言，以待寡人得地！”乃以相印授张仪，厚赐之。遂闭关绝约于齐，使一将军随张仪至秦。

【译文】

周赧王二年（公元前313年）

秦王想征伐齐国，却考虑到齐、楚两国有互助条约，就先派张仪前往楚国。张仪对楚王说：“大王如果听从我的建议，与齐国废除盟约，断绝邦交，我可以向楚

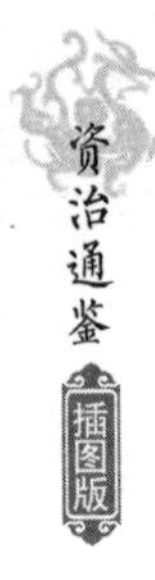

国献上商於的六百里土地，让秦国的美女来做妾婢侍奉您。秦、楚两国互通婚嫁，以后就是兄弟之邦了。”楚王十分高兴，答应了张仪的建议。群臣都来祝贺，只有陈轸表示哀痛。楚王大怒，问：“我没有出动一兵一士就得到六百里土地，为什么不值得庆贺？”陈轸回答：“不是您想的那样。以臣之见，商於的土地不会到手，而齐国和秦国却会联合起来，那时，楚国就要面临大祸了。”楚王问：“为什么这么说呢？”陈轸回答：“秦国之所以重视楚国，是因为我们有齐国做盟友。如果我们现在与齐国毁约断交，那么楚国便孤立了，秦国怎么会给一个孤立无援的国家赠送商於的六百里土地呢？张仪回到秦国，一定会背弃对您的许诺。到了那时，大王北边与齐国断交，西边与秦国发生了怨仇，齐秦两国肯定联合发兵夹攻。为大王您打算，不如我们暗中与齐国仍旧修好而表面上绝交，派人跟张仪去秦国，如果真的割让给我们土地，我们再与齐国绝交也不晚啊。”楚王生气地说：“闭嘴，不要再说废话了，你就看着我如何接收六百里的土地吧！”楚王把国相大印授给张仪，又重重地赏赐了他，随即下令与齐国断交，并派一名将军跟随张仪去秦国。

【原文】

张仪佯堕车，不朝三月。楚王闻之，曰：“仪以寡人绝齐未甚邪？”乃使勇士宋遗借宋之符，北骂齐王。齐王大怒，折节以事秦，齐、秦之交合。张仪乃朝，见楚使者曰：“子何不受地？从某至某，广袤六里。”使者怒，还报楚王。楚王大怒，欲发兵而攻秦。陈轸曰：“轸可发口言乎？攻之不如因赂之以一名都，与之并兵而攻齐，是我亡地于秦，取偿于齐也。今王已绝于齐而责欺于秦，是吾合秦、齐之交而来天下之兵也，国必大伤矣！”楚王不听，使屈匄帅师伐秦。秦亦发兵使庶长章击之。

周赧王三年春，秦师及楚战于丹阳，楚师大败，斩甲士八万，虏屈匄及列侯、执珪七十馀人，遂取汉中郡。楚王悉发国内兵以复袭秦，战于蓝田，楚师大败。韩、魏闻楚之困，南袭楚，至邓。楚人闻之，乃引兵归，割两城以请平于秦。

【译文】

秦·鹿纹瓦当

张仪回国后，假装从车上跌下来，连续三个月不去上朝。楚王听说后自言自语：“张仪是不是觉得我与齐国断交得不够彻底？”于是派勇士宋遗借了宋国的符节，到北边的齐国去辱骂齐王。齐王大怒，立即降低身份来讨好秦国，秦国就与齐国结交了。这时张仪才上朝，见到楚国使者就问：“你为什么不去接受割地呢？从某处到某处，方圆六里多。”使者愤怒地回国向楚王汇报，楚王勃然大怒，准备发兵攻打秦国。陈轸说：“我可以开口说话吗？攻打秦国还不如用一座大城的代价去收买秦国，再与秦国合力攻打齐国。这样我们从秦国失了地，还可以在齐国得到补偿。现在您已经与齐国断交，再去斥责秦国的欺骗行为，这样做恰恰是我们在促成秦、齐和好，并招来天下的军队，楚国一定会吃大亏的！”楚王仍然不听他的劝告，派屈匄率军队讨伐秦国，秦国任命魏章为庶长起兵迎击。

周赧王三年（公元前 312 年）春季，秦、楚两国的军队在丹阳大战，楚军大败，八万士兵被杀，屈匄及楚国的列侯、执珪等七十多名将官被俘，秦军又夺取了汉中郡。楚王又征发国内全部兵力再次袭击秦国。双方在蓝田决战，楚军再次大败。韩国、魏国看到楚国处于危困之中，也向南袭击楚国，直达邓地。楚军听说后，赶快率军回救，并割让两座城向秦国求和。

【原文】

周赧王四年。秦惠王使人告楚怀王，请以武关之外易黔中地。楚王曰：“不愿易地，愿得张仪而献黔中地。”张仪闻之，请行。王曰：“楚将甘心于子，奈何行？”张仪曰：“秦强楚弱，大王在，楚不宜敢取臣。且臣善其嬖臣靳尚，靳尚得事幸姬郑袖，袖之言，王无不听者。”遂往。楚王囚，将杀之。靳尚谓郑袖曰：“秦王甚爱张仪，将以上庸六县及美女赎之。王重地尊秦，秦女必贵而夫人斥矣。”于是郑袖日夜泣于楚王曰：“臣各为其主耳。今杀张仪，秦必大怒。妾请子母俱迁江南，毋为秦所鱼肉也！”王乃赦张仪而厚礼之。

张仪因说楚王曰：“夫为从者无以异于驱群羊而攻猛虎，不格明矣。今王不事秦，秦劫韩驱梁而攻楚，则楚危矣。秦西有巴、蜀，治船积粟，浮岷江而下，一日行五百余里，不至十日而拒扞关，扞关惊则从境以东尽城守矣，黔中、巫郡非王之有。秦举甲出武关，则北地绝。秦兵之攻楚也，危难在三月之内，而楚待诸侯之救在半岁之外。夫待弱国之救，忘强秦之祸，此臣所为大王患也。大王诚能听臣，臣请令秦、楚长为兄弟之国，无相攻伐。”楚王已得张仪而重出黔中地，乃许之。

【译文】

周赧王四年（公元前 311 年）。秦惠王派人通知楚怀王，想用武关以外的地方换黔中。楚王说：“我不愿换地，只想用黔中之地来换张仪。”张仪听说后，请求秦王答应。秦王疑惑地问：“楚王要杀死你才甘心，你为什么还要去呢？”张仪说：“秦国强，楚国弱，只要大王您在，楚国是不会杀我的。而且我和楚王的宠臣靳尚关系密切，靳尚又侍奉楚王的爱姬郑袖，郑袖的话，楚王无不言听计从。”然后欣然前往楚国。楚王把张仪关在狱中，准备将他处死。靳尚对郑袖说：“秦王十分宠爱张仪，想用上庸等六个县和一批美女将他赎回。大王既重视城池，又尊重秦国，那么，以后秦国来的美女肯定会被宠幸，那时您必然会遭到冷落啊。”于是郑袖日夜在楚王面前哭泣哀求：

秦·彩绘禽首凤行漆勺

“当年的事情，不过是臣子各为其主。现在杀了张仪，秦国必定大怒。我请求让我们母子俩人先迁居江南，不要成为秦国刀下的鱼肉！”之后，楚王赦免了张仪，并以厚礼相待。

张仪向楚王劝说道：“倡导各国联合抗秦，就像是赶着羊群去进攻猛虎，根本没有可斗性。现在大王不肯听命于秦王，秦国如果逼迫韩国、驱使魏国来联合攻打楚国，楚国就处于危险之中了。秦国西部有巴、蜀两地，备船积粮，沿岷江而下，一天可行五百多里，用不了十天就能兵临扞关。一旦扞关被惊动，由此以东的各城就都要严加守备，黔中、巫郡便不再属于大王您的了。秦国如果兴兵攻出武关，那么楚国的北部也就成了绝地。秦兵再来攻打楚国，楚国的存亡最多只有三个月的时间，而等待各国的救援则需要半年以上。等待那些弱国来救，而忘记强秦的攻击，我非常为大王您现在的做法忧心啊！大王如果能真诚地接受我的建议，我可以让楚国和秦国永结为兄弟之邦，停止一切战争。”楚王虽然已经得到了张仪，却仍然重视黔中之地，不肯拿此地来交换，于是同意了张仪的建议，让他离开。

【原文】

周赧王十二年。齐、韩、魏以楚负其从亲，合兵伐楚。楚王使太子横为质于秦以请救。秦客卿通将兵救楚，三国引兵去。

周赧王十三年。秦王、魏王、韩太子婴会于临晋，韩太子至咸阳而归；秦复与魏蒲阪。秦大夫有私与楚太子斗者，太子杀之，亡归。

周赧王十四年。秦庶长奂会韩、魏、齐兵伐楚，败其师于重丘，杀其将唐眛；遂取重丘。

周赧王十六年。秦人伐楚，取八城。秦王遗楚王书曰：“始寡人与王约为兄弟，盟于黄棘，太子入质，至欢也。太子陵杀寡人之重臣，不谢而亡去。寡人诚不胜怒，使兵侵君王之边。今闻君王乃令太子质于齐以求平。寡人与楚接境，婚姻相亲。而今秦、楚不欢，则无以令诸侯。寡人愿与君王会武关，面相约，结盟而去，寡人之愿也！”

战国·鹦鹉玉佩

【译文】

周赧王十二年（公元前 303 年）。齐、韩、魏等国因为楚国违背合纵抗秦的盟约，三国联合出兵讨伐楚国。楚王遣太子横作为人质到秦国请求救援。秦国派一个名叫通的客卿率兵前去增援楚国，三国联军撤兵。

周赧王十三年（公元前 302 年）。秦王、魏王、韩太子韩婴会盟于临晋，（会盟完毕）韩太子韩婴绕道秦国的咸阳然后才回韩国；秦国归还了魏国的蒲阪。秦国有个大夫私下与楚国的太子横发生争斗，太子横乘机杀了他，逃回了楚国。

周赧王十四年（公元前301年）。秦国派一位名叫奂的庶长前去联合韩、魏、齐三国出兵征讨楚国，结果在重丘这个地方大败楚国军队，杀死楚将唐昧，于是占领重丘。

周赧王十六年（公元前299年），秦国出兵征讨楚国，攻取八座城池。秦王遣使送信给楚王，信中写道："当初我与你相约两国结为兄弟之邦，并在黄棘盟誓，派太子横到秦国作人质，双方相交关系融洽。谁知太子横却杀害了我的重臣，偷偷地逃回楚国。对此我十分恼怒，这才派兵攻打你的边境。现在又听说你让太子横到齐国去充当人质，请求和解。我秦国与你们楚国毗邻，并且结为儿女亲家。现如今要是秦、楚关系恶化，那么就无法施号令于其他国家。我希望与你在武关会面，当面誓约，结为同盟国，这才是我的真正愿望！"

【原文】

楚王患之，欲往，恐见欺，欲不往，恐秦益怒。昭雎曰："毋行而发兵自守耳！秦，虎狼也，有并诸侯之心，不可信也！"怀王之子子兰劝王行，王乃入秦。秦王令一将军诈为王，伏兵武关，楚王至则闭关劫之，与俱西，至咸阳，朝章台，如籓臣礼，要以割巫、黔中郡。楚王欲盟，秦王欲先得地。楚王怒曰："秦诈我，而又强要我以地！"因不复许，秦人留之。

蔺相如

周赧王十八年。楚怀王亡归。秦人觉之，遮楚道。怀王从间道走赵。赵主父在代，赵人不敢受。怀王将走魏，秦人追及之，以归。

十九年楚怀王发病，薨于秦，秦人归其丧。楚人皆怜之，如悲亲戚。诸侯由是不直秦。

【译文】

楚王十分担忧，去，怕掉入陷阱；不去，又恐怕秦国更加恼怒。大臣昭雎说："大王不能去，应该赶紧调兵坚守城池！秦国是虎狼之国，早就怀有吞并各国的野心，绝不能相信他们！"楚怀王的儿子子兰却劝怀王赴约，于是怀王前往秦国。秦王让一位将军假扮自己，在武关设重兵埋伏，等楚怀王一到便立即闭上关门，挟持他去到西边的咸阳，又命令怀王朝拜秦国的章台宫，行藩国使臣的礼节，并逼迫怀王割让巫郡和黔中郡两地给秦国。怀王要求履行盟誓，秦王却坚持让楚国先交割土地。楚怀王十分恼怒地斥责道："秦王欺骗了我，还想强行逼迫我割地！"因此不再答应。秦国便扣留了他。

周赧王十八年（公元前297年）。楚怀王从秦国逃了出来。结果被秦国人发觉，于是封锁了所有通往楚国的道路。楚怀王只好从小路逃到了赵国。当时正逢赵主父

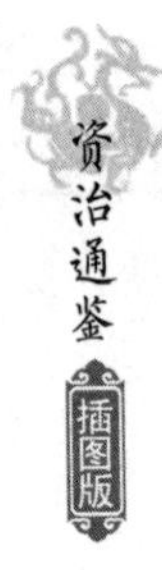

外出去了代郡，赵国的官员不敢自作主张收留他。楚怀王又想逃到魏国去，却被秦国人追上，抓回了秦国。

周赧王十九年（公元前296年）。楚怀王突发疾病，客死在秦国，秦国把他的灵柩送回楚国。楚国人见了都万分悲痛，像自己的亲人死去了一样。各国诸侯因此也开始对秦国不满。

【评析】

楚国楚怀王时期正是战国诸雄激烈争霸的时期。秦国在这些战争中显示出明显的优势，因此各个诸侯国多次联合起来对付秦国，历史上称之为“合纵”。秦国则千方百计地破坏其他诸侯国的联合，努力建立自己和单个诸侯的联合，历史上称为“连横”。楚怀王却在战斗中失败了，自己也客死秦国。楚国人非常悲愤，“楚虽三户，亡秦必楚”的说法就是由此而来的，意思是楚国哪怕只剩下三户人家，也发誓要灭亡秦国。

胡服骑射

【原文】

周赧王八年

赵武灵王北略中山之地，至房子，遂至代，北至无穷，西至河，登黄华之上。与肥义谋胡服骑射以教百姓，曰：“愚者所笑，贤者察焉。虽驱世以笑我，胡地、中山，吾必有之！”遂胡服。

国人皆不欲，公子成称疾不朝。王使人请之曰：“家听于亲，国听于君。今寡人作教易服而公叔不服，吾恐天下议己也。制国有常，利民为本；从政有经，令行为上。明德先论于贱，而从政先信于贵，故愿慕公叔之义以成胡服之功也。”公子成再拜稽首曰：“臣闻中国者，圣贤之所教也，礼乐之所用也，远方之所观赴也，蛮夷之所则效也。今王舍此而袭远方之服，变古之道，逆人之心，臣愿王熟图之也！”使者以报。

【译文】

周赧王八年（公元前307年）

赵武灵王向北征伐中山国，大军经过房子城，来到代地，再向北行至大漠中的无穷，向西攻至黄河，登临黄华顶峰。他与大臣肥义商量想让百姓穿胡人的短衣，学习骑马射箭，只听他说：“愚蠢的人会嘲笑我的举措，但聪明的人是可以理解的。即使全天下的人都嘲笑我，我也不会放弃，我相信一定能把北方胡人的领地和中山国都据为己有！”于是他带头改穿胡服。

国中的士人多数持反对意见，公子成也谎称有病，不来上朝。赵王便派人前去说服他说：“家事听命于父母，国政服从于国君。现在我向世人倡导改变服装，而如果叔父您不穿，我担心天下人会因此议论我徇私。治理国家遵从一定章法，以对百姓有利为根本；从事政务有一定常规，执行命令是最重要的。宣传道德要先从卑贱的下层开始，而推行政令必须先从贵族近臣做起，所以我希望能树立叔父您为榜样来实现改穿胡服的功业。”公子成又行稽首礼道：“我听说，中国是在古代圣贤的教化下，用礼乐仪制使远方国家前来朝拜，是让四方蛮夷学习效法的地方。现在君王您舍弃这些不顾，反而去仿效远方外国的服饰，这是擅改传统习俗、违背人心的举动，我希望您能慎重考虑。”使者把他的这番话报告给赵王。

赵武灵王胡服骑射

【原文】

王自往请之，曰：“吾国东有齐、中山，北有燕、东胡，西有楼烦、秦、韩之边。今无骑射之备，则何以守之哉？先时中山负齐之强兵，侵暴吾地，系累吾民，引水围鄗；微社稷之神灵，则鄗几于不守也，先君丑之。故寡人变服骑射，欲以备四境之难，报中山之怨。而叔顺中国之俗，恶变服之名，以忘鄗事之丑，非寡人之所望也！”公子成听命，乃赐胡服，明日服而朝。于是始出胡服令，而招骑射焉。

周赧王十六年。五月戊申，大朝东宫，传国于何。王庙见礼毕，出临朝，大夫悉为臣。肥义为相国，并傅王。武灵王自号“主父”。主父欲使子治国，身胡服，将士大夫西北略胡地。将自云中、九原南袭咸阳，于是诈自为使者，入秦，欲以观秦地形及秦王之为人。秦王不知，已而怪其状甚伟，非人臣之度，使人逐之；主父行已脱关矣，审问之，乃主父也。秦人大惊。

【译文】

赵王于是亲自前往，当面解释道：“我国东面有齐国、中山国，北面是燕国、东胡，西面有楼烦，与秦、韩两国毗邻。如果没有骑马射箭的武备，怎么能坚守得住呢？早先中山国仰仗齐国的强兵，侵犯我们领地，骚扰我们的子民，又引水围灌鄗城；如果不是祖先神灵保佑，恐怕鄗城几乎失守了，对此先王深以为耻。因此我决心改变服饰，学习骑射，想以此抵御四边的灾难，一雪中山国之耻。而叔父您却一味因循守旧，憎恶改变服装，这是已经忘记了鄗城的奇耻大辱，这并不是我所希望的呀！”公子成幡然悔悟，欣然从命，赵王亲自赐给他胡服，第二天他便穿着胡

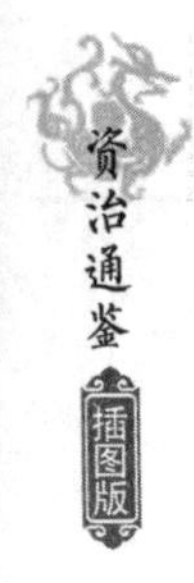

秦·盖鼎

服入朝。于是，赵王正式下令改穿胡服，并且力倡学习骑马射箭。

周赧王十六年（公元前299年）五月二十六日，赵王在东宫举行盛大朝会，把国君之位传给了赵何。赵何行罢祭祀宗庙的礼仪，登朝处理政事，他属下的大夫都成了朝廷大臣。又任命肥义为相国，并尊称为国君老师。赵武灵王自称“主父”。赵主父想让儿子在国中主事，而他则准备身穿胡服率领文臣武将前去攻打西北胡人领地。他计划从云中、九原等地开始向南袭击秦国的都城咸阳，于是他自己假装使者，前往秦国，想借机考察秦国地形以及秦王的为人。秦王没有察觉，事后觉得此人相貌伟岸不凡，有着臣子不具备的风度，便急忙派人去追赶，而此时赵主父一行已经出了秦国边关。经过一番盘问调查，秦国人才知道他就是赵主父。秦国人于是大惊失色。

【评析】

中原作为文明的中心，把周围的地方称作蛮夷之地，俗称“东夷、西戎、南蛮、北胡”。然而，赵武灵王毫不介意这些看法，只要是对自己的国家有帮助的，不管是哪里的习俗都可以拿来为自己所用，赵国后来的昌盛和这有很大的关系。

廉颇相如

【原文】

周赧王三十二年

赵王得楚和氏璧，秦昭王欲之，请易以十五城。赵王欲勿与，畏秦强；欲与之，恐见欺。以问蔺相如，对曰：“秦以城求璧而王不许，曲在我矣；我与之璧而秦不与我城，则曲在秦。均之二策，宁许以负秦。臣愿奉璧而往；使秦城不入，臣请完璧而归之。”赵王遣之。相如至秦，秦王无意偿赵城。相如乃以诈绐秦王，复取璧，遣从者怀之，间行归赵，而以身待命于秦。秦王以为贤而弗诛，礼而归之。赵王以相如为上大夫。

周赧王三十六年

秦王使使者告赵王，愿为好会于河外渑池。赵王欲毋行，廉颇、蔺相如计曰：“王不行，示赵弱且怯也。”赵王遂行，相如从。廉颇送至境，与王诀曰：“王行，度道里会遇之礼毕，还，不过三十日；三十日不还，则请立太子以绝秦望。”王许之。

【译文】

周赧王三十二年（公元前283年）

赵王得到了楚国的宝物和氏璧，秦昭王想拥有，提出用十五座城池来跟赵国交换。赵王不想给他，但又畏惧秦国的强大；想给他，又恐怕上当受骗。于是便前去征求蔺相如的意见，蔺相如回答说：“秦国用城池来换和氏璧而大王不同意，是我们理亏；我们给秦国和氏璧，但秦国不给我们城池，是秦国理亏。权衡这两种策略，我倒宁肯让秦国在道义上有负于我们。我愿意护送和氏璧前往，假如秦国不把城池交给我们，我保证能够完璧归赵。”赵王便派他前往。蔺相如到了秦国，看出秦王并不是真心用城池来换赵国的宝玉，他就哄骗秦王，从秦王手上取回了和氏璧，并让随从藏在怀中，从小路潜回了赵国，而他自己则留下来听任秦王处置。无奈之际，秦王只好盛赞蔺相如的贤能，不但没有杀他，反而以礼相待，放他回国。回到赵国，赵王便封蔺相如为上大夫。

完璧归赵

周赧王三十六年（公元前279年）。秦王遣使者告知赵王，表示愿意在黄河外的渑池与赵王举行和谈。赵王本不想赴会，但是廉颇、蔺相如建议道：“大王如果不去，就显得赵国懦弱而又胆怯。”赵王于是决定前往，由蔺相如做随行。廉颇送他们来到边境，与赵王告别时说：“大王这一去，估计加上赶路的时间，到会议仪式全部结束回来，前后不会超过三十天。如果超过三十天您还没有回来，那么请允许我们立太子为赵王，以断绝秦国的非分之想。”赵王准许。

【原文】

会于渑池。王与赵王饮，酒酣，秦王请赵王鼓瑟，赵王鼓之。蔺相如复请秦王击缶，秦王不肯。相如曰：“五步之内，臣请得以颈血溅大王矣！”左右欲刃相如，相如张目叱之，左右皆靡。王不怿，为一击缶。罢酒，秦终不能有加于赵；赵人亦盛为之备，秦不敢动。

赵王归国，以蔺相如为上卿，位在廉颇之右。廉颇曰：“我为赵将，有攻城野战之功。蔺相如素贱人，徒以口舌而位居我上。吾羞，不忍为之下！”宣言曰：“我见相如，必辱之！”相如闻之，不肯与会；每朝，常称病，不欲争列。出而望见，

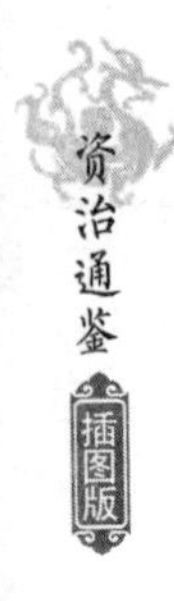

辄引车避匿。其舍人皆以为耻。相如曰："子视廉将军孰与秦王?"曰："不若。"相如曰："夫以秦王之威而相如廷叱之，辱其群臣。相如虽驽，独畏廉将军哉！顾吾念之，强秦所以不敢加兵于赵者，徒以吾两人在也。今两虎共斗，其势不俱生。吾所以为此者，先国家之急而后私仇也。"廉颇闻之，肉袒负荆至门射罪，遂为刎颈之交。

【译文】

渑池相会后，秦王与赵王饮酒，酒酣耳热，秦王让赵王为他表演鼓瑟助兴，赵王便演奏了。蔺相如也请秦王敲击瓦盆助兴，秦王却不肯。蔺相如厉声说道："在五步之内，我就可以血溅大王！"秦王左右的卫士想上前杀掉蔺相如，蔺相如怒目喝叱，左右人都畏缩不前。秦王只好极不情愿地敲了一下瓦盆。直到酒宴结束，秦国始终没能对赵国有什么非分之举。再加上赵国人也早有兵力防备，秦国到底也没敢轻举妄动。

秦·武士复原图

赵工顺利回国后，加封蔺相如为上卿，地位高于大将廉颇。廉颇不满道："我作为赵国的大将，有攻城略地的赫赫战功，而蔺相如本是下层小民，只凭口舌功夫就位居我之上，我感到非常羞耻，不甘心居于他之下！"便对人宣称："我遇到蔺相如，一定要当面羞辱他一番！"蔺相如知道后，便避免和他相遇。每逢上朝，常常称病不去，不和廉颇去争排列位次。出门在外，远远地望见廉颇的车驾，便令自己的车回避藏匿。蔺相如的门客都为此感到羞耻。蔺相如却对他们说："你们觉得廉将军的威严和秦王比怎么样?"都回答说："比不上。"蔺相如说："面对威风凛凛的秦王，我都敢在他的朝廷上叱责他，羞辱他的臣子。我蔺相如虽然愚鲁，难道就独独怕廉将军吗？我是考虑到，强横的秦国之所以还不敢大举入侵赵国，就是因为顾忌到我和廉将军在。现在我们两虎相争，必有一伤。我之所以避让，是先考虑到国家的利益而把个人的恩怨放在后边啊！"廉颇听说了这番话后十分惭愧，便赤裸着上身背负着荆条亲自到蔺相如府上来请罪，两人从此结为生死之交。

【评析】

战国后期，秦国已经成为诸侯国中最强大的一个，连续攻占了楚、魏、韩等国的大片国土。当时赵国因为有几个能征善战的良将守边，不断地抵抗秦军的进犯，使得秦军想消灭赵国的野心多次落空。这里最著名的就数廉颇和蔺相如了。他们一文一武，同心协力，使秦国占领赵国的计划没有得逞。

长平之战

【原文】

周赧王五十五年

秦左庶长王龁攻上党，拔之。上党民走赵。赵廉颇军于长平，以按据上党民。王龁因伐赵。

秦数败赵兵，廉颇坚壁不出。赵王以颇失亡多而更怯不战，怒，数让之。应侯又使人行千金于赵为反间，曰：“秦之所畏，独畏马服君之子赵括为将耳！廉颇易与，且降矣！”赵王遂以赵括代颇将。蔺相如曰：“王以名使括，若胶柱鼓瑟耳。括徒能读其父书传，不知合变也。”王不听。

初，赵括自少时学兵法，以天下莫能当；尝与其父奢言兵事，奢不能难，然不谓善。括母问其故，奢曰：“兵，死地也，而括易言之。使赵不将括则已；若必将之，破赵军者必括也。”及括将行，其母上书，言括不可使。王曰：“何以？”对曰：“始妾事其父，时为将，身所奉饭而进食者以十数，所友者以百数，王及宗室所赏赐者，尽以与军吏士大夫；受命之日，不问家事。今括一旦为将，东乡而朝，军吏无敢仰视之者；王所赐金帛，归藏于家，而日视便利田宅可买者买之。王以为如其父，父子异心，愿王勿遣！”王曰：“母置之，吾已决矣！”母因曰：“即如有不称，妾请无随坐。”赵王许之。

【译文】

周赧王五十五年（公元前260年）

秦国派左庶长王龁率兵进攻上党，攻破后，上党百姓被迫逃往赵国。赵国便派廉颇率军驻守在长平，以接应上党逃难的百姓。王龁于是就挥师讨伐赵国。

秦军屡屡打败赵军，廉颇便下令赵兵坚城固守。赵王以为廉颇损失惨重后更加胆怯，不敢迎战，愤怒之余，就多次斥责他。这时应侯范雎又派人带上千金去赵国施行反间计，到处散布谣言说：“秦国所畏惧的，只是马服君赵奢的儿子赵括做大将。廉颇极易对付，而且他也就快投降了！”赵王很快中计，任用赵括代替廉颇为大将。蔺相如劝阻道：“大王因为赵括有名望就重用他，这就像是粘住调弦的琴柱再弹琴呀！赵括只知道死读他父亲留下的兵书，而不知道在战场上随机应变。”赵王不听。

当初，赵括从小习读兵法时，就自以为天下无人能够与之相比；他曾经与父亲赵奢探讨兵法，赵奢也难不住他，但始终不肯说他有才干。赵括的母亲询问缘故，

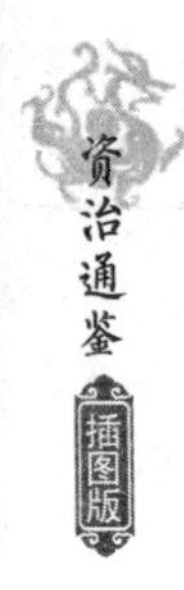

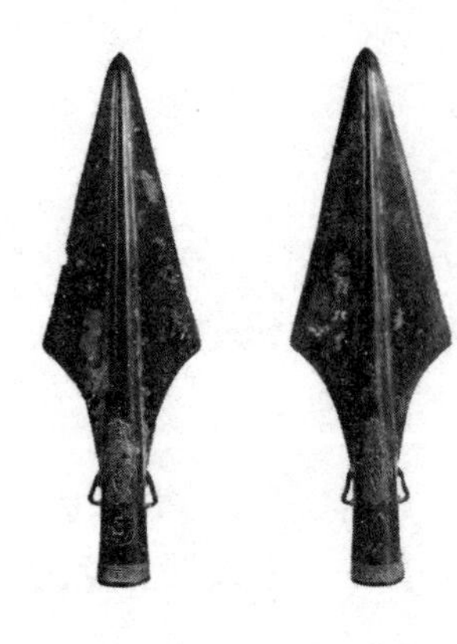

战国·蝉纹铜矛

赵奢说："领兵作战，是提着脑袋做事，而赵括谈起来却轻松自如。赵国不用他做大将也就罢了，假如一定要用他，那么灭亡赵军的必定是赵括。"待到赵括即将出发，他的母亲上书赵王，指明赵括不可重用。赵王问："为什么?"赵母回答道："当年我服侍赵括的父亲，他做大将的时候，亲自捧着饭碗前去招待的将士有数十位，他的朋友有数百人。大王和贵族宗室给他的赏赐，他全部都分发给手下将士；他自接受命令之日起，就不再过问家事。而赵括刚刚成为大将，就向东高坐，接受朝拜，大小军官没有人敢抬头正眼看他；大王赏给他的金银绢帛，全部都搬回家藏起来，每天只是忙于查看哪里有良田美宅可买的就买下。大王您以为他像他的父亲一样，其实他们父子是心思迥异的两个人，还望大王千万不要派他去!"赵王却说："老太太你不要再说了，我已经决定了!"赵括母亲因此说："万一赵括出了什么差错，我请求大王不要连累我治罪。"赵王同意了她的请求。

【原文】

秦王闻括已为赵将，乃阴使武安君为上将军而王龁为裨将，令军中："有敢泄武安君将者斩!"赵括至军，悉更约束，易置军吏，出兵击秦师。武安君佯败而走，张二奇兵以劫之。赵括乘胜追造秦壁，壁坚拒不得入；奇兵二万五千人绝赵军之后，又五千骑绝赵壁间。赵军分而为二，粮道绝。武安君出轻兵击之，赵战不利，因筑壁坚守以待救至。

秦王闻赵食道绝，自如河内发民年十五以上悉诣长平，遮绝赵救兵及粮食。齐人、楚人救赵。赵人乏食，请粟于齐，王弗许。周子曰："夫赵之于齐、楚，扞蔽也，犹齿之有唇也，唇亡则齿寒；今日亡赵，明日患及齐、楚矣。救赵之务，宜若奉漏瓮沃焦釜然。且救赵，高义也；却秦师，显名也；义救亡国，威却强秦。不务为此而爱粟，为国计者过矣!"齐王弗听。

九月，赵军食绝四十六日，皆内阴相杀食。急来攻垒，欲出为四队，四，五复之，不能出。赵括自出锐卒搏战，秦人射杀之。赵师大败，卒四十万人皆降。

武安君曰："秦已拔上党，上党民不乐为秦而归赵。赵卒反覆，非尽杀之，恐为乱。"乃挟诈而尽坑杀之；遗其小者二百四十人归赵。前后斩首虏四十五万人，赵人大震。

【译文】

秦王听说赵括已经升任为大将，便暗地里派武安君白起为上将军，而改王龁为副将，并在军中下令："有谁胆敢泄露白起为上将军的消息，一律处死!"赵括来到军中，全部废除原来的规定，更换军官，下令出兵攻打秦军。白起佯装战败逃走，却预先布置下两支奇兵准备截击。赵括不知中计，乘胜追击，直捣秦军营垒，秦军坚守不出，赵军无法攻克；这时，秦军的一支二万五千人的奇兵已经切断了赵军的后路，另外一支五千人的骑兵也堵截住赵军返回营垒的通道。赵军被一分为二，粮道也被断绝。武安君白起趁势下令精锐轻军前去袭击，赵军仓促提兵，迎战失利，只好坚筑营垒等待援兵。

秦王听说赵军的粮草通道已经被切断，便亲自到河内征发十五岁以上的男子全部调往长平，阻断赵国的救兵及粮运。齐国、楚国增援赵国，赵军缺乏粮草，请求齐国救济，齐王不同意。周子说："赵国对于齐国、楚国而言，是一道屏障，就像牙齿外面的嘴唇一样，唇亡则齿寒；今天赵国一旦灭亡，明天灾祸就会降临到齐国、楚国头上。因此救援赵国这件事，就应该像捧着漏瓦罐去浇烧焦了的铁锅那样，刻不容缓。更何况救援赵国表现出的是高尚的道义；抵抗秦军，更是显示威名的好事；必须主持正义救援亡国，以显示兵威击退强大的秦国。不为此事倾尽全力反而爱惜粮食，这样为国家谋划真是个大错！"齐王仍旧不听。

平原君赵胜

到了九月份，赵军已经断粮四十六天，赵军开始暗中互相残杀，互相吞食。赵括心急如焚，便下令赵军进攻秦军营垒，想派出四队人马，轮番进攻，但到第五次，仍无法突围出去。无奈，赵括亲自率领精兵上前肉搏，被秦兵射死箭下。赵军于是大败，四十万士兵全部投降秦国。

白起说："当初秦军已攻克上党，上党百姓却不愿归顺秦国而去投奔赵国。赵国士兵多反复无常，如果现在不全部杀掉，恐怕会有后患。"于是连哄带骗把赵国降兵全部活埋，只放出二百四十个年岁较小的回到赵国。前后共杀死赵兵四十五万人，赵国因此大为震惊。

【评析】

长平之战被评价为战国时期最惨烈的战斗，不是因为作战双方的勇敢，而是由于秦将白起的残忍。赵国派赵括带兵，一步步把整个赵国推向深渊，战败之后，四十万士兵全部投降，而白起使用奸计把赵国降兵全部活埋，只放出二百四十个年岁小的回到赵国，前后共杀死了四十五万人，赵国从此就衰落下去。

毛遂自荐

【原文】

周赧王五十七年

赵王使平原君求救于楚，平原君约其门下食客文武备具者二十人与之俱，得十九人，余无可取者。毛遂自荐于平原君。平原君曰："夫贤士之处世也，譬若锥之处囊中，其末立见。今先生处胜之门下三年于此矣，左右未有所称诵，胜未有所闻，是先生无所有也。先生不能，先生留！"毛遂曰："臣乃今日请处囊中耳！使遂蚤得处囊中，乃脱颖而出，非特其末见而已。"平原君乃与之俱，十九人相与目笑之。

平原君至楚，与楚王言合从之利害，日出而言之，日中不决。毛遂按剑历阶而上，谓平原君曰："从之利害，两言而决耳！今日出而言，日中不决，何也？"楚王怒叱曰："胡不下！吾乃与而君言，汝何为者也？"

【译文】

周赧王五十七年（公元前258年）

赵王派平原君前往楚国求援，平原君打算集合门下文武兼备的食客二十人同行，但是只挑到十九人，其他的人都不足取。就在这时，毛遂站出来亲自向平原君做自我推荐。平原君说："一个人的才能，就像把锥子放在囊中一样，它的尖锐之处，应该早就会显露出来，被人发现了。现在你在我的门下都有三年了，而左右并没有人夸赞过你，我也从没听说过你有什么才能。这说明你还是没有才能，所以你还是留下吧。"毛遂说："那现在就请您把我放到囊中去！假如早些把我放到袋子里，我也早就脱颖而出了。"平原君只得允许他一同前往，于是其余十九个人都嘲笑他。

战国・兵器

平原君一行到了楚国，和楚王谈合纵的好处以及不合纵的弊端，从早晨一直谈到中午，也没谈出个结果。于是毛遂手按长剑，快步登上台阶，对平原君说："合纵的利害关系，两句话就可以说清楚了，可是现在从日出开始到中午仍然没有结果，这到底是为什么呢？"楚王怒目呵斥道："赶紧下去！我正在和你的主人商谈，你上来做什么？"

【原文】

毛遂按剑而前曰："王之所以叱遂者，以楚国之众也。今十步之内，王不得恃楚国之众也！王之命悬于遂手。吾君在前，叱者何也？且遂闻汤以七十里之地王天下，文王以百里之壤而臣诸侯，岂其士卒众多哉？诚能据其势而奋其威也。今楚地方五千里，持戟百万，此霸王之资也。以楚之强，天下弗能当。白起，小竖子耳，率数万之众，兴师以与楚战，一战而举鄢、郢，再战而烧夷陵，三战而辱王之先人，此百世之怨而赵之所羞，而王弗之恶焉。合从者为楚，非为赵也。吾君在前，叱者何也？"

楚王曰："唯唯，诚若先生之言，谨奉社稷以从。"毛遂曰："从定乎？"楚王曰："定矣。"毛遂谓楚王之左右曰："取鸡、狗、马之血来！"毛遂奉铜盘而跪进之楚王曰："王当歃血以定从，次者吾君，次者遂。"遂定从于殿上。毛遂左手持盘血而右手招十九人曰："公等相与歃此血于堂下！公等录录，所谓因人成事者也。"平原君已定从而归，至于赵，曰："胜不敢相天下士矣！"遂以毛遂为上客。

【译文】

毛遂手按长剑，上前道："君王现在之所以叱骂我毛遂，无非就是仗着楚国人多。现在在十步以内，大王您就无法凭借人多势众的优势了。现在君王的性命就掌握在我的手中。我的主人在我面前，你呵斥什么？我听说商汤凭借方圆七十里的土地而称王天下，周文王凭借方圆百里的土地而称霸诸侯。这难道能说是仗着人数众多吗？说到底都是看准形势，发扬其威。现在楚国方圆五千里，拥有兵士百万余众，这是称霸于天下的资本。以楚国的强大，天下没有哪个国家能够相抗衡。但如今白起一个无名小卒，却敢率领数万人和楚国作对，一战就占领了楚国的鄢、郢，再战则烧毁了夷陵，三战焚烧了楚国的宗庙，这真是天大的仇恨，你难道就不感到羞耻吗？合纵联合就是为了楚国，并不是为了赵国的私利。我的主人在面前，你呵斥什么！"

战国·长柄豆

楚王说："是，是，正如先生所说，我现在就举国追随赵国而去。"毛遂说："您真的打算合纵了吗？"楚王说："我答应了。"毛遂于是便对楚王的左右近臣说："拿鸡、狗、马的血来。"毛遂双手捧着铜盘，跪着献给楚王说："君王您应该首先歃血为盟，其次才是我的主人，最后轮到我毛遂。"于是楚、赵两国就在大殿上定好了合纵之约。毛遂左手托着装血的铜盘，右手则向殿下的十九人招呼道："诸位就在殿下歃血吧！你们都是碌碌无为之辈，只能是所谓因人成事的人罢了。"平原君这次合纵成功，回到赵国以后说："我从现在开始，再也不敢胡乱品评人才了！"随即以毛遂为上宾。

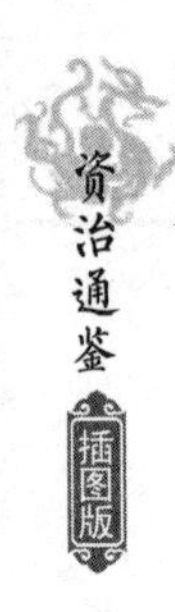

【评析】

毛遂自荐的故事发生在战乱纷飞的战国时期。毛遂是平原君手下的门客，一直都没有表现出什么特殊的才能，直到秦国包围了赵国的邯郸，平原君准备集合门下文武兼备的食客二十人向楚国求救的时候，才发现自己的手下还有这么一号人物，而且在谈判过程中起到了这么大的作用。

窃符救赵

【原文】

周赧王五十七年

于是楚王使春申君将兵救赵，魏王亦使将军晋鄙将兵十万救赵。秦王使谓魏王曰："吾攻赵，旦暮且下，诸侯敢救之者，吾已拔赵，必移兵先击之！"魏王恐，遣人止晋鄙，留兵壁邺，名为救赵，实挟两端。又使将军新垣衍间入邯郸，因平原君说赵王，欲共尊秦为帝，以却其兵。

齐人鲁仲连在邯郸，闻之，往见新垣衍曰："彼秦者，弃礼义而上首功之国也。彼即肆然而为帝于天下，则连有蹈东海而死耳，不愿为之民也！且梁未睹秦称帝之害故耳，吾将使秦王烹醢梁王！"新垣衍怏然不悦，曰："先生恶能使秦王烹醢梁王？"鲁仲连曰："固也，吾将言之。昔者九侯、鄂侯、文王，纣之三公也。九侯有子而好，献之于纣，纣以为恶，醢九侯；鄂侯争之强，辩之疾，故脯鄂侯；文王闻之，喟然而叹，故拘之牖里之库百日，欲令之死。今秦，万乘之国也；梁，亦万乘之国也。俱据万乘之国，各有称王之名，奈何睹其一战而胜，欲从而帝之，卒就脯醢之地乎！且秦无已而帝，则将行其天子之礼以号令于天下，则且变易诸侯之大臣，彼将夺其所不肖而与其所贤，夺其所憎而与其所爱，彼又将使其子女谗妾为诸侯妃姬，处梁之宫，梁王安得晏然而已乎！而将军又何以得故宠乎！"新垣衍起，再拜曰："吾乃今知先生天下之士也！吾请出，不敢复言帝秦矣！"

【译文】

周赧王五十七年（公元前258年）

（盟约签订后）楚王便派春申君黄歇领兵前去救赵国，魏王也派大将晋鄙率十万大军前来救赵国。这时秦王派使者对魏王说："我攻打赵国，早晚会攻下的，各诸侯国之中有谁敢来救援赵国，等我一灭了赵国，必定调动大军首先攻击它！"魏王害怕了，赶紧派人去让晋鄙停止前行，屯兵在邺城坚守，名义上是来救赵，实际上却是脚踏两只船。魏王还派将军新垣衍秘密潜入赵国邯郸，想通过平原君去劝说赵王，打算共同尊秦王为帝，以此来使秦国罢兵。当时齐人鲁仲连正好在邯郸，听说这事后，就来见新垣衍说：“那秦国是抛弃礼义伦常而崇尚杀人立功的国家。如果让这样的国家肆无忌惮地统治全天下，那我鲁仲连只有跳东海而死了，绝不会去做秦国的臣民！更何况，魏国还没有看到秦王称帝以后将给它带来的危害，我会让秦王把魏王煮成肉酱！”新垣衍怏怏不快地问道：“先生如何使秦王把魏王煮成肉酱呢？”鲁仲连说：“的确可以，不信听我慢慢讲来。当年九侯、鄂侯、文王三人是商纣王朝廷里的三公。九侯有个女儿，长得非常漂亮，于是将她献给纣王，纣王却非常厌恶她，因此就把九侯剁成了肉酱；鄂侯极力为九侯辩解，疾声鸣冤，所以他也被纣王做成了肉干；周文王听说后，只是慨然长叹，就也被拘押在牖里的仓库长达一百天，想让他也死掉。如今的秦国，是拥有万乘兵车的大国，魏国也是同样的大国，两国都拥有雄厚的国家实力，各自都有称王的名望，却为何看到秦国打了一次胜仗，就想听从它的指挥，尊奉秦王为帝，从而把自己置于被人宰割做成肉酱的境地呢！如果秦王未受到任何阻止而称帝，就将行施天子的礼仪，对天下各国发号施令，并且将调换各国君主的大臣，剥夺自己看不起的人的职位，转授给他所器重的人；他将剥夺自己憎恶的人的职位，转授给他所宠爱的人；他又将把秦国的女子和喜欢搬弄是非的妾姬，指令婚配给各国的君主。设想一下，这些人在大梁的后宫中，那魏王还能泰然处之吗？而将军您又有什么办法能保住自己在君主面前的旧日恩宠呢？”新垣衍听完后感到心惊胆战，起身拜了又拜，说道：“我今天才知道先生实在是天下的高人啊！我这就告辞回国，不会再提及尊秦为帝的话了。”

信陵君夷门访侯嬴

【原文】

初，魏公子无忌仁而下士，致食客三千人。魏有隐士曰侯嬴，年七十，家贫，为大梁夷门监者。公子置酒大会宾客，坐定，公子从车骑虚左自迎侯生。侯生摄敝衣冠，直上载公子上坐不让，公子执辔愈恭。侯生又谓公子曰：“臣有客在市屠中，愿枉车骑过之。”公子引车入市，侯生下见其客朱亥，睥睨，故久立，与其客语，微察公子，公子色愈和；乃谢客就车，至公子家。公子引侯生坐上坐，遍赞宾客，宾客皆惊。

及秦围赵，赵平原君之夫人，公子无忌之姊也，平原君使者冠盖相属于魏，让公子曰：“胜所以自附于婚姻者，以公子之高义，能急人之困也。今邯郸旦暮降秦而魏救不至，纵公子轻胜弃之，独不怜公子姊邪？”公子患之，数请魏王敕晋鄙令救赵，及宾客辩士游说万端，王终不听。

公子乃属宾客，约车骑百余乘，欲赴斗以死于赵；过夷门，见侯生。

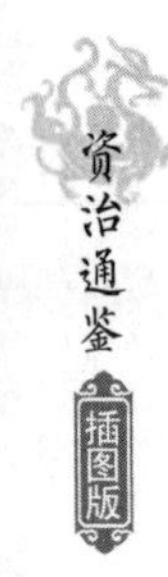

【译文】

起初，魏国的公子魏无忌为人仁厚而礼贤下士，门下供养了三千食客。魏国有个隐士名叫侯嬴，当时已经七十岁了，家中极度贫穷，在魏都大梁做夷门守门人。有一次，公子魏无忌召开盛大酒宴，宴请宾客，来客都已经坐好，魏无忌却吩咐手下准备车马，并虚空着左边的上位，亲自驾车去接侯嬴。侯嬴就随便穿戴着旧衣破帽，直接上了马车，昂然上坐，毫不谦让。魏无忌亲自驾车，更显得毕恭毕敬。半路上，侯嬴又对魏无忌说："我有个朋友是集市上的屠户，请让车子绕到他那里去一下。"魏无忌于是驾车进了集市，侯嬴下车去见朋友朱亥，故意长久地站在那里与他谈话；同时还偷偷地斜视魏无忌，只见魏无忌态度依然和颜悦色，于是就辞别朋友登上了马车，到了魏无忌的府第。魏无忌引侯嬴坐到上宾的位置上，并向所有宾客介绍称赞他，宾客们都（对魏无忌如此礼遇侯嬴）感到很惊讶。

战国·国子鼎

这时秦军围困赵国的首都邯郸，赵国平原君赵胜的夫人是魏无忌的姐姐，赵胜派到魏国求援的使者车马接连不断，赵胜因此指责魏无忌道："我赵胜之所以能与您结为姻亲，就是仰慕您的高尚人格以及能够急人之危的作风。可是现在邯郸早晚就要落入秦国手中，而魏国的救兵却迟迟不到，纵使您轻视我、鄙弃我，难道也不可怜您的姐姐吗？"魏无忌听后万分焦急，多次请求魏王命令大将晋鄙发兵救赵，还派门下能言善辩的宾客万般游说，但是魏王始终不为所动。无奈之下，魏无忌只好聚集门下宾客百余乘车马，准备赴赵国拼死相救。当他路过夷门时，见到侯嬴。

【原文】

侯生曰："公子勉之矣，老臣不能从！"公子去，行数里，心不快，复还见侯生。侯生笑曰："臣固知公子之还也！今公子无佗端而欲赴秦军，譬如以肉投馁虎，何功之有！"公子再拜问计。侯嬴屏人曰："吾闻晋鄙兵符在王卧内，而如姬最幸，力能窃之。尝闻公子为如姬报其父仇，如姬欲为公子死无所辞，公子诚一开口，则得虎符，夺晋鄙之兵，北救赵，西却秦，此五伯之功也。"公子如其言，果得兵符。

公子行，侯生曰："将在外，君令有所不受。有如晋鄙合符而不授兵，复请之，则事危矣。臣客朱亥，其人力士，可与俱。晋鄙若听，大善；不听，可使击之！"于是公子请朱亥与俱。至邺，晋鄙合符，疑之，举手视公子曰："吾拥十万之众屯于境上，今单车来代之，何如哉？"朱亥袖四十斤铁椎，椎杀晋鄙，公子遂勒兵下令军中曰："父子俱在军中者，父归；兄弟俱在军中者，兄归；独子无兄弟者，归养。"得选兵八万人，将之而进。

【译文】

侯嬴说："公子您就好自为之吧，我老了也不可能一同前往了！"魏无忌离去后，走了数里，心中始终闷闷不快，于是就又掉头去见侯嬴。侯嬴笑着说："我早就知道公子还会回来的！现在您没有任何办法而亲自去迎战秦军，这就好比是用肉去打饿虎，能有什么结果呢！"魏无忌于是下车再拜请教计策。侯嬴便让他屏退左右随从，悄声对他说道："我听说晋鄙的调兵兵符就在魏王的卧室里，如姬是他最宠爱的妃子，肯定有办法偷出来。我曾听说公子您帮如姬报过杀父之仇，如姬发誓愿意为您办事，万死不辞。现在只要公子一开口，马上就可以得到调兵的虎符，夺去晋鄙的兵权，北上救赵，西抗强秦，建立五霸的功业了。"魏无忌随即照他的办法去做，果真拿到了兵符。

临行前，侯嬴又对公子说："大将征战在外，君王的命令可以不听从。如果晋鄙以此合验兵符后仍不肯交出兵权，反而再向魏王请示，那事情就危险了。我的朋友朱亥是个勇士，可以与您一同前往。晋鄙如果听从，那最好不过。如果不听从，就可以让朱亥打死他！"于是魏无忌又去邀请朱亥同行。到了邺城，晋鄙合验过兵符后，仍表示怀疑，举手直视魏无忌说："我率领十万大军驻扎在边境上，而现在你只孤身单车前来替代我，到底是怎么回事呢？"这时朱亥立即从袖中取出四十斤重的铁椎，一下子就把晋鄙打死了。魏无忌于是整编军队，下令说："有父子两人都在军队中的，父亲可以回去；兄弟两人都在军队中的，哥哥可以回去；独子一个没有兄弟的，可以回去侍奉父母！"于是选定了八万士兵，挥师前进。

战国·绿松石镶嵌龙纹豆

【原文】

周赧王五十八年。魏公子无忌大破秦师于邯郸下，王龁解邯郸围走。郑安平为赵所困，将二万人降赵，应侯由是得罪。公子无忌既存赵，遂不敢归魏，与宾客留居赵，使将将其军还魏。赵王与平原君计，以五城封公子。赵王扫除自迎，执主人之礼，引公子就西阶。公子侧行辞让，从东阶上，自言罪过，以负于魏，无功于赵。赵王与公子饮至暮，口不忍献五城，以公子退让也。赵王以鄗为公子汤沐邑。魏亦复以信陵奉公子。公子闻赵有处士毛公隐于博徒，薛公隐于卖浆家，欲见之。两人不肯见，公子乃间步从之游。平原君闻而非之。公子曰："吾闻平原君之贤，故背魏而救赵。今平原君所与游，徒豪举耳，不求士也。以无忌从此两人游，尚恐其不我欲也，平原君乃以为羞乎？"为装欲去。平原君免冠谢，乃止。平原君欲封鲁连，使者三返，终不肯受。又以千金为鲁连寿，鲁连笑曰："所贵于天下之士者，为人排患释难解纷乱而无取也。即有取者，是商贾之事也，而连不忍为也！"遂辞

今读国学 周纪

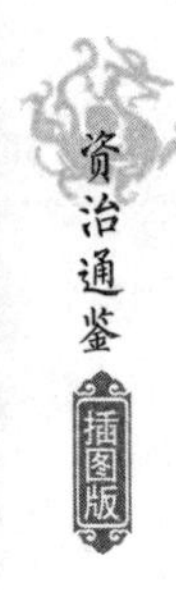

平原君而去，终身不复见。

【译文】

周赧王五十八年（公元前257年）。魏无忌率军在邯郸城下大破秦军，王龁从邯郸撤走围军。另有一秦将郑安平陷入赵军包围，于是率领二万秦军投降赵国，当初重用郑安平的范雎因此被秦王治罪。魏无忌解了赵国之围后，也不敢再回魏国去了，便与门客留在赵国居住，并派将军指挥魏国军队回国。赵王便与平原君赵胜商量，用五座城池来赐封魏无忌。赵王亲自参与布置打扫，并亲自前去迎接魏无忌，以主人的礼节相待，引他从西面台阶登上大殿。魏无忌侧着身子表示辞让，然后从降一等级的东面台阶走上，自己口中还不停地说着“罪过罪过，已经辜负了魏国，对赵国也没有什么功劳。”赵王与魏无忌饮酒一直到天黑，因为魏无忌坚持谦让，所以赵王始终不好意思把送给他五个城的事说出口。最后，赵王只把鄗城送给了魏无忌，作为汤沐邑。后来，魏国把魏无忌的原封地信陵送还给他。魏无忌听说赵国有个居士毛公隐匿在赌徒当中，还有个薛公隐居在卖酒之家，便想与他们会面。可是两人都不肯见他，魏无忌于是徒步前去拜访，并随同他们一起出游。平原君赵胜听说以后，很不以为然。

战国·高足敦

魏无忌便说：“我听说平原君是个贤德之人，所以才背弃了魏国前来援救赵国。现在看来你与一些人结交出游，只不过是显阔的举动，而不是为了遍访人才。我魏无忌跟随毛、薛二位贤士出游，心里还生怕他们不肯接纳我，可是平原君竟然认为这是羞耻！”于是魏无忌便整备行装，准备离开赵国。赵胜急忙摘下帽子上前谢罪，魏无忌这才留下。平原君又想对鲁仲连进行封赏，派使者三次前往，他都不肯接受。赵胜又派人送去千金为鲁仲连祝寿，鲁仲连笑着说：“天下名士的可贵之处，在于为别人排忧解难、解决纷乱而别无所求。如果有所图谋，那就是商人的作风了，而我鲁仲连是不会那样做的！”于是就告别平原君赵胜而离去，终生再也没来见过他。

【评析】

在信陵君窃符救赵整件事中，礼贤下士的魏公子信陵君，被太史公大加赞赏；足智多谋的侯嬴和力大无比的朱亥，被李太白赞为“千秋二壮士，显赫大梁城”；有义不帝秦、排解难事的鲁仲连，也是李太白钦佩的另一个侠士；还有知错就改的平原君赵胜。这些人物在那个战乱纷飞的时代，无不是重义轻利的侠义之辈。他们由于秦国围攻邯郸而卷进历史事件中去，最终凭着各个方面的努力，打击了秦国嚣张的气焰。反过来说，也正是他们在历史事件中脱颖而出的智慧和高尚的品质，使得自己留名青史。

秦纪

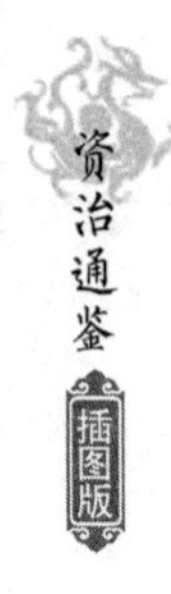

奇货可居

吕不韦像

【原文】

周赧王五十八年

秦太子之妃曰华阳夫人，无子；夏姬生子异人。异人质于赵；秦数伐赵，赵人不礼之。异人以庶孽孙质于诸侯，车乘进用不饶，居处困不得意。

阳翟大贾吕不韦适邯郸，见之，曰："此奇货可居!"乃往见异人，说曰："吾能大子之门。"异人笑曰："且自大君之门!"不韦曰："子不知也，吾门待子门而大。"异人心知所谓，乃引与坐，深语。不韦曰："秦王老矣。太子爱华阳夫人，夫人无子。子之兄弟二十余人，子傒有秦国之业，士仓又辅之。子居中，不甚见幸，久质诸侯。太子即位，子不得争为嗣矣。"异人曰："然则奈何?"不韦曰："能立适嗣者，独华阳夫人耳。不韦虽贫，请以千金为子西游，立子为嗣。"异人曰："必如君策，请得分秦国与君共之。"

不韦乃以五百金与异人，令结宾客。复以五百金买奇物玩好，自奉而西，见华阳夫人之姊，而以奇物献于夫人，因誉子异人之贤，宾客遍天下，常日夜泣思太子及夫人，曰："异人也以夫人为天!"夫人大喜。

【译文】

周赧王五十八年（公元前257年）

秦国太子的妃子称作华阳夫人，她没有儿子；太子另有一位夫人夏姬，她生有儿子，叫作异人。异人后来被派往赵国做人质，因为秦国多次攻打赵国，所以赵国人对他很不友善。又因为异人是秦王的庶孙，在诸侯国做人质，所以车马及日常供给都不很充盈，生活十分窘困，整天郁郁不得志。

阳翟有个叫吕不韦的大商人恰好去邯郸，听说异人这件事后，说："这是可以囤积起来卖个好价钱的奇货呀!"于是就前去拜见异人，游说道："我可以帮助您提高门第!"异人笑着说："你先提高您的门第再说吧!"吕不韦说："您不知道吧，我的门第需要靠您的门第来提高呀!"异人听出他话有所指，便邀请他一起坐下深谈。吕不韦说："秦王已经老了。太子宠爱华阳夫人，而华阳夫人却没有儿子。你们兄弟二十几人中，子傒是长子，有继承秦王的条件，况且又有士仓辅佐他。你排行居中，不太受人重视，又长久在外做人质。如果太子即位称秦王，你是很难争得继承人的地位的。”异人说：“那我该怎么办呢？”吕不韦说：“能够确立嫡子继承人的，独有华阳夫人。我吕不韦虽然不算富裕，但却愿意拿出千金为你到西边去游说，让她立您为继承人。”异人说：“如果真能照你说的那样，我愿意分享秦国与你共坐江山。”

吕不韦于是拿出五百金给异人，让他广泛结交天下宾客。又用五百金让他置买奇宝珍玩，由自己携带前去秦国。吕不韦先见到华阳夫人的姐姐，通过她把珍宝献给了华阳夫人，趁机赞誉异人很有贤德，宾客满天下，常常日夜哭泣着思念太子和华阳夫人，还说：“异人早已把夫人当作自己的上天！”华阳夫人听后大喜。

秦·斗兽纹镜

【原文】

不韦因使其姊说夫人曰：“夫以色事人者，色衰则爱驰。今夫人爱而无子，不以繁华时蚤自结于诸子中贤孝者，举以为适，即色衰爱驰，虽欲开一言，尚可得乎！今子异人贤，而自知中子不得为适，夫人诚以此时拔之，是子异人无国而有国，夫人无子而有子也，则终身有宠于秦矣。”夫人以为然，承间言于太子曰：“子异人绝贤，来往者皆称誉之。”因泣曰：“妾不幸无子，愿得子异人立以为子，以托妾身！”太子许之，与夫人刻玉符，约以为嗣，因厚馈遗异人，而请吕不韦傅之。异人名誉盛于诸侯。

吕不韦娶邯郸諸姬绝美者与居，知其有娠，异人从不韦饮，见而请之，不韦佯怒，既而献之，孕期年而生子政，异人遂以为夫人。邯郸之围，赵人欲杀之，异人与不韦行金六百斤予守者，脱亡赴秦军，遂得归。异人楚服而见华阳夫人，夫人曰：“吾楚人也，当自子之。”因更其名曰楚。

【译文】

吕不韦又通过华阳夫人的姐姐劝说华阳夫人道：“靠姿色侍奉别人，等到年老色衰后就会恩爱减弱。现在夫人虽受到了秦王的宠爱却没有儿子，不如趁着年华正盛早些在各个儿子中为自己选一个贤良孝顺的，推举他为嫡子。否则等到容貌不再、恩爱淡漠时，即便想开口说一句，也不可能做到了！现在异人贤德开明，自己又知道排行居中，做不了嫡子，夫人如果在这时候提拔他，异人就从无国变成了有国，而夫人也从无子变成了有子，便会终身得宠于秦国。”华阳夫人认为姐姐说得很对，便找个机会对太子说：“儿子异人贤明绝顶，南来北往的人都对他赞不绝口。”华阳夫人边说边哭道：“我不幸没有生下儿子，想把异人立作自己的儿子，以使后半辈子有个托付！”太子答应了她，还与华阳夫人刻下玉符，约定立异人为继承人，于是送给异人丰厚的财物，并请吕不韦辅佐他。异人的名誉声望从此在各诸

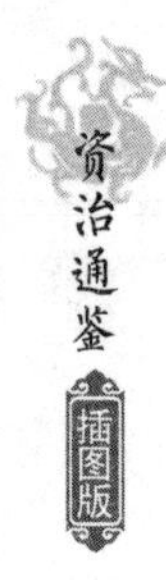

侯国盛传。

吕不韦娶了一位邯郸最美的女子，并与她同居，知道她有身孕后，一次，异人和吕不韦饮酒，见到了这位女子，便想占为己有。吕不韦假装愤怒，但没过多久还是将她献给了异人，这位女子怀孕快一年后生下个儿子，取名叫嬴政，异人于是把她立为正室夫人。后来邯郸被秦兵围困，赵国人想杀掉异人，异人与吕不韦用六百金买通看守，脱身逃到了秦军中，于是便得以回国。异人身穿楚国的服装前去拜见华阳夫人，夫人说："我是楚人啊！我把你当作自己的亲生儿子。"因此把异人的名字改为楚。

赵姬

【原文】

秦孝文王元年。子楚立，是为庄襄王。尊华阳夫人为华阳太后，夏姬为夏太后。秦庄襄王元年吕不韦为相国。以河南、洛阳十万户封相国不韦为文信侯。

秦庄襄王三年。五月，丙午，王薨。太子政立，生十三年矣，国事皆委于文信侯，号称仲父。

秦始皇帝九年。初，王即位，年少，太后时与文信侯私通。王益壮，文信侯恐事觉，祸及己，乃诈以舍人嫪毐为宦者，进于太后。太后幸之，生二子，封毐为长信侯，以太原为毐国，政事皆决于毐；客求为毐舍人者甚众。王左右有与毐争言者，告毐实非宦者，王下吏治毐。毐惧，矫王御玺发兵，欲攻蕲年宫为乱。王使相国昌平君、昌文君发卒攻毐，战咸阳，斩首数百；毐败走，获之。秋，九月，夷毐三族；党与皆车裂灭宗；舍人罪轻者徙蜀，凡四千馀家。迁太后于雍萯阳宫，杀其二子。下令曰："敢以太后事谏者，戮而杀之，断其四支，积于阙下！"死者二十七人。

【译文】

秦孝文王元年（公元前250年）。子楚继位，是为秦庄襄王。庄襄王尊奉嫡母华阳夫人为华阳太后，尊奉生母夏姬为夏太后。秦庄襄王元年（公元前249年）尊封相国吕不韦为文信侯，并且将河南洛阳十万户土地赐作他的封地。

秦庄襄王三年（公元前247年）。五月，庄襄王去世，太子嬴政继位。嬴政当时只有十三岁，所以一切国家大事都由文信侯吕不韦定夺，尊称他为"仲父"。

秦始皇九年（公元前238年）。当初，嬴政即位时年龄尚小，太后赵姬便时常与文信侯吕不韦私通。后来嬴政渐渐长大，吕不韦担心此事败露，会给自己招来祸患，便把自己的舍人嫪毐假充作宦官，进献给太后。太后非常宠幸嫪毐，还给他生了两个儿子，并封他为长信侯，把太原作为嫪毐国，朝政大事都由嫪毐说了算；因此宾客中请求做嫪毐舍人的人越来越多。嬴政身边有人曾与他发生过争执，所以就告发他并不是阉割过的宦官。嬴政于是便下令将嫪毐交给司法官吏治罪。嫪毐万分惊惧，便盗用御玺，假托秦王的命令调兵遣将，企图攻击嬴政居住的蕲年宫，制造叛乱。嬴政于是派相国昌平君、昌文君领兵前去讨伐嫪毐，双方在咸阳展开大战，叛军被斩杀了数百余众，嫪毐在兵败逃亡时被秦王的军队抓获。进入秋季，九月，嬴政下令诛灭嫪毐的父族、母族、妻族三族，并将嫪毐的党羽全都处以车裂，并且诛灭了这些党羽的宗族；嫪毐的舍人中因罪过较轻被放逐到蜀地的就有四千多家。同时还把太后迁移到了雍城的萯阳宫囚禁起来，杀了她与嫪毐所生的两个儿子。嬴政还下令说："有敢为太后的事对我进行劝谏的，一律斩首，砍断四肢，堆积在宫阙之下！"有二十七人死于这件事。

【原文】

齐客茅焦上谒请谏。王使谓之曰："若不见夫积阙下者邪？"对曰："臣闻天有二十八宿，今死者二十七人，臣之来固欲满其数耳。臣非畏死者也！"使者走入白之。茅焦邑子同食者，尽负其衣物而逃。王大怒曰："是人也，故来犯吾，趣召镬烹之，是安得积阙下哉！"王按剑而坐，口正沫出。使者召之入，茅焦徐行至前，再拜谒起，称曰："臣闻有生者不讳死，有国者不讳亡；讳死者不可以得生，讳亡者不可以得存。死生存亡，圣主所欲急闻也，陛下欲闻之乎？"王曰："何谓也？"茅焦曰："陛下有狂悖之行，不自知邪？车裂假父，囊扑二弟，迁母于雍，残戮谏士，桀、纣之行不至于是矣！令天下闻之，尽瓦解，无向秦者，臣窃为陛下危之！臣言已矣！"乃解衣伏质。王下殿，手自接之曰："先生起就衣，今愿受事！"乃爵之上卿。王自驾，虚左方，往迎太后，归于咸阳，复为母子如初。

【译文】

从齐国来的客卿茅焦通名进见秦王想实行劝谏。秦王嬴政派人告诉他说："你难道就没有看见那些堆积在宫阙之下的尸体吗？"茅焦回答道："我听说天上有二十八个星宿，现在已经死了二十七个人，我这次来原本就是为了凑够那二十八位数的。我可不是那种贪生怕死的人！"使者于是跑回去向嬴政汇报了茅焦的话。与茅焦住在一起的同乡因担心受到牵连，纷纷背负衣物家产四散逃亡去了。嬴政闻听使者的汇报后简直怒不可遏，说道："这个家伙，竟敢故意冒犯我，赶快取大锅来把他给煮杀了，看他还怎么为凑满二十八个星宿而堆尸在宫阙之下！"嬴政手按宝剑愤怒地坐在那里，口中唾沫星飞溅。即刻令使者召茅焦进见。茅焦缓缓走至嬴政面前，伏在地上拜了又拜然后起身，厉声说道："我听说有生命的人是不忌讳谈死亡的，有国家的人是不忌讳谈亡国的；忌讳死的人并不能维持生命，忌讳亡国的人也不能保证国家的长存。有关生死存亡的道理，那是圣明的君主所急于要了解的，陛下想不想听一听呢？"嬴政道："你到底要说什么啊？"茅焦说："陛下有狂妄悖理的行为，难道您自己就没有意识到吗？车裂假父，把两个弟弟装进囊袋中拷打致死，将母亲迁移并囚禁到雍城，还残杀了敢于进行劝谏的大臣，即使是夏桀、商纣王这样的暴君的行为也不至于残暴到这个地步吧！现在只要天下百姓听说这些暴

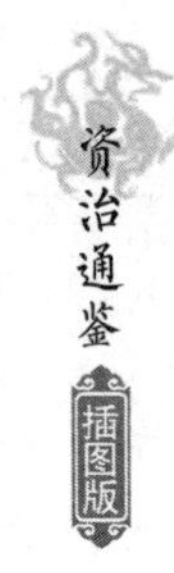

秦·彩绘牛马纹扁壶

行，人心便会全都涣散瓦解，恐怕没有人再向往秦国了，我私下里真替陛下担忧！我的话已经说完了！"说罢便解开衣服，伏身在刑具上，等待受刑。嬴政听后顿时醒悟，急忙下殿，亲自用手搀扶他说："请您起身穿好衣服，我现在愿意听从您的劝告！"于是就授予他上卿的爵位。嬴政随即亲自驾车，空出左边的尊位，前往雍城迎接太后返回都城咸阳，母子关系又和好如初。

【原文】

王以文信侯奉先王功大，不忍诛。

秦始皇帝十年。冬，十月，文信侯免相，出就国。

秦始皇帝十一年。文信侯就国岁余，诸侯宾客使者相望于道，请之。王恐其为变，乃赐文信侯书曰："君何功于秦，封君河南，食十万户？何亲于秦，号称仲父？其与家属徙处蜀！"文信侯自知稍侵，恐诛。

秦始皇帝十二年文信侯饮酖死，窃葬。其舍人临者，皆逐迁之。且曰："自今以来，操国事不道如嫪毐、不韦者，籍其门，视此！"

【译文】

嬴政因为吕不韦曾经侍奉先王功劳卓著，所以就不忍心将他处死。秦始皇十年（公元前237年）。十月，吕不韦被罢免了相国一职，被迫离开京城，到他的封地洛阳去。

秦始皇十一年（公元前236年），吕不韦返回封地一年多。在这期间，各诸侯国的宾客、使者纷纷前来邀请他，一时间来往车马络绎不绝，在路上首尾相望。嬴政于是深恐吕不韦会发生什么变故，便派人送信给他说："你对秦国有什么功劳呢？秦国封你在河南，享用十万户封地的俸禄？你与秦国有什么亲近的关系，而要称你为'仲父'？你还是携家眷迁往蜀地居住吧！"吕不韦自己也知道正在渐渐地遭受侵害逼迫，生怕被杀掉。

秦始皇十三年（公元前235年），吕不韦饮毒酒自杀身亡。他的家人偷偷地将他埋葬了。嬴政下令，吕不韦的家人凡是参加了哭吊的，一律驱逐、迁徙出境，并且还说："从今以后，把持国家政事的人凡是像嫪毐、吕不韦一样淫乱无道的，便将其家族的所有财产没收入库，照此执行！"

【评析】

吕不韦做的生意真是大手笔，竟然把国家命运和皇帝宝座当作自己的生意来做。令人佩服的是，他最后成功了，自己赚取的不仅是数不清的金银珠宝，还有无人能及的权势和地位。自己的私生子做了秦朝的皇帝，他成为中国的第一位皇帝，拥有整个天下。

李园乱楚

【原文】

秦始皇帝九年

楚考烈王无子，春申君患之，求妇人宜子者甚众，进之，卒无子。赵人李园持其妹欲进诸楚王，闻其不宜子，恐久无宠，乃求为春申君舍人。已而谒归，故失期而还。春申君问之，李园曰："齐王使人求臣之妹，与其使者饮，故失期。"春申君曰："聘入乎?"曰："未也。"春申君遂纳之。既而有娠，李园使其妹说春申君曰："楚王贵幸君，虽兄弟不如也。今君相楚二十余年而王无子，即百岁后将更立兄弟，彼亦各贵其故所亲，君又安得常保此宠乎！非徒然也，君贵，用事久，多失礼于王之兄弟，兄弟立，祸且及身矣。今妾有娠而人莫知，妾幸君未久，诚以君之重，进妾于王，王必幸之。妾赖天而有男，则是君之子为王也。楚国尽可得，孰与身临不测之祸哉！"春申君大然之。乃出李园妹，谨舍而言诸楚王。王召入，幸之，遂生男，立为太子。

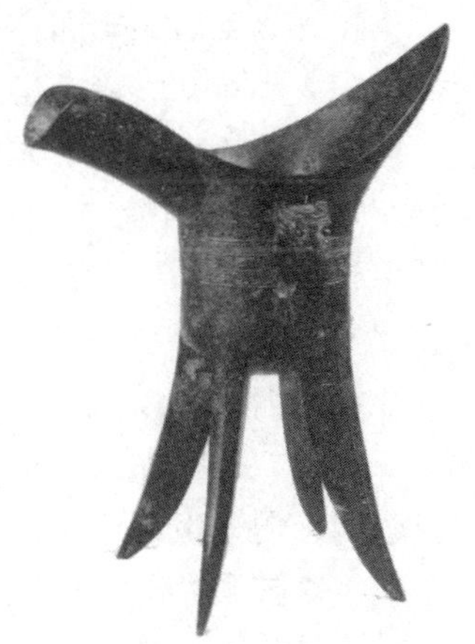

战国·索淇角

【译文】

秦始皇帝九年（公元前238年）

楚国的楚考烈王没有儿子，春申君对此十分忧虑，他遍寻众多能生育的妇女，进献给楚王，但是她们最终都没能为楚王生出儿子来。有个叫李园的赵国人带来了他的妹妹想进献给楚王，但听说楚王不能生儿子，便恐怕时间一长，自己的妹妹会失去楚王的宠爱。于是他请求侍奉春申君，做春申君的门人。没过多久，李园请假回赵国探亲，故意超过了期限才返回春申君处。春申君询问他原由，李园回答说："齐国国君派使者来求娶我的妹妹，我陪那使者饮酒，所以就误了归期。"春申君说："已经下过聘礼订婚了吗?"李园答道："还没有。"于是春申君便纳李园的妹妹为妾。不久，李园的妹妹就怀孕了，李园便让她妹妹去劝说春申君道："楚王非常宠信您，即使他的亲兄弟也比不上。现在您担任楚国的相国都有二十多年了，而楚王依旧没有儿子。照此情景，等他去世以后必将改立他的兄弟为国君，而新国君也必定要使他的旧亲信成为新贵，到那时您又如何能永保自己这种荣宠地位呢！不

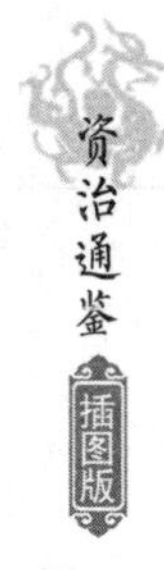

仅如此，因为您受楚王宠幸，长期执掌国事，肯定会对楚王的兄弟有过许多失礼之处，一旦他们登上王位，您就要面临杀身之祸。现在我怀有身孕的事情，还没有人知道，况且我受您宠爱时间还不长，假如以您的尊贵身份，把我进献给楚王，一定会受到他的恩宠。如果我托福于上天的恩赐生下一个男孩，那么将来继位为王的就是您的儿子了。得到楚国的全部，与在新君主的统治下面临难以预测的灾祸相比，哪一个结果更好呢？”春申君于是同意了，便将李园的妹妹送出府，安置在一个馆舍中住下，然后向楚王推荐她。楚王很快就召她入宫，并且对她百般宠爱。没过多久，李园的妹妹果然生下了个儿子，并被立为太子。

【原文】

李园妹为王后，李园亦贵用事，而恐春申君泄其语，阴养死士，欲杀春申君以灭口；国人颇有知之者。楚王病，朱英谓春申君曰：“世有无望之福，亦有无望之祸。今君处无望之世，事无望之主，安可以无无望之人乎！”春申君曰：“何谓无望之福？”曰：“君相楚二十余年矣，虽名相国，其实王也。王今病，旦暮薨，薨而君相幼主，因而当国，王长而反政，不即遂南面称孤，此所谓无望之福也。”“何谓无望之祸？”曰：“李园不治国而君之仇也，不为兵而养死士之日久矣。王薨，李园必先入，据权而杀君以灭口，此所谓无望之祸也。”“何谓无望之人？”曰：“君置臣郎中，王薨，李园先入，臣为君杀之，此所谓无望之人也。”春申君曰：“足下置之。李园，弱人也，仆又善之。且何至此！”朱英知言不用，惧而亡去。后十七日，楚王薨，李园果先入，伏死士于棘门之内。春申君入，死士侠刺之，投其首于棘门之外；于是使吏尽捕诛春申君之家。太子立，是为幽王。

【译文】

李园的妹妹成为王后以后，李园也跟着地位显赫起来，在朝廷当权主事。但是他又深怕春申君将他曾指使妹妹说过的话泄漏出去，便暗地里收养武士，想让他们去杀春申君以灭口。楚国人中有不少知道这件事情的。没过多久，楚王生病卧床。朱英便对春申君说：“世上有不期而遇的福气，也有不期而至的祸患。如今您处在变化不定的乱世之中，替喜怒无常的君王卖命，身边怎么能没有不期而至的人呢？”春申君问道：“什么叫作‘不期而遇的福气’呢？”朱英答道：“您担任楚国的相国二十多年了，虽然名义上是相国，但是实际上却已经相当于国君了。现在楚王病危，随时都有死去的可能，一旦病故，您就可以辅佐幼主，从而执掌国家大权，等到幼主成年后再还政于他，或者干脆就南面而坐，自称为王。这就是所谓的‘不期而遇的福气’了”。春申君又问道：“那什么是‘不期而至的祸患’呢？”朱英说：“李园虽然不治理国事，但是却是您的仇敌；不管理军务统领军队，却长期以来豢养一些勇武之人。这样一来，等到楚王一去世，李园必定会抢先进入宫廷篡权，并且杀您灭口。这就是所谓的‘未预料到而来的灾祸。’”春申君又问道：“这样说来，‘不期而至的人’又是怎么回事呢？”朱英回答：“您将我安排在郎中的职位上，等到楚王去世，李园抢先入宫时，我就先替您杀了他除掉后患。这就是所谓的‘不期而至的人’。”春申君说：“这些事您就不必过问了。李园是个生性软弱的人，况且我又对他很好，哪里会至于发展到如此地步呀！”朱英知道自己的建议不会被春申君采纳，而怕惹祸上身便先逃亡了。十七天后，楚王去世，李园果然抢先进宫，把他豢养的勇士设伏在棘门里面。等到春申君一进来，勇士们立即上前两面夹击，将他刺杀，并割下他的头颅扔到棘门外面；紧接着，李园又派出官吏诛杀了春申君的所有家人。随后，太子悍登基，就是幽王。

【评析】

俗话说：“防人之心不可无，害人之心不可有”，春申君聪明一世，糊涂一时，没想到一个小小的李园，却把他置于死地。当有心人向他提出警告的时候，他却一笑置之，最后不但相位不保，连身家性命也没有了。

荆轲刺秦

【原文】

秦始皇帝十五年

初，燕太子丹尝质于赵，与王善。王即位，丹为质于秦，王不礼焉。丹怒，亡归。

秦始皇帝十九年。燕太子丹怨王，欲报之，以问其傅鞠武。鞠武请西约三晋，南连齐、楚，北媾匈奴以图秦。太子曰：“太傅之计，旷日弥久，令人心惛然，恐不能须也。”顷之，将军樊於期得罪，亡之燕；太子受而舍之。鞠武谏曰：“夫以秦王之暴而积怒于燕，足为寒心，又况闻樊将军之所在乎！是谓委肉当饿虎之蹊也。愿太子疾遣樊将军入匈奴。”太子曰：“樊将军穷困于天下，归身于丹，是固丹命卒之时也，愿更虑之！”鞠武曰：“夫行危以求安，造祸以为福，计浅而怨深，连结一人之后交，不顾国家之大害，所谓资怨而助祸矣。”太子不听。

太子闻卫人荆轲之贤，卑辞厚礼而请见之。谓轲曰：“今秦已虏韩王，又举兵南伐楚，北临赵。赵不能支秦，则祸必至于燕。燕小弱，数困于兵，何足以当秦！诸侯服秦，莫敢合从。丹之私计愚，以为诚得天下之勇士使于秦，劫秦王，使悉反诸侯侵地，若曹沫之与齐桓公，则大善矣；不可，则因而刺杀之，彼大将擅兵于外而内有乱，则君臣相疑，以其间，诸侯得合从，其破秦必矣。唯荆卿留意焉！”荆轲许之。于是舍荆卿于上舍，太子日造门下，所以奉养荆轲，无所不至。及王翦灭赵，太子闻之惧，欲遣荆轲行。

【译文】

昭襄王十五年（公元前232年）

当初，燕太子丹曾经在赵国做过人质，与嬴政非常要好。后来嬴政即位之后，燕太子丹又在秦国做人质，嬴政这时却对他非常无礼。太子丹恼羞成怒，于是就从秦国逃跑回来了。

秦始皇十九年（公元前228年）。太子丹非常怨恨秦王，便想方设法予以报复，于是去问他的师傅鞠武。鞠武便让他向西联合韩、赵、魏三国，向南联合齐国和楚国，向北就和匈奴结交，以此强大联盟来抵抗秦国。太子丹说："师傅的计划，旷日持久，那样让人心都涣散了，恐怕还不能解决当前的问题。"没过多久，将军樊於期得罪了秦国，逃亡到了燕国。太子丹收留了他。鞠武劝谏太子道："像那残暴的秦王向来就对燕国积怨已深，本来已经够让人胆战心惊了，更何况再听说樊将军在这里呢？这简直是拿肉扔到饥饿的老虎跟前的路上啊！我希望太子还是赶紧把樊将军送到匈奴那里去吧！"太子回答道："樊将军已经走投无路到这种地步，所以才来归附我的，而我也正是用人的时候，希望您再考虑一下其他办法吧！"鞠武说："做危险的事情来企求安宁，用造祸的事情来企望降福，谋略浅薄以致于积怨加深，为了结交一个朋友而不顾国家的安危，这就是所谓的增加怨愤而助长灾祸啊！"太子丹并没有听从他的意见。

太子丹听说卫国有个荆轲是个贤士，便谦卑地备厚礼前去拜访他。太子丹对荆轲说："如今秦国已经俘虏了韩国国君，现又举兵攻打楚国，并向北方入侵赵国。赵国如果抵挡不住秦国的进攻，那么灾祸必然降临到燕国头上。我们燕国势单力薄，几次打仗都没有取得过胜利，更不用说对付秦国这样的虎狼之师了！而各诸侯国又一心归附秦国，没有哪个敢合纵抗秦的。我这个人生性愚钝，谋略也不是很好，我真心希望能够得到一位勇士出使秦国从而劫持秦王，逼迫他悉数归还各国的土地，如果能够像当年曹沫劫持齐桓公那样当然最好。如果不行就干脆刺杀他，秦国的大将都领兵在外，因而必定会有内乱，于是就会君臣相疑，再从中施行离间，到那时候各国再联合起来，攻破秦国就指日可待了！您认为这个谋划怎么样？"荆轲同意了。于是太子丹招待荆轲住进了最上等的馆舍，太子每天都亲自到馆舍进行拜访，凡是用来招待奉养荆轲的，没有不尽善尽美的。等到王翦灭了赵国，太子丹听说后惊惧不已，于是便想送荆轲前行。

秦·阳陵虎符

【原文】

荆轲曰："今行而无信，则秦未可亲也。诚得樊将军首与燕督亢之地图，奉献秦王，秦王必说见臣，臣乃有以报。"太子曰："樊将军穷困来归丹，丹不忍也！"

荆轲乃私见樊於期曰："秦之遇将军，可谓深矣，父母宗族皆为戮没！今闻购将军首，金千斤，邑万家，将奈何？"於期太息流涕曰："计将安出？"荆卿曰："愿得将军之首以献秦王，秦王必喜而见臣，臣左手把其袖，右手揕其胸，则将军之仇报而燕见陵之愧除矣！"樊於期曰："此臣之日夜切齿腐心也！"遂自刎。太子闻之，奔往伏哭，然已无奈何，遂以函盛其首。太子豫求天下之利匕首，使工以药焠之，以试人，血濡缕，人无不立死者。乃装为遣荆轲，以燕勇士秦舞阳为之副，使入秦。

秦始皇帝二十年，荆轲至咸阳，因王宠臣蒙嘉卑辞以求见，王大喜，朝服，设九宾而见之。荆轲奉图而进于王，图穷而匕首见，因把王袖而揕之；未至身，王惊起，袖绝。荆轲逐王，王环柱而走。

【译文】

荆轲说："我现在前往秦国，但没有能让秦王信任我的理由，这样就未必能接近秦王。如果能得到樊将军的头颅和燕国督亢的地图奉献给秦王，那么秦王必定很乐意召见我，到那时我才能够刺杀他以回报您。"太子丹说："樊将军在走投无路的时候前来投奔我，我实在是不忍心杀他啊！"荆轲于是私下里会见了樊於期说道："秦国对待将军您，可以说是残酷到了极点，您的父母、宗族都被诛杀或没收为官奴！现在听说秦国正在悬赏千斤黄金、万户封地购买您的头颅，您有什么打算？"樊於期痛哭流涕地说道："我能有什么办法呢？"荆轲说："我希望能得到将军您的头颅献给秦王，秦王见此一定会非常高兴地召见我，到那时我就左手拉住他的袖子，右手持匕首直刺他的胸膛。这样一来，不但您的深仇大恨可以报了，而且就连燕国遭受欺凌的耻辱也可以消除了！"樊於期说："这正是我日思夜想切齿烂心地渴求实现的事情啊！"当即拔剑自刎。太子丹闻讯急奔过来，伏在樊於期的尸体上大哭，但也无可奈何，于是就让人用匣子盛装起樊於期的头颅。在这之前，太子丹已经预先求取到了天下最锋利的匕首，并让工匠把匕首烧红浸入毒药之中，又拿这染毒的匕首试着刺人，只需渗出一丁点儿血，人就没有不立即毙命的。于是便准备行装送荆轲出发，又派燕国的勇士秦舞阳当他的副手，二人作为使者一同前往秦国。

秦始皇二十年（公元前227年）。荆轲一行抵达秦国的都城咸阳，通过秦王嬴政的宠臣蒙嘉，以谦卑的言辞得以求见秦王。秦王嬴政大喜过望，特意穿上君臣朝会时的礼服，安排朝会大典接见荆轲。荆轲手捧地图进献给秦王，等到图卷全部展开，匕首就出现了，荆轲于是趁势抓住秦王的袍袖，举起匕首刺向他的胸膛。但是还未等荆轲近前，秦王嬴政已经惊恐地一跃而起，挣断了袍袖。荆轲于是追逐秦王，秦王则环绕柱子奔跑。

秦·铜戈

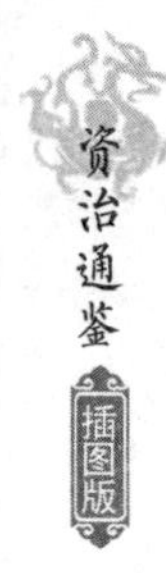

【原文】

群臣皆愕，卒起不意，尽失其度。而秦法，群臣侍殿上者不得操尺寸之兵，左右以手共搏之，且曰："王负剑！负剑！"王遂拔以击荆轲，断其左股。荆轲废，乃引匕首擿王，中铜柱。自知事不就，骂曰："事所以不成者，以欲生劫之，必得约契以报太子也！"遂体解荆轲以徇。王于是大怒，益发兵诣赵，就王翦以伐燕，与燕师、代师战于易水之西，大破之。

臣光曰：燕丹不胜一朝之忿以犯虎狼之秦，轻虑浅谋，挑怨速祸，使召公之庙不祀忽诸，罪孰大焉！而论者或谓之贤，岂不过哉！

荆轲怀其豢养之私，不顾七族，欲以尺八匕首强燕而弱秦，不亦愚乎！故扬子论之，以要离为蛛蝥之靡，聂政为壮士之靡，荆轲为刺客之靡，皆不可谓之义。又曰："荆轲，君子盗诸！"善哉！

【译文】

战国·铜镜

这时，殿上的群臣都惊愕了，事情发生得太出人意料了，群臣全都失去了常态，不知所措。因为秦国的法律规定，在殿上侍从的群臣不得携带任何武器。因此群臣便徒手上前与荆轲搏斗，并喊道："大王，把剑推到背上！"于是秦王嬴政便将剑推到了背上，并使剑套倾斜，剑柄向前，随即拔出剑来回击荆轲，砍断了他的左大腿。荆轲肢体残废后无法再追秦王，便拿匕首向秦王投掷过去，但却只击中了铜柱。荆轲知道行刺的事情已经无法完成，于是就大骂道："这件事之所以没能成功，就是因为想活捉你然后逼迫你订立契约，归还你所兼并的土地，以此来回报燕太子丹啊！"荆轲很快被分尸示众。秦王为此勃然大怒，随即增派军队去到赵国，和王翦的大军一起攻打燕国。秦军与燕军和代王的军队在易水以西展开激战，不久便大败燕、代之兵。

臣司马光认为：燕太子丹不能忍受一时的激忿而去冒犯如狼似虎的秦国，这样考虑事情太过轻率，谋划太过浅薄，以至于挑起怨愤，加速了灭亡的灾祸，使供奉燕国始祖召公的宗庙祭祀忽然被中断，恐怕没有比这更大的罪过了！而有的人还把燕太子丹评论成是德才兼备的人，这岂不是太过分了吗？

荆轲怀着报答太子丹豢养的私情，却不顾及全家七族之人都会因此遭受牵连，一心想要用一把短小的匕首使燕国强大、秦国削弱，这难道不是愚蠢至极吗！所以扬雄会对此做如下评论：要离的死是蜘蛛、蝥虫之死，聂政的死是壮士之死，荆轲的死是刺客之死，这些都不能称作"义"。他又说："荆轲，用君子的道德观念来衡量，其实就是盗贼之辈！"此话说得实在太好了！

【评析】

"有上勇者，有中勇者，有下勇者"，自古以来，我国就非常崇尚勇士，特别是在春秋战国的乱世之中，总会有草莽英雄出来，解救天下于倒悬。为此，司马迁曾在《史记》中专门把荆轲、侠累、专诸、聂政、豫让等几位侠客的英雄事迹记录了下来，并专门写了《刺客列传》来纪念他们。其中，荆轲是最受司马迁欣赏的刺客，专门为荆轲写了列传。荆轲是一个刺客，而且是最闻名于后世的刺客。随着秦的统一，荆轲的事迹成了仗剑而行者最后的挽歌，弥漫着浓厚的悲伤情调。

大泽起义

【原文】

秦二世皇帝元年

秋，七月，阳城人陈胜、阳夏人吴广起兵于蕲。是时，发闾左戍渔阳，九百人屯大泽乡，陈胜、吴广皆为屯长。会天大雨，道不通，度已失期。失期，法皆斩。陈胜、吴广因天下之愁怨，乃杀将尉，召令徒属曰；“公等皆失期当斩，假令毋斩，而戍死者固什六七。且壮士不死则已，死则举大名耳！王侯将相宁有种乎！”众皆从之。

陈胜

乃诈称公子扶苏、项燕，为坛而盟，称大楚；陈胜自立为将军，吴广为都尉。攻大泽乡，拔之。收而攻蕲，蕲下。乃令符离人葛婴将兵徇蕲以东，攻铚、酂、苦、柘、谯，皆下之。行收兵，比至陈，车六七百乘，骑千馀，卒数万人。攻陈，陈守、尉皆不在，独守丞与战谯门中，不胜；守丞死，陈胜乃入据陈。

【译文】

秦二世元年（公元前209年）

刚刚入秋，七月，阳城人陈胜、阳夏人吴广在蕲县聚众起义。当时，秦王朝征召闾左一带的贫民百姓赶往渔阳戍边，这九百人中途屯驻在大泽乡，陈胜、吴广均被指派为屯长。当时刚好赶上天降大雨，道路泥泞不通，他们推测已经无法按规定的期限赶到渔阳防地。而按秦朝的法令规定，延误戍期，将一律问斩。于是陈胜、吴广便趁着天下百姓长期遭受压榨、对秦王积怨很深之际，杀掉了前来押送他们的将尉，召集戍卒号令说：“你们已经延误了戍期，按照秦法当被斩首。即使不被斩首，但因长久在外戍边而死去的人也要占到十之六七。那么壮士不死则已，要死就要图大事！王侯将相难道是天生的吗？”众人听后全都积极响应。

陈胜、吴广于是便假称是已死的扶苏和已故楚国的大将项燕的部下，培土筑坛，

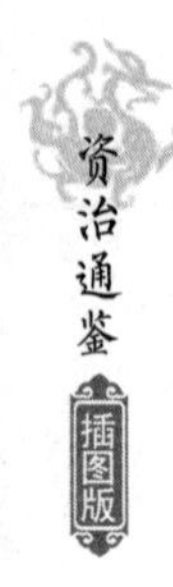

登到上面盟誓，号称“大楚”。陈胜自立为将军，吴广为都尉。起义军随即攻破大泽乡，接着又招收义兵扩军，进攻蕲。起义军攻陷蕲后，随即令符离人葛婴领兵攻掠蕲以东的地区，相继进攻铚、酂、苦、柘、谯等地，全都攻了下来。义军沿路不断招兵买马，等到到达陈地时，起义军已经有战车六七百辆，骑兵千余人，步兵数万人，当起义军攻打陈城时，郡守和郡尉都不在，只有留守的郡丞在谯楼下的城门中迎击义军，陈地的官兵没能取胜，郡丞被打死；陈胜于是率领义军入城，占据陈地。

【原文】

初，大梁人张耳、陈馀相与为刎颈交。秦灭魏，闻二人魏之名士，重赏购求之。张耳、陈馀乃变名姓，俱之陈，为里监门以自食。里吏尝以过笞陈馀，陈馀欲起，张耳蹑之，使受笞。吏去，张耳乃引陈馀之桑下，数之曰：“始吾与公言何如？今见小辱而欲死一吏乎！”陈馀谢之。陈涉既入陈，张耳、陈馀诣门上谒。陈涉素闻其贤，大喜。陈中豪杰父老请立涉为楚王，涉以问张耳、陈馀。耳、馀对曰：“秦为无道，灭人社稷，暴虐百姓。将军出万死之计，为天下除残也。今始至陈而王之，示天下私。愿将军毋王，急引兵而西。遣人立六国后，自为树党，为秦益敌。敌多则力分，与众则兵强。如此，则野无交兵，县无守城，诛暴秦，据咸阳，以令诸侯。诸侯亡而得立，以德服之，如此则帝业成矣。今独王陈，恐天下懈也。”陈涉不听，遂自立为王，号“张楚”。

秦·驭手俑

当是时，诸郡县苦秦法，争杀长吏以应涉。谒者从东方来，以反者闻。二世怒，下之吏。后使者至，上问之，对曰：“群盗鼠窃狗偷，郡守、尉方逐捕，今尽得，不足忧也。”上悦。

【译文】

当初，大梁人张耳、陈馀相约结为刎颈之交。秦国灭魏国时，听说魏国有这两个名士，便悬重金通缉他们。张耳、陈馀于是改名换姓，一起隐匿到陈地，充任里门看守以养家糊口。管理里巷的官吏曾经因陈馀出了点小差错而鞭笞他，陈馀想与那官吏抗争，张耳却暗中踩他的脚，暗示让他接受鞭笞。等到那个小官离去后，张耳便将陈馀拉到桑树下，数落他道：“当初我是怎么跟你说的？如今遇到一点小侮辱，就想跟一个小官吏拼命！”陈馀于是为此道歉。等到陈胜率义军进驻陈地，张耳、陈馀便前往陈胜的驻地通名求见。陈胜平素听说他俩很贤能，所以见到他们后非常高兴。恰巧陈地中有声望的地方人士和乡官父老联名请求立陈胜为楚王，陈胜就拿这件事来征求张耳、陈馀的意见。二人回答道：“秦王朝暴虐无道，毁灭别人的国家，欺凌百姓。如今将军您冒万死的危险起兵反抗的目的，不就是要为天下百姓除害吗？现在您才刚刚到达陈地就要称王，是向天下人昭示您的私心。因此希望您不要急于称王，而应该火速领兵向西，派人去扶持六国国君的后裔，好替自己培植党羽，从而为秦王朝增树敌人。秦朝的敌人多了，那么兵力就会分散，大楚联合的国家多了，兵力就自然会强大。这样一来，在野外军队无需交锋，在县城没有兵丁为秦守城。便可以一举铲除残暴的秦政权，占领咸阳，发号施令于各诸侯国。等到灭亡的诸侯国得到复兴，您再施行德政使他们归服，您的帝王大业就可以完成了！如今你在一个陈县就称王，恐怕会使天下人的斗志因此松懈。”可是陈胜并没有采纳他们的意见，马上自立为楚王，号称“张楚”。

在当时，各郡县的百姓都苦于秦朝法令的残酷苛刻，因此争相诛杀当地官吏，以响应陈胜。秦王朝的宾赞官谒者从东方返回朝廷，把反叛的情况上奏给秦二世。秦二世听后勃然大怒，当即将谒者交给司法官吏问罪。这样，后来回来的使者，当二世向他们询问情况时，他们便回答道：“一群盗贼不过是鼠窃狗偷之辈，郡守、郡尉正在对他们进行追捕，现在都已经全部抓获，不值得为此担忧了。”秦二世于是颇为高兴。

【评析】

秦朝末年，秦始皇的小儿子胡亥继位，对百姓变本加厉地剥削，终于导致了历史上第一次农民起义的发生，这就是陈胜、吴广起义。他们二人本是一无所有的贫苦农民，后来率领自己的同伴开始反抗无道的秦朝。他们的揭竿而起，犹如燎原之火，点燃了秦末农民起义之原。

斩蛇起义

【原文】

秦二世皇帝元年

刘邦

刘邦，字季，为人隆准、龙颜，左股有七十二黑子。爱人喜施，意豁如也。常有大度，不事家人生产作业。初为泗上亭长，单父人吕公，好相人，见季状貌，奇之，以女妻之。

既而季以亭长为县送徒骊山，徒多道亡。自度比至皆亡之，到丰西泽中亭，止饮，夜，乃解纵所送徒曰：“公等皆去，吾亦从此逝矣！”徒中壮士愿从者十余人。

刘季被酒，夜径泽中，有大蛇当径，季拔剑斩蛇。有老妪哭曰：“吾子，白帝子也，化为蛇，当道；今赤帝子杀之！”因忽不见。刘季亡匿于芒、砀山泽岩石之间，数有奇怪；沛中子弟闻之，多

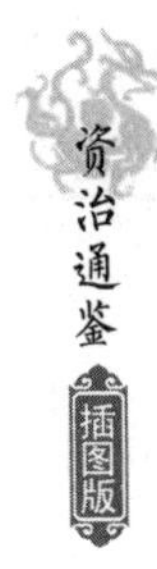

欲附者。

【译文】

秦二世皇帝元年（公元前209年）

刘邦，字季，长着高鼻梁、眉骨突起像龙额，左大腿上有七十二颗黑痣。对人友爱仁慈，乐施好善，心胸宽广；素来就有远大的抱负，不安于从事平民百姓的田间劳作。当初，刘邦担任泗水亭长，单父县有个吕公，善于给人看相，看了刘邦的形状容貌，觉得很不寻常，便将自己的女儿嫁给了他。

萧何

没过多久，刘邦以亭长的身份奉县里委派遣送被罚服营建劳作的夫役到骊山去，途中有许多夫役都逃亡了。刘邦据此推断等到骊山时人估计都跑光了，于是便在行至丰乡西面的泽中亭后，停下来歇息喝酒，到了晚上就释放所送的夫役，跟他们说："你们都走吧，我也要从此逃命去了！"夫役中年轻力壮的汉子愿意跟随他的有十余人。

刘邦喝醉了酒，夜间从小道走进了沼泽地里，前面有一条大蛇挡在道上，他当即拔剑斩杀了大蛇。这时有一位老妇人哭着说："我的儿子是白帝的儿子啊，化作蛇，挡在小道上，如今却被赤帝的儿子杀了！"说罢就忽然消失不见了。刘邦随后逃亡、隐匿在芒、砀的山泽中，这山泽中于是常常发生许多怪异的事情；沛县里的年轻人听说后，大多想前去归附他。

【原文】

及陈涉起，沛令欲以沛应之。掾、主吏萧何、曹参曰："君为秦吏，今欲背之，率沛子弟，恐不听。愿君召诸亡在外者，可得数百人，因劫众，众不敢不听。"乃令樊哙召刘季。刘季之众已数十百人矣；沛令后悔，恐其有变，乃闭城城守，欲诛萧、曹。萧、曹恐，逾城保刘季。刘季乃书帛射城上，遗沛父老，为陈利害。父老乃率子弟共杀沛令，开门迎刘季，立以为沛公。萧、曹等为收沛子弟，得三千人，以应诸侯。

【译文】

等到陈胜起兵，沛县的县令打算举城响应，但主吏萧何、狱掾曹参却说："您身为秦朝官吏，如今想要背叛朝廷，就这样来率领沛县的青年，恐怕他们不会听从您的命令。我希望您能把那些逃亡在外的人召集起来，这样就可得到数百人，借此壮大声势、威胁大众，众人便不敢不听从了。"县令于是便令樊哙前去召刘邦来见，这时候刘邦的手下已经有百十来号人了。县令事后感到很懊悔，深恐召刘邦等人前来会发生什么变故，于是就下令紧闭城门，固守城池，并准备诛杀萧何、曹参。萧何、曹参二人惊恐万分，翻过城墙去投奔刘邦以获得保护。刘邦于是在绸绢上写了一封信，用箭射到城墙上，送给了沛县的父老乡亲，具体陈述了其中利害。

于是，父老乡亲们便率领年轻人一起杀死了县令，大开城门迎接刘邦部众，尊立他为“沛公”。萧何、曹参替刘邦招募沛县青年，得到兵丁三千人，以此响应诸侯联合抗秦。

【评析】

斩蛇起义，说的就是刘邦在陈胜、吴广揭竿而起之后，率领一帮人马参加反抗暴秦战争的事情。由于刘邦最后战胜了其他各路人马，建立了辉煌的大汉王朝，因此，根据中国的传统说法，人们把他的出身解说得奇异一些，所以就有赤帝儿子斩杀白帝儿子的传说。

破釜沉舟

【原文】

秦二世皇帝二年

章邯已破项梁，以为楚地兵不足忧，乃渡河，北击赵，大破之。引兵至邯郸，皆徙其民河内，夷其城郭。张耳与赵王歇走入巨鹿城，王离围之。陈馀北收常山兵，得数万人，军巨鹿北。章邯军巨鹿南棘原。赵数请救于楚。

高陵君显在楚，见楚王曰：“宋义论武信君之军必败，居数日，军果败。兵未战而先见败徵，此可谓知兵矣！”王召宋义与计事而大说之，因置以为上将军，项羽为次将，范增为末将，以救赵。诸别将皆属宋义，号为“卿子冠军”。

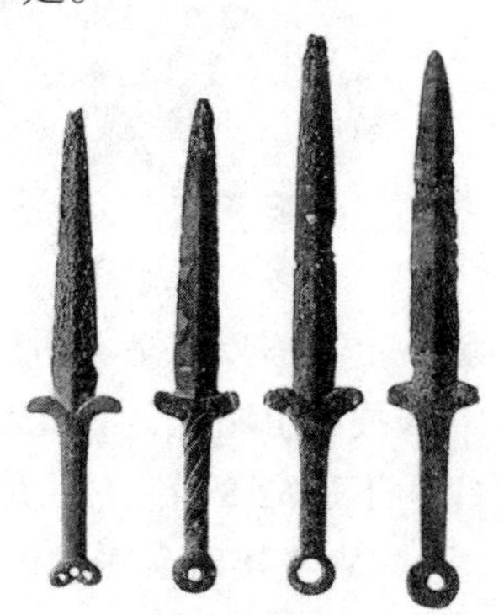

秦·铁剑

秦二世皇帝三年，宋义行至安阳，留四十六日不进。项羽曰：“秦围赵急，宜疾引兵渡河；楚击其外，赵应其内，破秦军必矣。”宋义曰：“不然。夫搏牛之虻，不可以破虮虱。今秦攻赵，战胜则兵疲，我承其敝；不胜，则我引兵鼓行而西，必举秦矣。故不如先斗秦、赵。夫被坚执锐，义不如公；坐运筹策，公不如义。”因下令军中曰：“有猛如虎，狠如羊，贪如狼，强不可使者，皆斩之！”乃遣其子宋襄相齐，身送之至无盐，饮酒高会。天寒，大雨，士卒冻饥。项羽曰：“将戮力而攻秦，久留不行。今岁饥民贫，士卒食半菽，军无见粮，乃饮酒高会；不引兵渡河，因赵食，与赵并力攻秦，乃曰‘承其敝’。夫以秦之强，攻新造之赵，其势必举。赵举秦强，何敝之承！且国兵新破，王坐不安席，扫境内而专属于将军，国家安危，在此一举。今不恤士卒而徇其私，非社稷

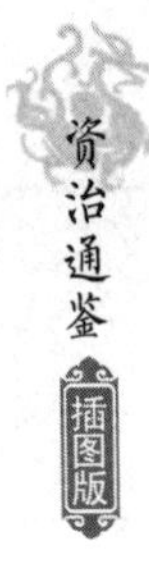

之臣也!”

【译文】

秦二世二年（公元前208年）

章邯已经彻底打败了项梁的队伍，于是就认为楚地的兵力根本不值得担忧，随即渡过黄河，北上攻打赵国，大破赵军，随后又率军抵达邯郸，将城中的老百姓全部都迁徙到了河内，并且还将邯郸的城郭夷为平地。张耳与赵王歇一块逃入了巨鹿城，秦将王离率军团团围住巨鹿城。陈馀北上常山招募兵士，得到了数万兵力，屯驻在巨鹿北面；章邯则驻军巨鹿南面的棘原。赵国因此多次向楚国请求救援。

恰逢齐国的使者高陵君显此时正出使楚国，于是就求见楚怀王说道：“宋义推论武信君的军队必败；结果没过几天，项军果然兵败。军队尚未开战就能预料到败亡的征候，这可以称得上颇懂得兵法了!”于是楚怀王当即召宋义前来商谈政事，对他喜爱有加，因此便以他为上将军，以项羽为次将，范增为末将，率军前去救援赵国。各路部队的将领也都归宋义统领，他被号称为“卿子冠军”。

项羽

秦二世三年（公元前207年）。宋义率领军队抵达安阳，在那里滞留了四十六天还不进兵。项羽就说：“秦军围困赵军形势紧急，理应火速引兵渡过黄河；这样楚军在外攻击，赵军在内接应，那打败秦军就是必然的事情了!”宋义却说道：“不对。我们要拍打叮咬牛身的大虻虫，而不是消灭牛虻中的小虮虱。如今秦军攻打赵国，打了胜仗，军队就会成为疲惫之师，我们就可以乘秦军疲惫之时发起攻势；打不胜，您和我就赶紧率军擂鼓西进，这样就一定能够攻克秦。所以不如先让秦、赵两军相互争斗。身披铠甲、手持锐利的武器到战场上厮杀，我比不过您；但运筹帷幄、谋略策划，您却比不过我。”因此在军中下达命令道：“凡是猛如虎、狠如羊、贪如狼、倔强不听从命令的人，一律斩首!”宋义接着又派他的儿子宋襄去齐国为相，还亲自把他送到无盐县，大摆宴席招待宾客。当时天气寒冷，持续大雨，士兵们饥寒交迫。项羽便说道：“本应该合力攻秦，却长时间滞留不前。而如今年岁不好、到处闹饥荒，百姓生活困苦，士兵吃的都是蔬菜拌杂豆子，军中没有余粮，竟然还要大摆宴席招待宾客，不领兵渡过黄河，征用赵地的粮食作军粮，与赵军合力抗秦，反而说什么‘乘秦军疲惫之时发动进攻’。以秦国的强大来攻打新建立的赵国，势必攻克。赵国被攻占，秦军只会更加强大，哪里还会有什么疲敝的机会可乘！何况我军新近刚刚败绩，楚王现在坐立不安，集中了全国的兵力交付给将军。国家的安危，在此一举。而如今将军您不体恤士兵，却屈就于一己私利，您真不是以国家利益为重的忠臣啊!”

【原文】

十一月，项羽晨朝上将军宋义，即其帐中斩宋义头。出令军中曰：“宋义与齐谋反楚，楚王阴令籍诛之！”当是时，诸将皆慑服，莫敢枝梧，皆曰：“首立楚者，将军家也，今将军诛乱。”乃相与共立羽为假上将军。使人追宋义子，及之齐，杀之。使桓楚报命于怀王。怀王因使羽为上将军。

项羽已杀卿子冠军，威震楚国，乃遣当阳君、薄将军将卒二万渡河救巨鹿。战少利，绝章邯甬道，王离军乏食。陈馀复请兵。项羽乃悉引兵渡河，皆沈船，破釜、甑，烧庐舍，持三日粮，以示士卒必死，无一还心。于是至则围王离，与秦军遇，九战，大破之，章邯引兵却。诸侯兵乃敢进击秦军，遂杀苏角，虏王离；涉间不降，自烧杀。当是时，楚兵冠诸侯军。救巨鹿者十馀壁，莫敢纵兵。及楚击秦，诸侯将皆从壁上观；楚战士无不一当十，呼声动天地，诸侯军无不人人惴恐。于是已破秦军，项羽召见诸侯将；诸侯将入辕门，无不膝行而前，莫敢仰视。项羽由是始为诸侯上将军；诸侯皆属焉。

秦·栩栩如生的兵马俑

【译文】

十一月，项羽早晨起来去朝见上将军宋义时，便在营帐中斩了宋义的头。出帐后就向军中发布号令道：“宋义与齐国合谋反楚，楚王密令我杀了他！”当时，众将领都摄于项羽的恩威而屈服了，没有人敢表示异议，异口同声说道：“最先拥立楚王的是将军您的家人，现在又是您铲除了乱臣贼子。”于是就一同推举项羽为代理上将军。项羽随即派人前去追赶宋义的儿子宋襄，追到齐国将他杀了。同时派桓楚去向怀王汇报情况，怀王因此让项羽担任了上将军。

项羽因为杀了“卿子冠军”宋义，顿时声名威震楚国，于是他派当阳君黥布和蒲将军率军两万引渡黄河援救巨鹿。战事稍微有利于楚国，项羽随即截断了章邯所修的甬道，阻断了王离的军队的粮道，使得他们粮食短缺。陈馀这时又请求增援兵力。项羽便率领全部兵力渡过黄河，他们凿沉所有船只，砸毁所有锅、甑，烧掉营寨，只带够了三天的口粮，以此表明军队将誓死抗战、只进不退之意。因此，楚军一到巨鹿便包围了王离，与秦军交战，经过九个回合，终于大败秦军。章邯不得不领兵退却。各诸侯国的援兵这时才敢进击秦军，遂即杀了苏角，俘虏了王离。涉间不肯投降，自焚身亡。当时，楚军的威名冠盖诸侯军；援救巨鹿的诸侯军有十余座营寨，却没有敢发兵进击的。等到楚军出击秦军的时候，诸侯军的将领都在营壁上观战。看见楚军将士无不以一当十，喊杀声撼天动地，诸侯军无不惊恐万分。等到楚军攻克秦军后，项羽便召见各诸侯军将领。诸侯将领们进入辕门时，无不匍匐前进的，没有人敢抬起头来仰视。项羽由此成了各诸侯军的上将军，各路诸侯统统归

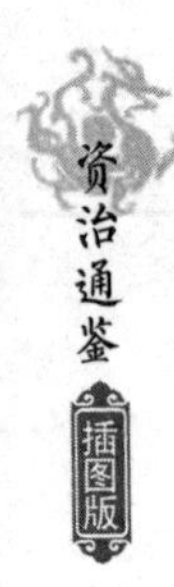

于他的部下。

【评析】

项梁死后，项羽就在攻打章邯的巨鹿之战中表现出自身的英雄气概。霸王所做的事业绝对不会是平常之事。项羽敢杀掉宋义，领导军队破釜沉舟，下定决心向强大的秦军进攻，这种非凡的勇气和魄力不是一般人所具有的。

汉纪

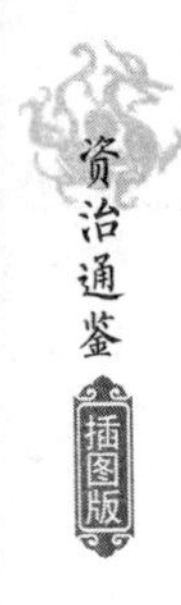

鸿门之宴

【原文】

汉太祖高皇帝元年

冬，十月，沛公至霸上。秦王子婴素车、白马，系颈以组，封皇帝玺、符、节，降轵道旁。诸将或言诛秦王。沛公曰："始怀王遣我，固以能宽容。且人已降，杀之不祥。"乃以属吏。

沛公西入咸阳，诸将皆争走金帛财物之府分之。萧何独先入收秦丞相府图籍藏之，以此沛公得具知天下阨塞、户口多少、强弱之处。沛公见秦宫室、帷帐、狗马、重宝、妇女以千数，意欲留居之。樊哙谏曰："沛公欲有天下耶，将为富家翁耶？凡此奢丽之物，皆秦所以亡也，沛公何用焉！愿急还霸上，无留宫中！"沛公不听。张良曰："秦为无道，故沛公得至此。夫为天下除残贼，宜缟素为资。今始入秦，即安其乐，此所谓'助桀为虐'。且忠言逆耳利于行，毒药苦口利于病，愿沛公听樊哙言！"沛公乃还军霸上。

【译文】

刘邦

汉高祖元年（公元前206年）

入冬十月，沛公刘邦率起义军抵达霸上。秦王子婴乘素车、驾白马，脖子上系着有花纹丝带，手上捧着已封存的皇帝玉玺和符节，跪在轵道亭旁向刘邦投降。众将领中有人提议诛杀秦王。刘邦却说："当初怀王之所以会派我前来，本来就是因为看重我能宽容人这一点。现在况且人家已经投降了，如果再行诛杀，这样做是很不吉利的。"于是便将秦王子婴交给了主管官吏处置。

刘邦率军向西进入咸阳，众将领都争先恐后地奔向秦朝贮藏金帛财物的府库分赃，只有萧何率先入宫寻得了秦朝丞相府的地理图册、文书、户籍簿等档案典藏起来，刘邦借此得以全面了解天下的山川要塞、户口多少以及财力强弱的分布。刘邦看到秦王朝的宫室、帷帐以及名种狗马、贵重宝物和宫女数以千计，便想从此留在这里坐享清福。樊哙便劝谏道："您是想拥有天下，还是只想做一个富翁呢？这些奢侈华丽的物品，都是导致秦朝灭亡的东西，您要它们做什么用呀！

我希望您能尽快返回霸上，不要滞留在宫中！”刘邦不听他的劝阻。张良因此也劝说道：“秦朝是因为没有施行仁政，所以您才能够来到这里。而替天下人除暴安良，就应该像丧服在身，而把抚慰百姓作为根本。现在您刚刚进入秦国的都城，就要安享其乐，这就是所谓的‘助桀为虐’吧。何况忠言逆耳利于行，良药苦口利于病，望您能悉心听取樊哙的忠告啊！”刘邦于是领兵重返霸上。

张良

【原文】

十一月，沛公悉召诸县父老、豪杰，谓曰：“父老苦秦苛法久矣！吾与诸侯约，先入关者王之，吾当王关中。与父老约法三章耳：杀人者死，伤人及盗抵罪。馀悉除去秦法，诸吏民皆案堵如故。凡吾所以来，为父老除害，非有所侵暴，无恐！且吾所以还军霸上，待诸侯至而定约束耳。”乃使人与秦吏行县、乡、邑，告谕之。秦民大喜。争持牛、羊、酒食献飨军士。沛公又让不受，曰：“仓粟多，非乏，不欲费民。”民又益喜，唯恐沛公不为秦王。

或说沛公曰：“秦富十倍天下，地形强。闻项羽号章邯为雍王，王关中，今则来，沛公恐不得有此。可急使兵守函谷关，无内诸侯军；稍征关中兵以自益，距之。”沛公然其计，从之。

已而项羽至关，关门闭。闻沛公已定关中，大怒，使黥布等攻破函谷关。十二月，项羽进至戏。沛公左司马曹无伤使人言项羽曰：“沛公欲王关中，令子婴为相，珍宝尽有之。”欲以求封。项羽大怒，飨士卒，期旦日击沛公军。当是时，项羽兵四十万，号百万，在新丰鸿门；沛公兵十万，号二十万，在霸上。

范增说项羽曰：“沛公居山东时，贪财，好色。今入关，财物无所取，妇女无所幸，此其志不在小。吾令人望其气，皆为龙虎，成五采，此天子气也。急击勿失！”

【译文】

十一月，刘邦召集各县的父老和所有有声望的人，对他们说道：“父老乡亲们遭受秦朝的严刑苛政已经很久了！我曾经与各路诸侯相约，先入驻关中的人为王，因此我理应在关中称王。现如今我与父老乡亲们约法三章：杀人者处死，伤人者和盗窃者抵罪。除此之外，秦朝的法令统统都被废除，众官吏和百姓都还像以前一样安定不动。我之所以到这里来，就是为了替父老乡亲们除害，而并非来残害你们，所以请你们不要害怕！况且如今我之所以领兵返回霸上，不过是为了等候各诸侯军到来后共同订立一个约束大家行为的规章罢了。”于是便派人和秦朝的官吏一道巡行各县、乡、城镇，向人们说明道理。秦地的百姓都大喜过望，争相拿出牛、羊、酒食来犒劳刘邦所部。刘邦又推辞不肯接受，说道：“仓库中的存粮还有很多，并不匮乏，所以不想让老百姓破费。”百姓们听后更是高兴，生怕刘邦不在秦地称王。

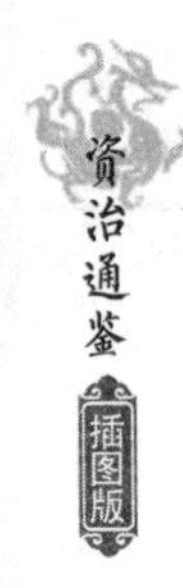

有人劝说刘邦道："关中地区十倍富足于天下其他地方，而且地势险要。听说项羽已经封章邯为雍王，让他在关中称王。如今一旦他来了，您恐怕就不能得到这个地方了。您可以火速提兵把守函谷关，阻止诸侯军前进，并逐步征召关中兵力，充盈自己的实力，以抵御各诸侯军的进攻。"刘邦对此计表示认同，于是就依计而行。

项羽

没过多久，项羽便率军抵达函谷关，但是却见关门紧闭。后又听说刘邦已经平定了关中，项羽不禁勃然大怒，派黥布等人攻破了函谷关。到了十二月，项羽领兵进军至戏。刘邦的左司马曹无伤派人转告项羽说："沛公打算在关中称王，以秦王子婴为相，奇珍异宝应有尽有。"想要据此得到项羽的封赏。项羽听后怒不可遏，于是就让士兵们饱餐了一顿，打算于第二天攻打刘邦的军队。当时，项羽手下有四十万兵力，号称百万大军，屯驻在新丰县的鸿门；而刘邦仅仅拥兵十万，号称二十万，驻扎在霸上。范增劝说项羽道："刘邦居住在崤山之东时，贪财好色。如今进驻关中，却没有搜取财物，也没有宠幸女色，这样看来他的志向不小哇！我曾令人察看过他那边的云气，都显示出龙虎的形状，出现五彩云，这些可都是天子之气啊！应该赶快进攻他，不要错过了良机啊！"

【原文】

楚左尹项伯者，项羽季父也，素善张良，乃夜驰之沛公军，私见张良，具告以事，欲呼与俱去，曰："毋俱死也！"张良曰："臣为韩王送沛公。沛公今有急，亡去不义，不可不语。"良乃入，具告沛公。沛公大惊。良曰："料公士卒足以当项羽乎？"沛公默然曰："固不如也。且为之奈何？"张良曰："请往谓项伯，言沛公之不敢叛也。"沛公曰："君安与项伯有故？"张良曰："秦时与臣游，尝杀人，臣活之。今事有急，故幸来告良。"沛公曰："孰与君少长？"良曰："长于臣。"沛公曰："君为我呼入，吾得兄事之。"

张良出，固要项伯；项伯即入见沛公。沛公奉卮酒为寿，约为婚姻，曰："吾入关，秋毫不敢有所近，籍吏民，封府库而待将军。所以遣将守关者，备他盗之出入与非常也。日夜望将军至，岂敢反乎！愿伯具言臣之不敢倍德也。"项伯许诺，谓沛公曰："旦日不可不蚤自来谢。"沛公曰："诺。"于是项伯复夜去，至军中，具以沛公言报项羽，因言曰："沛公不先破关中，公岂敢入乎！今人有大功而击之，不义也。不如因善遇之。"项羽许诺。

【译文】

楚国的左尹项伯是项羽的叔父，素来与张良交好，于是连夜奔驰到刘邦军中，私下里会见了张良，将所有情况一五一十地告诉了张良，想要让张良同他一起离去，他说道："可不要陪刘邦一块儿死啊！"张良说："我为韩王伴送沛公，如今沛公遭遇灾难，我却独自逃跑，这可是不义的举动，我不能不告诉他。”于是张良便进去将项伯的话全都告诉了刘邦。刘邦大为吃惊。张良说：“您估计一下您的兵力足以抵挡项羽的吗?”刘邦沉默了一会儿说道：“确实不如他。这可如何是好呢?”张良说道：“请让我去告诉项伯，说您是绝对不敢反叛项羽的。”刘邦问：“您是怎么与项伯成为故交的啊?”张良回答说：“在秦朝的时候，项伯与我有来往，他曾经杀过人，是我救了他。现在事情紧急，所以还多亏他前来告诉我。”刘邦问：“你和他谁年长?”张良道：“他比我年龄大。”刘邦便说：“您替我唤他进来，我将把他当作兄长来看待。”

张良于是出来，坚持邀请项伯入内；项伯随即进去拜见刘邦。只见刘邦手捧酒杯向项伯敬酒祝福，并与他相约结为儿女亲家，说道：“我入驻关中，连毫毛般微小的东西都不敢碰，只是登记官民，封存府库，就等待着项羽上将军的到来。之所以会派将领把守函谷关，只是为了防备其他盗贼出入和不测遭遇。我是日日夜夜都在盼望着将军的大驾，哪里敢反叛啊！希望您能把我不敢忘恩负义的情况详尽地转述给项将军。”项伯便答应了，他对刘邦说道：“你明日不可不早些亲自来向项王道歉啊。”刘邦说：“好的。”于是项伯连夜赶回了驻地，抵达军营后，便将刘邦的话原封不动地报告给了项羽，并趁机说道：“要不是刘邦先攻克关中，您又哪里敢进来呀！如今人家立了大功却还要派兵去攻打人家，这是不义的举动。倒不如就因此善待他。”项羽答应了。

【原文】

沛公旦日从百余骑来见项羽鸿门，谢曰：“臣与将军戮力而攻秦，将军战河北，臣战河南。不自意能先入关破秦，得复见将军于此。今者有小人之言，令将军与臣有隙。”项羽曰：“此沛公左司马曹无伤言之，不然，籍何以至此!”项羽因留沛公与饮。范增数目项羽，举所佩玉玦以示之者三。项羽默然不应。范增起，出，召项庄，谓曰：“君王为人不忍。若入前为寿，寿毕，请以剑舞，因击沛公于坐，杀之。不者，若属皆且为所虏!”庄则入为寿，寿毕，曰：“军中无以为乐，请以剑舞。”项羽曰：“诺。”项庄拔剑起舞。项伯亦拔剑起舞，常以身翼蔽沛公，庄不得击。

鸿门宴

于是张良至军门见樊哙。哙曰：“今日之事何如?”良曰：“今项庄拔剑舞，其意常在沛公也。”哙曰：“此迫矣，臣请入，与之同命!”哙即带剑拥盾入。军门卫士欲止不

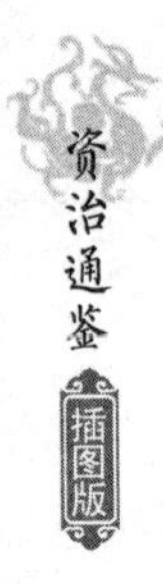

内，樊哙侧其盾以撞，卫士仆地。遂入，披帷立，瞋目视项羽，头发上指，目眦尽裂。项羽按剑而跽曰："客何为者?"张良曰："沛公之参乘樊哙也。"项羽曰："壮士！赐之卮酒！"则与斗卮酒。哙拜谢，起，立而饮之。项羽曰："赐之彘肩！"则与一生彘肩。樊哙覆其盾于地，加彘肩其上，拔剑切而啖之。项羽曰："壮士能复饮乎?"樊哙曰："臣死且不避，卮酒安足辞！夫秦有虎狼之心，杀人如不能举，刑人如恐不胜；天下皆叛之。怀王与诸将约曰：'先破秦入咸阳者，王之。'今沛公先破秦入咸阳，毫毛不敢有所近，还军霸上以待将军。劳苦而功高如此，未有封爵之赏，而听细人之说，欲诛有功之人，此亡秦之续耳，窃为将军不取也！"项羽未有以应，曰："坐！"樊哙从良坐。

【译文】

第二天一早，刘邦便带领一百余骑随从人员前来鸿门拜见项羽，当面道歉道："我与将军您合力抗秦，您在黄河以北作战，而我在黄河以南作战，没想到我能先进入关中破秦，得以在这里与将军您重新相见。现在有小人妖言惑众，使将军您和我之间产生了隔阂。"项羽说道："这都是您的左司马曹无伤散布的谣言，不然的话，我何必要这样啊！"项羽于是便留刘邦和他一起饮酒。范增多次向项羽使眼色，并三次举起他所佩带的玉玦暗示，项羽却一直默然不语，毫无反应。范增不得以便起身出去招呼项庄，对他说："项王做人心慈手软。不如你进去上前给刘邦敬酒祝福，等到敬完酒，你就请求为刘邦表演剑术，然后乘势袭击在坐席上的刘邦，杀了他。否则，你们这些人将来都会成为他的阶下囚！"项庄随即入内为刘邦祝酒，敬酒完毕，项庄说道："军营中没有什么好娱乐的，现在就请允许我来为你们舞剑助兴吧。"项羽说："好。"于是就见项庄拔剑起舞。项伯见状也起身拔剑起舞，并时常用身子遮挡刘邦，使得项庄不能对刘邦行刺。

鸿门宴图局部

恰逢这时张良来到军门会见樊哙。樊哙问道："今天的事情是否顺利?"张良便说："现在项庄正拔剑起舞，他的用意却时常在沛公身上啊！"樊哙说道："事情如此紧迫，我请求入内，与他拼命！"樊哙当即带剑持盾闯入军门。守卫军门的卫士想要阻止他入内，于是樊哙就侧过盾牌相撞，卫士顿时扑倒在地。樊哙于是得以入内，掀开帷帐直挺挺地站在那里，怒目瞪视项羽，头发根根直竖，连两边的眼角都睁裂开了。项羽双手按剑，站起身，喝道："来人是做什么的?"张良说："这是沛公的陪乘卫士樊哙。"项羽道："这真是一位壮士啊！赏他一杯酒喝！"于是左右的侍从当即给了他一大杯酒。樊哙拜谢后，起身站着一饮而尽。项羽又说道："再赐给他猪腿吃！"侍从们于是又拿给他一条生猪腿。樊哙将他的盾牌倒扣在地上，把猪腿放在上面，拔出剑来切开就开始大口吃起来。项羽问："壮士，你还能再喝酒吗？"樊哙回答道："我连死都不逃避，难道一杯酒足以让我推辞吗！秦王有狠如虎狼一样的心肠，杀人唯恐不能杀尽，用刑惩罚人唯恐不够折磨人，所以招致全天下人的反叛。怀王曾经与各路将领相约道：'先打败秦军攻入咸阳城的人，就在关中为王。'如今沛公最先击溃秦军，攻入咸阳，却连毫毛般微小的东西都不敢沾染，而仍旧率军返回霸上等待将军您的到来。他这样的劳苦功高，您非但没有给予封地、爵位的犒赏，反而还听信小人的谗言，要诛杀有功之人。这简直就是在重蹈秦朝灭亡的覆辙呀，我私下里认为您的这种做法是不可取的！"项羽无言以对，只得说："请坐吧。"樊哙于是就在张良的身边坐下了。

【原文】

坐须臾，沛公起如厕，因招樊哙出。沛公曰："今者出，未辞也，为之奈何？"樊哙曰："如今人方为刀俎，我方为鱼肉，何辞为！"于是遂去。鸿门去霸上四十里，沛公则置车骑，脱身独骑；樊哙、夏侯婴、靳强、纪信等四人持剑、盾步走，从骊山下道芷阳，间行趣霸上。留张良使谢项羽，以白璧献羽，玉斗与亚父。沛公谓良曰："从此道至吾军，不过二十里耳。度我至军中，公乃入。"沛公已去，间至军中，张良入谢曰："沛公不胜桮杓，不能辞，谨使臣良奉白璧一双，再拜献将军足下；玉斗一双，再拜奉亚父足下。"项羽曰："沛公安在？"良曰："闻将军有意督过之，脱身独去，已至军矣。"项羽则受璧，置之坐上。亚父受玉斗，置之地，拔剑撞而破之，曰："唉！竖子不足与谋！夺将军天下者，必沛公也。吾属今为之虏矣！"沛公至军，立诛杀曹无伤。

居数日，项羽引兵西，屠咸阳，杀秦降王子婴，烧秦宫室，火三月不灭。收其货宝、妇女而东。秦民大失望。韩生说项羽曰："关中阻山带河，四塞之地，地肥饶，可都以霸。"项羽见秦宫室皆已烧残破，又心思东归，曰："富贵不归故乡，如衣绣夜行，谁知之者！"韩生退曰："人言楚人沐猴而冠耳，果然！"项羽闻之，烹韩生。

项羽雕塑

【译文】

刚坐下片刻，刘邦起身上厕所，趁机招呼樊哙一同出去。刘邦说道："我现在出来，没有告辞，这可怎么办？"樊哙说道："如今对方好比是屠刀和砧板，而我们则是鱼肉，像这样的情势还告什么辞啊！"于是遂即离去。鸿门与霸上相距四十里，刘邦于是撇下车马，抽身独自骑马前行，樊哙、夏侯婴、靳强、纪信四人手持剑和盾牌，快步紧随其后，从骊山下，取道芷阳，抄小路疾驰霸上。只留下张良，让他向项羽辞谢，

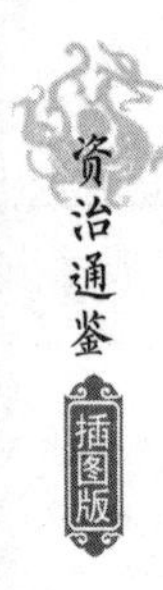

并将一双白璧进献给项羽，大玉杯送给亚父范增。刘邦临行前交代张良道："从这条道到我们的军营，只不过二十里的路程。您估摸着我们已经抵达驻地时，再进去。"刘邦一行离去，抄小道回到军中，张良这才进去谢罪道："沛公因不胜酒力，所以不能亲自前来告辞，谨派微臣张良献上白璧一双，以连拜两次的隆重礼节敬献给将军您；另外还有大玉杯一双，敬献给亚父。"项羽问道："沛公他现在哪里呀？"张良回答道："他听说将军您有要责怪他的意思，便独自抽身离去，现在已经回到驻地了。"于是项羽就接受了白璧，放到了坐席上。亚父范增接过玉杯后搁在地上，拔剑将它们击得粉碎，怒声说道："唉！这小子不值得与他共图大业！夺取项将军天下的人，非刘邦莫属。如今我们这些人眼看着就要成为刘邦的俘虏了！"刘邦抵达军中后，立即诛杀了曹无伤。

没过几天，项羽率军西进，把咸阳城洗劫屠戮一空，杀了已投降的秦王子婴，并放火焚烧了秦朝宫室，大火燃烧了三个月也没有熄灭。还下令搜罗秦朝的金银财宝和妇女向东而去。秦地的百姓因此大失所望。韩生劝说项羽道："关中依傍山川河流为屏障，是四面都有险要可守的地方，土地肥沃，您可以在此建立霸业。"项羽却一方面看着秦王朝的宫室都已经被烧得残破不堪，一方面又惦念着返回东方的老家，便说道："富贵了却不返回故乡，就好像身穿绫罗绸缎在夜间出行，谁能够看得到啊！"韩生退下去后说道："人家说楚人就像是戴上人的帽子的猕猴，果真如此啊！"项羽听到这话后，立即将韩生煮死。

【评析】

陈胜、吴广的起义不久就失败了，但是他们引领的反秦斗争却如火如荼，风起云涌。在这场斗争中，项羽、刘邦领导的军队成为最重要的两股力量。攻下咸阳之后，这两个乱世英雄终于碰在了一起，闪出的火花照亮了后世的眼睛。这场"鸿门宴"是他们的第一次较量，表面上看，刘邦是狼狈地中途退出，不辞而别，看似落荒而逃；但是谁都知道其实是项羽失败了，他放虎归山，这只老虎不仅狡猾，而且还有张良、樊哙等一帮手下。所以，这个半途而废的宴席也预示了后来的结局。

韩信拜将

【原文】

汉太祖高皇帝元年

初，淮阴人韩信，家贫，无行，不得推择为吏，又不能治生商贾，常从人寄食饮，人多厌之。信钓于城下，有漂母见信饥，饭信。信喜，谓漂母曰："吾必有以重报母。”母怒曰：“大丈夫不能自食，吾哀王孙而进食，岂望报乎！”淮阴屠中少年有侮信者曰：“若虽长大，好带刀剑，中情怯耳。”因众辱之曰：“信能死，刺我；不能死，出我胯下！”于是信孰视之，俛出胯下，蒲伏。一市人皆笑信，以为怯。

韩信

及项梁渡淮，信杖剑从之。居麾下，无所知名。项梁败，又属项羽，羽以为郎中。数以策干羽，羽不用。汉王之入蜀，信亡楚归汉，未知名。为连敖，坐当斩。其辈十三人皆已斩，次至信，信乃仰视，适见滕公，曰：“上不欲就天下乎？何为斩壮士？”滕公奇其言，壮其貌，释而不斩；与语，大说之，言于王。王拜以为治粟都尉，亦未之奇也。

【译文】

汉高祖元年（公元前206年）

起初，淮阴人韩信，从小家境贫寒，没有养成好的德行，所以不能被推选去做官，又不懂得经商做生意糊口，所以就常常跟着别人吃闲饭，人们大都十分讨厌他。韩信曾经到城下钓鱼，有位在水边漂洗丝绵的老太太看到他饿了，便把自己的饭拿给他吃。韩信于是非常高兴，对那位老太太说道：“我一定会重重地回报您老人家。”老太太听后十分生气地说：“男子汉大丈夫却不能自食其力！我不过是可怜你才给你饭吃，难道是图能得到什么报答吗？”淮阴县的屠户中有个青年侮辱韩信道：“你虽然长得高大，喜欢挂刀带剑，其实内心却是十分胆怯。”并乘机当众羞辱他道：“韩信你要果真不怕死，就来杀我。如果怕死，那就得从我的胯下钻过去！”韩信于是认真地审视了那青年一会儿，便俯下身子，匍匐在地，从他的两腿之间钻了过去。这时整个街市的人都嘲笑韩信，认为他胆小。

等到项梁渡过淮河北上之时，韩信持剑前去投奔他，于是留作项梁的部下，在那里一直默默无闻。后来项梁兵败后，韩信又归顺项羽，项羽让他做了郎中。韩信曾先后多次献计策给项羽以求重用，可是项羽却都不予采纳。汉王刘邦入驻蜀中，韩信便又从楚军逃离归顺了汉王，在那里依旧名不见经传，只做了个接待宾客的小官。后来韩信触犯了法令，应判处以斩刑，与他同案的十三个人均已被斩首，当轮到韩信时，他抬头仰望，恰好看见了滕公夏侯婴，便说道：“汉王难道真的不想夺取天下吗？为何要斩杀壮士啊！”滕公认为他的话不同凡响，又看见他长得虎背熊腰的，就把他释放了，而没有处斩，并与他谈话，感到十分高兴，于是就将具体情况奏报给了刘邦。刘邦于是任命韩信为治粟都尉，但仍然不认为他有什么奇特之处。

【原文】

信数与萧何语，何奇之。汉王至南郑，诸将及士卒皆歌讴思东归，多道亡者。

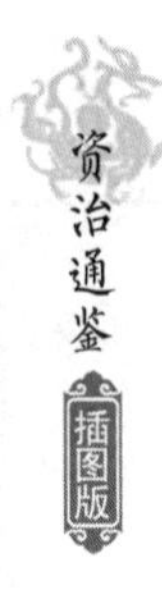

信度何等已数言王，王不我用，即亡去。何闻信亡，不及以闻，自追之。人有言王曰："丞相何亡。"王大怒，如失左右手。居一二日，何来谒王。王且怒且喜，骂何曰："若亡，何也？"何曰："臣不敢亡也，臣追亡者耳。"王曰："若所追者谁？"何曰："韩信也。"王复骂曰："诸将亡者以十数，公无所追。追信，诈也！"何曰："诸将易得耳。至如信者，国士无双。王必欲长王汉中，无所事信，必欲争天下，非信无可与计事者。顾王策安所决耳。"

戏曲中的项羽

王曰："吾亦欲东耳，安能郁郁久居此乎！"何曰："计必欲东，能用信，信即留；不能用信，终亡耳。"王曰："吾为公以为将。"何曰："虽为将，信不留。"王曰："以为大将。"何曰："幸甚！"于是王欲召信拜之。何曰："王素慢无礼。今拜大将，如呼小儿，此乃信所以去也。王必欲拜之，择良日，斋戒，设坛场，具礼，乃可耳。"王许之。诸将皆喜，人人各自以为得大将。至拜大将，乃韩信也，一军皆惊。

【译文】

韩信多次与萧何交谈，萧何感觉他不同凡响。等到汉王到达南郑时，众将领和士兵都唱着思念东归故乡的歌，有许多人半道上就逃跑了。韩信估摸着萧何等人已经多次向汉王举荐过他，但是汉王仍然没有重用他，于是也逃亡而去。萧何听说韩信逃走的消息，来不及向刘邦报告，便亲自去追赶韩信。有人告诉刘邦说："丞相萧何也逃跑了。"刘邦听后勃然大怒，好像失掉了左右手一样。过了一两天，萧何前来拜见刘邦。刘邦喜怒交加，接着就骂萧何道："你为什么要逃跑呀？"萧何便说："我不敢逃跑，我是去追逃跑的人啊。"汉王于是问道："那你追赶的人是谁呀？"萧何回答道："是韩信。"汉王因此又骂道："众将领中逃跑的已是十位数以上了，你都不去追，却说是追韩信，纯粹是撒谎！"萧何说道："那些将领都很容易得到。而像韩信这样的人才，的确是天下无双的杰出人才啊。大王您如果打算长久地称王于汉中，那肯定有用得着韩信的地方了；假如您想要夺取天下，除了韩信，我看就没有人能够与您图谋大业了。现在就看您做什么抉择了！"

刘邦说："我当然想东进了，怎么能够郁郁寡欢地久留于此地呀！"萧何乘机说道："如果您决心向东发展，如果能重用韩信，韩信就会留下来；如果不能重用他，他最终还是要逃跑的。"刘邦说道："那我现在就看在你的面子上任用他为将军吧。"萧何说道："即使是做将军，韩信仍然不会留下来的。"刘邦说道："那就让他做大将军吧。"萧何高兴地说道："太好了！"于是刘邦就想召韩信前来授予他官职。萧何说："大王您平素狂傲无礼，如今要拜任大将军了，却好像招呼小孩子一样，这就是韩信之所以要离开的原因啊。大王您如果打算授予他官职，那就请选择一个黄道吉日，例行斋戒，设置拜将用的封坛和广场，准备各种拜将用的礼仪设施，这样才可以啊。”刘邦一一答应了萧何的请求。众将领听到消息后都很高兴，每给人都以为得到大将军职位的肯定是自己。可是等到任命大将军的时候，竟然发现是韩信，全军都为此吃惊不小。

【原文】

信拜礼毕，上坐。王曰：“丞相数言将军，将军何以教寡人计策?”信辞谢，因问王曰：“今东乡争权天下，岂非项王耶?”汉王曰：“然。”曰：“大王自料，勇悍仁强孰与项王?”汉王默然良久，曰：“不如也。”信再拜贺曰：“惟信亦以为大王不如也。然臣尝事之，请言项王之为人也。项王喑噁叱咤，千人皆废，然不能任属贤将；此特匹夫之勇耳。项王见人，恭敬慈爱，言语呕呕，人有疾病，涕泣分食饮；至使人，有功当封爵者，印刓敝，忍不能予；此所谓妇人之仁也。项王虽霸天下而臣诸侯，不居关中而都彭城；背义帝之约，而以亲爱王诸侯，不平；逐其故主而王其将相，又迁逐义帝置江南；所过无不残灭，百姓不亲附，特劫于威强耳。名虽为霸，实失天下心，故其强易弱。今大王诚能反其道，任天下武勇，何所不诛！以天下城邑封功臣，何所不服！以义兵从思东归之士，何所不散！且三秦王为秦将，将秦子弟数岁矣，所杀亡不可胜计；又欺其众降诸侯，至新安，项王诈坑秦降卒二十馀万，唯独邯、欣、翳得脱。秦父兄怨此三人，痛入骨髓。今楚强以威王此三人，秦民莫爱也。大王之入武关，秋毫无所害；除秦苛法，与秦民约法三章；秦民无不欲得大王王秦者。于诸侯之约，大王当王关中，关中民咸知之；大王失职入汉中，秦民无不恨者。今大王举而东，三秦可传檄而定也。”于是汉王大喜，自以为得信晚，遂听信计，部署诸将所击。留萧何收巴、蜀租，给军粮食。

【译文】

拜任韩信的仪式进行完毕后，刘邦回到座位上说道：“丞相多次向我夸赞您，将军您将拿什么计策来指教我啊?”韩信先是谦让了一番，接着趁机问汉王道：“现在向东去争夺天下，您的对手难道不是项羽吗?”刘邦说：“是他。”韩信又说：“大王您自己揣度一下，在勇敢、强悍、仁德、刚强等方面，与项羽比怎么样呢?”刘邦沉默了很久，说道：“我不如他。”韩信于是拜了两拜，赞许道：“我也认为大王您在这些方面不如他。然而我曾经在项羽手下当过差，现在就请让我来说说他的为人吧！项羽怒声喝叱人的时候，有数以千计的人都被吓得呆在一边，但是他却不能任用贤德的将领；这就是所谓的匹夫之勇。项羽待人恭敬慈爱，言语温润体贴，别人生病了，他会跟着流眼泪，把自己的食物分给病人；可是当所任用的

韩信

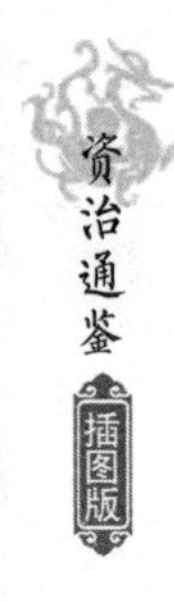

人立了功，应该予以爵位封赏时，他却把早已刻好的印紧握在手里，摩挲得没了棱角还是舍不得授给人家，这就是人们所说的妇人之仁啊！项羽虽然称霸天下而使诸侯称臣，但却不据守关中而是建都彭城；背弃和义帝怀王的约定，而把自己亲信宠爱的将领都分封为王，诸侯们因此忿忿不平；他还把原来的诸侯国君主统统都驱逐出境，而改任诸侯国的将相为王，还把义帝迁驱逐移置到江南；他率军所经过的地方没有不遭受荼毒毁灭的；老百姓都不愿亲近依附于他，只不过是被他的威势压倒而勉强归附罢了。种种迹象，致使他名义上虽然是个霸主，而实际上却已经失掉了天下人的心，所以他的强大是很容易被弱化的。如今大王您如果真的能反其道而行之，任用天下英勇善战的人才，哪里还有什么对手不能被铲除的啊！把天下的城邑封赏给有功之臣，哪里还有什么人会不心悦诚服呢！用正义的军事行动去顺从惦念东归的将士们，哪里还有什么敌人不能被打垮、击溃的呢！更何况分封在秦地的三个王先前都是秦朝的将领，他们率领秦朝子民已经作战好多年了，被杀死和逃亡的部下多得数不胜数；后来他们又蒙骗自己的部下，投降了诸侯军，结果等到抵达新安时，遭到项羽诈骗而被活埋的秦军兵将就有二十多万人，只有章邯、司马欣、董翳得以脱身。秦地的父老兄弟们没有不怨恨这三个人的，恨得简直痛彻骨髓。可如今项羽却倚仗自己的威势，强行把这三个人分封为王，秦地的百姓没有谁会爱戴他们。大王您进军武关时，秋毫无所侵犯，还废除了秦朝的苛刻法令，与秦地的老百姓约法三章，秦地的老百姓没有不想让您在关中称王的。况且按照原来与诸侯的约定，大王您在关中称王也是理所当然的事情，这一点关中的百姓人人皆知的。您丢掉了应得的王位而去到汉中，秦地的百姓对此没有不表示怨恨的。现在大王您向东发兵，只要往三秦之地发布一道征讨的文书就可以轻易平定了。”刘邦因此大喜过望，切身体会到得到韩信这个人才得到太晚了，当即就听从韩信的计谋，部署众将领所要进击的任务，只留下萧何收取巴、蜀两郡的租税，为军队补充供给。

【评析】

风云际会、英雄辈出的时代是一个令人意气风发的时代，也是英雄们逐鹿中原的时代。秦失其鹿，天下人共逐之，捷足者先得。秦朝被推翻之后，无数能人志士聚集在项羽和刘邦的手下，开始了逐鹿中原的战争。这场战争的实质是夺取最高统治权的战争，但成王败寇，成功的刘邦建立了辉煌万世的大汉王朝，其中很重要的原因就是得到了韩信的帮助。

垓下之围

【原文】

汉太祖高皇帝五年

十二月，项王至垓下，兵少，食尽，与汉战不胜，入壁；汉军及诸侯兵围之数重。项王夜闻汉军四面皆楚歌，乃大惊曰："汉皆已得楚乎？是何楚人之多也？"则夜起，饮帐中，悲歌慷慨，泣数行下；左右皆泣，莫能仰视。于是项王乘其骏马名骓，麾下壮士骑从者八百馀人，直夜，溃围南出驰走。平明，汉军乃觉之，令骑将灌婴以五千骑追之。项王渡淮，骑能属者才百馀人。至阴陵，迷失道，问一田父，田父绐曰"左"。左，乃陷大泽中，以故汉追及之。

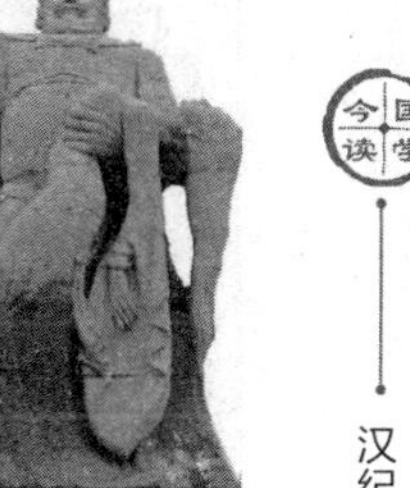
霸王别姬雕塑

项王乃复引兵而东，至东城，乃有二十八骑；汉骑追者数千人。项王自度不得脱，谓其骑曰："吾起兵至今，八岁矣；身七十余战，未尝败北，遂霸有天下。然今卒困于此，此天之亡我，非战之罪也。今日固决死，愿为诸君快战，必溃围，斩将，刈旗，三胜之，令诸君知天亡我，非战之罪也。"乃分其骑以为四队，四乡。汉军围之数重。项王谓其骑曰："吾为公取彼一将。"令四面骑驰下，期山东为三处。于是项王大呼驰下，汉军皆披靡，遂斩汉一将。

【译文】

汉太祖高皇帝五年（公元前 202 年）

十二月，项羽率军抵达垓下，这时已是兵少粮尽，见与汉军交战不能战胜，便坚守营垒不出。汉军和诸侯的军队于是便将项羽的军营团团包围。到了晚上，项羽能听到四面八方传来汉军唱的楚歌，于是大为惊叹道："汉军已经攻取楚国的所有土地了吗？为何楚人一下子多了这么多呀？"于是便起身下床，在帐中独自饮酒，慷慨悲歌，泪流满面，左右侍从见此情景也都纷纷大哭，以至于连头都抬不起来。于是项羽骑上他那匹名叫骓的骏马，带上部下骑马追随他的八百名壮士，趁着天黑，杀出汉军的包围向南飞驰而去。等到天色大亮的时候，汉军才发觉项羽所部已经逃走，刘邦于是命令骑将灌婴率领五千骑兵一路追击。项羽率军渡过淮河，相随的骑兵到目前为止还能跟得上他的只有一百多人了。抵达阴陵后，项羽一行迷路了，于是他们就向一个农夫问路，农夫欺骗他们说："往左走。"项羽一行人便真的向左走后，结果却陷进了大沼泽地里。汉军于是便追上了他们。

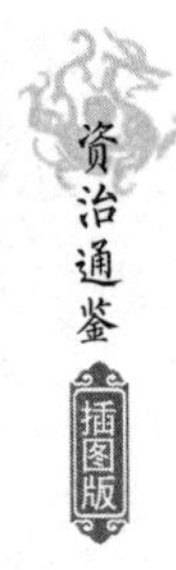

霸王别姬版画

项羽不得已又领兵向东逃去，抵达东城时，身后已经只剩下二十八个骑兵跟随了。而这时前来追赶他们的汉骑兵就有数千人，项羽自己知道是不能够脱逃了，便对追随他的骑兵们说："我从起兵到现在，已经有八年时间了，亲身经历七十多次战斗，却从来不曾失败过，因此才得以称霸天下。然而今天竟然困于此地，这是天意要亡我，而非我用兵有什么过错！今天固然死到临头了，但临死前，我愿为你们奋力拼杀，一定击溃汉军的重围，斩杀汉将、砍倒汉旗，连胜汉军三次，让大家知道是上天要亡我，而非我用兵有什么过错啊！"说罢便将二十八骑兵分四路，奔向四面冲杀汉军。但汉军已将他们包围了好几层。项羽于是便对骑兵们说："看我去为你们斩杀一员汉将！"接着命令他的骑兵向四面奔驰而下，相约在山的东边分三处会合。这时只听项羽大声呼喝着策马飞驰而下，汉军顿时被冲得溃败散乱，项羽趁乱斩杀了一员汉将。

【原文】

是时，郎中骑杨喜追项王，项王瞋目而叱之，喜人马俱惊，辟易数里。项王与其骑会为三处，汉军不知项王所在，乃分军为三，复围之。项王乃驰，复斩汉一都尉，杀数十百人。复聚其骑，亡其两骑耳。乃谓其骑曰："何如？"骑皆伏曰："如大王言！"于是项王欲东渡乌江，乌江亭长权船待，谓项王曰："江东虽小，地方千里，众数十万人，亦足王也。愿大王急渡！今独臣有船，汉军至，无以渡。"项王笑曰："天之亡我，我何渡为！且籍与江东子弟八千人渡江而西，今无一人还；纵江东父兄怜而王我，我何面目见之！纵彼不言，籍独不愧于心乎！"乃以所乘骓马赐亭长，令骑皆下马步行，持短兵接战。独籍所杀汉军数百人，身亦被十余创。顾见汉骑司马吕马童，曰："若非吾故人乎？"马童面之，指示中郎骑王翳曰："此项王也！"项王乃曰："吾闻汉购我头千金，邑万户；吾为若德。"乃自刎而死。王翳取其头，馀骑相蹂践争项王，相杀者数十人。最其后，杨喜、吕马童及郎中吕胜、杨武各得其一体；五人共会其体，皆是，故分其户，封五人皆为列侯。

【译文】

就在这时，汉军郎中骑杨喜前来追击项羽，项羽掉头怒目喝叱他，杨喜连人带马都受了惊，狼狈地退避了数里地。项羽于是和他的骑兵分三处相会合，整得汉军一时弄不明白项羽究竟在哪里，只好也分兵三路，再一次把项羽和他的手下包围起来。项羽再度奔驰冲杀，又杀掉了汉军的一个都尉，并且杀死汉军近百人，重新聚集他的骑兵。而项羽只不过损失了两名骑士而已。项羽便对他的骑兵们说："怎么样?"骑兵们无不被他的举动折服，异口同声地说道："正如大王您所说那样!"于是项羽打算东渡乌江，乌江亭长把船靠岸停泊等待项羽一行上船，并对项羽说道："江东虽然小了点，但是土地方圆也足有千里，有好几十万的民众，足够让大王您做个一方之王了。希望大王您能赶紧渡江！如今只有我有船，等到汉军追来，便没有船可以渡江。"项羽笑道："这是老天要灭我项羽，我何必再渡江呢！况且我与八千江东子弟一起渡江西征，如今却没有一人生还；纵然是江东的父老痛惜我，而愿意拥立我为王，我又有什么脸面再去面对他们啊！纵使他们不说什么，难道我项籍就不感到内心有愧吗?"于是就把他自己所骑的骓马赠送给了亭长，并且下令他手下骑兵统统下马步行，与汉军短兵相接。仅项羽一个人就杀死了数百名汉军，但项羽自己也受伤十多处。这时项羽回过头看到了汉骑司马吕马童，便对他说："你不是我的老朋友吗?"吕马童赶紧背过脸，指着项羽向中郎骑王翳说道："这就是项王!"项羽于是说道："我听说汉王悬赏千金和万户封地要取我的头颅，我现在就留给你们一些恩惠吧!"说罢拔剑自刎而死。王翳随即割下项羽的头颅。其余的骑兵则相互践踏着争夺项羽的身体，相互残杀而死的就有数十人。等到最后，杨喜、吕马童和郎中吕胜、杨武分别夺得项羽肢体的一部分。五个人回去后把项羽的肢体重又拼凑到一块，正好是一个完整的整体，刘邦于是把原来悬赏的万户封地分封给了这五个人，并把五个人都封为列侯。

虞姬

【原文】

楚地悉定，独鲁不下；汉王引天下兵欲屠之。至其城下，犹闻弦诵之声，为其守礼义之国，为主死节，乃持项王头以示鲁父兄，鲁乃降。汉王以鲁公礼葬项王于穀城，亲为发哀，哭之而去。诸项氏枝属皆不诛。封项伯等四人皆为列侯，赐姓刘氏；诸民略在楚者皆归之。

太史公曰：羽起陇晦之中，三年，遂将五诸侯灭秦，分裂天下而封王侯，政由羽出；位虽不终，近古以来未尝有也！及羽背关怀楚，放逐义帝而自立；怨王侯叛已，难矣！自矜功伐，奋其私智而不师古，谓霸王之业，欲以力征经营天下。五年，卒亡其国，身死东城，尚不觉悟而不自责，乃引"天亡我，非用兵之罪也，"岂不谬哉!

【译文】

楚地各个地方悉数被平定后，唯独鲁县仍然不肯投降。刘邦率领全天下的兵马，打算屠城。等到大军抵达城下的时候，仍然能够听到城中礼乐管弦的声音。由

刘邦塑像

于鲁县素来是礼仪之邦，一定要为自己的君主尽忠守节，刘邦于是便让手下拿出项羽的头颅呈给鲁县的父老看，鲁县这才投降。刘邦于是用埋葬鲁公的礼仪把项羽安葬在穀城，并亲自为项羽举哀发丧，哭了好一阵子才走。汉军没有诛杀项羽的任何宗族亲属，还封项伯等四人为列侯，并赐予他们刘姓，把过去被俘虏到楚地的百姓仍旧交给他们管辖。

太史公司马迁说道：项羽发迹于田野之中，仅仅用了三年的时间就率领齐、赵、韩、魏、燕五个诸侯国的军队消灭了强大的秦国，分封天下并且封授王侯，政令全部由项羽发布；他的王位虽然最终没有被确立，但却已经是近古以来所未曾有过的了！可是后来等到项羽背弃了关中而怀恋楚国故土，流放义帝而自立为王，这时再怨恨各诸侯国君背叛自己，可就很难说得过去了！还自我夸耀战功，只知道彰显个人的小聪明而不知道虚心地学习古人，自以为霸王的功业，就是要用武力征讨来平定经营天下。结果才过了五年的时间，就最终亡掉了自己的国家，而自己也死在了他乡东城，却依旧不觉悟、不自责，反而自欺欺人地说什么“上天要亡我，而并非我用兵的过错”，这岂不是非常荒谬吗！

【评析】

“力拔山兮气盖世，时不利兮骓不逝。骓不逝兮可奈何，虞兮虞兮奈若何？”项羽在四面楚歌的垓下唱出的歌，是英雄末路的悲歌。这首悲歌被太史公司马迁记录下来，歌中写出了英雄末路的叹息。说英雄道英雄，试问天下谁是英雄？恐怕只有项羽一人而已。

韩信之死

【原文】

汉太祖高皇帝六年

冬，十月，人有上书告楚王信反者。帝以问诸将，皆曰：“亟发兵，坑竖子耳！”帝默然。又问陈平。陈平曰：“人上书言信反，信知之乎？”曰：“不知。”陈平曰：“陛下精兵孰与楚？”上曰：“不能过。”平曰：“陛下诸将，用兵有能过韩信者乎？”上曰：“莫及也。”平曰：“今兵不如楚精而将不能及，举兵攻之，是趣之战也，窃为陛下危之！”上曰：“为之奈何？”平曰：“古者天子有巡狩，会诸侯。陛下第出，伪游云梦，会诸侯于陈。陈，楚之西界；信闻天子以好出游，其势必无事而郊迎谒；谒而陛下因禽之，此特一力士之事耳。”帝以为然，乃发使告诸侯会陈，“吾将南游云梦。”上因随以行。

楚王信闻之，自疑惧，不知所为。或说信曰：“斩钟离昧以谒上，上必喜，无患。”信从之。十二月，上会诸侯于陈，信持昧首谒上；上令武士缚信，载后车。信曰：“果若人言：‘狡兔死，走狗烹；高鸟尽，良弓藏；敌国破，谋臣亡。’天下已定，我固当烹！”上曰：“人告公反。”遂械系信以归，因赦天下。

梳垂髻的汉代妇女

【译文】

汉高祖六年（公元前201年）

进入冬季，十月，有人上书告发楚王韩信想要谋反。当时已是汉高祖的刘邦便征询众将领的意见，人人都说：“赶紧发兵，把这家伙给活埋了！”高祖默不作声。他又征询陈平的意见。陈平说道：“有人上书告韩信谋反，这件事韩信本人知道吗?”高祖说：“不知道。”陈平又说：“陛下的兵力和楚王的相比怎么样呢?”高祖说道：“我的兵力比不过楚王的。”陈平说：“那陛下手下的将领们，在用兵方面有比得过韩信的吗?”高祖说道：“没有能赶得上他的。”陈平说：“如今陛下的军队不如楚国的精锐，将领又不能跟韩信相比，却要举兵讨伐他，这是在催促他起兵谋反呀！我私下里很为陛下担心。”高祖道：“那要怎么办才好呢?”陈平说：“在古代天子有时会巡游诸侯镇守的地方，会见诸侯。陛下尽管出来巡游，装作巡游云梦这个地方，然后在陈地会见各诸侯。而陈地正好在楚国的西部边界；韩信听说天子怀着友好会见诸侯的心情巡游，想到肯定是全国安稳无事，所以必然会毫无戒备地到郊外拜见陛下；他拜见陛下之时您就趁机将他拿下，这件事只需一个力士就可以办到了。”高祖觉得陈平说得很有道理；于是就派使者去通知诸侯到陈地聚会，交代道：“我将南巡云梦。”高祖随即开始南行。

楚王韩信得知消息后，自然是疑心重重、颇为惊惧，不知道如何是好。这时有人劝说韩信道：“斩杀钟离昧去拜见皇上，皇上肯定会非常高兴，这样就没有什么祸患了。”韩信依从其计。到了十二月，高祖在陈地会见诸侯，韩信便提着钟离昧的人头前来拜见。高祖立刻命令武士将韩信捆绑起来，囚在随皇帝车驾出行的副车上。韩信说：“果然就像人们所说的那样：‘狡猾的兔子死了，奔跑的猎狗就会被烹煮；高飞的鸟儿没了，优良的弓箭就会被收藏起来；相敌对的国家被攻破了，谋臣就要遭灭亡。’现在天下已经安定，我被烹煮也是理所当然的事情啊！”高祖说道：“有人告发你想谋反。”随即用镣铐枷锁把韩信锁得结结实实地带回了国都，接着下诏大赦天下。

吕后

【原文】

上还，至洛阳，赦韩信，封为淮阴侯。信知汉王畏恶其能，多称病，不朝从；居常鞅鞅，羞与绛、灌等列。尝过樊将军哙。哙跪拜送迎，言称臣，曰："大王乃肯临臣！"信出门，笑曰："生乃与哙等为伍！"

上尝从容与信言诸将能将兵多少。上问曰："如我能将几何？"信曰："陛下不过能将十万。"上曰："于君何如？"曰："臣多多而益善耳。"上笑曰："多多益善，何为为我禽？"信曰："陛下不能将兵而善将将，此乃信之所以为陛下禽也。且陛下，所谓'天授，非人力'也。"

汉太祖高皇帝十一年，淮阴侯信称病，不从击豨，阴使人至豨所，与通谋。信谋与家臣夜诈诏赦诸官徒、奴，欲发以袭吕后、太子；部署已定，待豨报。其舍人得罪于信，信囚，欲杀之。春，正月，舍人弟上变，告信欲反状于吕后。吕后欲召，恐其傥不就；乃与萧相国谋，诈令人从上所来，言豨已得，死，列侯、群臣皆贺。相国绐信曰："虽疾，强入贺。"信入，吕后使武士缚信，斩之长乐钟室。信方斩，曰："吾悔不用蒯彻之计，乃为儿女子所诈，岂非天哉！"遂夷信三族。

【译文】

高祖归来，一回到洛阳，便赦免了韩信，并封他为淮阴侯。韩信深知刘邦惧怕并厌恶他的才能，于是屡次称病，不上朝也不随侍出行。他平常在家里也总是闷闷不乐的，为自己与绛侯周勃、将军灌婴这样的人地位同等而感到羞耻。韩信曾去拜见樊哙将军。樊哙用跪拜的礼节送迎，口中不住地称臣子，说道："大王竟肯光临臣下这里！"韩信出门后，仰天大笑道："我活着竟然要与樊哙等人为伍了！"

高祖曾经和韩信闲聊，提及将领们能领多少兵。高祖问道："像我这样的能率领多少士兵呀？"韩信回答道："陛下您不过能领十万的兵。"高祖又问道："那对于你来说如何呢？"韩信回答道："我当然是越多越好了！"高祖大笑着问道："那么越多越好，却为何还是被我擒住了呀？"韩信说道："陛下虽然不怎么能领兵却善于驾驭将领，这就是我韩信能被陛下擒住的原因了。更何况陛下的才能，是所谓的'这是上天授予的，并非人力所能够获得'啊！"

汉高祖十一年（公元前196年），淮阴侯韩信假装生病，不跟随高祖去讨伐陈豨，却暗地里派人到陈豨住处，打算与他勾结谋反。韩信准备与家臣在夜间伪造诏书赦免官府的有罪功臣和奴隶，并打算发动他们前去袭击吕后、太子。韩信等人已经准备就绪，就等着陈豨的消息了。那时候，韩信有个门客因为得罪韩信，被囚禁起来，等着处死。到了春季，正月，那个门客的弟弟上书举报，把韩信想要谋反的具体情况一一告诉了吕后。吕后打算把韩信召来，又恐怕他不来，便与相国萧何谋划，令人假装是刚刚从高祖那里回来，说陈豨已经被逮住处死。列侯和群臣听到消息后都前去朝中祝贺。萧何也欺骗韩信道："您虽然生病了，也应该强撑着前来道贺。"韩信一到朝廷，吕后马上派武士将他捆了起来，准备在长乐宫钟室内将其斩首。韩信在被斩首前，慨叹道："我真后悔没有采用蒯彻的计策，如今竟然上了小孩和妇人的当，这怎么能说不是天意呢？"吕后于是下令诛灭了韩信的三族。

【评析】

"狡兔死，走狗烹；高鸟尽，良弓藏；敌国破，谋臣亡"，当年范蠡帮助勾践复国之后，只身飘然而去，给文种留下的就是这样一句话。韩信同范蠡、文种一样，帮助刘邦得到了天下，所以他也落得一个和文种同样的下场——被杀。当年韩信不得志的时候，郁郁寡欢，还是萧何慧眼识英雄，上演了一场"萧何月下追韩信"的历史名剧；意气风发的大将军韩信，在战场上指挥若定，甚至项羽也败在他的手下；在云梦被刘邦擒下之后，终于明白自己是走上了文种的老路子。

飞将李广

【原文】

汉孝景皇帝中元六年

陇西李广为上郡太守，尝从百骑出，卒遇匈奴数千骑。见广，以为诱骑，皆惊，上山陈。广之百骑皆大恐，欲驰还走。广曰："吾去大军数十里，今如此以百骑走，匈奴追射我立尽。今我留，匈奴必以我为大军之诱，必不敢击我。"广令诸骑曰："前！"未到匈奴阵二里所，止，令曰："皆下马解鞍！"其骑曰："虏多且近，即有急，奈何？"广曰："彼虏以我为走；今皆解鞍以示不走，用坚其意。"于是胡骑遂不敢击。有白马将出，护其兵；李广上马，与十余骑奔，射杀白马将而复还，至其骑中解鞍，令士皆纵马卧。是时会暮，胡兵终怪之，不敢击。夜半时，胡兵亦以为汉有伏军于旁，欲夜取之，胡皆引兵而去。平旦，李广乃归其大军。

李广

【译文】

汉孝景皇帝中元六年（公元前 144 年）

陇西人李广担任上郡太守，曾经带领一百名骑兵外出，突然遭遇了匈奴骑兵数

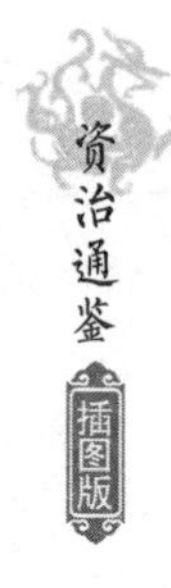

汉代·妇女服饰

千骑。匈奴人看见李广一行，还以为是汉军大部队派来的诱兵，都吃惊不小，随即上到山上摆开阵势。李广手下的一百名骑兵很害怕，都打算骑马逃跑，李广劝阻他们说道："我们距离大军足有数十里远，如今仅仅依靠这一百名骑兵往回跑，一旦匈奴人追杀射击，我们可就立马完了。如果我们留在这里不走，匈奴人一定会把我们当做大军的诱敌队伍，必定不敢轻易进击我们。"说罢，李广便命令骑兵们说："前进！"于是就去到距离匈奴阵地不到二里的地方，停了下来，李广命令道："统统下马，解下马鞍！"他手下的骑兵都说："现在大敌当前，一旦有什么紧急情况发生，我们怎么办？"李广说道："敌人本以为我们会逃跑；我现在下令都解下马鞍，就是向他们表示我们不会逃跑的，好以此来坚定他们认为我们是诱敌部队的想法。"于是匈奴骑兵果真不敢进攻他们。这时从匈奴队伍里冲出一位骑白马的将领来，监护他的军队。李广见状飞身上马，带上十几个骑兵奔向前去，射杀了那位白马将军后，重新返了回来，抵达他的百骑阵营中后，马上解下马鞍，命令战士们解开战马，躺倒休息。当时，正好将近黄昏，匈奴骑兵始终对李广部队的行为感到奇怪，不敢轻易出击。到了半夜，匈奴军队依旧认为附近有汉朝大军埋伏，准备在夜间突袭他们，所以吓得都领兵撤离了。等到黎明时，李广才率军返回到汉军大营。

【原文】

汉世宗孝武皇帝元朔元年。秋，匈奴二万骑入汉，杀辽西太守，略二千余人，围韩安国壁；又入渔阳、雁门，各杀略千馀人。安国益东徙，屯北平；数月，病死。天子乃复召李广，拜为右北平太守。匈奴号曰"汉之飞将军"，避之，数岁不敢入右北平。

汉世宗孝武皇帝元狩四年大将军既出塞，捕虏知单于所居，乃自以精兵走之，而令前将军广并于右将军，出东道。东道回远而水草少，广自请曰："臣部为前将军，今大将军乃徙令臣出东道。且臣结发而与匈奴战，今乃一得当单于，臣愿居前，先死单于。"大将军亦阴受上诫，以为"李广老，数奇，毋令当单于，恐不得所欲。"而公孙敖新失侯，大将军亦欲使敖与俱当单于，故徙前将军广。广知之，固自辞于大将军，大将军不听。广不谢而起行，意甚愠怒。

【译文】

汉武帝元朔元年（公元前128年）。秋季，匈奴出动两万骑兵入侵汉境，杀死了辽西郡的太守，俘虏了两千多人，包围了韩安国守卫的汉军壁垒；又进犯渔阳和雁门两地，在两个地方都各杀害、俘虏了一千多人。韩安国不得已率军迁往更远的东边，屯驻北平；没过几个月，就病死了。于是武帝不得不再次起用李广，让他做右北平太守。匈奴曾经送李广一个称号为“汉朝的飞将军”，可见他们十分畏惧李广，所以就有意躲避他，连续数年都不敢轻易入侵右北平郡。

汉武帝元狩四年（公元前119年）。大将军卫青出塞后，从匈奴俘虏口中得知单于的住地，于是就亲自领精兵挺进，而且还命令前将军李广与右将军赵食其合兵一处，从东路进军。李广因为东路迂回遥远，而且水草稀少，于是就主动请求说道：“我的部队是前将军的部队，现在大将军却将我部改为东路军。我从刚开始做一名士兵就与匈奴作战，一直到今天才终于有机会正面对抗单于，所以我很愿意作前锋，率先和单于拼个你死我活。”卫青出征前曾暗中受到汉武帝的告诫，认为：“李广年纪已老，多次背运，所以千万不要让他与单于正面交锋，担心他会在擒拿单于过程中出什么差错。”而公孙敖刚刚失去侯爵的爵位，卫青想让他同自己一道正面和单于对抗立功，所以才将前将军李广调为东路。李广得知内情后，坚决向卫青推辞，却遭到了卫青的拒绝。李广于是没有向卫青辞别就动身前行，心中的恼怒自不必说。

【原文】

前将军广与右将军食其军无导，惑失道，后大将军，不及单于战。大将军引还，过幕南，乃遇二将军。大将军使长史责问广、食其失道状，急责广之幕府对簿。广曰：“诸校尉无罪，乃我自失道，吾今自上簿至莫府”。广谓其麾下曰：“广结发与匈奴大小七十余战，今幸从大将军出接单于兵，而大将军徙广部行回远，而又迷失道，岂非天哉！且广年六十馀矣，终不能复对刀笔之吏！”遂引刀自刭。广为人廉，得赏赐辄分其麾下，饮食与士共之，为二千石四十余年，家无馀财。猿臂，善射，度不中不发。将兵，乏绝之处见水，士卒不尽饮，广不近水，士卒不尽食，广不尝食。士以此爱乐为用。及死，一军皆哭。百姓闻之，知与不知，无老壮皆为垂涕。而右将军独下吏，当死，赎为庶人。

卫青

【译文】

前将军李广与右将军赵食其率领的东路军因为没有人做向导，于是在沙漠中迷路了，所以落到了大将军卫青的后面，没来得及参与和单于的那一场战争。一直到卫青率部班师回营，经过沙漠南部时才碰上了迷路的李广、赵食其所部。卫青派长史责问二人迷路的具体情况，并责令李广立刻到大将军处听候发落。李广说道：“众校尉都没有罪，是我自己迷失了方向，我现在就一个人到大将军的幕府去听候处置。”说罢又对他的部下说：“我从年少时作战到现在和匈奴大大小小有过七十多场战斗，如今好不容易有了和匈奴首领单于当面交锋的机会，而大将军却把我部从

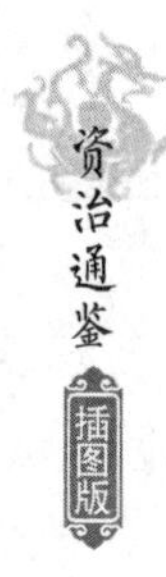

前锋调到东路，路途本来就曲折遥远，后来又迷失了道路，这一切难道不是天意吗？何况我已经六十多岁了，哪里还能再去面对那些刀笔小吏？”于是便拔刀自刎。李广一生为人清廉，一得到赏赐就会马上分给部下，与部下吃住在一起，做了四十多年二千石俸禄的官，家里却没有任何多余的财产。他的手臂像长臂猿的手臂一样又长又灵活，尤其擅长射箭，如果预料到射不中目标，就不放箭。他率领军队，在绝境中找到水源，如果士兵们没有全部喝过，李广就不会沾水；士兵们没有全部吃过食物，李广就不会进食。士兵们因此很乐意做他的部下。等到李广自刎而死后，全军都为之痛哭流涕。百姓听到他的死讯，知道他的和不知道他的，无论年老的还是年轻的，没有不为他伤心落泪的，而右将军赵食其一人被交付幕府审判，其罪当死，后来赎了身成为平民。

汉武帝像

【评析】

在汉文帝、景帝期间，匈奴不时地在边界骚扰。为了抵御匈奴，汉朝涌现了一个个抗击匈奴的名将。其中，飞将军李广就是杰出的一位。李广的一生，大部分时间都投入到了抗击匈奴的事业。他身经大小七十多次战斗，由于他英勇善战，而成为匈奴心目中可怕的劲敌。但是他的一生都不太走运，虽然功劳很多，却一直不能封侯，最后不愿意面对刀笔小吏的盘问而自刎。这是一个典型的悲剧人物，李广把这当作是天意，这也许和他过于耿介的性格有关。

【原文】

汉世宗孝武皇帝建元二年

上祓霸上，还，过上姊平阳公主，悦讴者卫子夫。子夫母卫媪，平阳公主家僮也；主因奉送子夫入宫，恩宠日隆。陈皇后闻之，恚，几死者数矣；上愈怒。

子夫同母弟卫青，其父郑季，本平阳县吏，给事侯家，与卫媪私通而生青，冒姓卫氏。青长，为侯家骑奴。大长公主执囚青，欲杀之；其友骑郎公孙敖与壮士篡取之。上闻，乃召青为建章监、侍中，赏赐数日间累千金。既而以子夫为夫人，青为太中大夫。

【译文】

汉武帝建元二年（公元前139年）。汉武帝去霸上举行祓除仪式，回宫的路上，顺便去探访他的姐姐平阳公主，看中了平阳公主府中的歌女卫子夫。卫子夫的母亲卫媪，本是平阳公主的家奴；平阳公主于是就把卫子夫送入后宫，卫子夫从此日益得到武帝的宠幸。陈皇后知道后，十分恼怒，寻死觅活了好几次，武帝因此对陈皇后也越来越恼怒。

卫子夫和卫青是同母异父的兄妹，卫青的父亲郑季，原本是平阳县的县吏，后来到平阳侯家里侍奉当差，和卫媪私通后生了卫青，并让他冒充卫姓。后来卫青长大了，就在平阳侯家中做骑奴。大长公主刘嫖把卫青囚禁了起来，打算杀掉他；多亏卫青的好友骑郎公孙敖和勇士把他从公主那里给抢了回来。汉武帝得知消息后，便召见卫青，并以他为建章宫的宫监，还赐予他侍中的官衔，给卫青的赏赐几天之内就高达千金。没过多久，汉武帝封卫子夫为夫人，并让卫青做了太中大夫。

马踏匈奴

【原文】

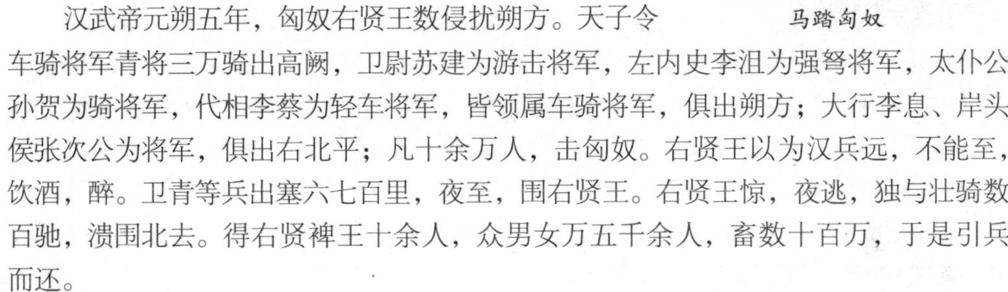

汉武帝元朔五年，匈奴右贤王数侵扰朔方。天子令车骑将军青将三万骑出高阙，卫尉苏建为游击将军，左内史李沮为强弩将军，太仆公孙贺为骑将军，代相李蔡为轻车将军，皆领属车骑将军，俱出朔方；大行李息、岸头侯张次公为将军，俱出右北平；凡十余万人，击匈奴。右贤王以为汉兵远，不能至，饮酒，醉。卫青等兵出塞六七百里，夜至，围右贤王。右贤王惊，夜逃，独与壮骑数百驰，溃围北去。得右贤裨王十余人，众男女万五千余人，畜数十百万，于是引兵而还。

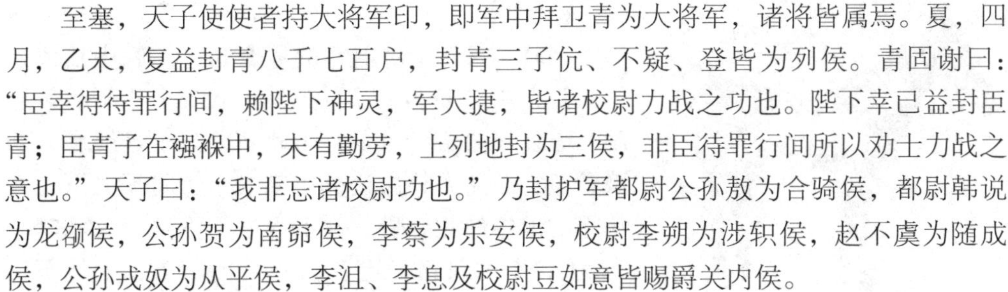

至塞，天子使使者持大将军印，即军中拜卫青为大将军，诸将皆属焉。夏，四月，乙未，复益封青八千七百户，封青三子伉、不疑、登皆为列侯。青固谢曰：“臣幸得待罪行间，赖陛下神灵，军大捷，皆诸校尉力战之功也。陛下幸已益封臣青；臣青子在襁褓中，未有勤劳，上列地封为三侯，非臣待罪行间所以劝士力战之意也。”天子曰：“我非忘诸校尉功也。”乃封护军都尉公孙敖为合骑侯，都尉韩说为龙頟侯，公孙贺为南窌侯，李蔡为乐安侯，校尉李朔为涉轵侯，赵不虞为随成侯，公孙戎奴为从平侯，李沮、李息及校尉豆如意皆赐爵关内侯。

【译文】

汉武帝元朔五年（公元前122年）。匈奴右贤王屡次率兵侵扰朔方郡。汉武帝命令车骑将军卫青率领三万骑兵从高阙出塞，并任卫尉苏建为游击将军，左内史李沮为强弩将军，太仆公孙贺为骑将军，代相李蔡为轻车将军，他们都归属车骑将军统率，一同领兵从朔方出塞；令大行李息、岸头侯张次公为将军，一道从右北平出塞，总共调集了十几万人一同进击匈奴。匈奴右贤王一直以为汉军距离自己路途遥远，一时半会不可能到达，所以就喝得酩酊大醉，毫不防备。卫青等将领率军走出边塞六七百里，连夜赶到，团团包围了右贤王的大营。右贤王大为吃惊，乘夜潜逃，仅仅率领了数百名精壮骑兵冲出汉军包围圈向北奔逃。这一战汉军共俘虏右贤王手下各部将领十多人，匈奴男女部众一万五千多人，牲畜近百万头。这次大捷让汉军很快就班师回朝。

卫青率大军刚返回到边塞，汉武帝就已经派使臣带着大将军的印信到来，于是

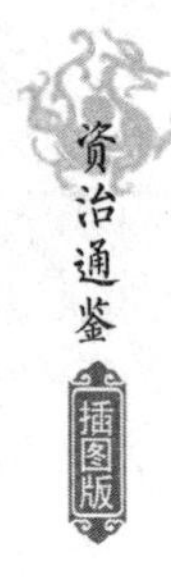

就在军中拜卫青为大将军，各路将领全部归卫青统领。夏季，四月初八，又加封给卫青八千七百户的食邑，还把他的三个儿子卫伉、卫不疑、卫登都分封为列侯。卫青坚决辞谢道："我有幸能够待在军中效力，完全是仰仗陛下您的神灵，如今出师大捷，也是众校尉奋力作战的功劳。我现在已经很有幸地得到了陛下加封的食邑，况且我的儿子们都还在襁褓之中，并无任何功劳，陛下却要分封土地给他们三人为侯，这并非我所以效力军中、鼓励众将士奋力杀敌的本意了。"汉武帝说："我也并不是忘记了各位校尉的功劳呀。"于是，他封护军都尉公孙敖为合骑侯，都尉韩说为龙领侯，公孙贺为南窌侯，李蔡为乐安侯，校尉李朔为涉轵侯，赵不虞为随成侯，公孙戎奴为从平侯，李沮、李息以及校尉豆如意都被封为关内侯。

【原文】

于是青尊宠，于群臣无二，公卿以下皆卑奉之，独汲黯与亢礼。人或说黯曰："自天子欲群臣下大将军，大将军尊重，君不可以不拜。"黯曰："夫以大将军有揖客，反不重邪！"大将军闻，愈贤黯，数请问国家朝廷所疑，遇黯加于平日。大将军青虽贵，有时侍中，上踞厕而视之；丞相弘燕见，上或时不冠；至如汲黯见，上不冠不见也。上尝坐武帐中，黯前奏事，上不冠，望见黯，避帐中，使人可其奏。其见敬礼如此。

鎏金马

【译文】

当时，汉武帝对卫青的尊宠超过了朝中任何一位大臣，王公贵族以及各级官员都对卫青卑躬屈膝，唯独汲黯始终对卫青不卑不亢。于是就有人劝汲黯道："皇上有意让群臣都居于大将军之下，大将军的地位如此尊贵，你不可以不下拜。"汲黯说："以大将军的身份而有长揖不拜的客人，大将军反而会因此不尊贵吗！"卫青知道这件事后，越来越欣赏汲黯的贤明，先后多次向汲黯请教国家和朝廷的众多疑难大事，待汲黯要比别人尊重得多。卫青虽然地位显贵，但有的时候入宫侍奉，汉武帝会坐在床边接见他；丞相公孙弘在汉武帝空闲的时候谒见，汉武帝有时会不戴帽子；可是等到汲黯谒见时，汉武帝没有戴好帽子是不会出来接见他的。一天，汉武帝刚好坐在陈列兵器的帐中，这时汲黯前来奏事，汉武帝没有戴帽子，远远地望见汲黯前来，慌忙躲进了后帐，并派人传出话来，批准汲黯所奏之事。由此可见，汲黯受到汉武帝的尊重和礼遇是非同一般的。

【评析】

卫青是古代少有的名将，他对抗击匈奴战争所取得的辉煌成绩，足以让当时的大汉扬眉吐气，就连太史公司马迁在为其作的传中都感到鼓舞和自豪。尽管司马迁本人并不赞成那样的战争，但是他却对卫青的军事才能进行了充分地肯定和由衷地佩服。

卫青之甥

【原文】

元朔六年

汉世宗孝武皇帝元朔六年初，平阳县吏霍仲孺给事平阳侯家，与青姊卫少儿私通，生霍去病。去病年十八，为侍中，善骑射，再从大将军击匈奴，为票姚校尉，与轻勇骑八百，直弃大军数百里赴利，斩捕首虏过当。于是天子曰：“票姚校尉去病，斩首虏二千余级，得相国、当户，斩单于大父行藉若侯产，生捕季父罗姑，比再冠军，封去病为冠军侯。上谷太守郝贤四从大将军，捕斩首虏二千余级，封贤为众利侯。”

汉世宗孝武皇帝元狩二年，霍去病为票骑将军，将万骑出陇西，击匈奴，历五王国，转战六日，过焉支山千余里，杀折兰王，斩卢侯王，执浑邪王子及相国、都尉，获首虏八千九百余级，收休屠王祭天金人。诏益封去病二千户。

是时，诸宿将所将士、马、兵皆不如票骑，票骑所将常选，然亦敢深入，常与壮骑先其大军；军亦有天幸，未尝困绝也。而诸宿将常留落不偶，由此票骑日以亲贵，比大将军矣。

秋，匈奴浑邪王降。是时，单于怒浑邪王、休屠王居西方为汉所杀虏数万人，欲召诛之。浑邪王与休屠王恐，谋降汉，先遣使向边境要遮汉人，令报天子。是时，大行李息将城河上，得浑邪王使，即驰传以闻。

鎏金铜薰炉

【译文】

汉武帝元朔元年（公元前 123 年）

起初，平阳县吏霍仲孺在平阳侯曹寿家当差，和卫青的姐姐卫少私通，生下了霍去病。霍去病十八岁时就当上了侍中，善于骑马射箭。在第二次跟随大将军卫青进击匈奴时，霍去病已经是票姚校尉，当时他率领轻骑勇士八百名，一直把大军甩出数百里之后开始寻找战机，他斩杀和俘虏的匈奴士兵数目超过汉军的损失。于是，汉武帝说道：“票姚校尉霍去病一共斩杀俘虏匈奴二千多人，生擒匈奴的相国、当户，斩杀了匈奴单于祖父辈的藉若侯栾提产，活捉单于的叔父栾提罗姑，战功连

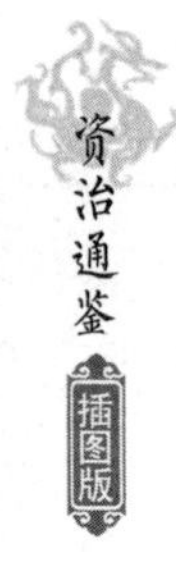

连冠于全军，现在封霍去病为冠军侯。上谷太守郝贤四次随从大将军出征，他斩杀、俘虏的匈奴士兵也有二千多人，现在就封郝贤为众利侯。”

汉武帝元狩二年（公元前121年）。霍去病被任命为票骑将军，汉武帝命令他率一万骑兵，从陇西出发向北进击匈奴，途中经过五个王国，前后转战六天，越过焉支山一千多里，杀掉了匈奴的折兰王，斩杀了卢侯王，并生擒了浑邪王的王子以及相国、都尉，其斩首俘虏匈奴军士总共有八千九百多人，并且还夺得了休屠王用以祭祀上天的金人。因此汉武帝下诏书加封霍去病食邑二千户。

六博图

当时，汉军中所有老将领统帅的将士、马匹、兵器都比不上霍去病，霍去病所统帅的将士、马匹、兵器通常都是经过精心挑选的，不过他也的确敢于深入敌军，经常与精壮骑兵走在大军前面；他的部队似乎特别受到老天的宠幸，从来不曾陷入过困绝的境地。然而老将们却时常因为迟到落后而不能建功与之相匹敌。因此，霍去病的地位更是日益尊贵，几乎和大将军卫青不相上下了。

到了秋天，匈奴的浑邪王投降汉朝。当时，匈奴浑邪王、休屠王住在西部地区，先后被汉军擒杀了好几万人，单于对此十分恼怒，于是打算将他们召到王庭处死。浑邪王与休屠王得到消息后感到十分害怕，俩人在一块谋划投降汉朝，他们先派人到边境拦截经过当地的汉人，让他们向汉武帝报信。当时，大行李息正在黄河边上修筑城池，看到浑邪王的使者后，就立马派传车急速奔赴朝廷报告。

【原文】

天子闻之，恐其以诈降而袭边，乃令票骑将军将兵往迎之。休屠王后悔，浑邪王杀之，并其众。票骑既渡河，与浑邪王众相望。浑邪王裨将见汉军，而多不欲降者，颇遁去。票骑乃驰入，得与浑邪王相见，斩其欲亡者八千人，遂独遣浑邪王乘传诣至行在所，尽将其众渡河。降者四万余人，号称十万。既至长安，天子所以赏赐者数十巨万；封浑邪王万户，为漯阴侯，封其裨王呼毒尼等四人皆为列侯。益封票骑千七百户。

元狩四年，票骑将军骑兵车重与大将军军等，而无裨将，悉以李敢等为大校，当裨将，出代、右北平二千余里，绝大幕，直左方兵，获屯头王、韩王等三人，将军、相国、当户、都尉八十三人，封狼居胥山，禅于姑衍，登临翰海，卤获七万四百四十三级。天子以五千八百户益封票骑将军；又封其所部右北平太守路博德等四人为列侯，从票侯破奴等二人益封，校尉敢为关内侯，食邑；军吏卒为官、赏赐甚多。而大将军不得益封，军吏卒皆无封侯者。

乃益置大司马位，大将军、票骑将军皆为大司马，定令，令票骑将军秩禄与大将军等。自是之后，大将军青日退而票骑日益贵。大将军故人、门下士多去事票骑，辄得官爵，唯任安不肯。

【译文】

汉武帝乍一听到这个消息，生恐他们是用诈降的手段对边塞进行偷袭，于是就令霍去病率兵前去迎接。休屠王因为对降汉之事感到后悔，浑邪王便杀了他，合并了他属下的部众。霍去病所部渡过黄河后，与浑邪王所部遥遥相望。浑邪王部下的将领见到汉军后，很多人改变主意不打算投降了，于是就纷纷逃走了。霍去病纵马飞驰到浑邪王大营中，得以与浑邪王相见，将其部下企图逃跑的八千人当众斩杀，紧接着又派遣浑邪王独自乘传车前往汉武帝所居之处。还命令他的部下全部渡过黄河，投降的人一共四万多人，号称十万。浑邪王抵达长安后，汉武帝赏赐给他数十万金，还加封浑邪王为漯阴侯，食邑一万户，还把他的部下小王呼毒尼等四人全都封为列侯。同时还不忘增加霍去病食邑一千七百户。

元狩四年（公元前119年）。霍去病率领的骑兵军车和辎重都与大将军卫青同等，没有安排副将，将李敢等人全部都任命为大校，充当副将，从代郡、右北平郡出征二千余里，穿越大漠，与匈奴左部的军队正面遭遇，交战之后擒获了匈奴屯头王、韩王等三人，还捉拿将军、相国、当户、都尉等八十三人，在狼居胥山祭祀天神，在姑衍山祭祀地神，后又登上翰海旁边的山峰眺望，此次总共擒获匈奴士兵七万零四百四十三人。汉武帝欢喜之余又加封给霍去病食邑五千八百户，并且还把他的部将右北平太守路博德等四人封为列侯，给从票侯赵破奴等二人增加了食邑，封校尉李敢为关内侯，并赐予食邑。对低级军官和兵卒也一一予以升官，这次受赏的人很多。而大将军卫青却没有得到任何封赏，部下军吏士兵也全都没有被封侯。

特使西行图

因此，汉武帝新设置了大司马一职，让卫青和霍去病共同担任，明确规定霍去病的官级和俸禄与卫青的一样。从此以后，卫青的权势一天天地败落，而霍去病则日益尊贵。很多卫青以前的朋友和门客都改为投靠霍去病，马上便得到了官职和爵位，唯独任安不愿意这样做。

【原文】

票骑将军为人，少言不泄，有气敢往。天子尝欲教之孙、吴兵法，对曰："顾方略何如耳，不至学古兵法。"天子为治第，令票骑视之，对曰："匈奴未灭，无以家为也！"由此上益重爱之。然少贵，不省士，其从军，天子为遣太官赍数十乘，

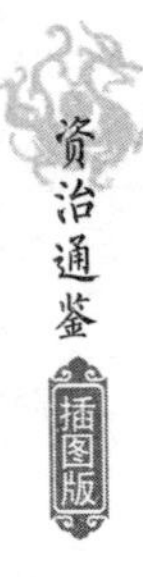

既还，重车余弃粱肉，而士有饥者；其在塞外，卒乏粮或不能自振，而票骑尚穿域蹋鞠，事多此类。大将军为人仁，喜士退让，以和柔自媚于上。两人志操如此。

元狩六年，郎中令李敢，怨大将军之恨其父，乃击伤大将军，大将军匿讳之。居无何，敢从上雍，至甘泉宫猎，票骑将军去病射杀敢。去病时方贵幸，上为讳，云鹿触杀之。秋，九月，冠军景桓侯霍去病薨。天子甚悼之，为冢，像祁连山。初，霍仲孺吏毕归家，娶妇，生子光。去病既壮大，乃自知父为霍仲孺。会为票骑将军，击匈奴，道出河东，遣吏迎仲孺而见之，大为买田宅奴婢而去；及还，因将光西至长安，任以为郎，稍迁至奉车都尉、光禄大夫。

【译文】

西汉·彩陶战马俑

霍去病为人沉默稳重，有胆识，敢作敢为。汉武帝曾经想教他学习孙武、吴起的兵法，他却说："作战看的是谋略，不需要古代的兵法。"汉武帝后来为霍去病修建了豪华府第，让他前去察看，他却说："匈奴还没有彻底消灭，怎么能有家呢!"由此，汉武帝更加宠信他了。然而霍去病少年显贵，对部下体察不够。他领兵出征时，光汉武帝派负责宫廷膳食的太官给他送来的食物就装了数十辆车。到后来班师回朝时，车上仍然装满了吃剩下的粮食和肉类，而士兵中却有很多饿肚子的。驻兵塞外时，部下有时因为缺粮而士气不振，可霍去病却还修建蹴鞠的场地来游戏。诸如此类的事情还有很多。卫青为人仁厚，尊重贤士，谦恭退让，凭借着温顺柔和博得了汉武帝的喜爱。二人的志趣情操就是这样不同。

元狩元年（公元前117年）。郎中令李敢怨恨大将军卫青让其父李广抱恨自刎，便出手打伤了卫青，但卫青却隐瞒了此事。没过多久，李敢跟随汉武帝到雍地甘泉宫打猎，被票骑将军霍去病一箭射死。霍去病当时正备受汉武帝的宠信，声势十分显赫，所以汉武帝也为其隐瞒真相，对外宣称李敢是被鹿撞死的。秋天，九月，冠军景桓侯霍去病去世。汉武帝异常悲痛，沉痛悼念他的同时，为他建造了一座祁连山形状的坟墓。起初，霍仲孺谢职回到家乡，娶了妻子，生下了儿子霍光。等到霍去病长大后，才知道霍仲孺就是自己的亲生父亲。后来当他作为票骑将军出征匈奴时，途经河东，便特地派人将霍仲孺接来相见，为他购置了大量田宅和奴婢后才离去。等到班师回朝时，他又顺便带霍光一起西行到长安，保荐他为郎官，后来逐渐升为奉车都尉、光禄大夫。

【评析】

票骑将军霍去病是汉武帝时最著名的大将军之一，他骁勇善战，几次攻打匈奴，把匈奴赶到了遥远的北方，再也不敢走到长城以南的地方。后人很多羡慕霍去病建立功勋，成就威名，并对他充满了崇敬。千古之下，遥想当年，意气风发的票骑将军也许是历史上最让人感叹的人物吧！他被汉武帝提拔，一生之中几乎没有任何挫折，每战必胜，当时受到的宠信也是无人能及，又是在打败匈奴之后，毫无遗憾地死去，死后的荣耀更是不用说了。

张骞出使

【原文】

汉世宗孝武皇帝元朔三年，初，匈奴降者言："月氏故居敦煌、祁连间，为强国，匈奴冒顿攻破之。老上单于杀月氏王，以其头为饮器。余众遁逃远去，怨匈奴，无与共击之。"上募能通使月氏者，汉中张骞以郎应募，出陇西，径匈奴中；单于得之，留骞十余岁。骞得间亡，乡月氏西走，数十日，至大宛。大宛闻汉之饶财，欲通不得，见骞，喜，为发导译抵康居，传致大月氏。大月氏太子为王，既击大夏，分其地而居之，地肥饶，少寇，殊无报胡之心。骞留岁馀，竟不能得月氏要领，乃还；并南山，欲从羌中归，复为匈奴所得，留岁馀。会伊稚斜逐于单，匈奴国内乱，骞乃与堂邑氏奴甘父逃归。上拜骞为太中大夫，甘父为奉使君。骞初行时百馀人，去十三岁，唯二人得还。

西汉 · 椒林

明堂豆形铜灯

汉武帝元狩元年。初，张骞自月氏还，具为天子言西域诸国风俗："大宛在汉正西，可万里。其俗土著，耕田；多善马，马汗血；有城郭、室屋，如中国。其东北则乌孙，东则于窴。于窴之西，则水皆西流注西海，其东，水东流注盐泽。盐泽潜行地下，其南则河源出焉。盐泽去长安可五千里。匈奴右方居盐泽以东，至陇西长城，南接羌，鬲汉道焉。乌孙、康居、奄蔡、大月氏，皆行国，随畜牧，与匈奴同俗。大夏在大宛西南，与大宛同俗。臣在大夏时，见邛竹杖、蜀布，问曰：'安得此？'大夏国人曰：'吾贾人往市之身毒。'身毒在大夏东南可数千里，其俗土著，与大夏同。以骞度之，大夏去汉万二千里，居汉西南；今身毒国又居大夏东南数千里，有蜀物，此其去蜀不远矣。今使大夏，从羌中，险，羌人恶之；少北，则为匈奴所得；从蜀，宜径，又无寇。"

【译文】

汉武帝元朔三年（公元前126年）。起初，匈奴投降汉朝的人说："月氏原本居住在敦煌和祁连山之间，是一个强大的国家，匈奴的冒顿单于攻破了它。老上单于

杀了月氏国国王，并把他的头骨做成了一个饮酒的器皿。于是其余的月氏部众便逃到了很远的地方，与匈奴结怨很深，但是却没有可以和他们联合去进攻匈奴的军队。”汉武帝于是就征募能出使月氏国的人。汉中人张骞凭着郎官的身份应征，于是他率领一行人从陇西郡出发，径直来到匈奴的腹地；匈奴首领单于捉住了张骞，把他囚禁了十多年。张骞终于得到机会逃了出来，继续向着月氏国所在的西方走去，几十天过后，来到大宛国。大宛国早就听说了中原的富饶，一直想通使结好却都未能实现，如今见到张骞，自然十分高兴，便替他安排了向导和翻译，于是张骞一行又抵达康居国，后来才转送到大月氏国。大月氏国原来的太子做了国王，因为攻克了大夏国，分割了大夏国的土地才得以安居下来，那里土地富饶肥沃，几乎没有外敌入侵，他们已丝毫没有向匈奴报仇的打算了。张骞在那里滞留了一年多的时间，却始终不知道月氏人到底有什么打算，不得不打道回府；张骞一行沿着南山走，打算从羌人的居住地返回，不幸又被匈奴人捉住了，这次被拘留了一年多。当时恰逢伊雅斜驱逐于单，匈奴国内正发生混乱，张骞于是就和堂邑氏的奴隶甘父趁乱逃了回来。汉武帝因此封张骞为太中大夫，甘父为奉使君。张骞一行当时出发的时候有一百多人，中间隔了十三年，现在只有他们二人得以生还。

西汉·鎏金铜象

汉武帝元狩元年（公元前 122 年）。起初，张骞刚从月氏国回到汉朝，详细地向汉武帝介绍了西域各国的风土人情，说道：“大宛国在我国的正西方，离这里大约有一万里。全是本地人在那居住，他们主要靠耕种生活。那里盛产汗血宝马；其中城郭、房屋，和我们中原大致相同。大宛国的东北边是乌孙国，它的东面就是于阗国。于阗以东，河水都向西注入西海；以东的河水则向东注入盐泽。盐泽一带的河流都在地下流淌，形成了暗河，再往南就是黄河的发源地了。盐泽距离长安大概有五千里。匈奴国的西方边界位于盐泽的东面，一直到陇西长城，南面接壤着羌人的部落，正好阻断了我国通往西域的道路。乌孙、康居、奄蔡、大月氏都是游牧国家，放养牲畜追逐水草居住，他们的风俗和匈奴的一样。大夏国位于大宛国的西南方，与大宛国有着同样的风俗。我在大夏国的时候，曾经看见我国邛山出产的竹杖和蜀地的布，我就问他们：‘这些东西是从哪里弄来的？’大夏人就说：‘这都是我国商人从身毒贩买过来的。’身毒国在距离大夏国的东南方数千里的地方，当地人民的习俗是定居生活，同大夏一样。据我估计，因为大夏在我国西南一万二千里外的地方是事实，而身毒国又在大夏国的东南几千里以外，却能有我国蜀地的产物，这说明身毒国距离蜀地肯定不远。如今我国出使大夏国，如果取道羌人的地区，道路险恶不说，况且羌人又厌恶我们；如果从稍微靠北一些的地区走，便又会落入匈奴之手；如果从蜀地走的话，道路应该十分平坦，而且也不会有强盗。”

【原文】

天子既闻大宛及大夏、安息之属皆大国，多奇物，土著，颇与中国同业，而兵弱，贵汉财物。其北有大月氏、康居之属，兵强，可以赂遗设利朝也。诚得而以义属之，则广地万里，重九译，致殊俗，威德遍于四海，欣然以骞言为然。乃令骞因蜀、犍为发间使王然于等四道并出，出駹，出冉，出徙，出邛、僰，指求身毒国，各行一二千里，其北方闭氐、莋，南方闭巂、昆明。昆明之属无君长，善寇盗，辄杀略汉使，终莫得通。于是汉以求身毒道，始通滇国。滇王当羌谓汉使者曰：“汉孰与我大?”及夜郎侯亦然。以道不通，故各自以为一州主，不知汉广大。使者还，因盛言滇大国，足事亲附；天子注意焉，乃复事西南夷。

西汉·鹿首形骨雕

汉武帝元鼎二年，浑邪王既降汉，汉兵击逐匈奴于幕北，自盐泽以东空无匈奴，西域道可通。于是张骞建言：“乌孙王昆莫本为匈奴臣，后兵稍强，不肯复朝事匈奴，匈奴攻不胜而远之。今单于新困于汉，而故浑邪地空无人，蛮夷俗恋故地，又贪汉财物，今诚以此时厚币赂乌孙，招以益东，居故浑邪之地，与汉结昆弟，其势宜听，听则是断匈奴右臂也。既连乌孙，自其西大夏之属皆可招来而为外臣。”天子以为然，拜骞为中郎将，将三百人，马各二匹，牛羊以万数，赍金币帛直数千巨万；多持节副使，道可便，遣之他旁国。

【译文】

汉武帝一听说大宛及大夏、安息等国都是大国，而且盛产奇珍异物，都是本土的人在那里定居，和汉朝颇有些相似，而军事力量却很薄弱，又很喜欢汉朝的物品；北面的大月氏、康居等国，虽然兵力强盛，但却可以通过贿赂、引诱等方法拉拢他们归附汉朝，如果真能够不通过战争而争取到他们的归附，那么，汉朝的领土就可以扩大万里，远方的人必须通过多重翻译才能来朝见，各种不同风俗的国家都将划归汉朝版图，天子的威德将传遍四海。因此，汉武帝欣然采纳了张骞的建议，于是便命令张骞从蜀郡、犍为派王然于等人作为使者，分别由冉、徙及邛、间四路向身毒国进发。各路使者都分别走了一二千里以后，北路被阻隔在氐、莋，南路被阻隔在昆明附近。昆明一带当时没有君主，是盗贼土匪经常出没的地方，动不动就劫杀汉朝使者，所以始终没有人能够从这里经过。此次汉朝使者为了找寻通往身毒国的道路，这才第一次去到滇国，滇王当羌问汉朝使者道：“汉朝与我国相比，谁更大?”后来夜郎王也向汉朝使者提出相同的问题。因为那里交通十分闭塞，他们都各自雄踞一方称王称霸，根本不知道汉朝的广大。后来使者回到汉朝后，便再三强调滇国是个大国，很有必要争取到它的归顺，这样就重新引起了汉武帝的注意，于是开始重新经营西南的蛮夷之地。

西汉·彩绘神人纹龟盾

汉武帝元鼎二年（公元前115年），浑邪王自从投降了汉朝以后，汉军将匈奴势力一直驱赶到大漠以北，从盐泽往东，不再有匈奴的踪迹了，于是前往西域的道路畅通无阻了。因此张骞建议道：“乌孙王昆莫原本是匈奴的藩国，后来军事实力逐渐强大之后，不愿意再归附匈奴，匈奴于是就派兵前去征服，但却未能取胜，于是只好自己转移到了远离它的地方。现在匈奴单于刚刚遭受我朝的重创，而以前浑邪王的辖地又空旷无人，蛮夷之族的习俗是依恋故地，而又贪图汉朝的财物，如今果真能用丰厚的财物拉拢乌孙国，吸引他们东迁，居住在过去的浑邪王辖地，好与我朝结为兄弟之国，他们肯定会听从我朝的调遣，这样一来就等于斩断了匈奴的右臂。如果与乌孙国结盟，那么它西面的大夏等国也都能很容易地招来成为我朝的藩属。”汉武帝认为他的话很有道理，随即任命张骞为中郎将，带领三百多人，人手两匹马，带着数以万计的牛羊和价值数千万钱的黄金绢帛等，并以多人为手持汉朝符节的副使，沿途如果遇到通往别国的道路，随即委派一个副使前往。

【原文】

骞既至乌孙，昆莫见骞，礼节甚倨。骞谕指曰：“乌孙能东居故地，则汉遣公主为夫人，结为兄弟，共距匈奴，匈奴不足破也。”乌孙自以远汉，未知其大小；素服属匈奴日久，且又近之，其大臣皆畏匈奴，不欲移徙。骞留久之，不能得其要领，因分遣副使使大宛、康居、大月氏、大夏、安息、身毒、于阗及诸旁国，乌孙发译道送骞还，使数十人，马数十匹，随骞报谢，因令窥汉大小。是岁，骞还，到，拜为大行。后岁余，骞所遣使通大夏之属者，皆颇与其人俱来，于是西域始通于汉矣。

西域凡三十六国，南北有大山，中央有河，东西六千余里，南北千余里，东则接汉玉门、阳关，西则限以葱岭。河有两源，一出葱岭，一出于窴，合流东注盐泽。盐泽去玉门、阳关三百余里。自玉门、阳关出西域有两道：从鄯善傍南山北，循河西行至莎车，为南道；南道西逾葱岭，则出大月氏、安息。自车师前王廷随北山循河西行至疏勒，为北道；北道西逾葱岭，则出大宛、康居、奄蔡焉。故皆役属匈奴，匈奴西边日逐王，置僮仆都尉，使领西域，常居焉耆、危须、尉黎间，赋税诸国，取富给焉。

乌孙王既不肯东还，汉乃于浑邪王故地置酒泉郡，稍发徙民以充实之；后又分置武威郡，以绝匈奴与羌通之道。

西汉·彩绘陶庄园

天子得宛汗血马，爱之，名曰“天马”。使者相望于道以求之。诸使外国，一辈大者数百，少者百余人，人所赍操大放博望侯时，其后益习而衰少焉。汉率一岁中使多者十余，少者五六辈；远者八九岁，近者数岁而反。

【译文】

张骞一行抵达乌孙后，乌孙王昆莫虽然接见了他，但态度却十分傲慢，礼数也多有不周。张骞直接转达了汉武帝的谕旨说：“如果乌孙能够向东返回到故土居住，那么我们大汉将把公主许配给国王做夫人，汉朝和乌孙从此结为兄弟之邦，共同抗拒匈奴，匈奴就不可能不败落。”可是，乌孙因为自己距离汉朝太远，不知道汉朝的大小，况且长久以来一直是匈奴的藩属，距离匈奴很近，因此朝中的大臣全都对匈奴敬畏有加，不愿意向东搬迁。所以张骞在乌孙停留了很长时间，却也一直得不到满意的答复，因此分别向大宛、康居、大月氏、大夏、安息、身毒、于阗及附近各国派出副使进行联络。乌孙派翻译、向导送张骞等人回国，并派数十人、马数十匹随张骞一道来汉朝行答谢之礼，汉朝廷乘机让他们了解了汉朝的大小强弱。当年，张骞回到长安后，汉武帝升任他为大行。又过了一年多，张骞所派出的出使大夏等国的副使大多数也都与该国的使臣一同回到长安，从此，西域各国就开始了和汉朝的友好往来。

西域地区总共有三十六个国家，南北有大山，中部有河流，东西绵延六千余里，南北纵横千余里，东边和汉朝的玉门、阳关接壤，西部一直延伸到葱岭。中部的河流有两个源头，一个源自葱岭，一个源自于阗，汇合后便注入了盐泽。盐泽距离玉门、阳关有三百多里。从玉门、阳关通往西域一共有两条道路：从鄯善依傍着南山北麓向前行，顺着河流往西便来到了莎车，这就是南道；从南道向西翻越葱岭，就来到了大月氏、安息。再从车师前王廷循着北山沿河流向西到疏勒，这就是北道；从北道向西翻越葱岭，就来到了大宛、康居、奄蔡。从前，西域各国都归匈奴统治。匈奴西边的日逐王设置僮仆都尉，让他统领西域各国，常年居住在焉耆、危须、尉黎一带，向西域各国征收赋税，并趁机掠取各国的财宝。

乌孙王既然不愿意向东返回故地，汉朝便在浑邪王的旧辖地设置了酒泉郡，逐步迁徙内地的百姓来充实这一地区。后来，又从酒泉郡划分出部分地区设置了武威郡，以此来阻断匈奴与羌人部落的联络通道。

汉武帝得到大宛出产的汗血马，非常喜爱，给它取名为“天马”，去大宛搜求

西汉·陶仓

"天马"的使者络绎不绝。出使西域各国的汉朝使者团，多的一行有数百人，少的一行也有一百多人，他们所带回的物品也都和当初张骞出使时的大致相当，到后来随着人们对西域情况的日益熟悉，使者的人数以及所携带的物品也逐渐减少。大约在一年当中，汉朝出使西域各国的使者，多的时候有十几批，少的时候也有五六批；其间路远的要八九年，较近的也需要数年才能返回。

【评析】

张骞出使西域，把西域纳入西汉的版图，这为各民族的大融合创造了极好的条件，具有极大的历史意义。若干年后，西方人就是顺着这条路，把中国的丝绸和茶叶运到了西方各国。西方国家第一次知道东方的富足和繁荣。当凯撒大帝身穿中国丝绸制成的衣服出现时，整个西方世界都震惊了。

苏武牧羊

【原文】

汉世宗孝武皇帝天汉元年

上嘉匈奴单于之义，遣中郎将苏武送匈奴使留在汉者，因厚赂单于，答其善意。武与副中郎将张胜及假吏常惠等俱。既至匈奴，置币遗单于。单于益骄，非汉所望也。

会缑王与长水虞常等及卫律所将降者，阴相与谋劫单于母阏氏归汉。卫律者，父故长水胡人，律善协律都尉李延年，延年荐言律使于匈奴，使还，闻延年家收，遂亡降匈奴。单于爱之，与谋国事，立为丁灵王。虞常在汉时素与副张胜相知，私候胜曰："闻汉天子甚怨卫律，常能为汉伏弩射杀之。吾母、弟在汉，幸蒙其赏赐。"张胜许之，以货物与常。后月馀，单于出猎，独阏氏、子弟在，虞常等七十馀人欲发，其一人夜亡告之。单于子弟发兵与战，缑王等皆死，虞常生得。

单于使卫律治其事。张胜闻之，恐前语发，以状语武。武曰："事如此，此必及我，见犯乃死，重负国。"欲自杀。胜、惠共止之。虞常果引张胜。单于怒，召诸贵人议，欲杀汉使者。左伊秩訾曰："即谋单于，何以复加！宜皆降之。"单于使卫律召武受辞。武谓惠等："屈节辱命，虽生，何面目以归汉！"引佩刀自刺。卫律惊，自抱持武，驰召医，凿地为坎，置煴火，覆武其上，蹈其背以出血。武气绝，半日复息。惠等哭，舆归营。单于壮其节，朝夕遣人候问武，而收系张胜。

【译文】

汉武帝天汉元年（公元前100年）

汉武帝为了嘉奖匈奴单于的忠义，便派中郎将苏武把留在汉朝的匈奴使臣送回匈奴，顺便带去丰厚的礼物，用以答谢匈奴单于的一番好意。苏武和副使中郎将张胜以及暂时充任使团官吏的常惠等一同前往，抵达匈奴后，随即将礼品送给单于。单于这时却表现得越发骄横，并非汉朝原来所希望的那样。

恰在这时，先前曾经投降过汉朝的匈奴缑王和长水人虞常，以及卫律手下投降匈奴的原汉朝士兵暗中商议，打算劫持匈奴首领单于的母亲阏氏回到汉朝。卫律的父亲原本是长水地区的匈奴人，卫律本人则曾经与汉朝的协律都尉李延年关系甚好，后经李延年的推荐，受到汉朝的派遣出使匈奴。卫律出使回来以后，听说李延年一家被监禁了起来，于是便逃亡到匈奴投降。单于对他喜爱有加，经常和他共谋国家大事，并任命他为丁灵王。虞常在汉朝时一直与副使张胜结为知己，于是便在私下里拜访张胜说："我听说大汉天子对卫律一直心怀怨恨，我可以设伏弓弩手将其射死替汉朝除害。现在我的母亲和弟弟都在汉朝，我希望他们能因此得到赏赐。"张胜答应了虞常的请求，并且还送给他好多财物。后来过了一个多月，单于外出打猎，只留下他母亲和部分子弟在王庭。虞常等七十多人正准备发动叛乱，没想到其中一个人在夜间逃走，向单于子弟告发了虞常等人的叛乱计划。于是单于子弟便发兵与虞常等人展开了对战，缑王一帮人全部被杀掉了，虞常也被生擒。匈奴单于委派卫律来处理此事。张胜得知消息后，恐怕先前与虞常约定的事情败露，便向苏武坦白了。苏武说："事到如今，必定会涉及我，如果是先受到凌辱而后被杀死，那样就会更加辜负国家了。"随即打算自杀，幸好经张胜、常惠一起阻止。后来虞常果真供出了张胜，单于颇为恼怒，召集贵族官员商议，准备杀死汉使。匈奴的左伊秩訾说："如果图谋杀害单于，如何才能加重惩处呢？应该让他们全部投降才对。"单于于是派卫律给苏武传话。苏武便对常惠等人说："如果卑躬屈膝，就有辱我们的使命，即使不死，还有什么脸面再回到我们大汉呢？"说罢就拔出佩刀刺进了自己的身体。卫律见状大吃一惊，一把抱住了苏武，急忙传唤医生前来，在地上挖了一个坑，点起了炭火，然后把苏武放在洞上，用脚踩踏苏武的后背，以便让淤血全部流出。苏武当时气绝，过了半天后才慢慢苏醒过来。常惠等顿时痛哭流涕，将苏武抬回了汉使驻地。单于被苏武的气节折服，早晚都会派人前来问候苏武的伤势恢复情况，而将张胜抓捕归案。

西汉·王戈

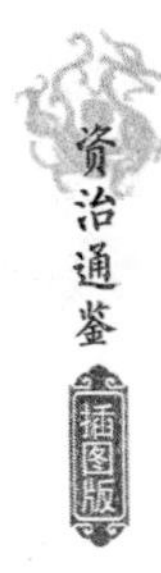

【原文】

武益愈，单于使使晓武，欲降之，会论虞常，欲因此时降武；剑斩虞常已，律曰："汉使张胜谋杀单于近臣，当死，单于募降者赦罪。"举剑欲击之，胜请降。律谓武曰："副有罪，当相坐。"武曰："本无谋，又非亲属，何谓相坐！"复举剑拟之，武不动。

律曰："苏君，律前负汉归匈奴，幸蒙大恩赐号称王，拥众数万，马畜弥山，富贵如此！苏君今日降，明日复然；空以身膏草野，谁复知之！"武不应。律曰："君因我降，与君为兄弟；今不听吾计，后虽欲复见我，尚可得乎！"武骂律曰："汝为人臣子，不顾恩义，畔主背亲，为降虏于蛮夷，何以汝为见！且单于信汝，使决人死生，不平心持正，反欲斗两主，观祸败。南越杀汉使者，屠为九郡；宛王杀汉使者，头悬北阙；朝鲜杀汉使者，即时诛灭；独匈奴未耳。若知我不降明，欲令两国相攻，匈奴之祸从我始矣。"律知武终不可胁，白单于，单于愈益欲降之。乃幽武置大窖中，绝不饮食；天雨雪，武卧，啮雪与旃毛并咽之，数日不死。匈奴以为神，乃徙武北海上无人处，使牧羝，曰："羝乳乃得归。"别其官属常惠等，各置他所。

西汉男立俑

【译文】

苏武慢慢痊愈，单于便派人前来劝说苏武，想让他归降匈奴。就在此时，虞常也被判定为死罪，单于企图借此机会逼迫苏武投降。用剑砍下虞常的头颅后，卫律说道："汉使张胜企图谋杀单于的亲信大臣，应当处死，单于现在招募归降，降者一律赦免。"说罢举剑要刺张胜，张胜苦苦哀求投降。卫律然后又对苏武说道："副使有罪，你作为正使，应当受到相同罪责。"苏武回答道："我原本没有参与阴谋，与张胜也没有任何亲属关系，为什么要连带受罚呢？"卫律又举剑威逼苏武，苏武却岿然不为所动。

卫律说道："苏先生，我先前背叛了汉朝，归降匈奴，从而有幸承蒙单于的大恩，还赐号让我称王，并且坐拥数万人众，马匹牲畜满山遍野，何等的荣华富贵！苏先生今天如果投降了匈奴，明天就会和我一样地荣耀，否则白白抛尸荒野，谁又能够知道呢？"苏武闭口不言。卫律又说道："你要是依了我的话，归降匈奴，我就会待你像兄弟一样；如果今天你不听我的建议，将来即使想再见到我，恐怕也办不到了吧？"苏武大骂卫律道："你身为汉朝的臣子，却忘恩负义，背叛了君主、亲人，而投降蛮夷之族，我为什么要见你呢？何况单于信任你，让你定夺别人的生死，你非但不能以一颗公正的心对待，反而企图挑起两国君主的相互争斗，在一旁幸灾乐祸。南越国杀死了汉使，被汉屠戮掉后变为九郡；大宛王杀死汉使后，其人头被悬挂在长安宫廷的北门；朝鲜杀死汉使，便立即招来了亡国之灾；唯独匈奴还没有干过这种蠢事。你明知道我是不会归降的，却想以此挑起两国之间的对抗，恐怕匈奴的灾祸，将要从我这里开始了。”卫律也深知苏武最终是不会受他的胁迫，只好据实禀报单于。单于看见苏武如此忠贞不屈，就更加想争取到他的归降，于是便将苏武幽禁在一个大地窖中，不供给苏武粮食，企图以此逼其就范。当时天正下着大雪，苏武躺在地上，靠吞食雪片和衣服上的毡毛充饥，过了几天后竟然没死。匈奴人认为有神灵在暗中庇护他，便把苏武流放到了北海荒无人烟的地方，给他一群公羊让他放养，并对苏武说：“等到公羊都能产出羊羔了，你就可以回汉朝了。”常惠等使团中有不肯投降的官员，也都被分别扣留在了不同的地方。

【原文】

西汉·铜羊尊灯

汉孝昭皇帝始元六年。初，苏武既徙北海上，禀食不至，掘野鼠去草实而食之。杖汉节牧羊，卧起操持，节旄尽落。武在汉，与李陵俱为侍中；陵降匈奴，不敢求武。久之，单于使陵至海上，为武置酒设乐，因谓武曰：“单于闻陵与子卿素厚，故使来说足下，虚心欲相待，终不得归汉，空自苦；亡人之地，信义安所见乎！足下兄弟二人，前皆坐事自杀；来时，太夫人已不幸；子卿妇年少，闻已更嫁矣；独有女弟二人、两女、一男，今复十馀年，存亡不可知。人生如朝露，何久自苦如此！陵始降时，忽忽如狂，自痛负汉，加以老母系保宫。子卿不欲降，何以过陵！且陛下春秋高，法令无常，大臣无罪夷灭者数十家。安危不可知，子卿尚复谁为乎！”武曰：“武父子无功德，皆为陛下所成就，位列将，爵通侯，兄弟亲近，常愿肝脑涂地。今得杀身自效，虽斧钺、汤镬，诚甘乐之！臣事君，犹子事父也。子为父死，无所恨。愿勿复再言！”陵与武饮数日，复曰：“子卿壹听陵言！”武曰：“自分已死久矣，王必欲降武，请毕今日之欢，效死于前！”陵见其至诚，喟然叹曰：“嗟乎，义士！陵与卫律之罪上通于天！”因泣下沾衿，与武诀去。赐武牛羊数十头。

【译文】

汉昭帝始元六年（公元前81年）。起初，苏武被匈奴流放到北海边上后，得不到粮食供给，便靠挖掘野鼠，吃鼠洞中的草籽过日子。尽管生活如此艰辛，但是他每天都坚持手拿汉朝的符节牧羊，无论是睡卧还是起身都要带着它，以至于节杖上的毛缨都被磨得脱落了。苏武在汉朝的时候，与李陵都担任侍中，等到李陵投降匈奴后，一直不敢见苏武。过了很久，单于派李陵到北海边上去，为苏武置办酒席，并以歌舞助兴。李陵对苏武说道：“单于听说我与你素来有着深厚的交情，所以派

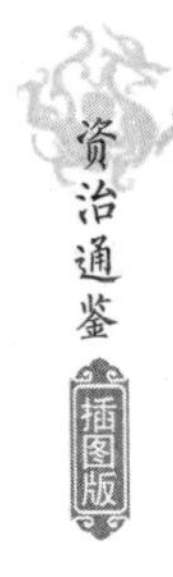

我来劝降你，他很愿意对你虚心以待。你最终也不可能再回汉朝了，现在自己在这荒无人烟的地方白白受苦，你的这些信义节操，有谁可以看到呢！你那两个兄弟，前不久也都因罪自杀了；我来这里时，你母亲也已不幸去世了；而你的妻子还年轻，听说也已经改嫁他人了；只剩下两个妹妹、两个女儿、一个儿子，现在又十几年过去了，他们是否还活着，就不得而知了。人生就像是早晨的露水那样短暂，你又何必这样长久地自我煎熬呢！我刚刚投降匈奴的时候，感觉精神恍惚，像疯了一样，痛恨自己辜负了汉朝，还牵连老母也跟着受牢狱之灾。你不愿意归降匈奴的心情，怎么能超过我！况且如今皇上年事已高，法令更改无常，大臣无罪而被诛灭宗族的就有数十家，安危不可预测，你还要为谁坚守贞操呢！”苏武说道：“我父子原本没有什么功劳才德，都是承蒙皇上的恩情，我们才得以享有高官厚禄，与列侯、将军齐名，让我们兄弟有机会亲近皇上，所以我时常希望能够肝脑涂地来报答皇上的大恩大德。现在终于有机会杀身报效皇上，纵然是斧钺加身，汤锅烹煮，我也在所不辞！身为大臣服侍君主，就像儿子侍奉父亲一样，儿子甘愿为父亲去死，而不会有任何遗憾。我希望你什么也不要再说了。”李陵陪苏武一连饮了数天的酒，又劝说道：“子卿，你就听我一句话吧。”苏武却说：“我自己已经存有必死之心很久了，大王如果一定让我苏武投降，那就请结束今日的欢聚，让我趁早死在你的面前！”李陵见苏武一片赤诚，慨然长叹道：“唉！你真是义士啊！我和卫律的罪过上通于天！”说完禁不住热泪滚滚，随即告别了苏武。离开前赐给苏武数十头牛羊。

【原文】

后陵复至北海上，语武以武帝崩。武南乡号哭呕血，旦夕临，数月。及壶衍鞮单于立，母阏氏不正，国内乖离，常恐汉兵袭之，于是卫律为单于谋，与汉和亲。汉使至，求苏武等，匈奴诡言武死。

汉武帝

后汉使复至匈奴，常惠私见汉使，教使者谓单于，言：“天子射上林中，得雁，足有系帛书，言武等在某泽中。”使者大喜，如惠语以让单于。单于视左右而惊，谢汉使曰：“武等实在。”乃归武及马宏等。马宏者，前副光禄大夫王忠使西国，为匈奴所遮；忠战死，马宏生得，亦不肯降。故匈奴归此二人，欲以通善意。于是李陵置酒贺武曰：“今足下还归，扬名于匈奴，功显于汉室，虽古竹帛所载，丹青所画，何以过子卿！陵虽驽怯，令汉贳陵罪，全其老母，使得奋大辱之积志，庶几乎曹柯之盟，此陵宿昔之所不忘也。收族陵家，为世大戮，陵尚复何顾乎！已矣，令子卿知吾心耳！”陵泣下数行，因与武决。

单于召会武官属，前已降及物故，凡随武还者九人。既至京师，诏武奉一太牢谒武帝园庙，拜为典属国，秩中二千石，赐钱二百万，公田二顷，宅一区。武留匈奴凡十九岁，始以强壮出，及还，须发尽白。

【译文】

后来，李陵又来到北海边上，告诉苏武汉武帝已经去世的消息。苏武从此每天早晚都要面向南方号啕大哭，泣血不止，这样过来几个月。壶衍单于即位做匈奴的首领，他的母亲阏氏却因为行为不端正，导致国内分崩离析，时常担心汉军会前来袭击，于是卫律向单于献计，让匈奴与汉朝和亲。汉朝使者来到匈奴后，要求将苏武等先前汉朝使者放回国，但匈奴人却谎称苏武已经死去。

后来汉使又一次来到匈奴，常惠在暗中求见汉使，教汉使者对单于说："汉朝皇帝在上林苑打猎，射下了一只大雁，大雁的脚上系着一封帛书，上面写苏武等人在某湖泽之地生活。"使者于是大喜，便依照常惠的话责问单于。单于于是环视左右侍从，大为吃惊，随后便向汉使道歉道："苏武的确还活着。"这才不得不将苏武和马宏等人放回汉朝。马宏以前曾经是汉朝出使西域各国的使者，是光禄大夫王忠的副使，途中遭到匈奴军队的劫杀，王忠不幸战死，马宏被生擒，但是他怎么也不肯投降匈奴。所以匈奴这次将苏武和马宏两人放回，为的是向汉朝表明他们的善意。于是，李陵设置酒筵为苏武庆贺道："现在你返回汉朝，声名远扬于匈奴，功劳显赫于汉朝，即使是史册所记载、丹青所描绘的人物，又有谁能超过你呢！我虽然驽钝怯懦，如果当初汉朝能够对我的罪过予以宽恕，善待我的老母，让我能够忍辱负重，像春秋时期曹刿劫持齐桓公于柯盟的壮举，也正是我当年昼夜不敢忘怀的志向啊。可谁料汉朝竟然将我家满门抄斩，用当世最为残酷的杀戮方式来对待我，我还有什么可挂念的啊！现在一切都成为往事，我不过是让你知道我的心声而已！"李陵说罢涕泪横流，挥泪与苏武道别。

博山盖樽

单于召集所有当年随从苏武一同前来的汉朝官员及随从，除去先前已经投降匈奴和去世的以外，还剩下九人和苏武一同回到了汉朝。苏武一行抵达长安后，汉昭帝下令苏武用牛、羊、猪各一头，用最隆重的仪式对汉武帝的陵庙行祭拜礼，并且封苏武为典属国，俸禄为二千石，还赏赐苏武钱二百万、公田二顷、住宅一所。苏武被匈奴扣押了十九年，他去的时候正当壮年，可是回来时已经是白发苍苍的垂暮之年。

【评析】

"苏武牧羊节不辱……"，这首传唱了多年的《苏武牧羊》讲的就是西汉时期苏武坚持汉节，不肯投降匈奴的事情。在被匈奴扣留的十九年之中，苏武自始至终没有忘记自己是大汉的使节。即使在得知自己的亲人被杀、妻子改嫁、儿女下落不

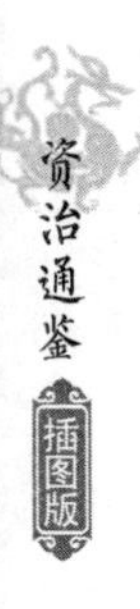

明的情况下，也毫不动摇。这就是气节。有气节的人是会感动天地的，所以当使者说是天上的飞鸟带来苏武还在世的消息的时候，匈奴的单于只能承认了。

李陵事件

【原文】

汉世宗孝武皇帝天汉二年

初，李广有孙陵，为侍中，善骑射，爱人下士。帝以为有广之风，拜骑都尉，使将丹阳、楚人五千人，教射酒泉、张掖以备胡。及贰师击匈奴，上诏陵，欲使为贰师将辎重，陵叩头自请曰："臣所将屯边者，皆荆楚勇士奇材剑客也，力扼虎，射命中，愿得自当一队，到兰干山南以分单于兵，毋令专向贰师军。"上曰："将恶相属邪！吾发军多，无骑予女。"陵对："无所事骑，臣愿以少击众，步兵五千人涉单于庭。"上壮而许之。因诏路博德将兵半道迎陵军。博德亦羞为陵后距，奏言："方秋，匈奴马肥，未可与战，愿留陵至春俱出。"上怒，疑陵悔不欲出而教博德上书，乃诏博德引兵击匈奴于西河。诏陵以九月发，出遮虏障，至东浚稽山南龙勒水上，徘徊观虏，即无所见，还，抵受降城休士。陵于是将其步卒五千人，出居延，北行三十日，至浚稽山止营，举图所过山川地形，使麾下骑陈步乐还以闻。步乐召见，道陵将率得士死力，上甚悦，拜步乐为郎。

【译文】

汉武帝天汉二年（公元前99年）

玉奔马

起初，李广的孙子李陵担任侍中，善于骑马射箭，关爱士卒，礼贤下士。汉武帝觉得李陵颇有其祖父李广的风范，便升任他为骑都尉，让他带领丹阳和楚地的五千人在酒泉、张掖一带教习射箭之术，以防备匈奴的进犯。等到贰师进击匈奴的时候，汉武帝召见李陵，打算让他押送辎重。李陵随即叩头请求道："我所带领的屯戍边塞的人，都是荆楚一带的威武之士和奇才剑客，力气大得足够生擒猛虎，箭术高超得堪称百发百中，但愿陛下能够让我独自率领一队人马，前去兰干山以南的地方，以便分散匈奴单于的兵力，不要让他用全力对抗贰师将军的部队。"汉武帝说道："看来你是不愿从属于别人呀！可是我这次征伐的军队太多，以至于没有多余的马匹分给你呀。”李陵说：“我不需要马匹，我只求能以少胜多，率领五千步兵直捣匈奴单于的王庭。”汉武帝为李陵的勇气所折服，随即答应了他的请求，并下诏命令路博德在半道上接应李陵。路博德却羞于为李陵做增援部队，便上奏汉武帝说：“现在正是秋季，匈奴兵肥马壮，不可轻易与他们作战，希望陛下能令李陵稍作等候，等到明年春天再一起出征。”汉武帝非常生气，怀疑是李陵因为胆怯后悔，不想出征，才暗中教唆路博德上书，于是便下诏命令路博德率兵前往西河袭击匈奴，同时下令李陵于九月从居延遮虏障出发，深入到东浚稽山以南的龙勒水边巡回侦查匈奴的动静，如果不见匈奴的踪影，就退回到受降城休养士卒。于是，李陵率领五千名步兵，从居延向北进发，行走三十天后抵达浚稽山，在那里停下安营扎寨，沿途派人将所过的地方的山川地形绘制成图，随后派部下骑兵陈步乐把成图送回长安。汉武帝召见陈步乐，听他报告说李陵有使部下拼死效力的本领，于是龙颜大悦，让陈步乐担任郎官。

【原文】

陵至浚稽山，与单于相值，骑可三万围陵军，军居两山间，以大车为营。陵引士出营外为陈，前行持戟、盾，后行持弓、弩。虏见汉军少，直前就营。陵搏战攻之，千弩俱发，应弦而倒。虏还走上山，汉军追击杀数千人。单于大惊，召左、右地兵八万馀骑攻陵。陵且战且引南行，数日，抵山谷中，连战，士卒中矢伤，三创者载辇，两创者将车，一创者持兵战，复斩首三千余级。引兵东南，循故龙城道行四五日，抵大泽葭苇中，虏从上风纵火，陵亦令军中纵火以自救。南行至山下，单于在南山上，使其子将骑击陵。陵军步斗树木间，复杀数千人，因发连弩射单于，单于下走。是日捕得虏，言“单于曰：‘此汉精兵，击之不能下，日夜引吾南近塞，得无有伏兵乎？’诸当户君长皆言：‘单于自将数万骑击汉数千人不能灭，后无以复使边臣，令汉益轻匈奴。复力战山谷间，尚四五十里，得平地，不能破，乃还。’”

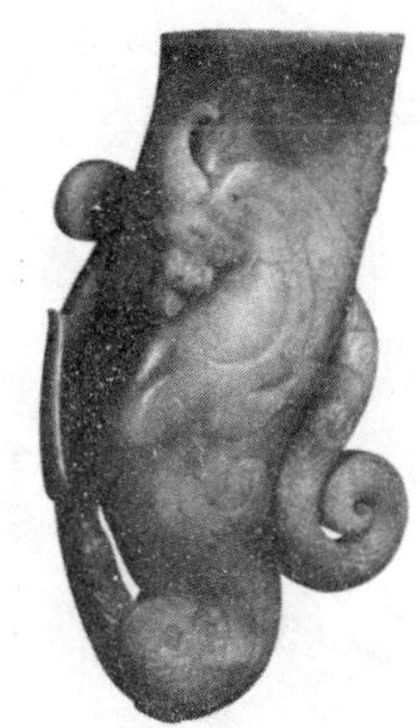
玉角形杯

【译文】

李陵到浚稽山后，与单于统领的匈奴军队狭路相逢，大约三万人的匈奴骑兵队伍将李陵所部团团围住。李陵所部驻扎在两山之间，用大车首尾相接围成营寨，并亲自率领士卒在营外摆开阵势，前排的士兵都手持戟、盾，后排的则手持弓、弩。匈奴军队看见汉军人少，就直逼汉军营前阵地。李陵率军迎击，展开激烈的搏斗，当时只见汉军万箭齐发，匈奴兵纷纷应弦而倒，不得不退回到山上，汉军一路追杀，杀死匈奴士兵数千人。单于大为吃惊，立马令左、右两翼军八万余骑兵前来反攻李陵。李陵率所部边战边向南撤退，过了几天后，来到了一个山谷之中。汉军连番作战，士卒多数身中箭伤，但仍然坚持顽强苦战，有三处创伤的就坐在车上，两

处受伤的就驾车，有一处受伤的则手持武器继续战斗，就这样又斩杀匈奴三千多人。李陵率领手下向东南方退去，沿着龙城旧道走了四五天后，来到了一大片沼泽芦苇丛中。匈奴于是在上风处放火，企图烧死李陵一行；李陵也命令部下纵火烧光了周围的芦苇以自救。汉军继续向南行军，来到了南山脚下。单于便在南山上命令他的儿子率领骑兵进攻李陵所部。汉军在树林之中徒步与匈奴对抗，又杀掉了匈奴数千人，并且还用连弩机射杀单于，单于慌忙下山躲避。当天，汉军抓获了一部分匈奴俘虏，从他们口中得知："我们听单于说：'这支队伍是汉朝的精兵，强力进攻也没能将他们消灭，他们日夜诱引我们向南接近汉塞，难道那里有埋伏的军队吗？'各位当户、君长也都说：'单于亲自率领数万骑兵进击只有数千汉军的队伍，却仍然不能将他们消灭，往后将无法再对群臣发号施令，这样一来将会使汉朝更加轻视匈奴。所以要在山谷中奋力拼杀，离平原地区还有四五十里的路程，如果这次仍然不能够取胜，那么匈奴就得被迫返回。'"

宾礼故人

【原文】

是时陵军益急，匈奴骑多，战一日数十合，复伤杀虏二千余人。虏不利，欲去，会陵军候管敢为校尉所辱，亡降匈奴，具言："陵军无后救，射矢且尽，独将军麾下及校尉成安侯韩延年各八百人为前行，以黄与白为帜。当使精骑射之，即破矣。"单于得敢大喜，使骑并攻汉军，疾呼曰："李陵、韩延年趣降！"遂遮道急攻陵。陵居谷中，虏在山上，四面射，矢如雨下。汉军南行，未至鞮汗山，一日五十万矢皆尽，即弃车去。士尚三千馀人，徒斩车辐而持之，军吏持尺刀，抵山，入狭谷，单于遮其后，乘隅下垒石，士卒多死，不得行。昏后，陵便衣独步出营，止左右："毋随，丈夫一取单于耳！"良久，陵还，太息曰："兵败，死矣！"于是尽斩旌旗，及珍宝埋地中，陵叹曰："复得数十矢，足以脱矣。今无兵复战，天明，坐受缚矣，各鸟兽散，犹有得脱归报天子者。"令军士人持二升糒，一片冰，期至遮虏障者相待。夜半时，击鼓起士，鼓不鸣。陵与韩延年俱上马，壮士从者十余人，虏骑数千追之，韩延年战死。陵曰："无面目报陛下！"遂降。军人分散，脱至塞者四百余人。

【译文】

这时汉军的处境越发显得危险。匈奴骑兵甚众，一天要交战数十个回合，汉军士兵带伤又斩杀匈奴两千多人。匈奴眼看形势对其大为不利，便准备引兵离去。可是就在这时候，李陵手下有一个名叫管敢的军候，因为受到了校尉的侮辱，所以就逃到匈奴军中投降，道出了汉军的实情，说："李陵所部并无后援，而且箭矢也就快用完了，唯独将军部下和校尉成安侯韩延年所部各八百人在前面开路，约以黄旗和白旗作为标志。应当派出精锐骑兵用强弩射杀他们，汉军可以被立即击破。"单于得到管敢，大喜过望，即刻下令匈奴骑兵一齐向汉军发起猛攻，同时还令人大声呼喊："李陵、韩延年快快前来投降吧！"接着又派兵阻断汉军的退路，向李陵发起猛攻。李陵所部被困在山谷中，匈奴军都在山上，从四面八方射箭，一时间箭如雨下。李陵引兵继续向南撤退，尚未抵达鞮汗山，一天中已经把五十万支箭全部用尽，于是不得不放弃辎重车辆，继续前行。这时手下的士兵还有三千余人，不得已砍下车的辐条拿在手中充当武器，文官也手持利刃加入到战斗行列。汉军抵达山前退入到峡谷之中，单于亲自率兵切断了汉军的退路，并指挥匈奴士卒从山上滚下巨石砸入谷中，汉军被砸死的很多，不能继续前进。等到黄昏过后，李陵身穿便衣独自一人走出大营，制止左右随从说道："不要跟着我，我要单独擒获单于！"过了很久，李陵回到大营中，不住叹息道："我们已经兵败，马上就要死在此地了！"随即将所有的旌旗全都砍倒，与珍宝一起埋到了地下，李陵慨叹道："如果再给我几十支箭，我们就足以逃脱了。如今我们已没有武器抵抗，等到天亮之后，我们就只能束手就擒了，现在不如各自逃命吧，这样兴许还能有人得以逃脱回去向天子报信。"于是便下令将士们每人带二升干粮、一片冰，相约到遮虏障会合。半夜时分，李陵令人击鼓叫醒将士们，但无奈战鼓已破，敲不响。李陵只得与韩延年都跨上战马，由十几名壮士相随。匈奴数千名骑兵一路追击，韩延年不幸战死。李陵说道："我已没有脸面报答陛下了！"于是向匈奴投降。其他人则分散突围，逃回到边塞的汉军有四百多人。

马踏飞燕

【原文】

陵败处去塞百余里，边塞以闻。上欲陵死战；后闻陵降，上怒甚，责问陈步乐，步乐自杀。群臣皆罪陵，上以问太史令司马迁，迁盛言："陵事亲孝，与士信，常奋不顾身以徇国家之急，其素所畜积也，有国士之风。今举事一不幸，全躯保妻子之臣随而媒蘖其短，诚可痛也！且陵提步卒不满五千，深蹂戎马之地，抑数万之师，虏救死扶伤不暇，悉举引弓之民共攻围之，转斗千里，矢尽道穷，士张空拳，冒白刃，北首争死敌，得人之死力，虽古名将不过也。身虽陷败，然其所摧败亦足暴于天下。彼之不死，宜欲得当以报汉也。"上以迁为诬罔，欲沮贰师，为陵游说，下迁腐刑。久之，上悔陵无救，曰："陵当发出塞，乃诏强弩都尉令迎军；坐预诏之，得令老将生奸诈。"乃遣使劳赐陵余军得脱者。

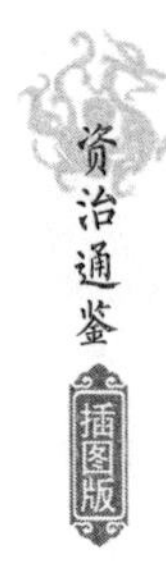

汉武帝天汉四年。时上遣敖深入匈奴迎李陵，敖军无功还，因曰："捕得生口，言李陵教单于为兵以备汉军，故臣无所得。"上于是族陵家。既而闻之，乃汉将降匈奴者李绪，非陵也。陵使人刺杀绪。大阏氏欲杀陵，单于匿之北方。大阏氏死，乃还。单于以女妻陵，立为右校王，与卫律皆贵用事。卫律常在单于左右；陵居外，有大事乃入议。

汉孝昭皇帝始元六年。霍光、上官桀与李陵素善，遣陵故人陇西任立政等三人俱至匈奴招之。陵曰："归易耳，丈夫不能再辱！"遂死于匈奴。

【译文】

李陵兵败的地方距离汉朝边塞只有一百多里，边塞将领随即将此事报告给了朝廷。汉武帝本希望李陵能与匈奴决一死战，后来听说李陵投降匈奴，勃然大怒，斥责陈步乐，陈步乐惶恐之中引颈自杀。满朝文武都认为李陵有罪，汉武帝便请教太史令司马迁对此事的看法，司马迁竭力为李陵辩解道："李陵侍奉父母孝顺，对待士人守信用，常常奋不顾身，奔赴到最危险的地方以救国家之急，这正是他平素的志愿之所在，很有国士风范。现在出征偶然遭遇不幸，那些只知道保全自身性命和妻子儿女的臣子们就跟着捏造他的短处，真是令人痛心呢！何况李陵亲自率领不到五千人的步兵，深入到遍地战马的匈奴腹地，抵御数万敌军；匈奴被打得甚至都顾不上救死扶伤，索性将匈奴所有能拉弓射箭的人全都调来围攻李陵。李陵率兵辗转千里，用尽了所有的箭矢，最终无路可走，将士们不得不手持没有箭的空弩机，冒着敌人锋利刺刀，仍然面向北方拼力杀敌，能够得到部下如此拼死效力，即使是放在古代的名将身上，恐怕也不过如此！李陵虽然败绩，但是他对匈奴的打击却是空前的，足以让他扬名天下。李陵之所以没有死节，肯定是打算寻找机会继续报效国家。"汉武帝听后认为司马迁是在诬陷欺罔，目的是替李陵游说洗脱罪名，于是就下令对司马迁施以残忍的宫刑。

赏强项令

过了很久，汉武帝才对自己当初让李陵陷入孤立无援境地的决定感到十分后悔。他说道："我本应该在李陵率军出征时，再安排强弩将军路博德前去接应；可我却预先就颁布了诏书，结果老将路博德心生奸诈，不肯前去接应李陵。"于是便派使臣对侥幸逃脱回来的李陵余部进行慰劳犒赏。

汉武帝天汉四年（公元前 97 年）。当时汉武帝派公孙敖率军深入到匈奴的腹地去迎接李陵，结果公孙敖无功而返，因此上奏诬陷李陵道：“据抓获的匈奴俘虏称，李陵在匈奴教单于制造兵器，用以抵御汉军，所以我一无所获。”汉武帝于是下令将李陵的家人全部诛灭。后来才听说，这是投降匈奴的汉朝将领李绪的所作所为，跟李陵无关。李陵随即派人刺杀了李绪。匈奴单于的母亲大阏氏为此要杀李陵，单于慌忙将他藏到了北方，等到大阏氏死后，李陵才又被迎回了王庭。单于后来将自己的女儿嫁给了李陵，还封他为右校王，与卫律受到同等的尊重，并手握权力。卫律经常在单于的左右效劳，而李陵则常年居于外地，有大事的时候才到王庭协商。

汉昭帝始元六年（公元前81年）霍光、上官桀素来和李陵交往深厚，所以特地派李陵的老朋友陇西人任立政等三人一起前往匈奴游说李陵回国。李陵对他们说道：“回去不难，但是大丈夫不能受两次侮辱！”便老死在匈奴。

【评析】

李陵不是第一个投降匈奴的汉朝将领，但他却是最悲壮的一个。他率领五千人深入匈奴的腹地，在“军无后救，射矢且尽”的情况下，无奈才投降匈奴，还准备一有机会就回归汉朝。不料汉武帝如此绝情，诛灭他全家，于是他就死了回汉的心，做了匈奴的臣民，但心中一直郁郁寡欢，直至老死他乡。

飞燕身轻

【原文】

汉孝成皇帝鸿嘉三年

上微行过阳阿主家，悦歌舞者赵飞燕，召入宫，大幸；有女弟，复召入，姿性尤酿粹，左右见之，皆啧啧嗟赏。有宣帝时披香博士淖方成在帝后，唾曰：“此祸水也，灭火必矣！”姊、弟俱为倢伃，贵倾后宫。许皇后、班倢伃皆失宠。于是赵飞燕谮告许皇后、班倢伃挟媚道，祝诅后宫，詈及主上。冬，十一月，甲寅，许后废处昭台宫，后姊谒等皆诛死，亲属归故郡。考问班倢伃，倢伃对曰：“妾闻‘死生有命，富贵在天。’修正尚未蒙福，为邪欲以何望！使鬼神有知，不受不臣之诉；如其无知，诉之何益！故不为也。”上善其对，赦之，赐黄金百斤。赵氏姊、弟骄妒，倢伃恐久见危，乃求共养太后于长信宫。上许焉。

赵飞燕姐妹

汉孝成皇帝永始元年。六月，丙寅，立皇后赵氏，大赦天下。皇后既立，宠少

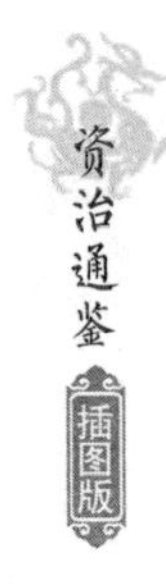

衰。而其女弟绝幸，为昭仪，居昭阳舍：其中庭彤朱而殿上髹漆；切皆铜沓，黄金涂；白玉阶；壁带往往为黄金釭，函蓝田璧、明珠、翠羽饰之。自后宫未尝有焉。赵后居别馆，多通侍郎、宫奴多子者。昭仪尝谓帝曰："妾姊性刚，有如为人构陷，则赵氏无种矣！"因泣下凄恻。帝信之，有白后奸状者，帝辄杀之。由是后公为淫恣，无敢言者，然卒无子。

【译文】

汉成帝鸿嘉三年（公元前18年）

汉孝成皇帝微服私访，路过阳阿公主家里，对公主家的歌舞女赵妹，后来也被召入皇宫，天姿国色，纯洁无瑕。成帝左右之人见了她，都啧啧称赞。有位汉宣帝时的披香博士叫淖方成，当时正好站在成帝的身后服侍，他却唾骂道："这都是红颜祸水呀，以后汉王朝肯定会亡在她们手里的！"赵飞燕姐妹俩都被成帝封为倢伃，姐妹俩的尊贵荣宠，超过了所有的后宫佳丽。许皇后、班倢伃都因此失宠了。赵飞燕趁机向成帝进谗言说，许皇后、班倢伃利用妖术诅咒后宫受宠的美人，甚至还骂到了皇上。冬季十一月，许皇后被废除，移居到昭台宫。许皇后的姐姐许谒等人全部被诛杀，许皇后的亲属也都被驱逐回到原籍。成帝对班倢伃进行审问，班倢伃回答道："我听说'死生有命，富贵在天'，我坚持修行主持正义，尚且没有蒙受到任何幸福，如果再有任何邪恶的念头，恐怕就更不用指望有好结果了。假如鬼神有知，不会听取任何奸臣小人的妖术诅咒；假如鬼神无知，那么向鬼神诉说又有什么用呢？所以利用妖术诅咒别人的事情，我是不会去做的。"成帝听她说得很有道理，于是就赦免了她，并赏赐她黄金百斤。赵氏姐妹日益骄横妒嫉，班倢伃恐怕时间久了，终会为其所害，索性就请求到长信宫去侍奉太后，皇上准许了她的请求。

汉成帝永始元年（公元前16年）。六月七日，成帝立赵飞燕为皇后，同时大赦天下。赵飞燕当上皇后以后，成帝对她的宠爱开始一天天衰退。而她的妹妹却空前受宠，被封为昭仪，赐住在昭阳舍：居处的中庭全部涂成朱红色，而把殿上全部漆成黑色；门窗全部用铜包好以后，再涂上黄金；台阶也都是用白玉雕刻而成；屋内墙壁上有很多带状的横木，横木上处处嵌有黄金环，环内镶有蓝田玉璧、明珠和翠羽等装饰。其奢华程度在后宫是从来都不曾有过的。赵皇后栖身在另外一个宫殿，与侍郎和多子的宫奴等多次私通。赵昭仪曾经对成帝说："我姐姐生性刚烈，如果被人诬陷，那么我们赵氏就要从此绝种了！"趁势哭得十分悲泣。成帝自然就相信了她的话，对那些报告皇后奸情的人，成帝就一律处死。从此以后，赵皇后便更加恣意淫荡，但是再也没有人敢向成帝报告了，不过她最终也没有生育。

【评析】

汉成帝刚刚继位的时候，宠爱班倢伃。班倢伃是个颇识大体的女子，而且非常有才华和智慧，还经常劝成帝做一个好国君。王太后也夸班倢伃："古有樊姬，今有班倢伃"。赵飞燕原本是阳阿公主家的歌舞女，在成帝微服出访的时候被遇见，于是就受到成帝的喜爱。她又把自己的妹妹介绍进宫，姐妹俩把后宫搞得乌烟瘴气，还诬陷班倢伃和许皇后用妖术诅咒他人。最后，许皇后被废，班倢伃凭着自己的才智躲过了一劫，索性要求到长乐宫侍奉太后，避开赵氏姐妹的迫害。赵飞燕当上皇后之后，为了生下儿子，和他人私通，成帝竟然听从了赵昭仪的谎话，不再追究，简直糊涂到了极点。

班超出使

【原文】

汉肃宗孝章皇帝建初五年

班超欲遂平西域，上疏请兵曰："臣窃见先帝欲开西域，故北击匈奴，西使外国，鄯善、于窴即时向化，今拘弥、莎车、疏勒、月氏、乌孙、康居复愿归附，欲共并力，破灭龟兹，平通汉道。若得龟兹，则西域未服者百分之一耳。前世议者皆曰：'取三十六国，号为断匈奴右臂。'今西域诸国，自日之所入，莫不向化，大小欣欣，贡奉不绝，唯焉耆、龟兹独未服从。臣前与官属三十六人奉使绝域，备遭艰厄，自孤守疏勒，于今五载，胡夷情数，臣颇识之，问其城郭小大，皆言倚汉与依天等。以是效之，则葱岭可通，龟兹可伐。今宜拜龟兹侍子白霸为其国王，以步骑数百送之，与诸国连兵，岁月之间，龟兹可禽。以夷狄攻夷狄，计之善者也！臣见莎车、疏勒田地肥广，草牧饶衍，不比敦煌、鄯善间也，兵可不费中国而粮食自足。且姑墨、温宿二王，特为龟兹所置，既非其种，更相厌苦，其势必有降者。若二国来降，则龟兹自破。愿下臣章，参考行事，诚有万分，死复何恨！臣超区区特蒙神灵，窃冀未便僵仆，目见西域平定，陛下举万年之觞，荐勋祖庙，布大喜于天下。"书奏，帝知其功可成，议欲给兵。平陵徐干上疏，愿奋身佐超，帝以干为假司马，将弛刑及义从千人就超。先是莎车以为汉兵不出，遂降于龟兹，而疏勒都尉番辰亦叛。会徐干适至，超遂与干击番辰，大破之，斩首千余级。欲进攻龟兹，以乌孙兵强，宜因其力，乃上言："乌孙大国，控弦十万。故武帝妻以公主，至孝宣帝卒得其用。今可遣使招慰，与共合力。"帝纳之。

班超

【译文】

汉章帝建初五年（公元80年）

班超一心想要平定西域，于是就主动上书请缨道：“我私下里认为先帝企图开拓西域，所以才会向北攻击匈奴，向西派出使者到各国搞邦交，鄯善、于阗两国当时立即就归附了汉朝。现在又有拘弥、莎车、疏勒、月氏、乌孙及康居等国愿意再度归附汉朝，并准备联合势力一举消灭龟兹，铲平通往汉朝途中的障碍。假如我们攻下龟兹，那么西域地区不归附汉朝的，就只剩下百分之一了。前人谈到西域都说：‘争取到三十六国，可以称得上是斩断了匈奴的右臂。’现在西域各国，自太阳落山处向东，没有不向往归顺汉朝的，大国小国全都欣喜雀跃，进贡奉献络绎不绝，只有焉耆和龟兹拒不归附。我曾经率领三十六位部下出使到遥远的西域，遭受了各种艰难困苦，自从孤守疏勒，到现在已经过去了五年时间。对于蛮夷之地的情况，我还是颇为了解的。无论是询问西域的大国还是小国，肯定会一致回答道：依赖汉朝，就好比是依赖上天。由此足可以证明，葱岭是可以打通的，龟兹也是可以讨伐的。现在应该拥立龟兹派到汉朝做人质的王子白霸做龟兹王，然后用数百步骑兵护送，让他同西域各国联合起来，最多几个月到一年时间便可夺取龟兹。这种利用夷狄去攻打夷狄的计策，是所有计策中最为高明的计策！我看见莎车、疏勒的土地肥沃广袤，水草肥美，牛羊成群，根本不像敦煌、鄯善一带那样荒芜，一旦用兵根本不需要消耗中原的粮草，而完全可以自给自足。况且姑墨、温宿两国的国王都是由龟兹特别设置的，他们与本国人既非同一种族，又相互厌恶对立，受形势所迫，肯定会有人主动投降。假如这两个国家归附汉朝，那么龟兹便会不攻自破。我希望陛下能够将我的奏章交付朝廷讨论，作为一个参考意见。果真能有那么一点可行之处，我就是死了又有什么可遗憾的呢！但微臣班超却特别幸运地承蒙神灵的保佑，但愿不要倒下死去，因为我想亲眼看到西域的归顺，到时陛下高举祝福万年的酒觞，自豪地向祖庙祭告，向天下人宣布这个天大的喜事。”奏章呈报给汉章帝后，汉章帝深知这一事业可以成功，于是便召集群臣进行商议，打算给班超派兵。平陵人徐干上书皇帝，愿意奋力出征，做班超的随从。于是汉章帝便任命徐干为副司马，率领免刑囚徒以及志愿从军的义勇之士，总共一千人左右，听候班超调遣前往西域。在此之前，莎车以为汉朝不会再出兵西域，所以就投降了龟兹，而疏勒都尉番辰也叛变了汉朝。适逢徐干一行赶到，班超便率领他们一同向番辰进攻。结果大败番辰，有一千多人被斩首。班超本来打算一举进攻龟兹，但考虑到乌孙的兵力比较强，应当充分利用乌孙的兵力，因此就上书道：“乌孙本是大国，有十万弓弩手，所以武帝才把公主嫁给乌孙王为妻。后来到了孝宣皇帝时，终于有所成效。现在应当派使者前去安抚慰问，争取到乌孙与我们的同心合力。”章帝便采纳了他的建议。

说唱俑

【原文】

汉肃宗孝章皇帝建初八年。帝拜班超为将兵长史，以徐干为军司马，别遣卫侯李邑护送乌孙使者。邑到于寘，值龟兹攻疏勒，恐惧不敢前，因上书陈西域之功不可成，又盛毁超："拥爱妻，抱爱子，安乐外国，无内顾心。"超闻之叹曰："身非曾参而有三至之谗，恐见疑于当时矣！"遂去其妻。帝知超忠，乃切责邑曰："纵超拥爱妻，抱爱子，思归之士千余人，何能尽与超同心乎！"令邑诣超受节度，诏："若邑任在外者，便留与从事。"超即遣邑将乌孙侍子还京师。徐干谓超曰："邑前亲毁君，欲败西域，今何不缘诏书留之，更遣他吏送侍子乎？"超曰："是何言之陋也！以邑毁超，故今遣之。内省不疚，何恤人言！快意留之，非忠臣也。"

汉肃宗孝章皇帝元和元年，帝复遣假司马和恭等将兵八百人诣班超，超因发疏勒、于寘兵击莎车。莎车以赂诱疏勒王忠，忠遂反，从之，西保乌即城。超乃更立其府丞成大为疏勒王，悉发其不反者以攻忠，使人说康居王执忠以归其国，乌即城遂降。

【译文】

汉章帝建初八年（公元83年）。汉章帝以班超为将兵长史，徐干为军司马，另外派卫候李邑护送乌孙使者回国。李邑抵达于阗时，正值龟兹进攻疏勒，他因为恐惧而不敢继续向前，于是就上书陈述西域的功业不可能成功，还肆意诋毁班超道："班超拥爱妻，抱爱子，在外国享受安乐，根本没有思念中原的心。"班超得知消息后慨叹道："我并非曾参，却遭到了曾参所遭受的三次谗言，恐怕要受到朝廷的猜疑了！"于是便送走了妻子。章帝深知班超的一片忠心，便严厉地斥责李邑道："纵然是班超一个人拥爱妻、抱爱子，那么思念家乡的汉军还有一千余人，他们为何都能与班超同心呢！"章帝命令李邑到班超那里听候调遣，并下诏给班超说："如果李邑在西域能够胜任差事，就留他跟随你办事。"但班超却随即派李邑带领乌孙送往汉朝做人质的王子一同返回了京城。徐干问班超道："之前李邑亲口诋毁你，企图破坏我们在西域的事业，现在为何不以诏书为借口将他留下，而另派别的官员护送人质呢？"班超说道："你这话问得太浅陋了！正因为李邑诋毁我，所以我现在才要派他回去。我自问我做得无愧于心，为何还要怕别人议论呢！一味求得自己快意称心而将李邑留下，这并非忠臣的所作所为。"

梳丫发的妇女

汉章帝元和元年（公元84年）。汉章帝又派副司马和恭等率领八百援兵充实班超的队伍。班超于是便征调疏勒、于阗的军队进击莎车。莎车重金贿赂疏勒王忠，王忠于是背叛了汉朝，随从莎车向西去到乌即城据守。班超随即改任疏勒府丞成大为疏勒王，悉数征发所有未叛变的疏勒士卒去攻打王忠。同时，派人游说康居王将王忠擒获，带回本国。乌即城随即向班超投降。

【评析】

唐代诗人杨炯抱着建功立业的想法，写下了“宁为百夫长，不做一书生”的豪迈诗句，激励自己拿起刀剑，征服西北边塞的敌人。其实，早在东汉就有这样一位投笔从戎的书生，为了平定西域，他离开中原，到达西域，这位书生就是班超。班超以一介书生，在万里西域立下赫赫战功，成就了封侯的宏伟志愿。当时他以傅介子、张骞两人为楷模，而后来他在历史上创建的功绩，也不比他们逊色。

范滂别母

【原文】

汉孝灵皇帝建宁二年

三合式陶屋

汝南督邮吴导受诏捕范滂，至征羌，抱诏书闭传舍，伏床而泣，一县不知所为。滂闻之曰：“必为我也。”即自诣狱。县令郭揖大惊，出，解印绶，引与俱亡，曰：“天下大矣，子何为在此!”滂曰：“滂死则祸塞，何敢以罪累君。又令老母流离乎!”其母就与之诀，滂白母曰：“仲博孝敬，足以供养。滂从龙舒君归黄泉，存亡各得其所。惟大人割不可忍之恩，勿增感戚!”仲博者，滂弟也。龙舒君者，滂父龙舒侯相显也。母曰：“汝今得与李、杜齐名，死亦何恨！既有令名，复求寿考，可兼得乎!”滂跪受教，再拜而辞。顾其子曰：“吾欲使汝为恶，恶不可为；使汝为善，则我不为恶。”行路闻之，莫不流涕。

凡党人死者百余人，妻子皆徙边，天下豪杰及儒学有行义者，宦官一切指为党人；有怨隙者，因相陷害，睚眦之忿，滥入党中。州郡承旨，或有未尝交关，亦离祸毒，其死、徙、废、禁者又六七百人。

【译文】

汉灵帝建宁二年（公元169年）

汝南郡督邮吴导接到了逮捕范滂的诏书，到达征羌侯国后，他就紧闭驿站馆舍的房门，抱着诏书趴在床上失声痛哭，全县的人都不知道是因为什么。后来范滂得知消息后说：“他肯定是因为我的缘故。”随即到监狱去投案自首。县令郭辑大为吃惊，把他拉出来，解下印信，准备跟范滂一起逃亡，并对范滂说：“天下何其大，你为什么偏偏到这个地方来?”范滂回答道：“我死了，灾祸也就随之消除了，我哪里敢因为自己犯罪而连累到你，而又使我的老母亲流离失所呢！”范滂的母亲来与他诀别，范滂便劝慰母亲道：“范仲博是个孝顺恭敬之人，足以承担起奉养您的责任。我呢就跟随龙舒君赴黄泉之路。生死存亡，都能各得其所。唯愿您能割舍慈爱之恩，不要太过悲伤。”范仲博是范滂的弟弟。龙舒君是范滂的父亲，也就是已经去世的龙舒侯国宰相范显。母亲说道：“你如今得以和李膺、杜密齐名，死了还有什么遗憾的呢！既已享有美名，又想求得长寿，哪里可能兼得呢？”范滂于是跪下，聆听母亲谆谆教诲，听罢，又向母亲拜了两拜，便向母亲辞别。范母临走时，又回头对儿子说道：“我本想教你作恶，但恶不可作；教你行善，那么我不作恶。”行路的人听到后，没有不被感动流泪的。

因党人案而牵扯致死的共有一百多人，他们的妻子和儿女也都被发配到了边远的地方。天下的英雄豪杰以及品行端正有道义的儒家学者，宦官一律将他们指控为党人。曾经有私人怨恨的，也都借机争相陷害，简直到了睚眦必报的地步，很多人都被滥以指控为党人。州郡官府的官吏秉承上边的旨意，有的人即使和党人从来没有任何牵连和瓜葛，也遭到陷害荼毒，因此而被处死、放逐、废黜、禁锢的人就多达六七百人。

三国・大袖宽衫图

【评析】

自古至今，能称得上“孝子”的人数不胜数，但是像范滂这样的“孝子”却是独一无二的。别人孝敬父母的方式都是想尽办法来守着父母，可是范滂却恰恰相反，他为了母亲不至于流离失所，不至于整日胆战心惊，忍痛“别母”。这种“别”恰恰又是生离死别，常人怎能有这样的见识？

望门投止

【原文】

汉孝灵皇帝建宁二年

张俭亡命困迫，望门投止，莫不重其名行，破家相容。后流转东莱，止李笃家。外黄令毛钦操兵到门，笃引钦就席曰：“张俭负罪亡命，笃岂得藏之！若审在此，此人名士，明廷宁宜执之乎！”钦因起抚笃曰：“蘧伯玉耻独为君子，足下如何专取仁义！”笃曰：“今欲分之，明廷载半去矣。”钦叹息而去。笃导俭经北海戏子

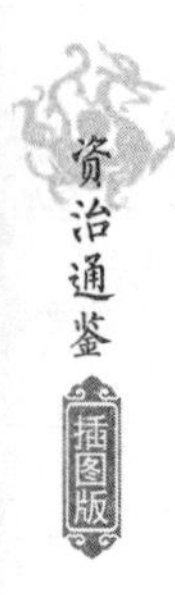

然家，遂入渔阳出塞。其所经历，伏重诛者以十数，连引收考者布遍天下，宗亲并皆殄灭，郡县为之残破。

俭与鲁国孔褒有旧，亡抵褒，不遇，褒弟融，年十六，匿之。后事泄，俭得亡走，国相收褒、融送狱，未知所坐。融曰："保纳舍藏者，融也，当坐。"褒曰："彼来求我，非弟之过。"吏问其母，母曰："家事任长，妾当其辜。"一门争死，郡县疑不能决，乃上谳之，诏书竟坐褒。及党禁解，俭乃还乡里，后为卫尉，卒，年八十四。

夏馥闻张俭亡命，叹曰："孽自己作，空污良善，一人逃死，祸及万家，何以生为！"乃自翦须变形，入林虑山中，隐姓名，为冶家佣，亲突烟炭，形貌毁瘁，积二三年，人无知者。馥弟静载缣帛追求饷之，馥不受曰："弟奈何载祸相饷乎！"党禁未解而卒。

【译文】

汉灵帝建宁二年（公元169年）

张俭在逃亡途中，困窘交迫，只要望见有门户的地方，都会前去投奔请求收容。主人没有不因为敬仰他的声名和德行，而宁愿冒着家破人亡的危险也要收留他的。后来他几经辗转流落到了东莱郡，暂时投奔在李笃家。外黄县县令毛钦手持兵器来到李笃门上，李笃引领毛钦就座后说道："张俭是身负重罪的逃犯，我岂敢窝藏他！如果他果真在我这里，这人是我们国家的名士，难道您就非要捉拿他归案不可吗？"毛钦于是站起身来，抚摸着李笃的肩膀说道："蘧伯玉以单独享有君子的好名声而感到羞耻，现在你为什么要独揽仁义呢？"李笃回答说："我现在就打算和你分享，你已经获得了一半了。"于是毛钦叹息着离去。李笃随即领着张俭绕到北海郡戏子然家，接着又去到渔阳郡，从那里逃到了塞外。张俭自逃亡以来，沿路投奔的人家，因为窝藏和收容他而被官府诛杀的就有十多人，而遭受牵连被逮捕和收审的人几乎遍布天下，这些人的宗族也遭到了灭门之灾，甚至让有的郡县变得残破萧条。

三国·漆纱笼冠图

张俭和鲁国人孔褒是故交，当他前去投奔孔褒时，恰好赶上孔褒不在家，孔褒的弟弟孔融当时只有十六岁，便自作主张地把张俭藏匿在家里。到后来事情败露，张俭得以逃亡，于是鲁国宰相就抓捕了孔褒、孔融，丢到监狱关押起来，不知道该判谁来坐牢。孔融说："接纳张俭并将其藏匿在我家的，是我孔融，所以应当让我坐牢。"孔褒却说："张俭是冲着我才来投奔的，这不是弟弟的过错。"负责此案的官吏于是就前去征求他俩母亲的意见，母亲说："一个家的家事，都由长辈负责，所以应该此次罪过归于我。"一门三母子，都争相为张俭受死，致使郡县官府犹疑不好裁决，于是就上报了朝廷。灵帝下诏，将孔褒诛杀抵罪。等到党禁解除以后，张俭才得以返回家乡，后来又被朝廷封为卫尉，去世的时候，享年八十四岁。

起初，夏馥得知张俭逃亡的消息后，感叹道："自己造下的孽，应该由自己承担，却要凭空连累那些善良的人。一个人逃命，却让万家遭受灾祸，还有什么活下去的必要！"于是他剃光胡须，改变形貌，逃到林虑山中，从此隐姓埋名，在那里做了冶铸金属人家的佣工，亲手挖掘烟炭，外表憔悴，形似枯槁，在那里待了两三年，竟然没有人知道他是谁。夏馥的弟弟夏静携带缣帛，追着要馈赠给他。但是夏馥坚决不肯接受，而且还对夏静说："弟弟，你为什么要给我带来灾祸呢？"未等到党禁解除，他就死去了。

【评析】

东汉桓帝、灵帝在位的时候，宦官把持朝政，十分猖獗。一些有正义感的官员和文人联合起来，制造声势，抨击宦官集团。这些人被宦官集团称为"党人"，大受迫害，很多高官和名士都被处死，史称"党锢之祸"。张俭是朝廷通缉的要犯，被逼得东躲西藏，求人收容。世人敬重张俭的声名和德行，冒着家破人亡的危险也要保护他。

奸雄曹操

【原文】

汉灵帝中平元年

操父嵩，为中常侍曹腾养子，不能审其生出本末，或云夏侯氏子也。操少机警，有权数，而任侠放荡，不治行业。世人未之奇也，唯太尉桥玄及南阳何颙异焉。玄谓操曰："天下将乱，非命世之才，不能济也。能安之者，其在君乎！"颙见操，叹曰："汉家将亡，安天下者，必此人也。"玄谓操曰："君未有名，可交许子将。"子将者，训之从子劭也，好人伦，多所赏识，与从兄靖俱有高名，好共覈论乡党人物，每月辄更其品题，故汝南俗有月旦评焉。尝为郡功曹，府中闻之，莫不改操饰行。曹操往造劭而问之曰："我何如人？"劭鄙其为人，不答。操乃劫之，劭曰："子，治世之能臣，乱世之奸雄。"操大喜而去。

【译文】

汉灵帝中平元年（公元184年）

曹操的父亲曹嵩是中常侍曹腾的养子，其原来的姓氏已经无从考究，据人传说是夏侯氏。曹操从小机敏过人，很有谋略，精通权术，而且喜欢行侠仗义，行为极

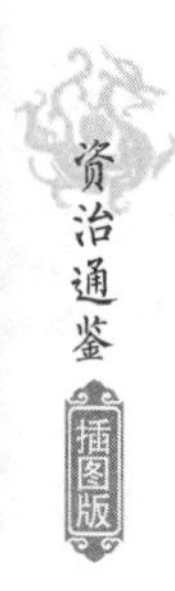

曹操

其放荡，不善于经营家族产业。所以在当时并没有人认为他有什么过人之处，唯独太尉桥玄和南阳人何颙对他另眼相看。桥玄曾经对他说："天下就要大乱了，如果不是旷世奇才，是不能拯救天下的。能够平息这场大乱的人，恐怕就是你了。"何颙见到曹操后也感叹道："汉朝的天下就要败亡了，日后能够平定天下的，一定非此人莫属。"桥玄因此建议曹操道："你现在世上没有什么名气，可以结交许子将。"许子将就是许训的侄子许劭，许劭喜欢交际，善于识别一个人的品行和能力，和他的堂兄许靖都有很高的声望。两人喜欢在一起品评当地的知名人士，并参照这些人士的所作所为，逐月修改评语和名次顺序。因此汝南人都称之为"月旦评"。许劭以前曾经是郡府中管理人事的功曹，府中的官员听说他的声望，没有不检点修饰自己操行的，好求得一个好的评语。曹操于是前去造访许劭，向他询问对自己的评价道："你认为我如何啊？"许劭平素鄙视曹操的为人，所以就闭口不谈。后经曹操的威胁，许劭才勉强说道："你处在太平盛世可以成为一个能臣，处于乱世则会成为一代奸雄。"曹操听罢，十分高兴地离去。

【原文】

汉孝献皇帝兴平元年。吕布有别屯在濮阳西，曹操夜袭破之，未及还。会布至，身自搏战，自旦至日昳，数十合，相持甚急。操募人陷陈，司马陈留典韦将应募者进当之，布弓弩乱发，矢至如雨。韦不视，谓等人曰："虏来十步，乃白之。"等人曰："十步矣。"又曰："五步乃白。"等人惧，疾言"虏至矣！"韦持戟大呼而起，所抵无不应手倒者，布众退。会日暮，操乃得引去。拜韦都尉，令常将亲兵数百人，绕大帐左右。

濮阳大姓田氏为反间，操得入城，烧其东门，示无反意。及战，军败，布骑得操而不识，问曰："曹操何在？"操曰："乘黄马走者是也。"布骑乃释操而追黄马者。

【译文】

汉献帝兴平元年（公元194年）。吕布的一支军队屯驻在濮阳的西边，曹操乘夜偷袭，将其攻破。这支军队还未来得及撤离，正好赶上吕布前来救援。吕布亲自上阵拼杀，从清晨一直厮杀到太阳落山，交战了数十回合，两军相持不下，情况十分紧急。曹操于是征召勇士前去冲突敌阵，司马、陈留人典韦率领那些应征的勇士们在阵前抵御吕布军队的进攻。吕布军中万箭齐发，一时间箭如雨下。典韦却对敌军视而不见，他对那些壮士说："等到敌人近前到离我们只有十步远的时候，再告诉我。"壮士们说道："已经只有十步了。"典韦又说道："等到相距只有五步时再告诉我。"眼看敌军已经到了跟前，那些壮士们万分惊惧，急忙喊道："敌人已经到了！”典韦这才手执铁戟，大喝一声，冲入敌阵，对面的敌人没有不迎面而倒的，吕布的军队连连后撤。恰逢天色已晚，曹操才得以领兵撤退。回营以后，曹操立即升任典韦为都尉，并让他平日里率领数百亲兵，在自己的大帐周围负责警卫工作。

濮阳县的大姓田氏替吕布实行反间计，假装做曹操的内应。让曹操轻松进入到濮阳城后，便放火焚烧了所经过的东门，表明自己不会再退回。等到与吕布交战后，曹军溃败，吕布手下的骑兵抓到曹操后竟然不认识，问道：“曹操在什么地方？”曹操回答道：“骑着黄马逃走的那个人，就是曹操。”吕布手下的骑士于是就放开了曹操，而前去追击那个骑黄马的人。

【评析】

“治世之能臣，乱世之奸雄”，这是对曹操最好的评价。舞台上那个白脸奸臣的曹操已经不再是历史上的原型了，特别是经过《三国演义》的夸张，更是充分展示了曹操奸诈、狡猾的一面。其实，历史上的曹操不仅是一个深谋远虑的政治家，也是一位用兵如神的军事家，还是一个文采斐然的文学家。他身处军阀混战的东汉末期，“挟天子以令诸侯”，先后率领军队平定了几个军阀，使北方安定了下来，然后开始继续向南方攻打东吴，向西方攻打西蜀。不过，由于吴、蜀联盟，曹操的计划没有成功，最后只能郁郁而终了。

官渡之战

【原文】

汉孝献皇帝建安五年。曹操还军官渡，绍乃议攻许。

绍运谷车数千乘至官渡。荀攸言于操曰：“绍运车旦暮至，其将韩猛锐而轻敌。击，可破也！”操曰：“谁可使者？”攸曰：“徐晃可。”乃遣偏将军河东徐晃与史涣邀击猛，破走之，烧其辎重。

冬，十月，绍复遣车运谷，使其将淳于琼等将兵万余人送之，宿绍营北四十里。沮授说绍：“可遣蒋奇别为支军于表，以绝曹操之钞。”绍不从。许攸曰：“曹操兵少而悉师拒我，许下余守，势必空弱。若分遣轻军，星行掩袭，许可拔也。许拔，则奉迎天子以讨操，操成禽矣。如其未溃，可令首尾奔命，破之必也。”绍不从，

胡人斗兽俑

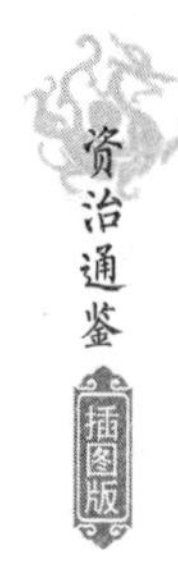

曰："吾要当先取操。"会攸家犯法，审配收系之，攸怒，遂奔操。

【译文】

汉献帝建安五年（公元200年）

曹操返回到官渡驻军，袁绍于是就和部下协商攻打许都。袁绍的数千乘运送粮草的车抵达官渡。荀攸对曹操说："袁绍运送辎重的车队马上就要到了，押运队伍中的大将韩猛勇敢但轻敌。实行攻击的话，可以击败他！"曹操问："派谁去最合适？"荀攸说："徐晃可以。"于是，曹操便派偏将军河东人徐晃与史涣一道在半路上截击韩猛，随即击退韩猛，烧毁辎重。

入冬十月，袁绍又派大批车辆运送粮草，这次让大将淳于琼等率领一万多兵丁护送，停宿在距离袁绍大营以北四十里的地方。沮授劝说袁绍道："可以另派蒋奇率一支军队，在运粮队的外围巡逻，防止曹操派军偷袭。"袁绍根本不听。许攸又说："曹操兵力稀少，如今集中全力来抵御我军，许都由余下的人守卫，防务必定空虚，如果我们另派一支队伍轻装前进，连夜奔袭，便可以一举攻陷许都。许都被攻陷，就可以奉迎天子以讨伐曹操，到时曹操必定会被擒获。纵然不能让他立刻溃败，也能让他首尾不能相顾，疲于奔命，最终一定可以将他打败。"袁绍还是没有听从他的意见，十分坚定地说道："我一定要先擒获曹操。"恰逢此时，许攸家里有人犯了法，留守在邺城的审配将他家人逮了起来，许攸得知消息后勃然大怒，一气之下就投奔了曹操。

【原文】

操闻攸来，跣出迎之，抚掌笑曰："子卿远来，吾事济矣！"既入座，谓操曰："袁氏军盛，何以待之？今有几粮乎？"操曰："尚可支一岁。"攸曰："无是，更言之！"又曰："可支半岁。"攸曰："足下不欲破袁氏邪？何言之不实也！"操曰："向言戏之耳。其实可一月，为之奈何？"攸曰："公孤军独守，外无救援而粮谷已尽，此危急之日也。袁氏辎重万余乘，在故市、乌巢，屯军无严备，若以轻兵袭之，不意而至，燔其积聚，不过三日，袁氏自败也。"

曹操

操大喜，乃留曹洪、荀攸守营，自将步骑五千人，皆用袁军旗帜，衔枚缚马口，夜从间道出，人抱束薪，所历道有问者，语之曰："袁公恐曹操钞略后军，遣军以益备。"闻者信以为然，皆自若。既至，围屯，大放火，营中惊乱。会明，琼等望见操兵少，出陈门外，操急击之，琼退保营，操遂攻之。

绍闻操击琼，谓其子谭曰："就操破琼，吾拔其营，彼固无所归矣！"乃使其将高览、张郃等攻操营。郃曰："曹公精兵往，必破琼等，琼等破，则事去矣，请先往救之。"郭图固请攻操营。郃曰："曹公营固，攻之必不拔。若琼等见禽，吾属尽为虏矣。”绍但遣轻骑救琼，而以重兵攻操营，不能下。

【译文】

曹操听说许攸前来投奔，高兴地顾不上穿鞋，赤着脚就跑出来迎接他，还拍手大笑道：“许子卿，你的远道而来，让我的大事可以成功了！”落座以后，许攸问曹操道：“袁军兵粮充足，您拿什么来对付他呢？如今还有多少粮草？”曹操说：“还可以支撑一年。”许攸说：“不可能有那么多，请您再说一遍。”曹操又说：“可以支撑半年。”许攸说：“难道您不想击败袁绍吗？为何不说实话呢？”曹操说：“刚刚只是和你开了个玩笑，其实只可支撑一个月，我们该怎么办才好呢？”许攸说：“您孤军独守，在外没有可以救援的部队，而且现在粮草即将用尽，这是关乎生死的危急关头。袁绍有辎重车一万多辆，在故市、乌巢两地屯放，那里守备不严密，假如派轻兵前去偷袭，给对方来个出其不意，烧毁他们的粮草和军用物资，到时不出三天，袁绍的大军就会自行溃败。”

曹操听后大喜，于是就留下曹洪、荀攸守卫大营，接着亲自率领五千名步、骑兵出击。军队一律打着袁军的旗号，并且让兵士嘴里衔着小木棍，把马嘴都绑上，谨防任何声音发出，趁夜从小道出行，每人怀抱一捆柴草。如果有过路人盘问，就回答：“袁公恐怕曹操偷袭后方辎重，所以派兵前去加强守备。”听到的人都深信不疑，全无防备。曹军抵达乌巢后，从四面包围袁军辎重，开始放火，袁军营中顿时大乱。恰逢此时，天色已亮，淳于琼等看见曹军兵少，于是就在营外拉开阵势，曹操率军猛烈冲突，淳于琼招架不住，只好退守大营，曹军随即开始反攻。

袁绍听说曹操袭击淳于琼，便对儿子袁谭说：“就算曹操攻破了淳于琼，我率军前去攻破他的大营，让他无处藏身。”说罢，就派大将高览、张郃前去进攻曹军大营。张郃说：“曹操亲率精兵前去攻讨，肯定能攻破淳于琼等，一旦他们被擒，辎重又被烧毁，那么就是大势已去，我们还是先去救援淳于琼。”郭图则坚持要先攻打曹操的大营。张郃说：“曹操的营寨十分坚固，一定不能攻破。如果淳于琼等被擒，那么我们将全部成为俘虏。”可是袁绍只是派轻兵前去援救淳于琼，而派重兵去攻袭曹军大营，久攻不下。

【原文】

绍骑至乌巢，操左右或言：“贼骑稍近，请分兵拒之。”操怒曰：“贼在背后，乃白！”士卒皆殊死战，遂大破之，斩琼等，尽燔其粮谷，杀士卒千馀人，皆取其鼻，牛马割唇舌，以示绍军，绍军将士皆恟惧。郭图惭其计之失，复谮张郃于绍曰：“郃快军败。”郃忿惧，遂与高览焚攻具，诣操营降。曹洪疑，不敢受，荀攸曰：“郃计画不用，怒而来奔，君有何疑！”乃受之。于是绍军惊扰，大溃，绍及谭等幅巾乘马，与八百骑渡河。操追之不及，尽收其辎重、图书、珍宝。余众降者，操尽坑之，前后所杀七万余人。

沮授不及绍渡，为操军所执，乃大呼曰：“授不降也，为所执耳！”操与之有旧，迎谓曰："分野殊异，遂用圮绝，不图今日乃相禽也！"授曰："冀州失策，自取奔北。授知力俱困，宜其见禽。"操曰："本初无谋，不相用计，今丧乱未定，方当与君图之。"授曰："叔父、母弟，县命袁氏，若蒙公灵，速死为福。"操叹曰："孤早相得，天下不足虑也。"遂赦而厚遇焉。授寻谋归袁氏，操乃杀之。操收绍书中，得许下及军中人书，皆焚之，曰："当绍之强，孤犹不能自保，况众人乎！"

【译文】

袁绍派去增援的骑兵抵达乌巢，曹操左右亲兵有人说："敌军骑兵已经迫近，请分兵抵御。"曹操大怒道："敌人都到了背后，才来报告！"曹军展开了殊死拼杀，随即大破袁军，斩杀了淳于琼等，把袁军的全部粮草都烧成了灰烬。杀死袁军一千多人，并且把他们的鼻子全部割下，将所俘获的牛马的嘴唇、舌头也全都割下，展示给袁绍的将士们看。袁军将士看见后，都万分恐惧。郭图因为自己的计策失败，心中惭愧，于是就又去袁绍那里诬陷张郃，说："张郃听说我军失利，十分高兴。"张郃听说后，又气又怕，于是就和高览一道烧毁了攻营的器械，前去曹营投降。曹洪疑惑不已，生怕中计，不敢接受他们的投降。荀攸说："张郃因为袁绍不采用他的计谋，一怒之下前来投奔，您有什么好怀疑的呢！"曹洪于是接受了张郃、高览的投降。袁军随即惊恐不已，彻底崩溃。慌乱之中，袁绍与袁谭等顶着头巾，骑着快马，率领八百名骑士急速渡过黄河逃走。曹军没追赶上，但是缴获了袁绍的全部辎重、图书和珍宝。袁军的残部投降后，全部被曹操活埋了，前后杀死了七万多人。

秦·玉戈

沮授因为来不及跟上袁绍一起渡河逃走，所以被曹军俘虏，但他却大喊："我不是来投降的，只是被抓获而已！"曹操和他是故交，于是亲自来迎接他，对他说："咱们一直分处不同的地方，难得相见，没想到今天您会被我捉住。"沮授说："袁绍失策，自取败亡。我的才智和能力都未得及施展，被擒是自然的。"曹操说："袁绍本是无谋之辈，不能采用您的计谋，现在天下纷乱未定，我想与您一同建立功勋。"沮授说："我的叔父和弟弟的性命，都掌控在袁绍的手中。假如真能蒙您看重，那就请尽快杀掉我，这才是我真正的福气。"曹操叹息道："我如果早点得到您，天下的事情就不足为虑了。"说罢赦免了沮授，并给予他丰厚的待遇。没过多久，沮授计划想逃回到袁绍军中，曹操这才将他处死。曹操收缴袁绍的往来书信时，得到了许都官员以及自己的部下将领写给袁绍的信，他将这些信全都烧掉了，说："袁绍当初强盛的时候，连我都觉得无法自保，更何况众人呢！"

【评析】

官渡之战是历史上以少胜多的著名战役之一，这次战役对曹操统一北方起了决定性作用。公元207年，曹操终于扫除了袁绍的残余势力，统一了北方，完成了他多年的夙愿。在凯旋的路上，他登上了渤海边的碣石山，写下了著名的诗篇《观沧海》："东临碣石，以观沧海。水河澹澹，山岛耸峙。树木丛生，百草丰茂。秋风萧瑟，洪波涌起。日月之行，若出其中。星汉灿烂，若出其里。幸甚至哉，歌以咏志！"，诗中表达了曹操统一北方后的豪迈心情。

卧龙出山

【原文】

汉孝献皇帝建安十二年

初，琅邪诸葛亮寓居襄阳隆中，每自比管仲、乐毅。时人莫之许也，惟颍川徐庶与崔州平谓为信然。州平，烈之子也。

刘备在荆州，访士于襄阳司马徽。徽曰："儒生俗士，岂识时务，识时务者在乎俊杰。此间自有伏龙、凤雏。"备问为谁，曰："诸葛孔明、庞士元也。"徐庶见备于新野，备器之。庶谓备曰："诸葛孔明，卧龙也，将军岂愿见之乎？"备曰："君与俱来。"庶曰："此人可就见，不可屈致也，将军宜枉驾顾之。"

备由是诣亮，凡三往，乃见。因屏人曰："汉室倾颓，奸臣窃命，孤不度德量力，欲信大义于天下，而智术浅短，遂用猖蹶，至于今日。然志犹未已，君谓计将安出？"

【译文】

汉献帝建安十二年（公元207年）

当初，琅邪人诸葛亮寓居在襄阳隆中，每每自比作管仲和乐毅。但当时并没有得到别人的认可，唯独颍川人徐庶与崔州平确信不疑。崔州平是崔烈的儿子。

三国·甘露元年青瓷熊灯

刘备在荆州，向襄阳人司马徽征询贤士。司马徽说："平庸的儒生与俗士，哪里能认清时务，能认清时务的只有当时之俊杰。在襄阳这个地方，就有伏龙与凤雏。"刘备忙问是谁，司马徽说："就是诸葛亮和庞统啊。"徐庶在新野县拜见刘备，刘备对徐庶很是看重。徐庶对刘备说："诸葛亮是卧龙，将军愿意见见他吗？"刘备说："那就请您和他一起来吧。"徐庶说："这个人，必须您亲自去拜见他，不能召唤他来，将军应当屈驾前去拜访他。"

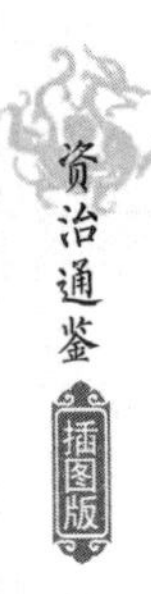

刘备于是就亲自登门拜访诸葛亮，前后去了三次，才见到诸葛亮。于是，刘备屏退左右随从，然后才说：“汉朝王室渐渐衰败，奸臣窃取朝政大权，我不度德量力，打算替天行道，但才智短浅，所以遭受挫折，落到了今天这个地步。然而我的雄心壮志始终没有灭，依您之见我应当如何做?”

【原文】

亮曰：“今曹操已拥百万之众，挟天子而令诸侯，此诚不可与争锋。孙权据有江东，已历三世，国险而民附，贤能为之用，此可与为援而不可图也。荆州北据汉、沔，利尽南海，东连吴会，西通巴、蜀，此用武之国，而其主不能守，此殆天所以资将军也。益州险塞，沃野千里，天府之土；刘璋暗弱，张鲁在北，民殷国富而不知存恤，智能之士思得明君。将军既帝室之胄，信义著于四海，若跨有荆、益，保其岩阻，抚和戎、越，结好孙权，内修政治，外观时变，则霸业可成，汉室可兴矣。”备曰：“善!”于是与亮情好日密。关羽、张飞不悦，备解之曰：“孤之有孔明，犹鱼之有水也。愿诸君勿复言。”羽、飞乃止。

司马徽，清雅有知人之鉴。同县庞德公素有重名，徽兄事之。诸葛亮每至德公家，独拜床下，德公初不令止。德公从子统，少时朴钝，未有识者，惟德公与徽重之。德公常谓孔明为卧龙，士元为凤雏，德操为水鉴；故德操与刘备语而称之。

【译文】

诸葛亮说：“现在曹操已经拥兵百万，挟持天子而号令天下，确实不可与此人争锋。孙权占据江东，已历时三代，而且江东地势险峻，民心归附，贤能人才也都乐意为他所用，这个人可以和他结盟，却不可算计他。荆州地区，北方有汉水、沔水作天然屏障，南方则直通南海，东边连着吴郡、会稽，西边则可通往巴郡、蜀郡，这正是大好的用武之地，然而主人刘表却不能据守，这恐怕就是上天赐给将军您的资本。益州四边地势险峻，中间有沃野千里，堪称天府之地；而益州牧刘璋却昏庸懦弱，张鲁在北边，虽然百姓殷实，国家财力充足，但却不知道珍惜，仁人志士都盼望着能够有一个圣明的君主。将军既是汉朝宗室的后裔，又靠信义闻名天下，如果能坐拥荆州与益州，险地固守，抚慰戎、越等族，并与孙权结盟，对内修明政治，对外观看时局变化，那么霸业就可以建成了，复兴汉朝王室也就指日可待了。”刘备说道：“很好!”从此与诸葛亮的情谊日益密切。关羽、张飞对此十分不满，刘备就向他们解释道：“我得到孔明先生，就像鱼获得了水一样，我希望你们不要再有怨言了。”关羽、张飞这才停止抱怨。

诸葛亮

司马徽素来高雅内敛，特别善于鉴别人才。和他同县的庞德公声望一向很高，司马徽于是就把他视作兄长。诸葛亮每次到庞德公家里来，都会在床下向庞德公独拜。庞德公刚开始也不加阻止。庞德公的侄子庞统，从小淳朴寡言，其他人都不认为他有什么才能，唯独庞德公与司马徽非常看重他。庞德公曾经说诸葛亮是“卧龙”，庞统是“凤雏”，司马徽是“水镜”；因此后来当司马徽与刘备谈话时，不住地向刘备称赞诸葛亮和庞统。

【评析】

“三顾频烦天下计，两朝开济老臣心”，杜甫的《蜀相》一诗简单地概括了诸葛亮的一生。诸葛亮出场时最著名的恐怕就是“三顾茅庐”了。自从袁绍被曹操打败之后，刘备就带领关羽和张飞逃到了南方，投靠在刘表的门下。就是在这个时候，由司马徽介绍，才知道“卧龙”就是诸葛亮。刘备也就开始拜访诸葛亮，一连两次都没有见到，直到第三次才总算见面了。诸葛亮把天下形势向刘备分析了一下，又指出了“三分天下”的战略。刘备犹如拨开乌云见明月，终于找到了自己的目标，奠定了独霸西蜀的基础。

赤壁之战

【原文】

汉孝献皇帝建安十三年

曹操自江陵将顺江东下。诸葛亮谓刘备曰：“事急矣，请奉命求救于孙将军。”遂与鲁肃俱诣孙权。亮见权于柴桑，说权曰：“海内大乱，将军起兵江东，刘豫州收众汉南，与曹操共争天下。今操芟夷大难，略已平矣，遂破荆州，威震四海。英雄无用武之地，故豫州遁逃至此，愿将军量力而处之！若能以吴、越之众与中国抗衡，不如早与之绝；若不能，何不按兵束甲，北面而事之！今将军外托服从之名而内怀犹豫之计，事急而不断，祸至无日矣。”权曰：“苟如君言，刘豫州何不遂事之乎！”亮曰：“田横，齐之壮士耳，犹守义不辱；况刘豫州王室之胄，英才盖世，众士慕仰，若水之归海！若事之不济，此乃天也，安能复为之下乎！”权勃然曰：“吾不能举全吴之地，十万之众，受制于人。吾计决矣！非刘豫州莫可以当曹操者；然豫州新败之后，安能抗此难乎！”亮曰：“豫州军虽败于长坂，今战士还者及关羽水军精甲万人，刘琦合江夏战士亦不下万人。曹操之众，远来疲敝，闻追豫州，轻骑一日一夜行三百余里，此所谓‘强弩之末势不能穿鲁缟’者也。故《兵法》忌之，曰‘必蹶上将军’。且北方之人，不习水战；又，荆州之民附操者，逼兵势耳，非心服也。今将军诚能命猛将统兵数万，与豫州协规同力，破操军必矣。操军破，必

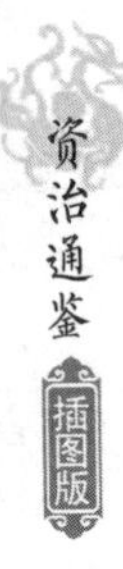

北还；如此，则荆、吴之势强，鼎足之形成矣。成败之机，在于今日！”权大悦，与其群下谋之。

【译文】

汉献帝建安十三年（公元208年）

曹操率军从江陵出发，打算顺长江东下。诸葛亮对刘备说：“形势十分危急，我请求奉命前去向孙将军求救。”于是他便和鲁肃一起前去拜见孙权。诸葛亮在柴桑见到孙权后，对孙权说：“天下大乱，将军在长江以东发兵，刘备在汉水以南召集部众，与曹操一起争夺天下。如今，曹操基本上已经铲除了北方的主要强敌，又接着向南攻破荆州，可以说是威震四海。在曹操的大军面前，英雄无用武之地，所以刘备才逃到这里来，希望将军量力来加以选择。假如将军能够以江东的人马，与雄踞中原的曹操相抗衡，那么不如趁早与曹操断绝来往；假如不能，为何不尽早解除武装，向他俯首称臣呢？如今，将军只是表面上假装服从朝廷，但内心里却犹豫不决，事关紧急而不果断处理，恐怕马上就要大祸临头了。”孙权说：“如果真是像你说的那样，那刘备为何不归附曹操呢？”诸葛亮说：“田横，不过是齐国的一个壮士罢了，还知道坚守节义，不肯忍受投降的屈辱；更何况刘备还是皇室后裔，英雄才略，盖世无双，众贤士对他的仰慕，就好比流水归向大海。假如大事不成，这也是天意，哪里能屈居曹操之下呢？”孙权听后勃然大怒道：“我不能把全部吴国故地和十万精兵拱手相送，去忍受曹操的控制。我的主意已决！除了刘备以外，就没有能够抵挡曹操的人，然而刘备刚刚战败之后，哪里能担当此项重任呢？”诸葛亮说：“刘备的军队虽然在长坂坡打了败仗，但是如今陆续返还的战士和关羽的水军加起来有精兵一万，刘琦集结了江夏郡的战士，也不下一万人。曹操的军队远道而来，一定会疲惫。我听说他们在追赶刘备时，轻骑兵一天一夜就奔驰了三百余里，这就是所谓‘强弩射出的箭，到了力量快要用尽的时候，就会连鲁国出产的薄绸都无法穿透。’所以这是《兵法》中的大忌，即‘必定会让上将军受挫’。况且长久生活在北方的人，不善于水战。此外，荆州地区的百姓之所以会归附曹操，也是慑于他的恩威，并不是心甘情愿想要归服的。现在将军果真能够命令猛将统兵数万，与刘备同心协力，就一定能打败曹军。曹操兵败后，就一定会退回到北方，这样一来，荆州与东吴的势力就会渐渐强大起来，三足鼎立的局势很快就可以形成了。我认为成败的关键，就在于今日！”孙权听罢大为喜悦，马上就去和他的部将们商议。

【原文】

是时，曹操遗权书曰：“近者奉辞伐罪，旌麾南指，刘琮束手。今治水军八十万众，方与将军会猎于吴。”权以示臣下，莫不响震失色。长史张昭等曰：“曹公，豺虎也，挟天子以征四方，动以朝廷为辞；今日拒之，事更不顺。且将军大势可以拒操者，长江也。今操得荆州，奄有其地，刘表治水军，蒙冲斗舰乃以千数，操悉浮以沿江，兼有步兵，水陆俱下，此为长江之险已与我共之矣，而势力众寡又不可论。愚谓大计不如迎之。”鲁肃独不言。权起更衣，肃追于宇下。权知其意，执肃手曰：“卿欲何言?”肃曰：“向察众人之议，专欲误将军，不足与图大事。今肃可迎操耳，如将军不可也。何以言之？今肃迎操，操当以肃还付乡党，品其名位，犹不失下曹从事，乘犊车，从吏卒，交游士林，累官故不失州郡也。将军迎操，欲安所归乎？愿早定大计，莫用众人之议也!”权叹息曰：“诸人持议，甚失孤望。今卿廓开大计，正与孤同。”

周瑜

时周瑜受使至番阳，肃劝权召瑜还。瑜至，谓权曰：“操虽托名汉相，其实汉贼也。将军以神武雄才，兼仗父兄之烈，割据江东，地方数千里，兵精足用，英雄乐业，当横行天下，为汉家除残去秽；况操自送死，而可迎之邪？请为将军筹之：今北土未平，马超、韩遂尚在关西，为操后患；而操舍鞍马，杖舟楫，与吴、越争衡；今又盛寒，马无藁草，驱中国士众远涉江湖之间，不习水土，必生疾病。此数者用兵之患也，而操皆冒行之。将军禽操，宜在今日。瑜请得精兵数万人，进住夏口，保为将军破之!”

【译文】

就在这时，曹操写信给孙权说：“近来，我奉天子的命令，前去讨伐有罪之臣，军旗指向南方，刘琮束手就擒。现在，我统领八十万水师，准备与将军在吴地会同打猎。”孙权把这封书信拿给手下看，他们一个个都大惊失色。长史张昭等人说：“曹操是豺狼虎豹之辈，挟持天子以征讨四方，动不动就以朝廷的名义来发号施令。今天我们如果进行抗拒，那么就更显得名不正言不顺。何况将军可以抗拒曹操的，是凭借长江天险。如今，曹操已经占领了荆州，刘表所训练的水师，包括数以千计的蒙冲战舰，都已经掌控在曹操手里，曹操准备让全部船只顺长江而下，和步兵一起，水陆并进。这样一来，长江天险就是我们双方共有的，而我们双方势力的众寡又是不能相提并论。所以依我们的愚见，最好还是迎接曹操，投降朝廷。”唯独鲁肃一言不发。孙权起身上厕所，鲁肃追到房檐下，孙权明白鲁肃的用意，握着鲁肃的手问道：“你想说什么?”鲁肃说：“刚刚我听了众人的议论，他们只是想耽误将军，不足以与他们共谋大事。如今像我鲁肃这样的人可以迎接曹操，但将军却不可以。我为何这样说呢？今天我去迎接曹操，曹操定当把我交付乡里任乡亲们去评议，好确定名位，或许还会做一个下曹从事，有牛车乘坐，有吏卒跟随，结交一些士大夫，平步青云，或许也能当上州、郡的长官。可是如果将军迎接曹操，准备安身何处呢？但愿将军能早定大计，不要听从那些人的意见。”孙权叹息说：“那些人的说法，很令我失望。现在，你阐明的观点，正好与我想的一样。”

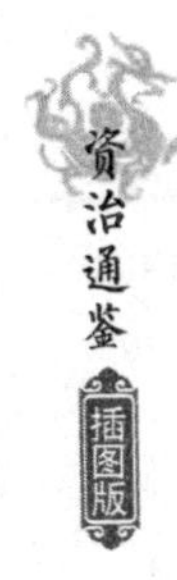

三国·青瓷谷仓

当时，周瑜奉命抵达鄱阳，鲁肃劝孙权召周瑜回来。周瑜到后，对孙权说道："曹操虽然名义上是汉朝的丞相，但实际上却是汉朝的奸贼。以将军的神勇和雄才大略，再仰仗着父兄的基业，割据江东，统治着方圆数千里的土地，精兵足够使用，英雄乐意效劳，应当横行天下，为汉朝清除污秽奸臣。况且是曹操自己前来送死，怎么可以前去迎降他呢？请让我替将军剖析：如今北方还没有完全平定，马超、韩遂仍在函谷关以西屯兵，这就成了曹操的后患。而曹操舍弃鞍马，改用战舰，企图与素习水战的江东人来决一高低。现在正值严寒季节，战马缺乏草料。况且，驱遣中原地区的士兵长途跋涉来到江湖地区，不服水土，必然会引发疾病。这几方面都是用兵时最忌讳的，而如今曹操却贸然行事。将军擒获曹操，就在今天。我请求统领数万精兵，在夏口一带驻兵，保证能替将军攻破曹操。"

【原文】

权曰："老贼欲废汉自立久矣，徒忌二袁、吕布、刘表与孤耳；今数雄已灭，惟孤尚存。孤与老贼势不两立，君言当击，甚与孤合，此天以君授孤也。"因拔刀斫前奏案曰："诸将吏敢复有言当迎操者，与此案同！"乃罢会。

是夜，瑜复见权曰："诸人徒见操书言水步八十万而各恐慑，不复料其虚实，便开此议，甚无谓也。今以实校之：彼所将中国人不过十五六万，且已久疲；所得表众亦极七八万耳，尚怀狐疑。夫以疲病之卒御狐疑之众，众数虽多，甚未足畏。瑜得精兵五万，自足制之，愿将军勿虑！"权抚其背曰："公瑾，卿言至此，甚合孤心。子布、元表诸人，各顾妻子，挟持私虑，深失所望；独卿与子敬与孤同耳，此天以卿二人赞孤也。五万兵难卒合，已选三万人，船粮战具俱办。卿与子敬、程公便在前发，孤当续发人众，多载资粮，为卿后援。卿能办之者诚决，邂逅不如意，便还就孤，孤当与孟德决之。"遂以周瑜、程普为左右督，将兵与备并力逆操；以鲁肃为赞军校尉，助画方略。

【译文】

孙权说："曹操这个老贼早就企图废掉汉朝皇帝，然后自立为帝，只是还顾忌袁绍、袁术、吕布、刘表与我孙权；如今，那几个英雄都已经被消灭了，唯独我还存在。所以我与老贼势不两立，你主张对抗曹军，与我不谋而合，这是上天把你赐给了我！"孙权说着就势拔出佩刀，砍向面前的奏案，说："各位将领官吏，有胆敢再说应当迎降曹操的，就与这个奏案下场一样！"说罢散会。

当天夜里，周瑜又去拜见孙权说："大家只是看到曹操信中说有水、陆军八十万就惊恐不已，没有再去认真分析其中的虚实，就轻率地提出降曹的意见，实在是不像话。现在我们据实核算一下：曹操所率领的中原士卒不过有十五六万人，况且长时间征战，早已疲惫不堪；刚刚得到的刘表部队，最多也不过有七八万人，并且还都各怀猜疑之心。这样用疲惫的士卒，率领心怀猜疑的部众，即使人数再多，也不足以惧怕。我只要有精兵五万，就足够可以制服敌军，希望将军不要有所顾虑！”孙权拍着周瑜的肩膀说：“公瑾，你的一席话说到这份儿上，真的是非常合我的心意。张昭、秦松等人，各顾自己的妻子儿女，心存私念，真的令我很失望。唯独你与鲁肃和我的看法一致，这真是上天派你们两个人来辅佐我啊。五万精兵一时难以凑齐，现在已经挑选了三万人，战舰、粮草及武器装备都已经备齐，你和鲁肃、程普先率兵出发，我当继续调集人马，运送充足的辎重、粮草，作为你的后援。如果你能战胜曹军，就要当机立断；一旦失利，就退回到我这里来，我将与曹操决一胜负。”于是，孙权以周瑜、程普为左、右督，率军与刘备合力迎战曹操；以鲁肃为赞军校尉，协助谋划战略。

孙权

【原文】

刘备在樊口，日遣逻吏于水次候望权军。吏望见瑜船，驰往白备，备遣人慰劳之。瑜曰：“有军任，不可得委署；傥能屈威，诚副其所望。”备乃乘单舸往见瑜曰：“今拒曹公，深为得计。战卒有几？”瑜曰：“三万人。”备曰：“恨少。”瑜曰：“此自足用，豫州但观瑜破之。”备欲呼鲁肃等共会语，瑜曰：“受命不得妄委署。若欲见子敬，可别过之。”备深愧喜。

进，与操遇于赤壁。时操军众已有疾疫，初一交战，操军不利，引次江北。瑜等在南岸，瑜部将黄盖曰：“今寇众我寡，难与持久。操军方连船舰，首尾相接，可烧而走也。”乃取蒙冲斗舰十艘，载燥荻、枯柴、灌油其中，裹以帷幕，上建旌旗，豫备走舸，系于其尾。先以书遗操，诈云欲降。时东南风急，盖以十舰最著前，中江举帆，余船以次俱进。操军吏士皆出营立观，指言盖降。去北军二里余，同时发火，火烈风猛，船往如箭，烧尽北船，延及岸上营落。顷之，烟炎张天，人马烧溺死者甚众。瑜等率轻锐继其后，雷鼓大进，北军大坏。操引军从华容道步走，遇泥泞，道不通，天又大风，悉使羸兵负草填之，骑乃得过。羸兵为人马所蹈藉，陷泥中，死者甚众。刘备、周瑜水陆并进，追操至南郡。时操军兼以饥疫，死者大半。操乃留征南将军曹仁、横野将军徐晃守江陵，折冲将军乐进守襄阳，引军北还。

【译文】

刘备在樊口驻军，天天派巡逻的士兵在江边眺望孙权的军队。士兵看到周瑜的舰队，就立即驰马回营向刘备报告。刘备赶紧派人前去慰劳。周瑜对前来慰劳的人说：“我有重要军务在身，不可以委派别人代理，假如刘备能够屈尊前来会面，那

鲁肃

正是我所希望的。”刘备于是就乘一只船去见周瑜，说道：“现在抗拒曹操，真是很明智的决定。但不知道您这次带了多少兵丁？”周瑜说：“三万人。”刘备说：“只可惜太少了。”周瑜说：“这已经足够用了，将军您就等着看我如何击败曹军吧。”刘备想要召呼鲁肃等人共同谈话，周瑜说：“接受军令，不能随意委托他人代理，如果您要见鲁肃，可以另去拜见他。”说得刘备既感到惭愧，又感到高兴。

周瑜率军继续前进，在赤壁遭遇曹操。当时曹操手下的部众已经有人发生瘟疫。两军刚一交战，曹军失利，不得不引退到长江以北。周瑜等则率军屯驻在长江南岸，周瑜的部将黄盖说道：“现在敌众我寡，很难与之长期对峙。曹军正好把战舰连在一起，首尾相接，我们可以用火攻以此击败曹军。”于是便选取蒙冲战舰十艘，装上干荻和枯柴，并在上面浇上油，外面裹上帷幕，上边插着旌旗，预先准备好快艇，拴在船尾。黄盖先派人给曹操送信，谎称准备投降。当时东南风刮得正急，黄盖将十艘战船排在最前面，等到江心时便升起船帆，其余的船在后边依次前进。曹操军中的官兵纷纷出营站着观看，指着船说黄盖前来投降了。眼看离曹军还有二里多远的时候，前边的十艘船同时点火，火烈风猛，船犹如箭一样向前行驶，把曹军的战船全部烧光，火势还蔓延到了设在陆地上的曹军大营。顷刻之间，浓烟滚滚，弥漫了整个天空，曹军人马被烧死和淹死的不计其数。周瑜等人率领轻装的精锐士兵紧随在后，鼓声响彻，奋勇前进，曹军大败。曹操不得不率军从华容道步行撤退，遇到泥泞，道路不通，天又刮起了大风。曹操下令所有老弱残兵背负茅草铺在路上，骑兵才勉强得以通过。老弱残兵被人马所践踏，深陷泥中，死的不计其数。刘备、周瑜于是水陆并进，一路追击曹操直到南郡。这时，曹军饿病交加，死了一多半。曹操于是留下征南将军曹仁、横野将军徐晃镇守江陵，折冲将军乐进镇守襄阳，自己则率军退回北方去了。

【评析】

公元208年秋天，滚滚长江水又见证了历史上一次伟大的以少胜多的战役，那就是赤壁之战。赤壁之战是刘备和孙权两家联合共同对付南下的曹操的战役。从表面上看，曹操占了很大的优势：一方面士兵众多，号称八十万，而孙刘两家不过三万多人；另一方面，曹操刚刚消灭了刘琮等北方的一些割据势力，基本上统一了北方，正是风头正足的时候。但是周瑜却看出来曹操大军的弱点，那就是不习水战、不团结而且非常疲惫。而这几个弱点正是致命的，最后孙刘两家合力打败了曹操，迫使曹操无功而返，损失惨重，最终形成了三足鼎立之势。

魏纪

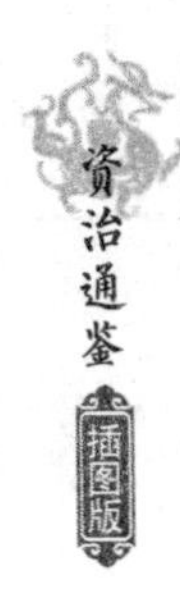

前出师表

【原文】

魏烈祖明皇帝太和元年

三月，蜀丞相亮率诸军北驻汉中，使长史张裔、参军蒋琬统留府事。临发，上疏曰："先帝创业未半而中道崩殂。今天下三分，益州疲敝，此诚危急存亡之秋也。然侍卫之臣不懈于内，忠志之士忘身于外者，盖追先帝之殊遇，欲报之于陛下也。诚宜开张圣听，以光先帝遗德，恢弘志士之气；不宜妄自菲薄，引喻失义，以塞忠谏之路也。"

诸葛亮

"宫中、府中，俱为一体，陟罚臧否，不宜异同。若有作奸犯科及为忠善者，宜付有司论其刑赏，以昭陛下平明之理，不宜偏私，使内外异法也。侍中、侍郎郭攸之、费祎、董允等，此皆良实，志虑忠纯，是以先帝简拔以遗陛下。愚以为宫中之事，事无大小，悉以咨之，然后施行，必能裨补阙漏，有所广益。将军向宠，性行淑均，晓畅军事，试用于昔日，先帝称之曰能，是以众议举宠为督。愚以为营中之事，悉以咨之，必能使行陈和睦，优劣得所。亲贤臣，远小人，此先汉所以兴隆也；亲小人，远贤臣，此后汉所以倾颓也。先帝在时，每与臣论此事，未尝不叹息痛恨于桓、灵也。侍中、尚书、长史、参军，此悉端良、死节之臣，愿陛下亲之，信之，则汉室之隆，可计日而待也。"

【译文】

魏明帝太和元年（公元227年）

三月，蜀汉丞相诸葛亮率领各路大军向北进军，驻军汉中，留下长史张裔、参军蒋琬处理丞相府的所有政务。临行前，诸葛亮上书道："先皇帝开创伟业，刚刚有些成效，却中途仙逝了。如今天下已经形成了三足鼎立之势，益州的蜀国却是三足中最为贫穷困乏的，现在正是生死存亡的紧要关头。然而所幸的是身边的近臣仍能恪尽职守、毫不懈怠，忠勇的将士在沙场上奋不顾身，出生入死，这都是因为追念先皇的知遇之恩，想要尽全力回报给陛下。陛下应当虚心听取方方面面的意见，将先皇的遗德发扬光大，弘扬仁人志士的气节；而不应该自己轻视自己，讲出一些不合道理的话来，以致于阻塞了忠臣进谏的通道。"

"宫廷和相府是一个整体，提升、惩罚、表彰、指责不应当有任何区别。如果有违法犯罪的行为，或者尽忠立功的表现，就应当交付有关部门按规定给予处罚或者奖赏，以彰显陛下的公正英明，不能有任何偏私之心，让宫廷内外执法不一。侍卫之臣郭攸之、费祎、董允等都是忠厚善良的人，心志都是忠贞纯正的，所以先帝才会选拔出来留给陛下任用。臣认为宫庭中的事情，不论大小，全都要一一询问他们，然后再实施，必定能够补救疏漏，扩大效益。向宠将军品性善良公允，通晓军事谋略，当初曾经被先帝任用，先帝称赞他是个贤能之人，所以大家才会酝酿着要推举他做中部督。

刘备

臣以为禁卫部队的事务，无论大小全都交由他过问，一定能使军队齐心协力，优劣合宜，各得其所。亲近贤良的臣子，疏远奸佞的小人，这就是前汉能够兴旺强盛的原因；亲近奸佞的小人，疏远贤良的臣子，所以后汉才因此而衰败覆灭。先帝在世的时候，每每与臣谈论到这件事，无不对桓、灵二帝的所作所为表示痛恨惋惜。侍中郭攸之、费祎，尚书令陈震，长史张裔，参军蒋琬，这些都是忠贞不二、能够以死报国的臣子，但愿陛下能够亲近他们，信任他们，那么汉家天下的兴旺，就指日可待了。”

【原文】

“臣本布衣，躬耕南阳，苟全性命于乱世，不求闻达于诸侯。先帝不以臣卑鄙，猥自枉屈，三顾臣于草庐之中，谘臣以当世之事；由是感激，遂许先帝以驱驰。后值倾覆，受任于败军之际，奉命于危难之间，尔来二十有一年矣。先帝知臣谨慎，故临崩寄臣以大事也。受命以来，夙夜忧叹，恐托付不效，以伤先帝之明。故五月渡泸，深入不毛。今南方已定，甲兵已足，当奖率三军，北定中原，庶竭驽钝，攘除奸凶，兴复汉室，还于旧都，此臣所以报先帝而忠陛下之职分也。至于斟酌损益，进尽忠言，则攸之、祎、允之任也。愿陛下托臣以讨贼兴复之效，不效，则治臣之罪以告先帝之灵，责攸之、祎、允等之慢以彰其咎。陛下亦宜自谋，以谘诹善道，察纳雅言，深追先帝遗诏。臣不胜受恩感激，今当远离，临表涕零，不知所言。”

【译文】

“臣原本是平民百姓，在南阳以种田为生，只求得在乱世中能够保全生命，并不想在诸侯谋求高官、显赫声名。先帝不因为臣出身低贱和孤陋寡闻而嫌弃臣，不惜降低身份而三顾臣于草庐之中，向臣征询天下大事。臣颇为感动，于是就答应为先帝效力。后来正值战事失败，臣在败亡之际，担起了挽救危局的重任，到现在已经过去二十一年了！先帝知道臣处事谨慎，所以便在临死之前把辅助陛下中兴汉室的大事托付给臣。接受先帝的遗命以来，臣日夜担心叹息，生恐所托无所成效，从而有损先帝善于鉴察的声名；所以臣在炎热的五月率军渡过泸水，深入到不毛之地。如今南方已经平定，兵丁装备也都十分充足，是该带领三军向北克复中原的时候了。也许可以竭尽驽钝之力，铲除奸贼，光复汉室，使长安、洛阳重新成为大汉

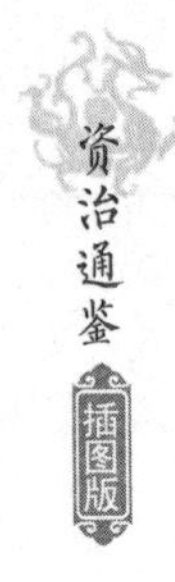

王朝的国都。这就是臣用来回报先帝、效忠于陛下的本分。至于斟酌得失、掌握分寸，向陛下进献忠言，那都是郭攸之、费祎、董允他们的任务了。但愿陛下能把讨伐曹魏、光复汉室的大事交付给臣，如果无所成效，就治臣的罪，以告慰先帝的在天之灵。如果没有进献劝勉陛下发扬圣德的忠言，那就要追究郭攸之、费祎、董允等人的怠惰之罪，明示他们的过失。陛下也应当自作打算，求得高明的道理，了解并接受忠正的言论，时刻牢记先帝的遗愿，臣会为此感激不尽。如今即将远征，面对表文，禁不住热泪盈眶，不知道该说什么。”

【评析】

“表”是古代文体的一种，专为臣下对君王进行陈述求请时使用，类似的还有“章”、“奏”、“议”等。《前出师表》表达了诸葛亮谨慎勤恳、以伐魏兴汉为己任的忠贞之志和诲诫后主不忘先帝遗愿的孜孜之意，情感真挚，文笔酣畅，一直为人们所称颂。

孔明殒身

【原文】

魏烈祖明皇帝青龙二年

诸葛亮至郿，军于渭水之南。司马懿引军渡渭，背水为垒以拒之，谓诸将曰：“亮若出武功，依山而东，诚为可忧；若西上五丈原，诸将无事矣。”亮果屯五丈原。雍州刺史郭淮言于懿曰：“亮必争北原，宜先据之。”议者多谓不然，淮曰：“若亮跨渭登原，连兵北山，隔绝陇道，摇荡民夷，此非国之利也。”懿乃使淮屯北原。堑垒未成，汉兵大至，淮逆击却之。亮以前者数出，皆以运粮不继，使己志不伸，乃分兵屯田为久驻之基，耕者杂于渭滨居民之间，而百姓安堵，军无私焉。

司马懿与诸葛亮相守百馀日，亮数挑战，懿不出。亮乃遗懿巾帼妇人之服。懿怒，上表请战，帝使卫尉辛毗杖节为军师以制之。护军姜维谓亮曰：“辛佐治杖节而到，贼不复出矣。”亮曰：“彼本无战情，所以固请战者，以示武于其众耳。将在军，君命有所不受，苟能制吾，岂千里而请战邪！”

【译文】

魏明帝青龙二年（公元234年）

诸葛亮率军抵达郿县后，在渭水的南面屯兵。司马懿率军渡过渭水，背水驻军抗拒诸葛亮，他告诉将领们说：“诸葛亮如果从武功发兵，依山而向东行军，是很让人担忧的；如果向西行至五丈原，众将领就没有什么好担忧的了。”诸葛亮果真屯兵五丈原。雍州的刺史郭淮对司马懿说：“诸葛亮必定要争夺北原，应当先行一步占据它。”议论的人大多都说这样做没有必要，郭淮说：“假如诸葛亮跨过渭水登上北原，连兵北山，阻断长安通往陇西的道路，让百姓和羌人感到动荡不安，这对国家是很不利的。”司马懿于是令郭淮率军屯驻在北原。营垒还没有建好，蜀汉的大部队已经前来，郭淮提兵迎战，击退了蜀军的进攻。诸葛亮因为前几次出兵，都是由于粮草运送不及时，导致自己的志向无法得到实现，于是就分出部分兵力进行屯田，作为长期驻军的后备，屯田的士卒和渭水之滨的居民混住在一起，而使得百姓安居乐业，蜀军也无私弊。

司马懿与诸葛亮相持了一百多天，诸葛亮多次进行挑战，司马懿却坚守营寨不出。诸葛亮就派人送去妇女使用的头巾、发饰和衣服给司马懿，羞辱他的懦弱，司马懿被激得恼羞成怒，随即上表请求出战。明帝派遣卫尉辛毗手持符节作为军师来节制司马懿的行为。护军姜维对诸葛亮说：“辛毗持符节来到，贼军肯定不会再出战了。”诸葛亮说：“司马懿原本就无心作战，所以才坚持要请求出战，这是为了向部众表示自己的勇武而已。将领在军中，君主的命令是可以不接受的。如果他真能制胜我军，难道还需要远隔千里而请求作战吗?”

姜维

【原文】

亮遣使者至懿军，懿问其寝食及事之烦简，不问戎事。使者对曰：“诸葛公夙兴夜寐，罚二十已上，皆亲览焉；所啖食不至数升。”懿告人曰：“诸葛孔明食少事烦，其能久乎!”亮病笃，汉主使尚书仆射李福省侍，因谘以国家大计。福至，与亮语已，别去，数日复还。亮曰：“孤知君还意，近日言语虽弥日，有所不尽，更来求决耳。公所问者，公琰其宜也。”福谢：“前实失不谘请，如公百年后谁可任大事者，故辄还耳。乞复请蒋琬之后，谁可任者?”亮曰：“文伟可以继之。”又问其次，亮不答。

是月，亮卒于军中。长史杨仪整军而出。百姓奔告司马懿，懿追之。姜维令仪反旗鸣鼓，若将向懿者，懿敛军退，不敢逼。于是仪结陈而去，入谷然后发丧。百姓为之谚曰：“死诸葛走生仲达。”懿闻之，笑曰：“吾能料生，不能料死故也。”懿案行亮之营垒处所，叹曰：“天下奇才也!”追至赤岸，不及而还。

【译文】

诸葛亮派使者到司马懿军中，司马懿询问使者有关诸葛亮的睡眠、饮食和办事多少，而不打听对方的军事情况。使者回答道：“诸葛公晚睡，凡是责罚二十杖以上的，都由他亲自过问；每日所吃的饭食不到几升。”司马懿告诉左右亲兵说：“诸葛孔明吃得那么少而事务却很繁多，他还能活多久呢!”诸葛亮病重后，汉后主派尚书仆射李福前来探病，附带询问一些国家大事。李福到后，和诸葛亮谈话完毕，便告辞回去，可是没过几天又回来了。诸葛亮说：“我明白您返回的意图，连日来

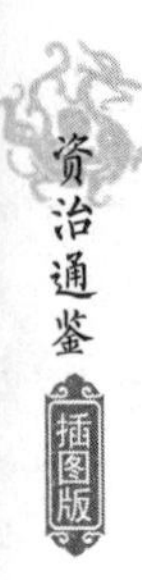

虽然谈话不断，但有些事情还没有交代，这次又来听取决定了。你所要问的事，可以问蒋琬好了。”李福满怀歉意地说道：“目前的确不曾询问，但是如果您百年之后，谁可以担当此重任。所以我就又回来了。再请问在蒋琬之后，谁可以担当重任?”诸葛亮说：“费祎可以继任。”李福又问：“那费祎之后又有谁呢?”诸葛亮闭口不答。

三国·青釉褐彩瓷壶

当月，诸葛亮在军中去世，长史杨仪整顿大军撤退。百姓奔跑着去向司马懿报告，司马懿率军追击汉军。姜维命令杨仪调转战旗方向，击鼓前进，装作即将对司马懿发起进攻。司马懿于是收军退后，不敢再向前逼进。于是杨仪结阵撤退，进入斜谷后才为诸葛亮发丧。百姓于是为此事编了一句谚语道：“死诸葛亮吓走活仲达。”司马懿听说后笑道：“这是为什么我能够料到诸葛亮活着，却不能料到诸葛亮已死的缘故。”司马懿到诸葛亮驻军的营垒前去察看，感叹道：“诸葛亮果真是天下的奇才啊!”随后率军追到赤岸，也没有追上蜀军，只好又回来了。

【评析】

诸葛亮先后七擒孟获，平定了南中地区。后方稳固之后，他就开始准备实现刘备恢复汉室山河的宏愿。从公元 228 年起，他四出祁山却都是无功而返。在公元 231 年，诸葛亮第五次兵出祁山，与司马懿相拒在五丈原。然而此时的诸葛亮早已不是在隆中茅庐中侃侃而谈的卧龙，也不是在新野火烧曹军时指挥若定的军师了，而是鞠躬尽瘁、死而后已的丞相。他夙兴夜寐、谨小慎微、孜孜不倦，唯恐不能报答对刘备的知遇之恩，终于死于五丈原的军中。“出师未捷身先死，长使英雄泪满襟”，诸葛亮怀着无限的遗憾离开了人世。

竹林七贤

【原文】

魏元皇帝景元三年

谯郡嵇康，文辞壮丽，好言老、庄而尚奇任侠，与陈留阮籍、籍兄子咸、河内山涛、河南向秀、琅邪王戎、沛人刘伶特相友善，号竹林七贤。皆崇尚虚无，轻蔑礼法，纵酒昏酣，遗落世事。

阮籍为步兵校尉，其母卒，籍方与人围棋，对者求止，籍留与决赌。既而饮酒二斗，举声一号，吐血数升，毁瘠骨立。居丧，饮酒无异平日。司隶校尉何曾恶之，面质籍于司马昭座曰：“卿纵情、背礼、败俗之人，今忠贤执政、综核名实，若卿之曹，不可长也！”因谓昭曰：“公方以孝治天下，而听阮籍以重哀饮酒食肉于公座，何以训人！宜摈之四裔，无令污染华夏。”昭爱籍才，常拥护之。曾，夔之子也。

阮咸素幸姑婢；姑将婢去，咸方对客，遽借客马而追之，累骑而还。

嵇康

【译文】

魏元帝景元三年（公元262年）

谯郡人嵇康，文辞雄壮华丽，善于谈论《老子》、《庄子》，崇尚奇异特立，仗义行侠。他与陈留人阮籍、阮籍的侄子阮咸、河内人山涛、河南人向秀、琅邪人王戎、沛国人刘伶交往颇深，号称竹林七贤。他们都崇尚虚无的论断，轻蔑礼仪法度，平素以纵情畅饮为乐，从来不过问世事。

阮籍担任步兵校尉职务时，他的母亲去世了，当时他正与别人下围棋，对方要求停止，但阮籍非留下他一决胜负。下完棋后接着又喝了两斗酒，大喝一声，吐血数升，由于极度的哀痛已经消瘦得只剩皮包骨头了。在为母亲服丧期间，每天像以前一样饮酒无度。司隶校尉何曾本来就厌恶他，于是就趁机当着司马昭的面指责阮籍道：“你是个纵情无度、违背礼仪、败坏风俗的人，现在忠臣贤良掌管朝政，要综合考核人事的名与实，像你这样的人，一定不能助长你的邪气！”说罢又对司马昭说：“您现在正以孝道治理天下，却任由阮籍服丧期间在您的面前吃肉喝酒，那以后还如何教训别人呢？依我看应该将他放逐到四方蛮荒之地，不让他在此污染我们华夏的良好风气。”司马昭很欣赏阮籍的才华，所以常常扶助保护他。何曾是何夔之子。阮咸很喜欢姑姑的婢女。等姑姑领着婢女离开时，阮咸正在陪客人，于是连忙向客人借了马去追，之后两个人同 骑一匹马回来了。

【原文】

刘伶嗜酒，常乘鹿车，携一壶酒，使人荷锸随之，曰：“死便埋我。”当时士大夫皆以为贤，争慕效之，谓之放达。

钟会方有宠于司马昭，闻嵇康名而造之，康箕踞而锻，不为之礼。会将去，康曰：“何所闻而来，何所见而去？”会曰：“闻所闻而来，见所见而去！”遂深衔之。

山涛为吏部郎，举康自代。康与涛书，自说不堪流俗，而非薄汤、武。昭闻而怒之。康与东平吕安亲善，安兄巽诬安不孝，康为证其不然。会因谮“康尝欲助毌丘俭，且安、康有盛名于世，而言论放荡，害时乱教，宜因此除之。”昭遂杀安及康。康尝诣隐者汲郡孙登，登曰：“子才多识寡，难乎免于今之世矣！”

【译文】

刘伶嗜酒如命，经常乘坐一辆鹿车，带上一壶酒到处游玩，还让人扛着铁锹跟在后面，他说：“一旦我死了就随时将我埋掉。”当时的士大夫都认为他很贤明，所

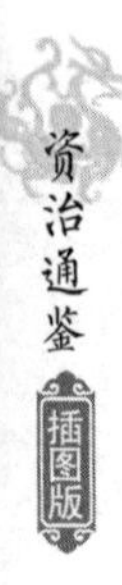

以争相仿效他的做法，还称之为放达。

钟会当时正备受司马昭的宠爱，听到嵇康的声名便前去拜访，嵇康伸着双腿坐在那里满不在乎地打铁，对钟会很不礼貌。钟会即将离去，嵇康问他道："你听说了什么而来，现在见到了什么而去?"钟会说："听我所听到的而来，见我所见到的而去!"从此以后他开始记恨嵇康。

竹林七贤图

山涛出任吏部郎，举荐嵇康代替自己。嵇康写信给山涛，说自己不堪忍受流俗，而又菲薄商汤、周武王。司马昭得知消息后非常愤怒。嵇康与东平的吕安是故交，吕安的哥哥吕巽诬陷吕安不孝，嵇康便为吕安作证说其并非不孝。钟会借机诬告嵇康道："嵇康曾经想要帮助丘俭，况且吕安、嵇康声名盖世，然而他们的言论却放荡不羁，毒害时俗，扰乱政治教化，应当借此机会除掉他们。"于是司马昭便杀了吕安和嵇康。嵇康曾经造访过隐士汲郡人孙登，孙登说："你才气多而见识少，恐怕在当今世上难免杀身之祸!"

【评析】

曹魏政权的统治者昏庸不堪，没多久就被狡猾的司马懿夺走了王位，建立了西晋。司马氏夺取政权后，大搞高压政治，不与他们合作的人就要受到迫害。当时有些文人不愿意投靠司马氏集团，却又不敢跟他们进行斗争，内心十分惶恐和苦闷，就只好采取消极抵抗的办法。他们经常几个人聚集在一起，寄情山水，饮酒赋诗，故意不拘形迹，披头散发，衣衫不整。这些人的典型代表就是"竹林七贤"。后来，在司马氏集团的威胁利诱之下，"竹林七贤"也逐渐分化，山涛做了司马氏集团的高官，还写信给嵇康，邀请嵇康也出来做官。嵇康不但拒绝了，还写了一封《与山巨源绝交书》。这不仅是一封绝交信，还是一篇对司马氏集团的檄文，表达了自己对司马氏的厌恶和不合作态度。最终触犯了司马氏的权威，被找了个理由杀了。不久，阮籍也郁郁而终。其他四人也先后做了司马氏的官，但是内心却更加苦闷。

晋纪

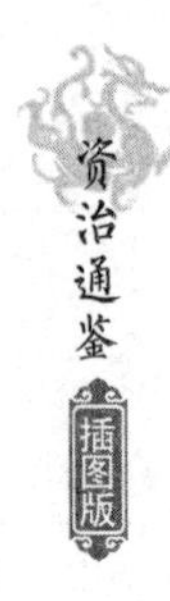

望碑堕泪

【原文】

晋世祖武皇帝泰始五年

祜绥怀远近，甚得江、汉之心，与吴人开布大信，降者欲去，皆听之，减戍逻之卒，以垦田八百余顷。其始至也，军无百日之粮，及其季年，乃有十年之积。祜在军，常轻裘缓带，身不被甲，铃阁之下，侍卫不过十数人。

晋世祖武皇帝泰始八年，羊祜归自江陵，务修德信以怀吴人。每交兵，刻日方战，不为掩袭之计。将帅有欲进谲计者，辄饮以醇酒，使不得言。祜出军行吴境，刈谷为粮，皆计所侵，送绢偿之。每会众江、沔游猎，常止晋地，若禽兽先为吴人所伤而为晋兵所得者，皆送还之。于是吴边人皆悦服。祜与陆抗对境，使命常通。抗遗祜酒，祜饮之不疑；抗疾，求药于祜，祜以成药与之，抗即服之。人多谏抗，抗曰："岂有鸩人羊叔子哉!"抗告其边戍曰："彼专为德，我专为暴，是不战而自服也。各保分界而已，无求细利。"吴主闻二境交和，以诘抗，抗曰："一邑一乡不可以无信义，况大国乎！臣不如此，正是彰其德，于祜无伤也。"

晋武帝画像

羊祜不附结中朝权贵，荀勖、冯纨之徒皆恶之。从甥王衍尝诣祜陈事，辞甚清辩；祜不然之，衍拂衣去。祜顾谓宾客曰："王夷甫方当以盛名处大位，然败俗伤化，必此人也。"及攻江陵，祜以军法将斩王戎。衍，戎之从弟也，故二人皆憾之，言论多毁祜，时人为之语曰："二王当国，羊公无德。"

【译文】

晋武帝泰始五年（公元269年）

羊祜经常安抚关切远近百姓，因此在江、汉一带深得人心。他对吴人也是开诚布公，非常守信用，投降的吴人如果想离去，他都会依从他们的心愿。羊祜减裁戍边、巡逻的士卒，让他们开垦了八百多顷的农田。他和部下刚到那里的时候，军中的粮食连一百天都对付不了。可是到了后来，却有足够吃十年的屯粮。羊祜在军中，常常穿着轻暖的裘皮衣服，身上不披挂铠甲。他居住的地方，只不过有十几个侍卫。

泰始八年（公元272年）。羊祜从江陵回来之后，投身于修整道德信义，以收服吴人。每当和吴国交战，都要先约好日期才开战，从来不用出其不意、突然袭击的策略。将帅当中有企图献诡诈计谋的人，羊祜就给他喝醇厚的美酒，让他醉酒后说不出话来。羊祜的军队在吴境内行军，割下谷物作口粮，全部记下所取的数额，随后送去绢帛抵偿。每次与部众在长江、沔水一带游猎，常常只限于晋国的领地，假如禽兽是先被吴人杀伤而后才为晋兵获得的，都要送还吴人。于是吴国边境的百姓都对羊祜部众心悦诚服。羊祜与陆抗在边境对峙，双方的使者经常奉命相互往来：陆抗送给羊祜的酒，羊祜喝起来从不怀疑。陆抗生病了，请求羊祜给他些药，羊祜便把成药送给他，陆抗也立马就服下。许多人都谏阻陆抗不可不谨慎，陆抗说："难道会有用毒酒杀人的羊祜吗?"陆抗对守边的将士说道："对方专门施行仁德，而我们却专门作恶，这相当于不战而自己屈服。如今双方各自保住疆界就可以了，我们不要奢求占什么便宜了。"吴主听说双方边境交往和谐，便因此责难陆抗，陆抗说道："一邑一乡尚不可不讲信义，更何况大国呢！假如我不这样做，正好彰显了羊祜的仁德，对羊祜根本就是毫发无伤啊!"

晋武帝皇后杨艳

羊祜从来都不攀附巴结朝廷中的权贵，荀勖、冯之徒因此都憎恶他。羊祜的堂外甥王衍曾经到羊祜那里陈述事情，言辞很是清晰明辨，羊祜却不赞赏他，王衍气得拂袖而去。羊祜转过头来对宾客们说道："王衍本可以凭借盛名达到高位，然而他肯定会败坏风俗、损害教化。"等到攻讨江陵的时候，羊祜曾依军法要斩杀王戎。王衍是王戎的堂弟，因此两人都非常愤恨羊祜，言谈之间时常诋毁羊祜。当时有句谚语说得好，即"二王当权，羊公不仁。"

【原文】

晋世祖武皇帝咸宁三年，徙封钜平侯羊祜为南城郡侯，祜固辞不受。祜每拜官爵，常多避让，至心素著，故特见申于分列之外。祜历事二世，职典枢要，凡谋议损益，皆焚其草，世莫得闻，所进达之人皆不知所由。常曰："拜官公朝，谢恩私门，吾所不敢也。"

晋世祖武皇帝咸宁四年，羊祜以病求入朝，既至，帝命乘辇入殿，不拜而坐。祜面陈伐吴之计，帝善之。以祜病，不宜数入，更遣张华就问筹策。祜曰："孙皓暴虐已甚，于今可不战而克。若皓不幸而没，吴人更立令主，虽有百万之众，长江未可窥也，将为后患矣!"华深然之。祜曰："成吾志者，子也。"帝欲使祜卧护诸将，祜曰："取吴不必臣行，但既平之后，当劳圣虑耳。功名之际，臣不敢居；若事了，当有所付授，愿审择其人也。"

羊祜疾笃，举杜预自代。辛卯，以预为镇南大将军、都督荆州诸军事。祜卒，

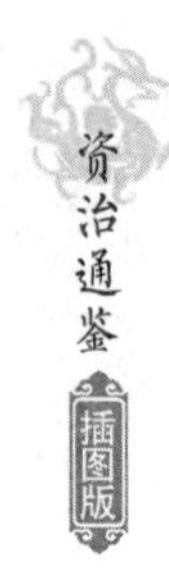

帝哭之甚哀。是日，大寒，涕泪沾须鬓皆为冰。祜遗令不得以南城侯印入柩。帝曰："祜固让历年，身没让存，今听复本封，以彰高美。"南州民闻祜卒，为之罢市，巷哭声相接。吴守边将士亦为之泣。祜好游岘山，襄阳人建碑立庙于其地，岁时祭祀，望其碑者无不流涕，因谓之堕泪碑。

【译文】

咸宁三年（公元277年）钜平侯羊祜被徙封为南城郡侯，他坚持推辞不肯接受。羊祜每次被授予官职和爵位时，多半都会避让，他的至诚之心向来都是人尽皆知的，所以他被特许可以不接受分封他的官爵。羊祜一生经历了两代皇帝，一直掌管着朝廷要枢。凡是他参与谋划商议的事情，无论是简省还是设置，之后他都会把草稿烧掉，让世人无法知晓。经羊祜举荐做官的人，连自己都不知道是被谁举荐的。羊祜经常说："在公众的朝廷里授予官职，却让别人当成是你私人的恩惠来报答，我是不敢这样做的。"

咸宁四年（公元278年）羊祜因病请求朝见晋武帝。到达朝廷，晋武帝让他乘坐车子上殿，不等他行拜礼就让他坐下。羊祜向晋武帝当面陈述讨伐吴国的计划，晋武帝非常赞同。因为羊祜有病，不方便频繁面见晋武帝，晋武帝便派张华去羊祜那里询问伐吴的策略。羊祜说："孙皓已经暴虐到了极点，如果现在趁机行动，便可以不战而胜。一旦孙皓不幸死去，吴人再立一个贤明的君主，那么即使我们有百万雄师，而长江已经不是我们可以窥视的了，这样就将造成后患！"张华对他的话极为认同。羊祜说："能够完成我的志向的人，就只有你呀。"晋武帝打算让羊祜卧病在车上统领各位将领出征攻打吴国，羊祜说："夺取吴国不一定非得我去，但是等到平定吴国之后，就应当劳累您圣明的思虑了。我不敢轻易居于功绩和名声之间，假如攻克吴国后，应当选派官员去东南地区镇守时，我希望您能慎重地选择合适的人选。"

晋武帝

羊祜的病情一天天加重，于是就举荐杜预替代他。二十六日，晋武帝封杜预为镇南大将军、都督荆州诸军事。羊祜去世后，晋武帝哭得特别伤心。那天特别寒冷，晋武帝的眼泪沾在胡须和鬓发上，立刻就结成了冰。羊祜留下遗言，不让把南城侯印放入他的棺木。晋武帝说："羊祜坚持谦让那么多年了，如今人虽然死了，可是谦让的美德还在。现在就依他的意思办，恢复他原来的封号，以彰显他的高尚美德。"荆州的百姓听到羊祜去世的消息后，便特意为他罢市，聚集在里巷里哭泣，哭声此起彼伏。就连吴国的守边将士也都为羊祜的死而痛哭流涕。羊祜平素喜欢游岘山，襄阳的百姓于是就在岘山上为他建庙立碑，一年四季都不忘前去祭拜他，看到这座碑没有人不黯然落泪的，因此这座碑被人们称为堕泪碑。

【评析】

羊祜是晋武帝司马炎时期的重臣，在晋朝建国的过程中发挥过重要作用。他胆识过人，为人正直，深受司马炎的赏识。在镇守襄阳，掌管荆州各项军事的时候，羊祜广施仁政，很受江汉一带百姓的爱戴。羊祜死后，司马炎哭得十分伤心，荆州的百姓也聚集在里巷里哭泣，就连吴国守卫边境的将士们也流泪不止。

谢安出山

【原文】

晋孝宗穆皇帝升平四年

谢安少有重名，前后征辟，皆不就，寓居会稽，以山水、文籍自娱。虽为布衣，时人皆以公辅期之，士大夫至相谓曰："安石不出，当如苍生何！"安每游东山，常以妓女自随。司徒昱闻之，曰："安石既与人同乐，必不得不与人同忧，召之必至。"安妻，刘惔之妹也，见家门贵盛而安独静退，谓曰："丈夫不如此也？"安掩鼻曰："恐不免耳。"及弟万废黜，安始有仕进之志，时已年四十馀。征西大将军桓温请为司马，安乃赴召，温大喜，深礼重之。

谢安

【译文】

晋穆帝升平四年（公元360年）

谢安从小就名震一方，朝廷先后多次征召，他都没有就任。他平日里寓居在会稽，从山水、文献典籍中找寻快乐。虽然身为平民百姓，但是当时人们都对他寄予三公和相辅的厚望。士大夫们聚集在一起议论道："谢安不出来做官，天下的老百姓该怎么办呢？"谢安每次游览东山，总是让一群歌舞女妓相随。司徒司马昱听说这种情形后说道："谢安既然能够与人同乐，必定不会不与人同忧。只要征召他，他就一定会就任。"谢安的妻子是刘惔的妹妹。她看到谢家门庭显贵兴盛，而谢安却自甘寂寞、退让不思进取，于是就对谢安说："大丈夫不应该这样吧？"谢安用手捂着鼻子说道："我恐怕最终也逃脱不了了。"等到他弟弟谢万被废黜以后，谢安这才有了步入仕途的志向，那时他已经四十多岁了。征西大将军桓温向朝廷请求让谢安出任司马，谢安应征赴任。桓温大喜过望，对他以礼相待，十分器重。

【评析】

曾经有人送给谢安一株小草，谢安问道："此草何名？"那人回答："在山就叫

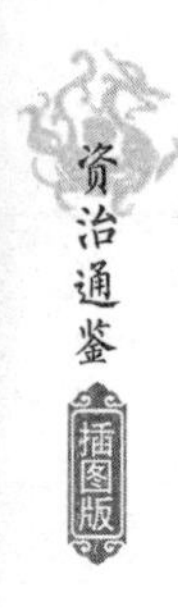

做远志，出山就叫做小草。”以此来讽喻谢安出仕为官。但是从当时的情况来看，谢安也的确不得不出山，否则东晋该怎么办？到处都是只知谈玄、不务实际的纨绔子弟，还有谁能遏制桓温的野心呢？还有谁能抵挡得住苻坚的百万大军呢？

苻坚拒谏

【原文】

晋烈宗孝武皇帝太元七年

晋·穿交领
大袖袍的妇女

冬，十月，秦王坚会群臣于太极殿，议曰：“自吾承业，垂三十载，四方略定，唯东南一隅，未沾王化。今略计吾士卒，可得九十七万，吾欲自将以讨之，何如？”秘书监朱彤曰：“陛下恭行天罚，必有征无战，晋主不衔璧军门，则走死江海。陛下返中国士民，使复其桑梓，然后回舆东巡，告成岱宗，此千载一时也！”坚喜曰：“是吾志也。”尚书左仆射权翼曰：“昔纣为无道，三仁在朝，武王犹为之旋师。今晋虽微弱，未有大恶；谢安、桓冲皆江表伟人，君臣辑睦，内外同心。以臣观之，未可图也！”坚嘿然良久，曰：“诸君各言其志。”

太子左卫率石越曰：“今岁镇守斗，福德在吴，伐之，必有天殃。且彼据长江之险，民为之用，殆未可伐也！”坚曰：“昔武王伐纣，逆岁违卜。天道幽远，未易可知。夫差、孙皓皆保据江湖，不免于亡。今以吾之众，投鞭于江，足断其流，又何险之足恃乎！”对曰：“三国之君皆淫虐无道，故敌国取之，易于拾遗。今晋虽无德，未有大罪，愿陛下且案兵积谷，以待其衅。”于是群臣各言利害，久之不决。坚曰：“此所谓筑室道旁，无时可成。吾当内断于心耳！”

【译文】

晋武帝太元七年（公元382年）

冬季，十月，前秦王苻坚在太极殿会见群臣，同他们商议道：“自从我继承大业以来，已经有三十年了，四方之地，大致都已经平定，唯独东南一隅，还没有蒙受君王的教化。现在我略微地计算一下我手下的士卒，大概有九十七万，我打算亲自统率他们前去讨伐晋朝，如何？”秘书监朱彤说道：“陛下奉行上天的惩罚，一定是只有出征远行而不会发生战斗，晋朝国君不是在军营门前口含璧玉以示投降，就是仓皇出逃，葬身于江海，陛下让中原之国的士人百姓得以返回故土，恢复他们的家园，然后再回车东巡，于岱宗泰山奉告成功，这实在是千载难逢的机会啊。”苻坚高兴地说：“这正是我的志向。”尚书左仆射权翼说：“古代商纣王暴虐无道，却有微子、箕子、比干三位仁人在朝，周武王尚且因此而遣师返回，放弃讨伐。而今晋朝尽管衰微软弱，但是却没有什么大的罪恶，谢安、桓冲又都是长江一带才智超群的人才，他们君臣和睦，内外同心，依我之见，图谋不得啊！”苻坚沉默了好大一会儿，才说：“各位臣子大家各自发表一下意见。”

太子左卫率石越说道：“如今木星、土星镇守斗宿，福德全在吴地，如果要出兵讨伐他们，必定会遭受天灾。何况他们凭借着长江天险，百姓又都一心归附他们，恐怕不可以讨伐他们！”苻坚说道：“以前周武王讨伐商纣，就是逆着太岁运行的方向前进的，同样违背了占卜的结果。天道幽远，想轻易看透是很不容易的。夫差、孙皓全都凭借江湖天险，但也未能逃避灭亡的灾祸。现在凭借着我军兵力众多，就是全部拿着鞭子投进长江，也足以阻断水流，这样一来，他们又有什么天险足以凭借的呢！”石越回答道：“商纣、夫差、孙皓这三个国君，全都是淫虐无道之徒，所以相敌对的国家攻克他们，容易得就像弯下腰来捡拾掉在地上的东西一样。现在晋朝尽管缺乏道德，但是却没有什么大的罪恶，希望陛下能暂且屯兵不动，积攒粮食，以等待他们的灾祸降临。”于是群臣们各陈利害，议论了好长时间也没有什么结果。苻坚说：“这就是所谓的把房屋修筑在道路旁边，不知道什么时候能够建成。现在我要自行决断了！”

【原文】

洛神赋图局部

群臣皆出，独留阳平公融，谓之曰：“自古定大事者，不过一二臣而已。今众言纷纷，徒乱人意，吾当与汝决之。”对曰：“今伐晋有三难：天道不顺，一也；晋国无衅，二也；我数战兵疲，民有畏敌之心，三也。群臣言晋不可伐者，皆忠臣也，愿陛下听之。”坚作色曰：“汝亦如此，吾复何望！吾强兵百万，资仗如山；吾虽未为令主，亦非暗劣。乘累捷之势，击垂亡之国，何患不克，岂可复留此残寇，使长为国家之忧哉！”融泣曰：“晋未可灭，昭然甚明。今劳师大举，恐无万全之功。且臣之所忧不止于此。陛下宠育鲜卑、羌、羯，布满畿甸，此属皆我之深仇。太子独与弱卒数万留守京师，臣惧有不虞之变生于腹心肘掖，不可悔也。臣之顽愚，诚不足采；王景略一时英杰，陛下常比之诸葛武侯，独不记其临没之言乎！”坚不听。于是朝臣进谏者众，坚曰：“以吾击晋，校其强弱之势，犹疾风之扫秋叶，而朝廷内外皆言不可，诚吾所不解也！”

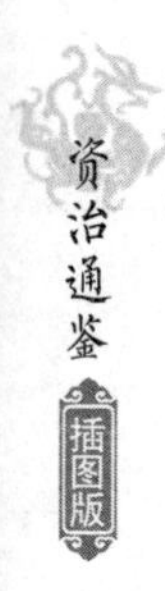

太子宏曰："今岁在吴分，又晋君无罪，若大举不捷，恐威名外挫，财力内竭，此群下所以疑也！"坚曰："昔吾灭燕，亦犯岁而捷，天道固难知也。秦灭六国，六国之君岂皆暴虐乎！"

【译文】

众大臣都出去了，只留下了阳平公苻融。苻坚对他说："自古决定大事的人，只不过一两个大臣而已。现在众说纷纭，只会白白扰乱人心，我打算与你一同决定此事。"苻融于是对苻坚说："现在攻打晋朝有三个不利因素：天理不顺，这是其一；晋国自身没有灾祸，这是其二；我军征战频繁，士兵都已疲惫不堪，百姓也都心怀畏敌之心，这是其三。群臣当中说晋朝讨伐不得的人，全都是忠臣，但愿陛下能够听从他们的意见。"苻坚听罢脸色一变说："你也是这样，我还能把希望寄托在谁身上呢！我有百万强兵，财物兵器堆积如山；我虽然不是什么完美的国君，但也并非昏庸之辈。乘着捷报频传的时机，前去攻打垂死挣扎的国家，为何还要担心不能攻克呢？怎能再留下这些残敌，让他们久而久之成为国家的忧患呢！"苻融哭泣着说："晋朝不可以消灭，这是很显然的事情。现在却要大举出动疲劳的军队，恐怕不会取得万无一失的成功。何况我所担忧的，还不止这些。陛下宠信供养鲜卑人、羌人、羯人，使他们遍布京师，这些人都对我国有着深仇大恨。如果只留下太子和数万弱兵守卫京师，我担心会有不测变故在我们的心腹地区发生，到那时后悔就来不及了。这只是我的愚钝见解，也许不值得采纳，那么王猛却是一时豪杰，陛下曾经时常把他比作诸葛亮，为何唯独不铭记他的临终遗言呢！"苻坚却仍然不听。一时间向苻坚进谏的大臣甚众，苻坚坚持说道："凭借我们的实力攻打晋朝，权衡双方的强弱之势，犹如疾风扫秋叶一样，然而朝廷内外却都说不能攻打，这的确很令我百思不得其解！"

女史箴图

太子苻宏说："现在木星在吴地的分野，加之晋朝国君又没有什么罪恶，假如大举进攻而不告捷，那么我国对外的威名就要受挫，对内则会耗尽资财兵力，这就是群臣们之所以产生怀疑的原因！"苻坚说道："先前我们消灭燕国，也是违背了木星的征兆，结果却大获全胜，其实天道本来就是很难测知的。秦灭了六国，六国国君难道都是暴虐之徒吗！"

【原文】

冠军、京兆尹慕容垂言于坚曰："弱并于强，小并于大，此理势自然，非难知也。以陛下神武应期，威加海外，虎旅百万，韩、白满朝，而蕞尔江南，独违王命，岂可复留之以遗子孙哉！《诗》云：'谋夫孔多，是用不集。'陛下断自圣心足矣，何必广询朝众！晋武平吴，所仗者张、杜二三臣而已，若从朝众之言，岂有混壹之功乎！”坚大悦，曰：“与吾共定天下者，独卿而已。”赐帛五百匹。坚锐意欲取江东，寝不能旦。阳平公融谏曰：“‘知足不辱，知止不殆。’自古穷兵极武，未有不亡者。且国家本戎狄也，正朔会不归人。江东虽微弱仅存，然中华正统，天意必不绝之。”坚曰：“帝王历数，岂有常邪！惟德之所在耳！刘禅岂非汉之苗裔邪，终为魏所灭。汝所以不如吾者，正病此不达变通耳！”

坚素信重沙门道安，群臣使道安乘间进言。十一月，坚与道安同辇游于东苑，坚曰：“朕将与公南游吴、越，泛长江，临沧海，不亦乐乎！”安曰：“陛下应天御世，居中土而制四维，自足比隆尧、舜，何必栉风沐雨，经略遐方乎！且东南卑湿，沴气易构，虞舜游而不归，大禹往而不复。何足以上劳大驾也！”坚曰：“天生庶民，而树之君，使司牧之，朕岂敢惮劳，使彼一方独不被泽乎！必如公言，是古之帝王皆无征伐也！”道安曰：“必不得已，陛下宜驻跸洛阳，遣使者奉尺书于前，诸将总六师于后，彼必稽首入臣，不必亲涉江、淮也。”坚不听。

【译文】

冠军将军、京兆尹慕容垂向苻坚上疏道：“弱被强所并，小被大所吞，这其实是再自然不过的道理和趋势，并非难以理解。以陛下这样的神明威武，顺应天意，威名远扬海内外，拥有百万强兵劲旅，有缘韩信、白起那样的良将遍布朝野，而江南区区弹丸之地，单独敢违抗王命，怎能再留下他们而给子孙后代造成祸患呢？《诗经》上说：‘谋划的人太多，所以事情才会不成功。’陛下独自在内心做出决断就完全可以了，何必再广泛地征询群臣的意见呢！晋武帝之所以能平定吴国，所仰仗的只有张华、杜预等两三位大臣罢了，假如听从群臣的意见，哪里还能有统一天下的功业！”苻坚听后十分高兴地说：“能与我共同平定天下的人，只有你而已。”随即赐给慕容垂五百匹绢帛。苻坚一心想要攻取长江以东，睡觉还没到早晨就醒了。阳平公苻融于是劝谏他道：“‘知道满足就不会感到耻辱，知道停止就不会出现危险。’自古以来，穷兵黩武的人没有不自取灭亡的。何况我们的国家原本就属戎狄，天下的正宗嫡传肯定不甘心归附我们这样的外族人。长江以南尽管衰微软弱，苟延残喘，但是他们却是中华民族的正统，天意必定不会灭绝他们。”苻坚说：“帝王更替的天道，怎么能一成不变呢，只看道德之所在。刘禅难道不是汉朝的后裔吗？但是他最终被魏国所灭。你之所以不如我，毛病就是因为你不懂得变通的道理。”

晋代雅士

苻坚向来宠信重视僧人道安，众大臣于是让道安寻找机会向苻坚进谏。十一月，苻坚与道安共同乘坐一辆车前往东苑游览，苻坚说：“朕打算与你南游吴、越之地，到长江上泛舟，亲自登临沧海，这难道不是很快乐的事情吗？”道安说：“陛下顺应天意统治天下，身居中原却能控制四方，自身的功劳就足以比得上尧、舜，现在何必还

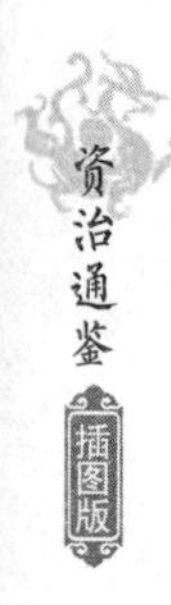

要栉风沐雨，图谋经营远方呢？况且东南地处低洼潮湿之地，很容易造成灾害不祥之气，虞、舜前去游猎就再也没有回来，大禹只去了一趟就再也没有去第二趟，哪里会值得劳您大驾呢！”苻坚说：“上天造就了民众并为他们树立了君主，就是为了让君主统治他们，朕难道敢因为害怕辛劳，而唯独让那一方土地不蒙受恩泽吗！果真像你说得那样，那么古代的帝王就全都不需要征伐之事了！”道安说：“一定要做下去的话，陛下就应该停驻在洛阳，先派使者送书信给他们，再让众将领统领六军紧随其后，他们必定会俯首称臣，这样您就不必亲自涉足长江、淮河了。”苻坚仍然不听。

【原文】

坚所幸张夫人谏曰：“妾闻天地之生万物，圣王之治天下，皆因其自然而顺之，故功无不成。是以黄帝服牛乘马，因其性也；禹浚九川，障九泽，因其势也；后稷播殖百谷，因其时也；汤、武帅天下而攻桀、纣，因其心也。皆有因则成，无因则败。今朝野之人皆言晋不可伐，陛下独决意行之，妾不知陛下何所因也。《书》曰：‘天聪明自我民聪明。’天犹因民，而况人乎！妾又闻王者出师，必上观天道，下顺人心。今人心既不然矣，请验之天道。谚云：‘鸡夜鸣者不利行师，犬群嗥者宫室将空，兵动马惊，军败不归。’自秋、冬以来，众鸡夜鸣，群犬哀嗥，厩马多惊，武库兵器自动有声，此皆非出师之祥也。”坚曰：“军旅之事，非妇人所当预也！”

坚幼子中山公诜最有宠，亦谏曰：“臣闻国之兴亡，系贤人之用舍。今阳平公，国之谋主，而陛下违之；晋有谢安、桓冲，而陛下伐之，臣窃惑之。”坚曰：“天下大事，孺子安知！”

魏晋·青瓷骑兽烛台

【译文】

苻坚所宠幸的张夫人劝谏他道：“我听说天地滋生万物，圣王统治天下，全都是因为顺应自然，所以功业没有不成的。这就是为什么黄帝能够驯服牛马，就是因为顺应了它们的天性；为什么大禹能够疏通九川，挡住九泽，就是因为顺应了它们的地势；为什么后稷能够播种繁殖百谷，就是因为顺应了天时；为什么商汤、周武王能够率领天下人攻克夏桀、商纣就是因为顺应了天下人的心愿。全都是顺应就会成功，不顺应就会失败。现在朝野上下都说晋朝不可讨伐，唯独陛下一意孤行，我不知道陛下这是顺应了什么。《尚书》上说道：‘上天的聪慧明察源自于民众的聪慧明察。’上天尚且需要顺应民意，更何况人呢？我还听说君王征发军队，一定要上观天道，下顺人心。现在人心既然不同意征讨晋朝，那么就请您再验证一下天道吧。俗话说：‘鸡在夜里鸣叫不利于出征，狗群一起嗥叫宫室将空，兵器响动，圈马蹶惊，将会军败不归。’自打秋季、冬季以来，众鸡夜鸣，群犬哀嚎，圈马多惊，武库里的兵器自己响动，这些都是不利于出师的预兆啊。”苻坚说：“军旅之事，并非妇人所应当干预的！”

苻坚的小儿子中山公苻诜最受父亲宠爱，因此他也劝谏苻坚道：“我听说国家的兴亡，和对贤明之人的任免关系很大。现在阳平公苻融，身为国家的主谋，然而陛下却违背他的意见；晋朝有谢安、桓冲，然而陛下却要前去讨伐他们，我私下里为此感到很迷惑！”苻坚说：“天下大事，小孩子哪里知道！”

【评析】

这段讲的是苻坚不听众人的劝告，一意孤行，打算亲自率兵攻打东晋的故事。古代打仗讲究天时、地利、人和，孟子说：“天时不如地利，地利不如人和。”苻坚在这三个方面之中，都没有占到便宜，特别是人和。他妄想用人数上的优势来压垮东晋，还说什么“今以吾之众，投鞭于江，足断其流，又何险之足恃乎！”，实在是愚不可及！

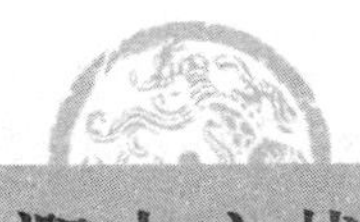

淝水之战

【原文】

晋烈宗孝武皇帝太元八年

秦王坚下诏大举入寇，民每十丁遣一兵；其良家子年二十已下，有材勇者，皆拜羽林郎。又曰：“其以司马昌明为尚书左仆射，谢安为吏部尚书，桓冲为侍中；势还不远，可先为起第。”良家子至者三万余骑，拜秦州主簿金城赵盛之为少年都统。是时，朝臣皆不欲坚行，独慕容垂、姚苌及良家子劝之。阳平公融言于坚曰：“鲜卑、羌虏，我之仇雠，常思风尘之变以逞其志，所陈策画，何可从也！良家少年皆富饶子弟，不闲军旅，苟为谄谀之言以会陛下之意耳。今陛下信而用之，轻举大事，臣恐功既不成，仍有后患，悔无及也！”坚不听。

八月，戊午，坚遣阳平公融督张蚝、慕容垂等步骑二十五万为前锋；以兖州刺史姚苌为龙骧将军，督益、梁州诸军事。坚谓苌曰：“昔朕以龙骧建业，未尝轻以授人，卿其勉之！”左将军窦冲曰：“王者无戏言此不祥之征也！”坚默然。

魏晋·青瓷庄院

慕容楷、慕容绍言于慕容垂曰：“主上骄矜已甚，叔父建中兴之业，在此行也！”垂曰：“然。非汝，谁与成之！”

【译文】

晋武帝太元八年（公元383年）

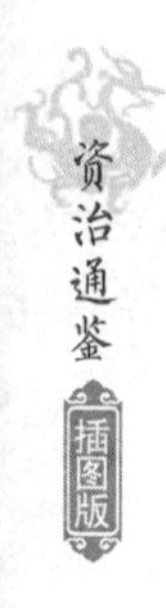

前秦王苻坚下诏命令开始大举进攻东晋。百姓中每十个成年人中选派一人充军；良家子弟中，年龄在二十岁以下的、有才智有勇气的人，全都被授官羽林郎。还说："晋朝以司马昌明为尚书左仆射，谢安为吏部尚书，桓冲为侍中。照此形势看来，凯旋的时间不会太久，可以先行造好府第再出发。"良家子弟被征的有三万多骑兵，苻坚任命秦州主簿赵盛之为少年都统。当时，满朝大臣都不希望苻坚出征，却唯独慕容垂、姚苌以及良家子弟对此赞同。阳平公苻融劝谏苻坚道："鲜卑、羌族的虏臣，是我朝的仇敌，朝思暮想地期盼着风云变化以完成他们的心愿，他们所陈述的策略，怎么能够听从呢！良家少年全都是富家子弟，他们根本不懂军事，只是苟且进献阿谀奉承之言来讨得陛下欢心罢了。现在陛下如果相信并依从了他们的话，轻率地发起大规模的进攻，臣恐怕这既不能大功告成，而且紧接着还会产生后患，到那时可就后悔莫及了！"苻坚还是没有听从。

八月初二，苻坚令阳平公苻融督帅张蚝、慕容垂等人率领步、骑兵二十五万人作为前锋，以兖州刺史姚苌为龙骧将军，统领益州、梁州诸军事。苻坚对姚苌说："以前我凭借龙骧将军的官位建立了大业，还不曾轻易地把这个官位授予给别人，你就努力干吧！"左将军窦冲说："君王无戏言，这话是不祥的征兆！"苻坚一时沉默。

慕容楷、慕容绍向慕容垂进言道："君主的骄纵傲慢日益严重，叔父建立中兴大业，就在此行了！"慕容垂说："是。除了你们，谁还能和我一起完成大业呢？"

魏晋·十二连枝灯

【原文】

甲子，坚发长安，戎卒六十余万，骑二十七万，旗鼓相望，前后千里。九月，坚至项城，凉州之兵始达咸阳，蜀、汉之兵方顺流而下，幽、冀之兵至于彭城，东西万里，水陆齐进，运漕万艘。阳平公融等兵三十万，先至颍口。

诏以尚书仆射谢石为征虏将军、征讨大都督，以徐、兖二州刺史谢玄为前锋都督，与辅国将军谢琰、西中郎将桓伊等众共八万拒之；使龙骧将军胡彬以水军五千援寿阳。琰，安之子也。是时，秦兵既盛，都下震恐。谢玄入，问计于谢安，安夷然，答曰："已别有旨。"既而寂然。玄不敢复言，乃令张玄重请。安遂命驾出游山墅，亲朋毕集，与玄围棋赌墅。安棋常劣于玄，是日，玄惧，便为敌手而又不胜。安遂游陟，至夜乃还。桓冲深以根本为忧，遣精锐三千入援京师。谢安固却之，曰："朝廷处分已定，兵甲无阙，西藩宜留以为防。"冲对佐吏叹曰："谢安石有庙堂之量，不闲将略。今大敌垂至，方游谈不暇，遣诸不经事少年拒之，众又寡弱，天下事已可知，吾其左衽矣！"

【译文】

八月初八，苻坚从长安发兵，将士共有六十多万，骑兵二十七万，旌旗战鼓遥遥相望，前后绵延千里。九月，苻坚到达项城，凉州的大军刚刚到达咸阳，蜀、汉方面的兵力正顺流而下，幽州、冀州的军队抵达彭城，东西万里，水陆并进，运输军粮的船只多达万艘。阳平公苻融等人的三十多万兵力，先期抵达颍口。

东晋下诏，以尚书仆射谢石为征虏将军、征讨大都督，以徐、兖二州的刺史谢玄为前锋都督，与辅国将军谢琰、西中郎将桓伊等人率领八万兵丁抵抗前秦。并让龙骧将军胡彬带领五千水师援助寿阳。谢琰是谢安的儿子。当时，前秦的军队已经十分强盛，东晋京城里人人震惊恐惧。谢玄入朝，向谢安征询应对策略。谢安一副泰然样子，回答道："我已经别有打算了。"说罢就闭口无言。谢玄也不敢再多问，于是就让张玄重新请求指令。谢安随即命令手下驾车出游山间别墅，亲朋好友云集，同谢玄在别墅里玩围棋赌博。谢安的棋术一直比不过谢玄，但是这天，谢玄却因为内心恐慌，在很有利的形势下投子打劫，反而不能取胜。谢安跋山涉水，一直到晚上才回来。桓冲很为国家的根基大业担忧，随即派精锐部队三千人入城援救京师。谢安坚决加以阻拦，对他说："朝廷已经做出处理决定，士兵都不缺乏武器，应当留在西藩之地以作防备。"桓冲于是对藩府参佐感叹道："谢安虽有身居朝廷的气量，但却不熟悉带兵作战的谋略。现在大敌当头，还能尽情游玩，高谈阔论，只是派遣未经战事的年轻人前去抵御，再加兵力有限，力量薄弱，天下大局已经可以看出，我们就要受到外族的统治了！"

【原文】

冬，十月，秦阳平公融等攻寿阳；癸酉，克之，执平虏将军徐元喜等。融以其参军河南郭褒为淮南太守。慕容垂拔郧城。胡彬闻寿阳陷，退保硖石，融进攻之。秦卫将军梁成等帅众五万屯于洛涧，栅淮以遏东兵。谢石、谢玄等去洛涧二十五里而军，惮成，不敢进。胡彬粮尽，潜遣使告石等曰："今贼盛，粮尽，恐不复见大军！"秦人获之，送于阳平公融。融驰使白秦王坚曰："贼少易擒，但恐逃去，宜速赴之！"坚乃留大军于项城，引轻骑八千，兼道就融于寿阳。遣尚书朱序来说谢石等以"强弱异势，不如速降"。序私谓石等曰："若秦百万之众尽至，诚难与为敌。今乘诸军未集，宜速击之；若败其前锋，则彼已夺气，可遂破也。"

魏晋墓壁砖画

石闻坚在寿阳，甚惧，欲不战以老秦师。谢琰劝石从序言。十一月，谢玄遣广陵相刘牢之帅精兵五千人趣洛涧，未至十里，梁成阻涧为陈以待之。牢之直前渡水，击成，大破之，斩成及弋阳太守王咏，又分兵断其归津，秦步骑崩溃，争赴淮

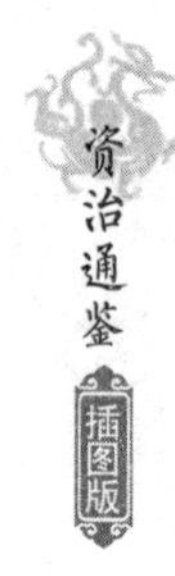

水，士卒死者万五千人。执秦扬州刺史王显等，尽收其器械军实。于是谢石等诸军水陆继进。秦王坚与阳平公融登寿阳城望之。见晋兵部阵严整，又望见八公山上草木，皆以为晋兵，顾谓融曰："此亦劲敌，何谓弱也!"怃然始有惧色。

【译文】

入冬，十月，前秦阳平公苻融等人率军进攻寿阳。十月十八日，寿阳被攻克，平虏将军徐元喜等人被俘虏。苻融让他的参军河南人郭褒出任淮南太守。慕容垂攻破郧城。胡彬得知寿阳被攻陷的消息后，退到硖石进行守卫，苻融于是出兵攻打硖石。前秦卫将军梁成等率领五万兵众屯驻在洛涧，沿着淮河设防以遏制东面的兵力。谢石、谢玄等在距离洛涧二十五里的地方驻扎，因为顾忌梁成而不敢向前。胡彬的粮食很快耗尽，于是秘密地派使者向谢石等报告说："现在贼寇兵力强盛而我军的粮食已经用尽，恐怕不能再见到大军了!"前秦人俘获了胡彬，把他送到了阳平公苻融那里。苻融火速派使者向前秦王苻坚报告说："现在贼寇力量稀少，容易擒获，但是恐怕他们会逃走，应该迅速派兵前来。"苻坚于是把大部队留在了项城，亲自带领八千轻骑，日夜兼程赶到寿阳与苻融会师。苻坚还派尚书朱序前去劝说谢石等人，说道："我们双方兵力强弱悬殊，不如迅速投降。"朱序却在暗地里对谢石等人说："如果秦国的百万兵力全部抵达，的确难以与他们相抗衡。现在乘着各路军队还没有云集，应当迅速出击。如果能打败他们的前锋，那么他们会因此而丧失士气，随即就可以一举攻破他们。"

谢石听说苻坚在寿阳，很惧怕，企图用不交战的策略来拖垮前秦军队。谢琰劝谢石采纳朱序的建议。十一月，谢玄派广陵相刘牢之率领精兵五千进军洛涧，在距离洛涧不到十里的地方，梁成扼守山涧部署兵阵正等待着刘牢之的到来。刘牢之径直向前渡河，抗击梁成，结果大败梁成，斩杀了梁成和弋阳太守王咏。又分派兵力阻断了他们归途上的渡口，前秦的步、骑兵于是全都崩溃，争先恐后地向淮水逃亡，有一万五千兵丁死于此次战争，前秦扬州刺史王显等人也被擒获，秦军的武器军粮全部被收缴。于是谢石等各路晋军分别从水路、陆路双管齐下。前秦王苻坚与阳平公苻融登上寿阳城观望，只见东晋的军队严阵以待，向远处看又望见了八公山上的草木，也都以为是东晋的士兵。苻坚于是回头对苻融说："这也是强劲的敌人，为何说他们兵力薄弱呢?"苻融茫然若失，脸上渐渐有了恐惧的神色。

【原文】

秦兵逼肥水而陈，晋兵不得渡。谢玄遣使谓阳平公融曰："君悬军深入，而置陈逼水，此乃持久之计，非欲速战者也。若移陈少却，使晋兵得渡，以决胜负，不亦善乎!"秦诸将皆曰："我众彼寡，不如遏之，使不得上，可以万全。"坚曰："但引兵少却，使之半渡，我以铁骑蹙而杀之，蔑不胜矣!"融亦以为然，遂麾兵使却。秦兵遂退，不可复止，谢玄、谢琰、桓伊等引兵渡水击之。融驰骑略陈，欲以帅退者，马倒，为晋兵所杀秦兵遂溃。玄等乘胜追击，至于青冈；秦兵大败，自相蹈藉而死者，蔽野塞川。其走者闻风声鹤唳，皆以为晋兵且至，昼夜不敢息，草行露宿，重以饥冻，死者十七八。初，秦兵少却，朱序在陈后呼曰：“秦兵败矣!”众遂大奔。序因与张天锡、徐元喜皆来奔。获秦王坚所乘云母车及仪服器械、军资珍宝畜产不可胜计，复取寿阳，执其淮南太守郭褒。

魏晋时期医学家皇甫谧像

坚中流矢，单骑走至淮北，饥甚，民有进壶飧、豚髀者，坚食之，赐帛十匹，绵十斤。辞曰：“陛下厌苦安乐，自取危困。臣为陛下子，陛下为臣父，安有子饲其父而求报乎?”弗顾而去。坚谓张夫人曰：“吾今复何面目治天下乎！”潸然流涕。谢安得驿书，知秦兵已败，时方与客围棋，摄书置床上，了无喜色，围棋如故。客问之，徐答曰：“小儿辈遂已破贼。”既罢，还内，过户限，不觉屐齿之折。

【译文】

前秦的军队紧逼淝水而列阵，东晋的军队根本无法渡过。谢玄于是派使者对阳平公苻融说：“您孤军深入，然而现在却紧逼淝水布阵，这是长久对峙的策略，并非准备速战速决的架势。如果能让兵阵稍微后移，好让晋朝的军队得以渡河，以决胜负，这不是很好吗?”前秦部将都说：“我众敌寡，不如遏制他们，让他们不能上岸，这样便可以万无一失。”

苻坚说：“只要率领部众稍微后撤一点，让他们渡河渡到一半，这时我们再出动铁甲骑兵奋勇拼杀！”苻融也表示赞同，随即挥舞战旗指挥兵众后撤。前秦的军队一退就不可收拾。谢玄、谢琰、桓伊等因此得以率领军队渡过河去攻击他们。苻融骑马巡视军阵，企图统率退逃的兵众，结果战马倒地，苻融于是被东晋的士兵斩杀，前秦的军队顿时崩溃。谢玄等乘胜追击，一路追到青冈，前秦的军队大败，自相践踏而死的人，遮蔽山野堵塞山川。逃亡的人听到刮风的声音和鹤的鸣叫声，都以为是东晋的军队即将来到，所以昼夜不敢停歇，慌不择路，风餐露宿，饥寒交迫，十个中间有七八个因此惨死。起初，前秦的军队向后稍微撤退时，朱序趁机在军阵后面大声呼喊：“秦军已经失败了！”兵众们听后随即就狂奔乱逃。朱序趁乱与张天锡、徐元喜都前去投奔东晋。缴获了前秦王苻坚所乘坐的装饰有云母的车驾以及礼仪服饰、军事器械、军用物资、珍奇宝物和畜产品等不计其数。接着又攻取了寿阳，前秦的淮南太守郭褒被生擒。苻坚身中流箭，单枪匹马逃到了淮河以北，饥饿得厉害，当地百姓送来了盛在壶里的水泡饭、猪骨头，苻坚吃后，赏赐给他们十匹布帛、十斤绵。这些人却推辞说道：“陛下厌恶困苦，安于享乐，自取危难。我是陛下的儿子，陛下是我的父亲，哪里有儿子给父亲饭吃还求回报的呢！”说罢他们没看一眼赏赐的东西便离开了。苻坚因此对张夫人说：“我现在还有什么脸面

东晋·金带金具

去治理天下呢！”说话间潸然泪下。

谢安接到了驿站传送的书信，得知前秦的军队已经失败，当时他与客人正在下围棋，看完信就把它放到了床上，一点喜悦的样子都没有，继续下他的围棋。客人问他信中说了什么，只听他慢条斯理地回答道：“小孩子们已经战胜敌寇了。”下完棋后，他回到屋里，跨过门槛的时候，竟然高兴得连屐齿折断都没有察觉。

【评析】

淝水之战是我国历史上比较著名的一次以少胜多的战役，前秦国主苻坚率领百万大军进攻东晋。东晋的八万人由谢玄、谢琰率领在八公山对峙。苻坚遥望八公山，觉得山上一草一木都是东晋的士兵，不禁开始后悔自己的鲁莽了，这就是成语“草木皆兵”的来历。但是事情已经是无法挽回了，当军队一触即溃的时候，逃散的苻坚一路上听到风声和空中的鹤鸣，认为是东晋追兵的喊杀，吓得不敢停下来，一直逃到淮河以北，这就是成语“风声鹤唳”的由来。不听群臣劝阻的苻坚在兵败之后，不久就被自己的部将杀死。至此，前秦烟消云散，成为一个历史名词。

资治通鉴

插图版

宋纪

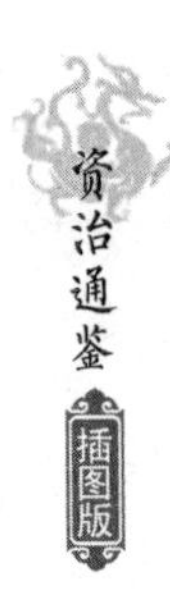

刘裕登基

【原文】

宋高祖武皇帝永初元年

刘裕像

宋王欲受禅而难于发言，乃集朝臣宴饮，从容言曰："桓玄篡位，鼎命已移。我首唱大义，兴复帝室，南征北伐，平定四海，功成业著，遂荷九锡。今年将衰暮，崇极如此，物忌盛满，非可久安；今欲奉还爵位，归老京师。"群臣惟盛称功德，莫谕其意。日晚，坐散。中书令傅亮还外，乃悟，而宫门已闭，亮叩扉请见，王即开门见之。亮入，但曰："臣暂宜还都。"王解其意，无复他言，直云："须几人自送？"亮曰："数十人可也。"即时奉辞。亮出，已夜，见长星竟天，拊髀叹曰："我常不信天文，今姑验矣。"亮至建康，夏，四月，征王入辅。王留子义康为都督豫、司、雍、并四州诸军事、豫州刺史，镇寿阳。义康尚幼，以相国参军南阳刘湛为长史，决府、州事。湛自弱年即有宰物之情，常自比管、葛，博涉书史，不为文章，不喜谈议，王甚重之。

【译文】

宋武帝永初元年（公元420年）

宋王刘裕自恃劳苦功高，便打算让晋恭帝将皇位禅让给自己，但难以启齿，于是就设宴款待朝中大臣。等到酒酣耳热之时，刘裕站起身从容说道："先前桓玄篡晋时，东晋江山危在旦夕，是我首先高举正义的旗帜，统领军队，铲除叛党，光复皇室，南征北战，纵横疆场，最终平定四海，完成了统一大业。我的功劳卓著，这是老少皆知的，皇帝于是重重封赏我，赐予我'九锡'的尊称。如今我已将近垂暮之年，又享受到这样的尊崇。无论什么事情都不能太过分，一旦满溢之后就可能招致祸患。如今我希望把爵位奉还给皇上，返回京城安度晚年。"群臣只是一味地称颂他的功德，却没有人能领会到他的话酒宴一直持续到晚上，群臣尽散。中书令傅亮刚走出宫门，突然间悟到了刘裕说话的弦外之音。于是赶紧转身回宫，这时宫门已经紧闭，他便敲门请求拜见刘裕，刘裕立刻令人打开宫门接见傅亮。傅亮进去后只说了一句话："以我之见，现在应该火速赶回京城去！"刘裕明白傅亮的意思，也没有再多说什么，直截了当地问道："那需要多少人前去?"傅亮回答道："几十个人就足够了。"傅亮随即告别刘裕。出了宫门，夜色已深，傅亮抬头望见一颗长长的彗星划过夜空，禁不住拍着大腿感慨道："我以前从来不相信天象变化的说法，今天算是真的应验了。"傅亮抵达建康。夏季的四月，晋恭帝果真下诏令刘裕进京辅佐皇上。刘裕于是留下自己的儿子刘义康管理豫、司、雍、并四州的军事，出任豫州刺史，镇守南阳。当时，刘义康尚年幼，于是刘裕又任命相国参军南阳刘湛为长史，执掌衙门以及地方事务。刘湛自幼就有主宰事物的愿望，所以常常自比为管、葛，博览群书，却不写文章，也不喜欢高谈阔论，刘裕却非常器重他。

南北朝·彩绘吹角俑

【原文】

六月，壬戌，王至建康。傅亮讽晋恭帝禅位于宋，具诏草呈帝，使书之。帝欣然操笔，谓左右曰："桓玄之时，晋氏已无天下，重为刘公所延，将二十载；今日之事，本所甘心。"遂书赤纸为诏。甲子，帝逊于琅邪第，百官拜辞，秘书监徐广流涕哀恸。丁卯，王为坛于南郊，即皇帝位。礼毕，自石头备法驾入建康宫。徐广又悲感流涕，侍中谢晦谓之曰："徐公得无小过!"广曰："君为宋朝佐命，身是晋室遗老，悲欢之事，固不可同。"广，邈之弟也。帝临太极殿，大赦，改元。奉晋恭帝为零陵王，优崇之礼，皆仿晋初故事，即宫于故秣陵县，使冠军将军刘遵考将兵防卫。降褚后为王妃。

宋高祖武皇帝永初三年初，帝以毒酒一罂授前琅邪郎中令张伟，使鸩零陵王。伟叹曰："鸩君以求生，不如死!"乃于道自饮而卒。伟，邵之兄也。太常褚秀之、侍中褚淡之，皆王之妃兄也，王每生男，帝辄令秀之兄弟方便杀之。王自逊位，深虑祸及，与褚妃共处一室，自煮食于床前，饮食所资，皆出褚妃，故宋人莫得伺其隙。九月，帝令淡之与兄右卫将军叔度往视妃，妃出就别室相见。兵人逾垣而入，进药于王。王不肯饮，曰："佛教，自杀者不复得人身。"兵人以被掩杀之。帝帅百官临于朝堂三日。

【译文】

六月九日，宋王刘裕抵达建康。傅亮暗示晋恭帝顺应天意，将皇位禅让给刘裕，并呈上自己早已写好的退位诏书，让晋恭帝亲手抄写一遍。晋恭帝欣然提笔抄写，并对左右侍从说道："当年桓玄叛乱之时，东晋其实已经算是失去了天下，多亏刘公揭竿而起，才得以让晋朝在历史上存在至今多达二十年之久。如今禅让帝

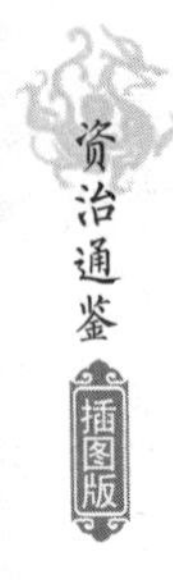

南北朝·宽法生兄弟并坐像

位，我是心甘情愿的。”于是在红纸上正式誊写诏书。

六月十一日，晋恭帝正式宣布退位，他将传国玉玺交给刘裕。随后退回琅邪府宅。一时间满朝文武叩拜送行，秘书监徐广哭得涕泪横飞，甚是悲恸。六月十四日，宋王刘裕设祭坛于南郊，在那里祭拜天地后正式登上帝位。行完大礼，刘裕从石头城御驾进入建康城里的皇宫。这时，徐广又悲痛欲绝，侍中谢晦于是问他道：“徐公这样做，难道有什么过错吗?”徐广回答道：“我们受命辅佐宋朝皇帝，而自己却身为晋朝遗老，悲欢之事，肯定不能相同。”徐广是徐邈的弟弟。宋武帝刘裕登临太极殿，宣布大赦天下，改年号为永初。宋武帝封晋恭帝为零陵王，赐予丰厚的待遇，比照晋初禅让行事。还在以前的秣陵县筑宫殿，并令将军刘遵考率军守卫。宋武帝还把褚后降为王妃。

永初二年（公元421年）起初，宋武帝把一坛毒酒交付前任琅邪郎中令张伟，让他毒死退位后被封为零陵王的晋恭帝。张伟接到命令后不禁悲叹道：“靠杀死自己的国君来保全性命，倒不如死了好。”于是就在半路上喝下这坛毒酒自杀身亡。张伟是张邵的哥哥。太常褚秀之和侍中褚淡之是褚妃的两个哥哥。零陵王的妻子每次一生下男孩，宋武帝就命令褚秀之兄弟在暗地里杀死婴儿。零陵王自从退位以后，深恐自己被宋武帝派人暗害，所以他只与褚妃一起生活，并亲自下厨做饭，生活所需全部都由褚妃一个人操办，因此宋武帝暗中派来的人根本找不到下手的机会。到了九月，宋武帝下令褚淡之和他的哥哥右卫将军褚叔度前去探望褚妃，褚妃没有看出其中的阴谋，便离开零陵王到另一房间拜会客人。刘裕派去刺杀零陵王的士兵乘机翻墙而入，将毒药递给零陵王，零陵王不愿吞服，说道：“佛教里说，自杀的人是不能再转世投胎做人。”士兵们于是就用棉被将零陵王捂死了。零陵王死后，宋武帝亲自率领群臣到灵堂去吊唁三天。

【评析】

东晋其实在王敦起兵的时候就已经名存实亡了，但是又由于谢安等人的极力扶持，勉强坚持了下去。到谢安死后，就没有什么大臣可以阻止大厦将倾的趋势了。刘裕乘势而起，在镇压农民起义和北伐灭燕和后秦的战争中建立了不世功勋，逐渐掌握了实权。刘裕也就不再甘心于大臣的地位。晋恭帝司马德文也知道自己的皇位势将不保，只得答应了刘裕的要求，退位给他。在东南偏安一隅，维持了一百多年的东晋王朝终于寿终正寝，一个新的历史时代到来了。

笔尖忠心

【原文】

宋太祖文皇帝元嘉二十一年

古弼为人，忠慎质直。尝以上谷苑囿太广，乞减太半以赐贫民，入见魏主，欲奏其事。帝方与给事中刘树围棋，志不在弼；弼侍坐良久，不获陈闻。忽起，捽树头，掣下床，搏其耳，殴其背，曰："朝廷不治，实尔之罪！"帝失容，舍棋曰："不听奏事，朕之过也，树何罪！置之！"弼具以状闻，帝皆可其奏。弼曰："为人臣无礼至此，其罪大矣。"出诣公车，免冠徒跣请罪。帝召入，谓曰："吾闻筑社之役，蹇蹶而筑之，端冕而事之，神降之福。然则卿有何罪！其冠履就职。苟可以利社稷、便百姓者，竭力为之，勿顾虑也。"

【译文】

宋文帝元嘉二十一年（公元444年）

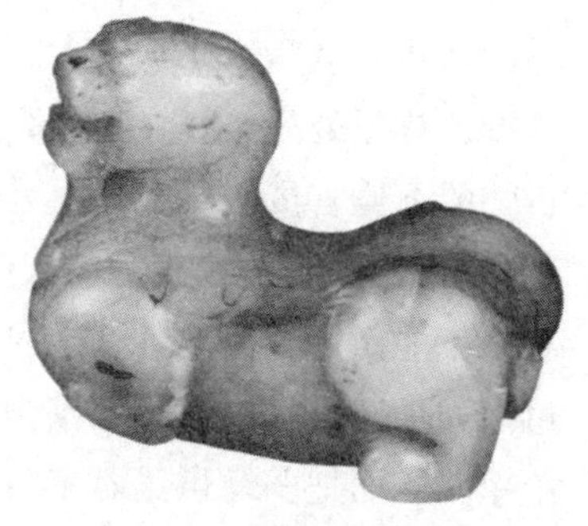

南北朝·玉辟邪

古弼为人忠诚、谨慎、质朴、正直，他曾经认为，皇家的园林里谷苑占的面积太大，期望能减少一半，好赏赐给贫苦百姓。于是就入朝拜见北魏王，打算把自己的想法当面上奏给魏王。当时，魏王正与给事中刘树在下围棋，下得非常忘我，完全没有理睬站在一旁的古弼。古弼等了好久，都没有机会向魏王陈述这件事。古弼猛然站起身，一把揪住刘树的头发，把他扯到了座椅下，又揪他的耳朵，又是猛敲他的后背，怒声斥责道："国家没有得到治理，全都是你的罪过！"魏王被这突如其来的变故弄得目瞪口呆，赶紧放下棋子说："不听你的上奏，是我的过错。刘树他有何罪过？还不快放开他！"古弼随即把事情一一地上奏给魏王，魏王听后全都准许了。然后，古弼说："我作为臣子，却在陛下面前如此无礼，我的罪过太大了！"然后直接到公车署，摘掉帽子、光着脚请有关官员处置。皇帝得知消息，便令人将他召回，对他说："我听说修筑祭坛的人，弯腰驼背干活的样子，看上去实在是不雅观，可是等到祭坛筑好后，我们前去虔诚地祭拜，却显得非常高雅神圣，神灵不仅不会责怪他们的不雅形象，反而还会赐给他们福运。既然如此，那么你又有何罪过呢？你还是重新戴好帽子，穿好鞋，继续履行好你的职责吧！只要是对江山社稷有利的事情，给百姓提

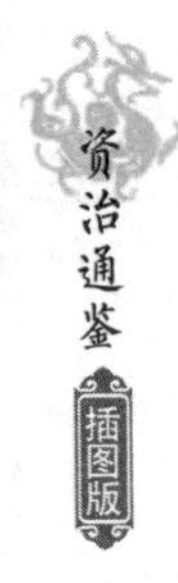

供便利的事情，你只管尽全力去做，不要有任何顾虑！”

【原文】

八月，乙丑，魏主畋于河西，尚书令古弼留守。诏以肥马给猎骑，弼悉以弱者给之。帝大怒曰：“笔头奴敢裁量朕！朕还台，先斩此奴！”弼头锐，故帝常以笔目之。弼官属惶怖，恐并坐诛，弼曰：“吾为人臣，不使人主盘于游畋，其罪小；不备不虞，乏军国之用，其罪大。今蠕蠕方强，南寇未灭，吾以肥马供军，弱马供猎，为国远虑，虽死何伤！且吾自为之，非诸君之忧也。”帝闻之，叹曰：“有臣如此，国之宝也。”赐衣一袭，马二匹，鹿十头。

他日，魏主复畋于山北，获麋鹿数千头。诏尚书发车五百乘以运之。诏使已去，魏主谓左右曰：“笔公必不与我，汝辈不如以马运之。”遂还。行百余里，得弼表曰：“今秋谷悬黄，麻菽布野，猪鹿窃食，鸟雁侵费，风雨所耗，朝夕三倍。乞赐矜缓，使得收载。”帝曰：“果如吾言，笔公可谓社稷之臣矣！”

【译文】

八月初三，魏王到河西去打猎。下令尚书令古弼留守京城。魏王下诏让古弼挑选膘肥体壮的好马供他在打猎时使用。然而，古弼却违背诏令，提供给魏王猎队瘦弱的马匹。皇帝因此勃然大怒道：“笔尖这奴才竟敢违背我的命令办事，等我返回京城，首先处死他！”古弼的头形稍微有点尖，所以皇上经常称呼他为“笔尖”。古弼的下属官员们听到皇上发怒的消息，无不胆战心惊，唯恐自己受到牵连。古弼于是安慰他们道：“我身为人臣，让国君不能尽情地享受打猎的乐趣，这罪过尚小。如果不能做好充分准备，随时应付突发事件，不能满足军国大事之用，那才是大罪过。如今北方的蠕蠕正渐渐强大，南方的贼寇也没有全部消灭，我现在把壮马提供给军队，而把弱马供给君王打猎，正是考虑到了国家的长远利益，假如因此而被处死又有何妨呢？而且这是我自己做的事情，跟你们没有任何关系，你们不用担忧。”魏王听说后，不禁赞叹道：“国家能有这样的臣子，真是国家的宝物啊！”随即赏给古弼一件衣服、两匹马、十头鹿。

有一天，魏王又一次前往北山打猎，这次总共捕猎麋鹿数千头，于是就下诏命令尚书派五百辆车去运回来。等到送诏书的人走了以后，魏王对左右随从说道：“笔尖公肯定不会派车给我，你们不如用马驮猎物回去吧。”于是，大家便带着麋鹿启程返回。走了一百多里路后，魏王收到了古弼派人送来的奏表，表上写道：“如今正是秋收季节，田里的稻谷已经黄熟，棉、麻、豆类遍布山野，由于飞禽走兽窃食和自然风雨的损害，庄稼每天都遭受很大的损失。臣请求陛下准许我稍晚一点发车，以使庄稼能够得到及时抢收。”魏王看完后说：“果然不出我所料，笔尖公真不愧是国家的忠臣啊！”

【评析】

头颅尖尖的古弼虽然有些古板，甚至不合时宜，却还是有那么一点点可爱之处的。他一心为国，为人忠诚正直，办事绝不马虎，是一位难得的良臣。也幸好他遇见的是比较开明的北魏国王，若是商纣之类的昏君，估计早被五马分尸了。

刘昱被废

【原文】

宋顺皇帝升明元年

初，苍梧王在东宫，好缘漆帐竿，去地丈馀；喜怒乖节，主帅不能禁。太宗屡敕陈太妃痛捶之。及即帝位，内畏太后、太妃，外惮诸大臣，未敢纵逸。自加元服，内外稍无以制，数出游行，始出宫，犹整仪卫。俄而弃车骑，帅左右数人，或出郊野，或入市廛。太妃每乘青犊车，随相检摄。既而轻骑远走一二十里，太妃不复能追；仪卫亦惧祸不敢追寻，唯整部伍，别在一处，瞻望而已。

初，太宗尝以陈太妃赐嬖人李道儿，已复迎还，生帝。故帝每微行，自称“刘统”，或称“李将军”。常著小袴衫，营署巷陌，无不贯穿；或夜宿客舍，或昼卧道旁，排突厮养，与之交易，或遭慢辱，悦而受之。凡诸鄙事，裁衣、作帽，过目则能；未尝吹篪，执管便韵。及京口既平，骄恣尤甚，无日不出，夕去晨返，晨出暮归。从者并执铤矛，行人男女及犬马牛驴，逢无免者。民间忧惧，商贩皆息，门户昼闭，行人殆绝。针、椎、凿、锯，不离左右，小有忤意，即加屠剖，一日不杀，则惨然不乐；殿省忧惶，食息不保。阮佃夫与直阁将军申伯宗等谋因帝出江乘射雉，称太后令，唤队仗还，闭城门，遣人执帝废之，立安成王准。事觉，甲戌，帝收佃夫等杀之。

【译文】

宋顺帝升明元年（公元477年）

起初，刘宋苍梧王刘昱还是皇太子的时候，时常亲自动手油漆逢帐高竿，爬到距离地面一丈多高的地方。他性格喜怒乖张，左右侍从都劝阻不了他。明帝先后多次让他的母亲陈太妃痛打他。等到刘昱即位后，对内惧怕皇太后、皇太妃，对外又害怕满朝文武，不敢有放纵之举。可是后来，自从行过加冠礼以后，宫内外逐渐对他失去限制，从此刘昱屡次出宫游逛。刚开始出宫时后面还跟着整齐的仪仗卫队。久而久之，便丢下随从车马，只带几个左右侍从，有时跑到荒郊野外，有时出入街头闹

市。陈太妃每次都要乘坐青盖牛犊车，紧随其后，以便监视、约束他，于是他就换乘轻便车马，一口气奔驰了一二十里，让太妃没法再追。仪仗卫队也生恐招致祸患，就不敢再追寻刘昱的去向，只能把部队驻扎在另外一个地方，远远地眺望而已。

南朝梁职贡图

当初，明帝曾经把陈太妃赏赐给宠信的弄臣李道儿为妻，随后又将她迎接回宫，生下了苍梧王。因此，刘昱每次微服外出，就自称为刘统，或自称作李将军。他经常穿着短裤小褂，无论军营、官府、街巷、田野，无所不到。甚至有时夜里投宿旅店，白天就睡在马路边，出入下等人中间，与他们谈买卖，有时候遭遇怠慢侮辱也都欣然接受。所有卑贱的事情，比如剪裁衣服、制作帽子，他都有着过目不忘的本领。他从来不曾吹过篪，可是拿起来一吹，自然能成曲调。等到京口事变被平息后，刘昱更加显得骄纵恣意，没有一天不出宫的，或者是晚上出去、凌晨回来，或者是凌晨出去、晚上回来。左右随从一律手持短刀长矛，路上的行人，无论男女，无论是狗、马、牛、驴，只要被他撞见，立即处死，无一幸免。百姓因此担忧恐惧，商贩全都关门停止经营，家家户户白天都闭门不出，路上的行人几乎绝迹。钳、锥、凿、锯等武器从来都不离刘昱左右，只要稍微不顺心，他便随手抓起凶器，当场杀人剖腹。他一天不杀人，就会觉得闷闷不乐；左右侍从和官员对此深感恐惧，起居生活，都惶恐不已。阮佃夫与直阁将军申伯宗等，密谋策划趁刘昱到江乘打野鸡的时机，假称奉皇太后的命令，传令仪仗卫队回京，然后关闭城门，派人擒获、废黜刘昱，拥立安成王刘准。没料到他们的密谋被泄露，五月二日，刘昱下令逮捕了阮佃夫等，并将他们斩首示众。

【原文】

太后数训戒帝，帝不悦。会端午，太后赐帝毛扇。帝嫌其不华，令太医煮药，欲鸩太后。左右止之曰：“若行此事，官便应作孝子，岂复得出入狡狯！”帝曰：“汝语大有理！”乃止。

六月，甲戌，有告散骑常侍杜幼文、司徒左长史沈勃、游击将军孙超之与阮佃夫同谋者，帝登帅卫士，自掩三家，悉诛之，刳解脔割，婴孩不免。沈勃时居丧在庐，左右未至，帝挥刀独前。勃知不免，手搏帝耳，唾骂之曰：“汝罪逾桀、纣，屠戮无日。”遂死。是日，大赦。帝尝直入领军府。时盛热，萧道成昼卧裸袒。帝立道成于室内，画腹为的，自引满，将射之。道成敛板曰：“老臣无罪。”左右王天恩曰：“领军腹大，是佳射堋；一箭便死，后无复射；不如以骲箭射之。”帝乃更以骲箭射，正中其脐。投弓大笑曰：“此手何如！”帝忌道成威名，尝自磨铤，曰：“明日杀萧道成！”陈太妃骂之曰：“萧道成有功于国，若害之，谁复为汝尽力邪！”帝乃止。

萧道成画像

道成忧惧，密与袁粲、褚渊谋废立。粲曰：“主上幼年，微过易改。伊、霍之事，非季世所行；纵使功成，亦终无全地。”渊默然。领军功曹丹阳纪僧真言于道成曰：“今朝廷猖狂，人不自保；天下之望，不在袁、褚，明公岂得坐受夷灭！存亡之机，仰希熟虑。”道成然之。

【译文】

刘昱因为皇太后经常教训他，心中很不悦。恰逢端午节，太后赏赐给刘昱一把羽毛扇，刘昱嫌它不够华贵，便下令太医配制毒药，企图毒死皇太后。左右侍从劝阻他道：“假如真的这样做了，那么陛下便要服丧，还如何出入宫门游玩？”刘昱说：“你的话很有道理。”于是就打消了这个念头。

六月二十二日，有人上告散骑常侍杜幼文、司徒左长史沈勃、游击将军孙超之，曾经跟阮佃夫是同谋。刘昱立即率领卫兵，亲自突袭三家，全部诛灭，砍断四肢，并把肉一块块地割下，就连婴儿也未能幸免。沈勃当时正在家里服丧，卫队还没有赶到，刘昱挥刀独自一人冲在最前面，沈勃深知不能幸免，于是就赤手空拳和刘昱搏斗，用手揪住刘昱的耳朵，唾骂道：“你的罪恶，已经超过了桀纣，离死不远了！”随即被刘昱砍死。当天，天下大赦。有一天，刘昱径直闯入领军府，当时正值天气炎热，萧道成正裸身躺着睡觉。刘昱令人叫醒萧道成，让他站在屋子里，在他的肚上画了一个箭靶，自己则拉满了弓，准备发射。萧道成收起手版说：“老臣无罪。”左右侍卫王天恩说道：“萧道成的肚子大，是一个绝妙的箭靶，如果一箭射死，那么往后就再也找不到这么好的箭靶了。不如现在改用圆骨箭头，就可以多射几次。”刘昱于是就改用圆骨箭头。一箭射去，正好射中萧道成的肚脐眼。他随即把弓扔到地上，大笑着说：“我这箭法如何？”刘昱早就畏惧忌恨萧道成的威名，曾亲自磨短刀说：“我明天就杀了萧道成。”陈太妃骂他道：“萧道成是国家的功臣，你如果杀了他，谁还能为你尽力？”刘昱这才罢手。

南北朝·彩绘贴金释迦立像

萧道成担忧惊惧，与尚书令袁粲、中书监褚渊秘密谋划废黜刘昱，另立新君。袁粲说："主上年幼无知，轻微的过失，还容易改正。伊尹、霍光的往事，在这末世将很难实行。纵然成功，最终也将无容身之地。"褚渊默然不语。领军功曹丹阳人纪僧真对萧道成说道："如今皇上凶残猖獗，没有人能够自保，天下百姓的期望，不在于袁粲、褚渊，明公您怎么能坐以待毙呢？关系到生死存亡，希望能够深思熟虑。"萧道成表示赞同。

【原文】

或劝道成奔广陵起兵。道成世子赜，时为晋熙王长史，行郢州事，欲使赜将郢州兵东下会京口。道成密遣所亲刘僧副告其从兄行青、冀二州刺史刘善明曰："人多见劝北固广陵，恐未为长算。今秋风行起，卿若能与垣东海微共动虏，则我诸计可立。"亦告东海太守垣荣祖。善明曰："宋氏将亡，愚智共知，北虏若动，反为公患。公神武高世，唯当静以待之，因机奋发，功业自定，不可远去根本，自贻猖蹶。"荣祖亦曰："领府去台百步，公走，人岂不知！若单骑轻行，广陵人闭门不受，公欲何之！公今动足下床，恐即有叩台门者，公事去矣。"纪僧真曰："主上虽无道，国家累世之基犹为安固。公百口，北度必不得俱。纵得广陵城，天子居深宫，施号令，目公为逆，何以避之！此非万全策也。"道成族弟镇军长史顺之及次子骠骑从事中郎嶷，皆以为："帝好单行道路，于此立计，易以成功；外州起兵，鲜有克捷，徒先人受祸耳。"道成乃止。东中郎司马、行会稽郡事李安民欲奉江夏王跻起兵于东方，道成止之。越骑校尉王敬则潜自结于道成，夜著青衣，扶匐道路，为道成听察帝之往来。道成命敬则阴结帝左右杨玉夫、杨万年、陈奉伯等一十五人，于殿中诇伺机便。

【译文】

有人劝说萧道成到广陵起兵。萧道成的大儿子萧赜当时担任晋熙王刘燮的长史，兼行郢州事，萧道成准备让萧赜率领郢州将士沿长江东下，到京口会师。萧道成派他的亲信刘僧副密告堂兄、代理青冀二州刺史刘善明，说道："有许多人劝我北上据守广陵，我恐怕这不是长久之计。如今秋风将起，假如你能跟垣荣祖联手，稍微挑动胡虏，那么我的所有计谋就可以实施了。"同时还转告了东海太守垣荣祖。刘善明说道："宋国即将灭亡，这是愚蠢的人和聪明的人都知道的。北边的胡虏一旦行动，反而会成为您的灾祸。您的神明英武盖过当世，现在只有安静地等待时机，然后出其不意，那么自然能成就功业，不能远离根据地，而自招祸患。"垣荣祖也说："领府距离皇宫，不到一百步，如果您举家离去，别人难道能不知道？如果您单枪匹马，轻装出行，广陵官员万一关闭城门，拒绝接受您，那么您接下来将逃到哪里呢？现在只要您抬脚下床，恐怕立刻就会有人敲皇宫的城门，向朝廷告发，到时您的大事可就糟糕了。”纪僧真说：“主上尽管暴虐无道，但是刘家王朝几世建立的基业却很坚固。您带着百口之家，同时向北出逃，是绝对不可能的事情。纵然进到了广陵城里，如果天子居住于深宫之中，发号施令，指控您是逆贼，到时您还有什么办法躲避？这并非万全之策。”萧道成的族弟、镇军长史萧顺之以及萧道成的次子骠骑从事中郎萧嶷都认为：“皇上喜欢单独出行，如果趁机下手应该比较容易成功。于外州起兵反叛成功的概率很小，而且还会比别人先遭受灾祸。”萧道成这才停止了原来的念头。东中郎司马、代理会稽郡事李安民，企图拥立江夏王刘跻，在东方起兵，萧道成予以阻止。越骑校尉王敬则主动于暗中结交萧道成，每逢夜里，王敬则就身穿平民衣服，埋伏在路旁，替萧道成察看刘昱的行踪。萧道成令王敬则私下里结交刘昱的左右亲信杨玉夫、杨万年、陈奉伯等十五人，因为他们都在宫城内殿中任职，方便于宫中窥探机会。

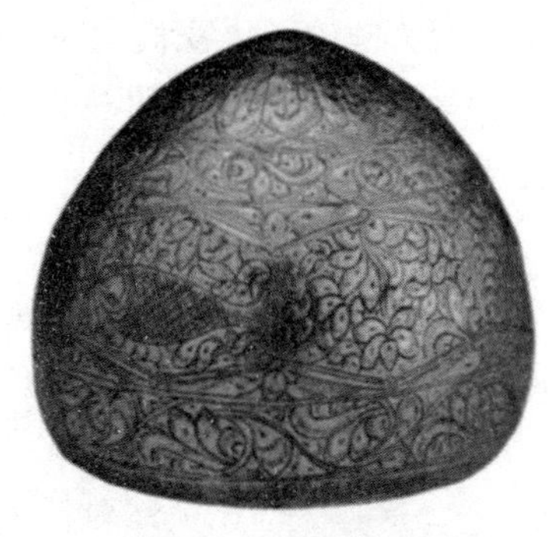

南北朝·鎏金花叶鸟鱼纹窝形铜器

【原文】

秋，七月，丁亥夜，帝微行至领军府门。左右曰：“一府皆眠，何不缘墙入?”帝曰：“我今夕欲于一处作适，宜待明夕。”员外郎桓康等于道成门间听闻之。

戊子，帝乘露车，与左右于台冈赌跳。仍往青园尼寺，晚，至新安寺偷狗，就昙度道人煮之。饮酒醉，还仁寿殿寝。杨玉夫常得帝意，至是忽憎之，见辄切齿曰：“明日当杀小子取肝肺!”是夜，令玉夫伺织女度河，曰：“见当报我；不见，将杀汝!”

时帝出入无常，省内诸阁，夜皆不闭，厢下畏相逢值，无敢出者；宿卫并逃避，内外莫相禁摄。是夕，王敬则出外。玉夫伺帝熟寝，与杨万年取帝防身刀刎之。敕厢下奏伎陈奉伯袖其首，依常行法，称敕开承明门出，以首与敬则。敬则驰诣领军府，叩门大呼，萧道成虑苍梧王诳之，不敢开门。敬则于墙上投其首，道成洗视，乃戎服乘马而出，敬则、桓康等皆从。入宫，至承明门，诈为行还。敬则恐内人觇见，以刀环塞窐孔，呼门甚急，门开而入。佗夕，苍梧王每开门，门者震慑，不敢仰视，至是弗之疑。道成入殿，殿中惊怖；既而闻苍梧王死，咸称万岁。

【译文】

入秋，七月初六晚上，刘昱穿着便装来到领军府门口，左右侍从都说：“府里

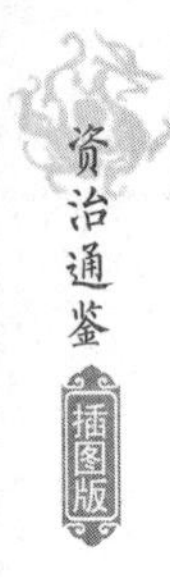

的人全都睡着了，我们为何不跳墙进去呢？”刘昱说：“我今晚打算去别的地方痛痛快快地玩一宿，等到明晚再来这里。”员外郎桓康等人在领军府的大门后全都听见了。

七月初七，刘昱乘坐露天无篷车带着左右随从前往台冈赌跳高。随后，又前往青园尼姑庵。到了晚上，来到新安寺偷狗，接着找昙度道人让他把偷来的狗烹饪了，刘昱吃过狗肉之后，醉醺醺地回到仁寿殿睡觉。弄臣杨玉夫素来深受刘昱的宠信，可是当天，刘昱却突然对杨玉夫十分憎恶，一看到他就咬牙切齿地说：“我明天就杀了你这小子，挖出你的肝肺！”当天深夜，刘昱下令杨玉夫观察织女渡河，并说：“看见织女渡河后，立马叫醒我；看不见，我就宰了你。”

南北朝·陶笼冠女俑

当时，刘昱出宫入宫，都没有固定的时间，宫中的各阁门晚上都不敢关闭，负责宫廷保卫工作的官员，都害怕跟皇帝碰面，所以不敢出门。禁卫军士兵更是远远地躲开，于是内外一片紊乱，互不相干，没有人照看。当天夜里，王敬则外出窥探消息，杨玉夫等到刘昱熟睡后，便与杨万年合伙取下了刘昱的防身佩刀，割下了刘昱的人头。随后假传圣旨，下令外庭表演歌舞。陈奉伯趁机把刘昱的人头藏在了袍袖里面，像往常一样，神情自若，宣称奉皇帝的委派，打开承明门出宫，把刘昱的人头交给了王敬则。王敬则驰马飞奔到领军府，敲门大喊，萧道成担心是刘昱设的骗局，半天不敢开门。王敬则于是就把人头从墙上扔进了院子里，萧道成令人把血迹洗掉后辨认，果然是刘昱，这才身着戎装，骑马奔出，王敬则、桓康等都紧随其后，前往皇宫，抵达承明门，假称皇帝御驾回宫。王敬则害怕守门官兵从门洞里向外察看，于是就用刀柄堵塞门洞，同时在外狂吼催促。门被打开，一行人蜂拥着进入皇宫。以前，每到夜里，刘昱就会横冲直闯，一副急躁凶暴的样子，守门卫士无不震惊恐惧，从来不敢抬头仰视。因此，当天夜里发生的事情，根本没有引起怀疑。萧道成一行很快进入仁寿殿，殿中的官员无不惊惧害怕。但随后听到刘昱已死的消息，大家都欢呼雀跃，高呼万岁。

【原文】

己丑旦，道成戎服出殿庭槐树下，以太后令召袁粲、褚渊、刘秉入会议。道成谓秉曰：“此使君家事，何以断之？”秉未答。道成须髯尽张，目光如电。秉曰：“尚书众事，可以见付；军旅处分，一委领军。”道成次让袁粲，粲亦不敢当。王敬则拔白刃，在床侧跳跃曰：“天下事皆应关萧公！敢有开一言者，血染敬则刀！”仍手取白纱帽加道成首，令即位，曰：“今日谁敢复动！事须及热！”道成正色呵之曰：“卿都自不解！”粲欲有言，敬则叱之，乃止。褚渊曰：“非萧公无以了此。”手取事授道成。道成曰：“相与不肯，我安得辞！”乃下议，备法驾诣东城，迎立安成王。于是长刀遮粲、秉等，各失色而去。秉出，于路逢从弟韫，韫开车迎问曰：“今日之事，当归兄邪？”秉曰：“吾等已让领军矣。”韫拊膺曰：“兄肉中讵有血邪！今年族矣！”

是日，以太后令，数苍梧王罪恶，曰：“吾密令萧领军潜运明略。安成王准，宜临万国。”追封昱为苍梧王。仪卫至东府门，安成王令门者勿开，以待袁司徒。粲至，王乃入居朝堂。壬辰，王即皇帝位，时年十一。改元，大赦。葬苍梧王于郊坛西。

【译文】

菩萨头像

七月初八早晨，萧道成全副武装，站在殿前庭院中的槐树下，以皇太后的名义召集尚书令袁粲、中书监褚渊、中书令刘秉到大殿上举行会议。萧道成对刘秉说：“这可是你们刘家的事，你认为应该如何解决？”刘秉还未来得及回答，萧道成就勃然大怒，胡子根根翘起，双目发出怒光，就像两道闪电。刘秉说：“尚书省的事务，可以交付给我。但有关军事处决，一律委托领军您了。”萧道成依次让给了袁粲，袁粲也推辞不敢担当。王敬则随即拔出佩刀，从座位上跳起来，厉声喝道：“天下的大事，全都交付萧公裁决，有谁胆敢说出一个不字，我要他血染白刀！”说罢随手取出白纱帽，戴在了萧道成的头上，让萧道成即刻即位称帝，还威胁道：“今天谁敢乱动？大事要趁热打铁一气呵成。”萧道成板着脸呵斥道：“你什么也不懂！”袁粲想要讲话，王敬则却大声喝叱让他闭嘴，他不得不闭嘴。褚渊说：“办理善后非萧公莫属！”因此就把所有权力都交给了萧道成。萧道成说：“既然大家争相不肯接受，我怎能推辞？”随即提议准备法驾，去往东府城，迎接安成王刘准称帝。萧道成的卫士抽出佩刀，筑成刀墙，命令袁粲、刘秉即刻起身。二人面如土色，仓皇离去。刘秉出宫后，在半道上碰见了堂弟刘韫，刘韫打开车门问道：“今天的事，有没有归你？”刘秉说：“我们已让萧道成作主。”刘韫顿时捶胸顿足道：“你的肉里到底有没有血性啊？等着瞧吧，今年我们全族将被杀戮。”

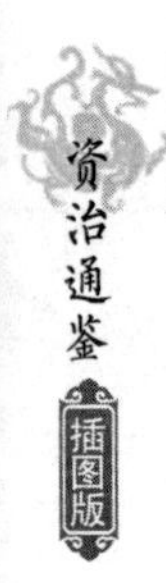

当天，萧道成以皇太后的名义，发布诏令，罗列了刘昱的罪状，说：“我密令萧道成于暗中巧用计谋。安成王刘准，现在应当君临万国。”接着追封刘昱为苍梧王。皇帝的仪仗队很快抵达东府门，刘准下令守门的人先不要开门，以等待袁粲的到来。袁粲到达之后，刘准这才动身前往金銮殿。七月十一日，刘准即位做了皇帝，当时年仅十一岁，改年号，大赦天下。把刘昱安葬在了南郊祭天神坛之西。

【评析】

俗话说：“虎父无犬子”，但是，南朝宋开国皇帝刘裕的子孙却一个比一个混账，到了刘昱的时候，简直就无法无天。在历史上，刘昱被称作刘宋后废帝，是不被承认的皇帝，他欺师灭祖，枉杀无辜，天怒人怨，连皇室成员也不放过，最后被大将萧道成夺取了皇位。

齐纪

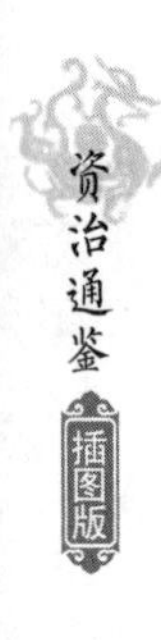

南齐建立

【原文】

齐太祖高皇帝建元元年宋顺帝下诏禅位于齐。

壬辰，帝当临轩，不肯出，逃于佛盖之下，王敬则勒兵殿庭，以板舆入迎帝。太后惧，自帅阉人索得之，敬则启譬令出，引令升车。帝收泪谓敬则曰："欲见杀乎?"敬则曰："出居别宫耳。官先取司马家亦如此。"帝泣而弹指曰："愿后身世世勿复生天王家!"宫中皆哭。帝拍敬则手曰："必无过虑，当饷辅国十万钱。"

是日，百僚陪位。侍中谢朏在直，当解玺绶，阳为不知，曰："有何公事?"传诏云："解玺绶授齐王。"朏曰："齐自应有侍中。"乃引枕卧。传诏惧，使朏称疾，欲取兼人，朏曰："我无疾，何所道!"遂朝服步出东掖门，仍登车还宅。乃以王俭为侍中，解玺绶。礼毕，帝乘画轮车，出东掖门就东邸，问："今日何不奏鼓吹?"左右莫有应者。右光禄大夫王琨，华之从父弟也，在晋世已为郎中，至是，攀车獭尾恸哭曰："人以寿为欢，老臣以寿为戚。既不能先驱蝼蚁，乃复频见此事!"呜咽不自胜，百官雨泣。

司空兼太保褚渊等奉玺绶，帅百官诣齐宫劝进；王辞让未受。渊从弟前安成太守炤谓渊子贲曰："司空今日何在?"贲曰："奉玺绶在齐大司马门。"炤曰："不知汝家司空将一家物与一家，亦复何谓!"

甲午，王即皇帝位于南郊。还宫，大赦，改元。奉宋顺帝为汝阴王，优崇之礼，皆仿宋初。

【译文】

齐高帝建元元年（公元479年）刘宋顺帝下诏将帝位禅让给齐王。

正月二十一日，顺帝应当亲临殿前会见百官，但他却不肯露面，反而逃到了佛像的宝盖下面藏了起来。王敬则率领士兵来到宫殿的庭院中，并抬着一顶木板轿子入宫迎接顺帝。太后十分恐惧，便亲自带领宦官找到了顺帝，王敬则百般劝诱顺帝，让他从宝盖下面出来，把他扶上了轿子。顺帝强忍住眼泪，对王敬则说："难道想要杀死我吗?"王敬则说："只不过是请您到别的宫殿居住罢了。您的祖先取代司马氏家族的时候也是这样做的。"顺帝一边哭泣一边弹着手指说："但愿我从今往后生生世世永远都不要再出生在帝王之家!"宫中听到的人都禁不住哭了起来。顺帝拍着王敬则的手说："如果不出什么意外，你将会得到赏钱十万钱。"

当天，文武百官为齐王陪席，侍中谢朏当时正在值班，本应当解送玺印，但他却佯装不知道，还问道：“有什么公事吗？”于是就有人传达诏令道：“解送玺印，授予齐王。”谢朏说：“齐王自然应该有自己的侍中。”说罢，他随即拉过枕头，躺了下来。传达诏令的官员很惧怕，于是让谢朏慌称生病了，准备另找一个人兼任侍中，谢朏说：“我没病，为什么要说我有病呢！”于是，他身穿朝服，徒步走出东掖门，坐上车，回自己的府第去了。齐王随即让王俭出任侍中，解送玺印。典礼举行完毕，顺帝乘坐彩漆画轮的车子，从东掖门出去，向太子的府邸驶去。顺帝问：“今天为何没有奏乐？”左右随从没有人回答。右光禄大夫王琨是王华的堂弟，在晋朝曾经担任郎中，他死死抓着车上挂着的獭尾恸哭道：“人人都为长寿而高兴，老臣我却为长寿而悲哀。正因为此身不能够及早死去，所以才频频目睹今天这样的事情发生！”说罢他呜咽哭泣，不能自已，百官也都随即哭泣，一时之间泪如雨下。

北朝·青瓷双流鸡首壶

司空兼太保褚渊等人捧着玺印，带领文武百官前往齐王宫请萧道成即位称帝，齐王装作推辞谦让，不肯接受。褚渊的堂弟、前任安成太守褚炤问褚渊的儿子褚贲道：“司空今天去了哪里？”褚贲说：“到齐王宫大司马门奉献玺印去了。”褚炤说：“我真不明白你家司空把一家的物件转给另一家，这又是何必呢！”

正月二十三日，齐王在建康南郊即位。南齐高帝回到宫中以后，便大赦天下，改年号为建元。南齐高帝将顺帝尊奉为汝阴王，优待尊崇汝阴王的礼节，全都比照着刘宋初年的做法。

【评析】

宋顺帝刘准是刘宋王朝的最后一个皇帝，朝中的大权完全掌握在萧道成的手中。刘宋王朝的灭亡已经近在咫尺，13岁的刘准那句“愿后身世世勿复生天王家！”，使多少人为之唏嘘流泪！他说出了无数个帝王家人的心声，身在帝王之家往往意味着不得善终，还不如街头小贩。年幼的小皇帝根本就不知道亡国到底意味着什么，但至少知道有些东西改变了。

范缜论神

【原文】

齐世祖武皇帝永明二年

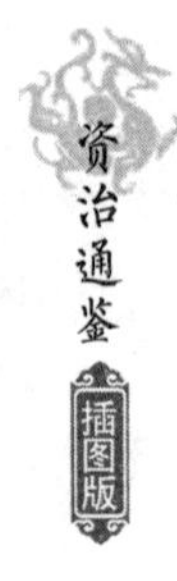

子良笃好释氏，招致名僧，讲论佛法，道俗之盛，江左未有。或亲为众僧赋食、行水，世颇以为失宰相体。

范缜盛称无佛。子良曰：“君不信因果，何得有富贵、贫贱?”缜曰：“人生如树花同发，随风而散：或拂帘幌坠茵席之上，或关篱墙落粪溷之中。坠茵席者，殿下是也；落粪溷者，下官是也。贵贱虽复殊途，因果竟在何处!”子良无以难。缜又著《神灭论》，以为：“形者神之质，神者形之用也。神之于形，犹利之于刀；未闻刀没而利存，岂容形亡而神在哉!”此论出，朝野喧哗，难之终不能屈。太原王琰著论讥缜曰：“呜呼范子！曾不知其先祖神灵所在!”欲以杜缜后对。缜对曰：“呜呼王子！知其先祖神灵所在而不能杀身以从之!”子良使王融谓之曰：“以卿才美，何患不至中书郎；而故乖剌为此论，甚可惜也！宜急毁弃之。”缜大笑曰：“使范缜卖论取官，已至令、仆矣，何但中书郎邪!”

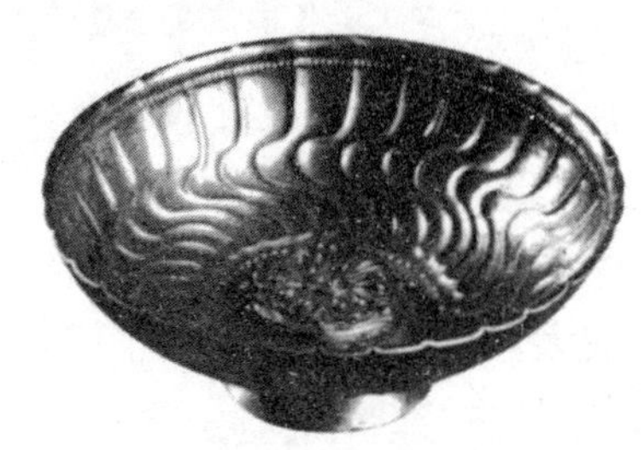

北魏·莲花纹银碗

【译文】

齐武帝永明二年（公元484年）

萧子良平生笃信佛教，他经常招来许多高僧讲论佛法，当时佛教的盛行，在江左一带还从未有过。甚至有时，萧子良还亲自为和尚们端饭倒水，世人都觉得他有失宰相的体统。

范缜大谈特谈世间本无佛。萧子良说：“你不相信困果报应，可是为何世间会有贫贱、富贵之分呢?”范缜说道：“人生在世，如同树上的花朵一样，同时生发又都同时随风飘散：可是有的轻拂竹帘帷幕飘落到了床褥上，有的却越过篱笆围墙落到了粪坑里。落到床褥之上的就好比是殿下您，而落到粪坑里的就是下官我了。尽管我们之间贵贱迥异，但其中的因果报应到底表现在哪里呢?”萧子良听后，难以应对。范缜后来又写了《神灭论》一书，在书中这样写道：“形体，是精神的根本；精神则是形体的外在表现和产物。精神对于形体来说，就好比是利刃与刀，从来都没有听说过有丢失了刀而利刃还在的道理，那又怎么会有形体消亡而精神犹在的事情呢?”这一理论一经提出，朝野内外一片哗然，多方诘难，最终也未能让范缜屈服。太原人王琰写文章讥讽范缜道：“呜呼范子！竟然不知道他祖先的神灵的所在!”王琰企图以此封住范缜的嘴。范缜却反讥道：“呜呼王子！知道他祖先的神灵在哪里，却不肯自杀随他们前往!”萧子良让王融前去劝说范缜道：“凭着您这样的才华，还怕当不上中书郎吗？却故意发表这种荒谬过激的论断，真是太令人遗憾了。您应当赶紧毁弃那些文章。”范缜听后，哈哈大笑着说：“假如让我范缜出卖自己言论去换取官位，那么，我现在恐怕早已经做到尚书令、仆射了，岂止是一个小小的中书郎!”

【评析】

南北朝时期，佛教传入我国，受到很多达官贵人的喜欢。当时上至皇帝，下到小地主们，都十分推崇佛教，有的僧人著书立说、开坛讲道，人人推崇。偏偏在这个时候，范缜却大谈什么“无佛”之类的言论，毋庸置疑，这当然受到达官贵人的排挤和威逼利诱。然而，范缜不但没有被萧子良的辩论驳倒，反而写下《神灭论》一书，世上指出不但没有佛，连鬼神也没有，人死如灯灭，什么都没有了。这大大触怒了贵族们，贵族们就妄想用高官厚禄来堵住他的嘴巴，然而，范缜是个真正的勇士，毫无惧意，更不愿出卖自己。

魏孝文帝

【原文】

齐世祖武皇帝永明十一年

魏主以平城地寒，六月雨雪，风沙常起，将迁都洛阳；恐群臣不从，乃议大举伐齐，欲以胁众。斋于明堂左个，使太常卿王谌筮之，遇“革”，帝曰：“‘汤、武革命，顺乎天而应乎人。’吉孰大焉！”群臣莫敢言。尚书任城王澄曰：“陛下奕叶重光，帝有中土；今出师以征未服，而得汤、武革命之象，未为全吉也。”帝厉声曰：“繇云：‘大人虎变’，何言不吉！”澄曰：“陛下龙兴已久，何得今乃虎变！”帝作色曰：“社稷我之社稷，任城欲沮众邪！”澄曰：“社稷虽为陛下之有，臣为社稷之臣，安可知危而不言！”帝久之乃解，曰：“各言其志，夫亦何伤！”

既还宫，召澄入见，逆谓之曰：“向者革卦，今当更与卿论之。明堂之忿，恐人人竞言，沮我大计，故以声色怖文武耳。想识朕意。”因屏人，谓澄曰：“今日之举，诚为不易。但国家兴自朔土，徙居平城；此乃用武之地，非可文治。今将移风易俗，其道诚难，朕欲因此迁宅中原，卿以为何如？”澄曰：“陛下欲卜宅中土以经略四海，此周、汉所以兴隆也。”帝曰：“北人习常恋故，必将惊扰，奈何？”澄曰：“非常之事，故非常人之所及。陛下断自圣心，彼亦何所能为！”帝曰；“任城，吾之子房也！”

【译文】

齐武帝永明十一年（公元493年）

魏孝文帝因为平城天气寒冷，六月暑天还在下雪，而且经常狂风大作，漫天飞沙，因此打算将京都迁到洛阳。但他又担心群臣不同意，于是就提议大举讨伐南齐，企图用这种名义胁迫大家。在明堂南厢东边的偏殿斋戒几日后，便令太常卿王谌占卜，得到了“革卦”，孝文帝说：“‘商汤王和周武王施行变革，是顺应了上天的命令，顺应了百姓的心意。’恐怕没有比这更吉祥的卦了。”群臣没有人敢说什

北魏·龙门石窟于舍那佛像

么。尚书任城王拓跋澄说："陛下继承几代先皇打下的江山，并将它发扬光大，从而拥有了中原土地，可是现在却要讨伐还没有臣服的对象，这时候得到商汤和周武王变革的象辞，恐怕并不全是吉利的征兆吧。"孝文帝听后厉声说道："繇辞上说：'大人物要施行猛虎一样的变革'，你为何说这不吉利呢？"拓跋澄说："陛下如同飞龙一样兴起已经好久了，为何到今天才又实施如同老虎一样的变革？"孝文帝立即脸色大变，说："江山，是我的江山，任城王想要阻止大家吗？"拓跋澄说："江山固然为陛下所有，而我身为江山社稷之臣，怎能明知有危险而不说出来呢？"孝文帝过了良久才稍微缓和了口气，说道："每个人都可以发表自己的见解，这又何妨呢？"

孝文帝回到皇宫以后，即刻召拓跋澄晋见，劈头就说："刚刚关于'革卦'的看法，现在我要和你进一步探讨一下。明堂之上，我之所以大发雷霆，是因为害怕大家都竞相发言，坏了我的大事，因此我才会声色俱厉，只不过是用来吓唬文武百官罢了。我知道，你肯定会理解朕的用意的。"说罢屏退左右侍从，对拓跋澄说："今天我想要做的这件事，的确是很不容易的。我们的国家建立于北方疆土，后来又迁都到了平城。可是，平城仅仅是用武力开疆拓土的地方，而并非可以进行治理教化的地方。如今我想要进行移风易俗的重大变革，可是这条路走起来的确太难了，我只是想借着大军南征的声势，而迁都到中原，你认为怎么样？"拓跋澄说："陛下您打算迁都到中原，以此扩大疆土，统领四海，这一想法其实正是以前周王朝和汉王朝之所以兴盛不衰的原因。"孝文帝说："北方人习惯留恋原来的生活方式，到那时他们肯定会惊恐骚动起来，那可怎么办？"拓跋澄回答道："不平凡的事，原本就不是平凡的人所能做得到的。陛下您的决断，源自于您圣明的内心，他们能有何办法呢？"孝文帝随即高兴地说："任城王真不愧是我的张子房呀！"

【原文】

魏主使录尚书事广陵王羽持节安抚六镇，发其突骑。丁亥，魏主辞永固陵；己丑，发平城，南伐，步骑三十余万；使太尉丕与广陵王羽留守平城，并加使持节。羽曰："太尉宜专节度，臣正可为副。"魏主曰："老者之智，少者之决，汝无辞也。"

魏主自发平城至洛阳，霖雨不止。丙子，诏诸军前发。丁丑，帝戎服，执鞭乘马而出。群臣稽颡于马前。帝曰："庙算已定，大军将进，诸公更欲何云？"尚书李冲等曰："今者之举，天下所不愿，唯陛下欲之；臣不知陛下独行，竟何之也！臣等有其意而无其辞，敢以死请！"帝大怒曰："吾方经营天下，期于混壹，而卿等儒生，屡疑大计；斧钺有常，卿勿复言！”策马将出，于是安定王休等并殷勤泣谏。帝乃谕群臣曰：“今者兴发不小，动而无成，何以示后！朕世居幽朔，欲南迁中土；苟不南伐，当迁都于此，王公以为何如？欲迁者左，不欲者右。”安定王休等相帅如右。南安王桢进曰：“‘成大功者不谋于众。’今陛下苟辍南伐之谋，迁都洛邑，此臣等之愿，苍生之幸也。”群臣皆呼万岁。时旧人虽不愿内徙，而惮于南伐，无敢言者；遂定迁都之计。

穿交领窄袖袍的北魏妇女

【译文】

孝文帝派录尚书事广陵王拓跋羽手持皇帝的符节到六镇去做安抚工作，顺便征调六镇的突击骑兵。初九，孝文帝拜别永固陵。九月十一日，孝文帝亲自率领步、骑兵三十多万，从平城出发，开始大规模的南征。同时命令太尉拓跋丕和广陵王拓跋羽留守平城，并加封他们为使持节。拓跋羽说：“太尉应当全权负责管理，臣做他的副手正好。”孝文帝说：“年纪大的人有经验，遇事能够深谋远虑；年纪轻的人有气魄，遇事能够当机立断，因此，你就不要推辞了。”

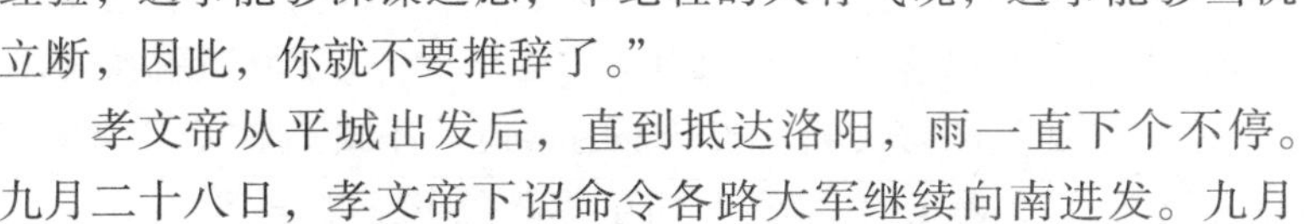

孝文帝从平城出发后，直到抵达洛阳，雨一直下个不停。九月二十八日，孝文帝下诏命令各路大军继续向南进发。九月二十九日，孝文帝身着戎装，挥动马鞭骑着战马准备继续出发。文武百官见状赶紧牵住马缰，不断地叩拜。孝文帝说：“作战计划已经决定，各路大军将要继续前进，你们想要说什么呢？”尚书李冲等人说：“我们现在的举动，并不是天下人的心愿，唯独陛下一个人想要实现它。臣不知道陛下独自行走，究竟要到什么地方去。我们空有一腔报效祖国的心愿，却得不到表达的机会，所以只得冒死向陛下请求。”孝文帝随即大发雷霆道：“我如今正打算征服外邦，一统天下，治国安邦，而你们这等文弱书生，却屡次怀疑这一重大决策。杀人用的斧钺自然有它们的用途，请你们不要再多说了！”说罢，又纵马要走，这时，安定王拓跋休等人一起前来好言劝谏，哭泣阻止。孝文帝只得又一次向大家解释道：“如今我们出动了大规模的军队，光出动却没有什么成就，我们将来拿什么让后人看？朕世世代代居住在幽朔，一直想要南迁到中原。假如我们不再继续向南征伐，那么，我们就应当把京都迁到这里，你们对这样做有何看法？同意迁都的人就站在左边，不同意的站在右边。”于是，安定王拓跋休等将帅站到了右边，南安王拓跋桢走近孝文帝说道：“‘成就大事的人，并不需要征询众人的意见。’现在，假如陛下放弃向南征伐的计划，而将京都迁到洛邑，这正是我们的心愿，也是老百姓的一大幸事。”文武百官随即都高呼万岁。当时，鲜卑人尽管不愿意向南迁徙，可又害怕再继续南征，因此也就没敢再说什么。北魏的迁都大计，就这样确定了下来。

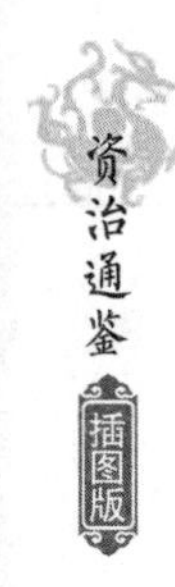

【原文】

李冲言于上曰："陛下将定鼎洛邑，宗庙宫室，非可马上游行以待之。愿陛下暂还代都，俟群臣经营毕功，然后备文物、鸣和鸾而临之。"帝曰："朕将巡省州郡，至邺小停，春首即还，未宜归北。"乃遣任城王澄还平城，谕留司百官以迁都之事，曰："今日真所谓革也。王其勉之!"

冬，十月，戊寅朔，魏主如金墉城，征穆亮，使与尚书李冲、将作大匠董尔经营洛都。己卯，如河南城；乙酉，如豫州；癸巳，舍于石济。乙未，魏解严，设坛于滑台城东，告行庙以迁都之意。大赦。起滑台宫。任城王澄至平城，众始闻迁都，莫不惊骇。澄援引古今，徐以晓之，众乃开伏。澄还报于滑台，魏主喜曰："非任城，朕事不成。"

【译文】

李冲对孝文帝说："陛下想要迁都洛邑，那么，皇家宗庙和皇宫、府第等都要重新建造，这些并非骑马游走的功夫就可以建成的，所以我希望陛下能够暂时回到代都，等到群臣把所有事情都做好以后，陛下您再备齐仪仗，在宁静祥和的銮铃声中驾临新的京都。"孝文帝说："朕正打算到各个州郡去巡查，如今正好借这个机会，先到邺城停留一阵，等明年一开春就返回，而不宜先回北方。"说罢就派任城王拓跋澄返回平城，向留守在那里的官员们宣布迁都的事情。任城王临行前，孝文帝对他说："现在才是'革卦'上真正的'革'，希望你能把事情办好。"

十月初一，孝文帝前往金墉城，征召穆亮，下令他和尚书李冲、将作大匠董尔一起负责新都洛阳的营建工作。十月初二，前往河南城；初八，前往豫州；十月十六日，宿于石济；十月十八日，诏令北魏境内解除戒严，在滑台城东边修筑祭坛，向随行的祖宗牌位据实禀报迁都的想法。下令大赦天下。修建滑台宫。任城王拓跋澄抵达平城，众人刚刚听到迁都的消息时，无不感到震惊。于是，拓跋澄引经据典，晓之以理、动之以情向大家具体阐明这样做的好处。最后，大家终于释然了。拓跋澄随即回到滑台向孝隋文帝汇报了这一情况，孝文帝非常高兴，说道："如果没有任城王，朕的事不能成功啊。"

【评析】

北魏孝文帝迁都洛阳可以算得上一件大事了，因为古代君主若不是遇到兵变之类的大事，一般是不会随便迁都的。当时北魏是鲜卑族建立的国家，国内还保留了许多鲜卑族的陋习。孝文帝拓跋宏博学多才，政治抱负远大，想要统一全国。鲜卑族地盘小，文化落后，没有经济实力，要想实现愿望，使鲜卑族富强，出路只有一条，那就是接受汉民族的文明。为了顺利迁都，拓跋宏使出了声东击西的计策，声称南征，把大部分人带到了洛阳，还进行了大刀阔斧的改革，连姓氏都改为元，还娶了汉族的女人做妃子，穿上汉人的衣服。这些措施改变了鲜卑族的习俗，让鲜卑族和其他少数民族与汉族和睦地生活在一起，使北方的形势气象一新。

梁纪

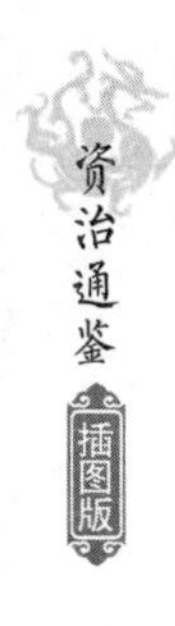

萧衍建梁

【原文】

梁高祖武皇帝天监元年

北朝武士

大司马内有受禅之志。沈约微扣其端，大司马不应；他日，又进曰："今与古异，不可以淳风期物。士大夫攀龙附凤者，皆望有尺寸之功。今童儿牧竖皆知齐祚已终，明公当承其运；天文谶记又复炳然。天心不可违，人情不可失。苟历数所在，虽欲谦光，亦不可得已。"大司马曰："吾方思之。"约曰："公初建牙樊、沔，此时应思；今王业已成，何所复思！若不早定大业，脱有一人立异，即损威德。且人非金玉，时事难保，岂可以建安之封遗之子孙！若天子还都，公卿在位，则君臣分定，无复异心。君明于上，臣忠于下，岂复有人方更同公作贼！"大司马然之。

约出，大司马召范云告之，云对略同约旨。大司马曰："智者乃尔暗同。卿明早将休文更来！"云出，语约，约曰："卿必待我！"云许诺，而约先期入。大司马命草具其事，约乃出怀中诏书并诸选置，大司马初无所改。俄而云自外来，至殿门，不得入，徘徊寿光阁外，但云"咄咄！"约出，问曰："何以见处？"约举手向左，云笑曰："不乖所望。"有顷，大司马召云入，叹约才智纵横，且曰："我起兵于今三年矣，功臣诸将实有其劳，然成帝业者，卿二人也。"

【译文】

梁武帝天监元年（公元502年）

大司马萧衍内心有着受禅当皇帝的念头，沈约稍微加以做了挑明，可是萧衍却没有回应。有一天，沈约又向萧衍进言道："现在与过去不同了，不能期望人人都有淳朴之风，士大夫们人人攀龙附凤，都是期望能够获得一丁点儿的功劳。如今就连幼儿牧童都知道齐朝已经行将灭亡了，明公您应当取而代之，况且天象预兆已经很明显了。天命不能违背，人心不可丧失。如果天道这样安排，即使您想要谦让，也是办不到的。"大司马萧衍这才说道："我现在正考虑着这件事。"沈约接着说道："明公您当初在樊、沔兴兵举事，那时候就应该考虑的，而现在王业已经成功，还有什么好考虑的呢？假如您不尽早完成大业，纵有一人提出异议，那么就会损害您的威德。况且人非金石，世事难料，万一您有个好歹，难道就甘心只留给子孙后代建安郡公这么一个封爵吗？假如天子回到京城，公卿们各得各位，那么君臣之间的名分一经确定，他们就不会再有什么异心了，到那时，君明于上，臣忠于下，难道还会有人再同您一块作反贼吗？”大司马十分赞同沈约所说的这些话。

沈约出去后，大司马召见范云，向他讲明了自己的心思，并征求他的看法，范云的回答和沈约所说的大致相同，因此，大司马对范云讲道：“英雄所见略同。您明天早上和沈约一起来这里。”范云出来后，把萧衍说的一番话全都告诉了沈约，沈约说：“您一定要等着我呀！”范云答应了。可是，到了第二天早上，沈约却提前去了，大司马命令他草拟有关受命登基的诏书，只见沈约从怀里掏出早已写好的诏书以及人事任命名单，大司马看了之后，没有做任何改动。没过多久，范云从外面走来，来到殿口门，由于答应等待沈约，所以不能一个人先进去，可是左等右等就是不见沈约前来，无奈只好徘徊在寿光阁外，嘴里不停地发出“咄咄”这样表示奇怪的声音。沈约后来出来了，范云这才清楚原来沈约早已赶在自己之前进去了，于是就问他：“是怎么安排我的？”沈约举起手来向左一指，意思是让范云担任尚书左仆射，范云因此笑着说道：“和我期望的差不多。”过了一会儿，大司马传唤范云进去，他当着范云的面对沈约大加赞叹，夸他才智纵横，并且还说：“我举兵起事到现在已经有三年时间了，各位功臣将领的确功劳不小，然而真正帮我成就帝业的人，只有你们两个啊！”

梁武帝

【评析】

大司马萧衍心里明明有受禅当皇帝的念头，却不肯说出来。沈约几次三番地加以试探，还是没有什么结果。最后在范云的支持下，才最终决定了。这三个人一个比一个狡猾，沈约和范云为了私人的高官厚禄，忘记了做臣子的本分，怂恿他人背叛自己的君主，简直就是为虎作伥之辈。而当时社会混乱，大臣杀死君主自立的情况时有发生，其中肯定有不少沈约这样的人在背后推波助澜。那样会给百姓造成多么大的危害，身为君主又有几个能得到善终？

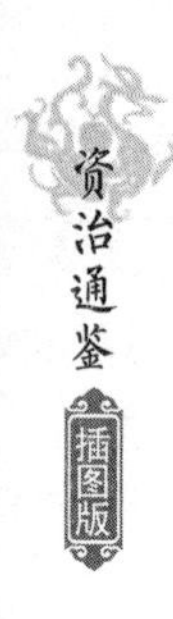

骨肉情深

【原文】

梁高祖武皇帝天监十七年

临川王宏妾弟吴法寿杀人而匿于宏府中，上敕宏出之，即日伏辜。南司奏免宏官，上注曰："爱宏者兄弟私亲，免宏者王者正法。所奏可。"

菩萨头像

五月，戊寅，司徒、骠骑大将军、扬州刺史临川王宏免。宏自洛口之败，常怀愧愤，都下每有窃发，辄以宏为名，屡为有司所奏，上每赦之。上幸光宅寺，有盗伏于骠骑航，待上夜出；上将行，心动，乃于朱雀航过。事发，称为宏所使，上泣谓宏曰："我人才胜汝百倍，当此犹恐不堪，汝何为者？我非不能为汉文帝，念汝愚耳！"宏顿首称无之故因匿法寿免宏官。

宏奢僭过度，殖货无厌。库屋垂百间，在内堂之后，关籥甚严，有疑是铠仗者，密以闻。上于友爱甚厚，殊不悦。佗日，送盛馔与宏爱妾江氏曰："当来就汝欢宴。"独携故人射声校尉丘佗卿往，与宏及江大饮，半醉后，谓曰："我今欲履行汝后房。"即呼舆径往堂后。宏恐上见其货贿，颜色怖惧。上意益疑之，于是屋屋检视，每钱百万为一聚，黄榜标之，千万为一库，悬一紫标，如此三十余间。上与佗卿屈指计，见钱三亿余万，余屋贮布绢丝绵漆蜜纻蜡等杂货，但见满库，不知多少。上始知非仗，大悦，谓曰："阿六，汝生计大可！"乃更剧饮至夜，举烛而还。兄弟方更敦睦。

【译文】

梁武帝天监十七年（公元518年）

临川王萧宏的小妾有个弟弟叫吴法寿，他杀了人之后，藏匿在萧宏的王府中，梁武帝知道了这件事后命令萧宏立刻交出吴法寿来，当天就下令处决了他。有官员上奏章请求罢免萧宏的官职，梁武帝在奏章上批示道："爱护萧宏是出于兄弟私情，罢免他的职务是为了端正国家的王法，这项提议准奏。"

于是于五月二十四日免去了萧宏的司徒、骠骑大将军、扬州刺史、临川王等职务。萧宏自从洛口兵败以来，一直心怀愧疚和愤恨。建安城里每次捉住窃贼，都会供出是由萧宏指使的，有关部门先后多次将此事上奏给梁武帝，梁武帝每次都赦免了萧宏。武帝打算去光宅寺，于是就有人躲在骠骑桥上，准备趁夜里在他路过时行刺。临出发前梁武帝好像有所感应，于是就改走朱雀桥。后来士兵捉住了刺客，经过盘问说是萧宏派来的。梁武帝听后非常生气，泪流满面地对萧宏说："我的人品和才智胜过你百倍，可是在治理国家方面仍然感到力不从心，不足以胜任如此重担，你觉得你能行吗？我并非不敢像汉文帝那样心狠手辣，只是我念及你我的兄弟情谊，你怎么就不明白呢？"萧宏吓得不住叩头称自己绝对没有那样想。梁武帝于是就借着这次萧宏藏匿杀人犯吴法寿的机会而罢免了他的官职。

舍身佛寺

萧宏平素生活奢靡过度，贪得无厌，想尽办法聚敛钱财。在他的宅邸里有数百间库房，内堂里面戒备森严，有人怀疑那里是萧宏私藏军器的地方，企图用来造反，于是便将这一情报悄悄地上报给梁武帝。梁武帝一向十分看重骨肉亲情，因此听说这件事后很不悦。有一天，梁武帝派人给萧宏的爱妾江氏送去了丰盛的食物，并捎话给她，说："我等会儿就到府上来开怀畅饮。"武帝果然当天晚上带上老部下射声校尉丘佗卿到萧宏家赴宴。等到萧宏和江氏都喝得醉醺醺的时候，梁武帝突然说道："我想到你的后房看看。"说罢就叫车径直往后堂驰去。梁武帝的举动把半醉的萧宏吓得一下子清醒过来，他恐怕皇上看见了他的那些财物，神色十分恐惧紧张。梁武帝看到他的反应，心里就更加疑惑了，于是一间挨着一间地仔细搜查。但令他感到意外的是，屋里根本没有任何兵器，只看见每一百万钱被放作一堆，用黄榜作为标记；每一千万钱为一库，门上悬着一个紫色的标计；像这样的钱库大约有三十多间。武帝和丘佗卿屈指一算，大概有三亿多万，其他的房间里也都是贮存着大量的布帛、丝绸、棉絮、漆器、蜡之类的杂物。只看见仓库里堆得满满的，究竟有多少却弄不清楚。这样一来，让梁武帝的一颗悬着的心终于放了下来，弄清楚萧宏的库房里并没有私藏什么兵器，武帝因此非常高兴，他说："老六，你的生活过得可真好啊！"这场风波平息后，他们重新回到宴席上欢饮达旦。从此以后，两兄弟的关系更加和睦了。

【评析】

梁武帝萧衍被人称为"菩萨皇帝"，不仅是因为他信奉佛教，更重要的是由于

他对人十分仁慈，每当朝廷要判决一些罪犯的死刑，都会好几天闷闷不乐，这与那些只知道盘剥百姓的昏君不同。这样的皇帝不仅对一般人仁慈，对于自己的亲人也很友好，特别是他的弟弟临江王萧宏。有人几次告发临江王萧宏反叛，他都不加追究。实在信不过的时候，就直接来到临江王府亲自察看，最后发现那些根本不是兵器而是钱财，就更相信他的清白了，两人也就和好如初。

萧统早逝

【原文】

梁高祖武皇帝中大通三年

夏，四月，乙巳，昭明太子统卒。太子自加元服，上即使省录朝政，百司进事，填委于前，太子辩析诈谬，秋毫必睹，但令改正，不加案劾，平断法狱，多所全宥，宽和容众，喜愠不形于色。好读书属文，引接才俊，赏爱无倦。出宫二十余年，不畜声乐。每霖雨积雪，遣左右周行闾巷，视贫者赈之。天性孝谨，在东宫，虽燕居，坐起恒西向，或宿被召当入，危坐达旦。及寝疾，恐贻帝忧，敕参问，辄自力手书。及卒，朝野惋愕，建康男女，奔走宫门，号泣道路。

北朝·铜牛车

初，昭明太子葬其母丁贵嫔，遣人求墓地之吉者。或赂宦者俞三副求卖地，云若得钱三百万，以百万与之。三副密启上，言“太子所得地不如今地于上为吉”。上年老多忌，即命市之。葬毕，有道士云：“此地不利长子，若厌之，或可申延。”乃为蜡鹅及诸物埋于墓侧长子位。宫监鲍邈之、魏雅初皆有宠于太子，邈之晚见疏于雅，乃密启上云：“雅为太子厌祷。”上遣检掘，果得鹅物，大惊，将穷其事，徐勉固谏而止，但诛道士。由是太子终身惭愤，不能自明。及卒，上征其长子南徐州刺史华容公欢至建康，欲立以为嗣，衔其前事，犹豫久之，卒不立，庚寅，遣还镇。

臣光曰：君子之于正道，不可少顷离也，不可跬步失也。以昭明太子之仁孝，武帝之慈爱，一染嫌疑之迹，身以忧死，罪及后昆，求吉得凶，不可湔涤，可不戒哉！是以诡诞之士，奇邪之术，君子远之。

【译文】

梁武帝中大通三年（公元531年）

四月初六，梁朝昭明太子萧统去世。昭明太子自从举行加冠礼以来，梁武帝便开始让他着手处理朝政，百官前来奏事，都要先汇集到太子那里。昭明太子一向明辨是非真伪，对不适当之处往往洞察秋毫，但只是下令有关部门加以改正，而不追究罪责。太子执法公正，对罪犯常常加以保全宽恕，待人宽厚和蔼，很能容人，喜怒哀乐都不表现在脸上。昭明太子喜好读书写文章，引进接纳有才能的人，赞赏宠爱，毫无倦怠。太子生活在东宫二十多年了，从不蓄养乐工歌妓。每逢天降大雨或积雪不化的时候，昭明太子就会派左右侍从出去巡视大街小巷，一发现穷苦之人就马上予以赈济。昭明太子生性孝顺，居住在东宫，纵然是休闲的时候，起坐都要面朝西边，假如事先接到诏令，让他第二天入宫晋见，那么当天晚上他就会正襟危坐一直到天明。太子病情加重后，唯恐梁武帝为此感到担忧，每次梁武帝派人送来问候的敕文，太子都要亲手写信奏答。等到昭明太子去世的时候，朝野上下都为此万分惊愕惋惜，建康城里的男女老少，无不奔向宫门，沿途到处都传来哭泣声。

伎乐天

起初，昭明太子在埋葬他的生母丁贵嫔的时候，就曾派人到处求购风水好的墓地。有人趁机贿赂宦官俞三副，让他将自己的地卖给昭明太子，并承诺假如得到三百万钱的话，那么就将其中的一百万钱送给俞三副。俞三副因此暗中上奏梁武帝，说道："太子所买的地还不如现在这块土地对皇上您更为吉祥。"梁武帝上了年纪，所以有很多忌讳，听了这些，于是便命人将这块地买了下来。等丁贵嫔下葬以后，有个道士对太子说："这块地对长子不利，但如果想办法镇一镇，或许还能宽延一下。"随即将蜡鹅以及其他物品一起埋在了丁贵嫔墓侧的长子之位。宫监鲍邈之、魏雅当初都深受昭明太子的宠幸，鲍邈之后来和魏雅产生隔阂，于是就背地里向梁武帝启奏道："魏雅竟然敢为太子诅咒祈祷。"梁武帝听后便派人到墓地去挖掘，果真挖出了蜡鹅等物。梁武帝大惊，本打算彻底追查此事。徐勉竭力相劝，才勉强阻止了梁武帝，只是把当初的那位道士给处决了。因为这件事，太子终生惭愧忧愤，难以证明自己的清

白。等到太子去世以后，梁武帝便将太子的长子南徐州刺史华容公萧欢召回建康，打算立萧欢为继承人，但心中却仍然记恨着先前那件事，后来犹豫了很久，最终还是没有把萧欢立为继承人，而是把他又打发回了南徐州。

臣司马光说：君子行走在正道上，不能有一丁点的偏离，也不能有半步的过失啊！像昭明太子这样的仁孝之子，像梁武帝这样的慈爱之君，一旦染上了一点嫌疑，不仅太子自己忧愤而死，甚至还要连累到子孙后代。昭明太子本想求吉反而却得到凶，以致于无法洗脱自己的冤屈，我们怎能不引以为戒呢？因此对于那些诡诈怪诞之徒、奇异奸邪之术，君子要远远地避开才好。

【评析】

爱好古典文学的人都知道《昭明文选》，这部书收集了南北朝以前的优秀诗文，选编精致而且流传很广，这部书的编者就是梁朝太子萧统。萧统生性仁厚，而又才华出众，却因为宫廷纷争受到梁武帝的猜忌，不久含冤而死，令人惋惜。梁武帝后来知道他是冤枉的，追封他为昭明太子。刘勰当时曾经受到太子的赏识，与他引为知己。通过这件事，让他看透了人情世故，谢绝了梁武帝的一再挽留，去定觉寺出家为僧。文武百官甚至普通百姓都为失去这样一位智信仁义的太子感到无限悲痛。

陈纪

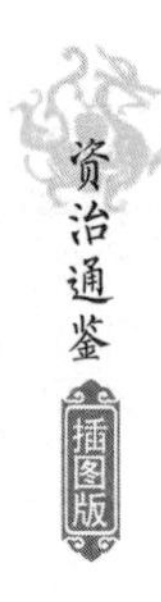

孝宽献策

【原文】

陈高宗宣皇帝太建七年

周高祖谋伐齐，命边镇益储偫，加戍卒；齐人闻之，亦增修守御。柱国于翼谏曰："疆场相侵，互有胜负，徒损兵储，无益大计。不如解严继好，使彼懈而无备，然后乘间，出其不意，一举可取也。"周主从之。韦孝宽上疏陈三策。其一曰："臣在边积年，颇见间隙，不因际会，难以成功。是以往岁出军，徒有劳费，功绩不立，由失机会。何者？长淮之南，旧为沃土，陈氏以破亡馀烬，犹能一举平之；齐人历年赴救，丧败而返。内离外叛，计尽力穷，仇敌有衅，不可失也。今大军若出轵关，方轨而进，兼与陈氏共为掎角，并令广州义旅出自三鸦，又募山南骁锐，沿河而下，复遣北山稽胡，绝其并、晋之路。凡此诸军，仍令各募关、河之外劲勇之士，厚其爵赏，使为前驱。岳动川移，雷骇电激，百道俱进，并趋虏庭。必当望旗奔溃，所向摧殄，一戎大定，实在此机。"

龙门石窟

【译文】

陈宣帝太建七年（公元575年）

北周武帝打算讨伐北齐，命令各边镇增加粮草储备，增添戍边的士兵；北齐得知这一消息后，也对守御点做了增加调整。北周的柱国于翼向北周武帝劝谏道："互相侵犯领土，肯定会各有胜负，这样白白地消耗军队和储备，对国家大计没有任何好处。倒不如解除敌对状态保持友好往来，让对方松懈而不做任何防备，然后可以趁机，出其不意，这样就可以一举而取。"北周武帝依其计行事。韦孝宽上疏北周武帝陈述以下三条计策。第一是："臣守边多年，也见到了不少可乘之机，可是如果不及时抓住，就很难成功。所以往年军队出战，只能白白劳民伤财，任何功绩没有建立，这都是因为失掉时机。为何？淮河以南过去土地肥沃，陈氏收拾起梁朝破亡后的残存势力后，还能一举平定它；齐人每年都要到那里援救，可每次都是失败而归。如今齐国内有背离外有叛乱，计尽力穷，仇敌之间露出了破绽，这种千载难逢的机会不能失掉。如今大军假如从轵关出发，两车并行而进，同时兼着与陈氏共同夹击敌人，并下令广州的义军从三鸦出军，另外招募山南的骁勇精锐之士，顺着黄河而下，再派遣北山的稽胡阻断对方在并州、晋州的通道。对于以上这些军队，仍旧命令他们各自招募关、河以外的强劲勇敢之士，给予优厚的爵位封赏，让他们作为先驱部队。这样一来，山河移动，就如同雷电般地惊动剧烈，从许多道路分头前进，直捣敌人的心脏。到时敌人必定会望旗奔逃溃散，我军所到之处，定会挫败消灭那里的敌人。一次出征就能平定天下，成败在此一举。”

【原文】

其二曰：“若国家更为后图，未即大举，宜与陈人分其兵势。三鵶以北，万春以南，广事屯田，预为贮积，募其骁悍，立为部伍。彼既东南有敌，戎马相持，我出奇兵，破其疆场。彼若兴师赴援，我则坚壁清野，待其去远，还复出师。常以边外之军，引其腹心之众。我无宿舂之费，彼有奔命之劳，一二年中，必自离叛。且齐氏昏暴，政出多门，鬻狱卖官，唯利是视，荒淫酒色，忌害忠良，阖境嗷然，不胜其弊。以此而观，覆亡可待，然后乘间电扫，事等摧枯。”

其三曰：“昔勾践亡吴，尚期十载；武王取纣，犹烦再举。今若更存遵养，且复相时，臣谓宜还崇邻好，申其盟约，安民和众，通商惠工，蓄锐养威，观衅而动。斯乃长策远驭，坐自兼并也。”

【译文】

第二是：“假如国家更进一步从长计议，未能立即大举进攻，那么最好与陈朝一起分散齐国的兵力。在三鵶以北、万春以南的地方，大肆屯田，预先贮藏军粮，征募骁勇强悍的人组成部队。齐国的东南方有陈朝和它敌对，双方的军队相持不下，我方只要派出奇兵，就能攻破齐国的边界。对方假如派军队前来援救，那么我们就坚守清野，等到他们远去之后，再一次出兵。我方常常用边界一带的兵士，去引诱对方心腹之间的军事主力。我方不需要备齐隔夜的粮草，而对方却有疲于奔命的劳累，一两年间，对方内部必然会出现离心叛变。更何况齐氏本就昏庸暴虐，政出多门，卖官鬻爵，唯利是图，荒淫无道，忌害忠良，全国为此哀号，不能忍受这样的弊端。这样看来，灭亡齐国就是指日可待的事情了。然后寻找机会发起迅雷不及掩耳之势的讨伐，就如同摧枯拉朽，腐朽的敌人是很容易被消灭的。”

网纹玻璃杯

第三是：“古时候勾践打算灭掉吴国，尚且经历了十年的磨砺；周武王想要征讨商纣，还曾不厌其烦地一再出兵。如今假如能够在乱世暂且退隐，伺机等待，我认为最好重新表示尊重睦邻友好，重新制定盟约，安抚百姓使大众和睦相处，互通贸易优惠工商，养精蓄锐提高声威，窥伺机会然后行动，这就好比是用长长的马鞭远远地驾驭拉车的马匹，可以坐着慢慢找寻兼并对方的机会。”

【评析】

北周武帝计划征讨北齐，韦孝宽上疏武帝陈述三条计策。这三条计策充分分析

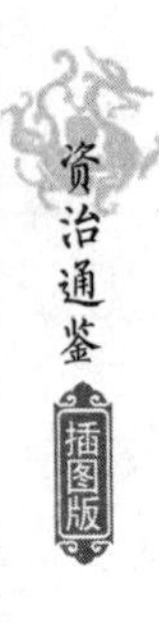

了天下的形势，给北周武帝指出了平定天下、统一中原的道路。北周武帝是一个明白事理的皇帝，听从了韦孝宽的计策，没有几年就消灭了齐。可惜没有等到平定陈朝，武帝就死了，但继位的隋文帝杨坚还是按照这个计划一步步地消灭了陈朝，统一了天下。

元胄忠勇

【原文】

陈高宗宣皇帝太建十二年

杨坚

赵僭王招谋杀坚，邀坚过其第，坚赍酒淆就之。招引入寝室，招子员、贯及妃弟鲁封等皆在左右，佩刀而立，又藏刃于帷席之间，伏壮士于室后。坚左右皆不得从，唯从祖弟开府仪同大将军弘、大将军元胄坐于户侧。胄，顺之孙也。弘、胄皆有勇力，为坚腹心。酒酣，招以佩刀刺瓜连啗坚，欲因而刺之。元胄进曰："相府有事，不可久留。"招诃之曰："我与丞相言，汝何为者！"叱之使却。胄瞋目愤气，扣刀入卫。招赐之酒，曰："吾岂有不善之意邪！卿何猜警如是？"招伪吐，将入后阁，胄恐其为变，扶令上坐，如此再三。招伪称喉干，命胄就厨取饮，胄不动。会滕王逌后至，坚降价迎之。胄耳语曰："事势大异，可速去！"坚曰："彼无兵马，何能为！"胄曰："兵马皆彼物，彼若先发，大事去矣！胄不辞死，恐死无益。"坚复入坐。胄闻室后有被甲声，遽请曰："相府事殷，公何得如此！"因扶坚下床趋去。招将追之，胄以身蔽户，招不得出；坚及门，胄自后至。招恨不时发，弹指出血。壬子，坚诬招与越野王盛谋反，皆杀之，及其诸子。赏赐元胄，不可胜计。

【译文】

陈宣帝太建十二年（公元580年）

北周赵僭王宇文招图谋杀掉杨坚，于是就邀请杨坚到他的府第做客，杨坚携带酒菜前往。宇文招把杨坚带入自己的寝室，并让他的儿子宇文员、宇文贯和妻弟鲁封等在左右陪侍，个个佩刀而立。宇文招还暗地里在帷幕与宴席之间藏着兵器，在寝室的后面埋伏壮士。杨坚的左右侍卫都不得随从，唯独杨坚的从祖堂弟开府大将军杨弘和大将军元胄被允许坐在寝室的门两侧。元胄是元顺的孙子。杨弘与元胄都是勇武之士，同为杨坚的心腹将领。酒酣耳热，宇文招便不断用佩刀刺瓜送入杨坚口中，企图借机行刺于他。元胄见情况不妙，便上前对杨坚说道："相府还有好多事要处理，不能在这里长时间停留。"宇文招呵斥他道："我正和丞相谈话，你想做什么！"喝令他退下去。元胄怒气冲冲地瞪着双眼，提刀紧挨着杨坚站立。宇文招赐酒给元胄喝，还说道："我难道会有什么恶意吗！你何必这么多疑，而过分加以戒备？"宇文招装作要呕吐的样子，起身打算到后房去，元胄深恐他一离开就会发生变故，因此扶他让他重新坐好，就这样几次三番宇文招都没能离席。宇文招于是又谎称喉咙干渴，命令元胄去厨房拿水来，元胄却不动。恰逢滕王宇文逌迟到了一会儿，杨坚走下台阶去迎接他。元胄趁机对杨坚耳语道："情况异常，请赶紧离开这里！"杨坚说："他手上没有兵权，又能有什么大的作为！"元胄说："军队原本就属于皇室所有，假如他先发制人，那么到时候一切就完了。我元胄并不是贪生怕死，只是恐怕死得没有意义。"杨坚根本不为元胄的话所动，仍旧回到座位上。元胄听见寝室后面有士兵穿戴盔甲的声音，便立即上前对杨坚说："相府公务繁忙，您怎能如此畅饮久留？"说罢就扶杨坚下座床快步离开。宇文招企图追赶杨坚，却被元胄用身体挡在门口，宇文招出不了门；等到杨坚已经走到了大门口，元胄这才从后面赶上。宇文招后悔自己没有先发制人，恨得以致于指头都弹出血来。二十九日，杨坚诬告宇文招与越野王宇文盛密谋反叛，杀了他们二人以及他们的儿子，对元胄进行了重重的封赏，赏金多得数不胜数。

【评析】

宇文招宴请杨坚的这顿饭，又是一出"鸿门宴"！当年刘邦赴宴，有张良和樊哙等人的护卫，才得以脱身。这次宇文招准备得不比项羽差，却又让杨坚逃脱了，主要是元胄的帮助。若是没有元胄的舍身相救，杨坚恐怕早就成为刀下之鬼了。

后主亡国

【原文】

陈长城公至德二年

是岁，上于光昭殿前起临春、结绮、望仙三阁，各高数十丈，连延数十间，其牕、牖、壁带、县楣、栏、槛皆以沈、檀为之，饰以金玉，间以珠翠，外施珠帘，内有宝床、宝帐，其服玩瑰丽，近古所未有。每微风暂至，香闻数里。其下积石为山，引水为池，杂植奇花异卉。上自居临春阁，张贵妃居结绮阁，龚、孔二贵嫔居望仙阁，并复道交相往来。又有王、李二美人，张、薛二淑媛，袁昭仪、何婕妤、江修容，并有宠，迭游其上。以宫人有文学者袁大舍等为女学士。仆射江总虽为宰辅，不亲政务，日与都官尚书孔范、散骑常侍王瑳等文士十余人，侍上游宴后庭，无复尊卑之序，谓之"狎客"。上每饮酒，使诸妃、嫔及女学士与狎客共赋诗，互相赠答，采

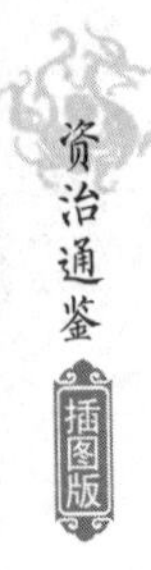

其尤艳丽者，被以新声，选宫女千余人习而歌之，分部迭进。其曲有《玉树后庭花》、《临春乐》等，大略皆美诸妃嫔之容色。君臣酣歌，自夕达旦，以此为常。

张贵妃名丽华，本兵家女，为龚贵嫔侍儿，上见而悦之，得幸，生太子深。贵妃发长七尺，其光可鉴，性敏慧，有神彩，进止详华，每瞻视眄睐，光采溢目，照映左右。善候人主颜色，引荐诸宫女；后宫咸德之，竞言其善。又有厌魅之术，常置淫祀于宫中，聚女巫鼓舞。上怠于政事，百司启奏，并因宦者蔡脱儿、李善度进请；上倚隐囊，置张贵妃于膝上，共决之。李、蔡所不能记者，贵妃并为条疏，无所遗脱。因参访外事，人间有一言一事，贵妃必先知白之；由是益加宠异，冠绝后庭。宦官近习，内外连结，援引宗戚，纵横不法，卖官鬻狱，货赂公行；赏罚之命，不出于外。大臣有不从者，因而谮之。于是孔、张之权熏灼四方，大臣执政皆从风谄附。

【译文】

陈长城公至德二年（公元584年）

南朝陈后主妃张丽华

这一年，陈后主在皇宫光昭殿前修筑临春、结绮、望仙三座楼阁。每一座楼阁都高达数十丈，连延数十间，门、窗、壁带、悬楣、栏杆等都是用沉木和檀木雕刻而成，并装饰以黄金、玉石或者珍珠、翡翠等，楼阁的门窗外都悬挂着珠帘，室内摆放着宝床、宝帐，穿戴赏玩的东西瑰奇华丽，都是近古以来所未有的。每当微风轻拂，沉木、檀木便会香飘数里。楼阁下用石头堆积成假山，引水为池，并且还混杂种植着奇花异草。

陈后主自己居住在临春阁，张贵妃居住在结绮阁，龚、孔两贵嫔居住在望仙阁，彼此通过各楼阁间的复道互相来往。此外，后宫之中还有王美人、李美人、张淑媛、薛淑媛、袁昭仪、何婕妤、江修容都为陈后主所宠幸，她们也常常到三座楼阁上游玩享乐。陈后主还任命宫女中有文才的袁大舍等人为女学士。尚书仆射江总尽管担任宰相一职，但是却不亲自处理政事，天天与都官尚书孔范、散骑常侍王瑳等十几个文官，伺候后主在皇宫后庭游玩宴乐，在那里不讲究君臣尊卑次序，被称作“狎客”。陈后主每次举办酒宴，都让诸位妃、嫔和女学士等狎客一起赋诗作文，互相赠答，然后从中挑选特别艳丽的诗作，谱成新曲，再挑选宫女千余人练习歌唱，分部上演。其歌曲有《玉树后庭花》、《临春乐》等，大多是夸赞各位妃、嫔的美丽容貌的。君臣饮酒听歌，通宵达旦，习以为常。

张贵妃名叫丽华，原本是兵家之女，后为龚贵妃的婢女，陈后主对她一见钟情。她很快得到了陈后主的宠幸，生下了太子陈深。张贵妃的头发大约有七尺长，乌黑油亮，又机敏聪慧，富有文采，举止优雅端庄。每当她顾盼凝视之时，更显得光彩照人，照映左右。张贵妃善于察言观色，体察后主的心意，为后主引荐宫女；因此后宫的妃、嫔、宫女一律对她感恩戴德，竞相在陈后主面前夸赞她的善良。她又擅长装神弄鬼的巫术，常常在后宫中举行一些不合礼仪的祭祀活动，聚集女巫在那里鼓瑟跳舞，把整个后宫弄得乌烟瘴气。陈后主懒得处理政事，朝中文武百官只要有所启奏，都必须经由宦官蔡脱儿、李善度呈进请示；陈后主于是靠在松软的靠垫上，把张贵妃抱坐在他的膝盖上，两人共同审批奏表，裁决政事。大凡蔡脱儿、李善度两人所没能记住的，张贵妃都会逐条地加以分析，因此任何遗漏都没有。张贵妃还经常参访了解皇宫以外的事情，人世间的一言一事，张贵妃必定预先知道，然后如实禀告陈后主。陈后主因此更加宠幸她，这样一来，张贵妃的地位就远远超过了后宫的所有妃、嫔。陈后主近旁的宦官和亲信里外勾结，狼狈为奸，援引宗属亲戚，横行霸道，卖官鬻狱，贿赂公行，甚至连朝廷赏罚命令，也都尽出宫外。外朝的大臣稍有违背旨意的，就会遭到的陷害。一时间，孔贵嫔、张贵妃权倾朝野、炙手可热，执掌朝政的王公大臣无不竞相逢迎攀附。

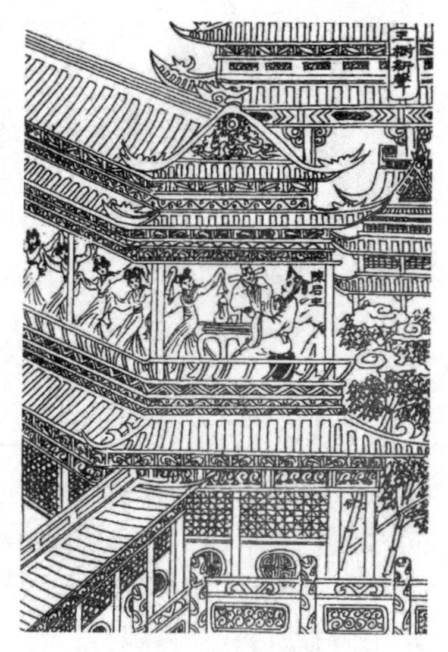

玉树新声

【原文】

孔范与孔贵嫔结为兄妹；上恶闻过失，每有恶事，孔范必曲为文饰，称扬赞美，由是宠遇优渥，言听计从。群臣有谏者，辄以罪斥之。中书舍人施文庆，颇涉书史，尝事上于东宫，聪敏强记，明闲吏职，心算口占，应时条理，由是大被亲幸。又荐所善吴兴沈客卿、阳惠朗、徐哲、暨慧景等，云有吏能，上皆擢用之；以客卿为中书舍人。客卿有口辩，颇知朝廷典故，兼掌金帛局。旧制：军人、士人并无关市之税。上盛修宫室，穷极耳目，府库空虚，有所兴造，恒苦不给。客卿奏请不问士庶并责关市之征，而又增重其旧。于是以阳惠朗为太市令，暨慧景为尚书金、仓都令史，二人家本小吏，考校簿领，毫厘不差；然皆不达大体，督责苛碎，聚敛无厌，士民嗟怨。客卿总督之，每岁所入，过于常格数十倍。上大悦，益以施文庆为知人，尤见亲重，小大众事，无不委任。转相汲引，珥貂蝉者五十人。

孔范自谓文武才能，举朝莫及，从容白上曰："外间诸将，起自行伍，匹夫敌耳。深见远虑，岂其所知！"上以问施文庆，文庆畏范，亦以为然；司马申复赞之。自是将帅微有过失，即夺其兵，分配文吏；夺任忠部曲以配范及蔡徵。由是文武解体，以至覆灭。

【译文】

都官尚书孔范与孔贵嫔结拜为兄妹；陈后主厌恶听到大臣批评自己有过失的话，所以每次他办了错事，孔范必定会设法为他掩饰开脱，并且还对他进行称颂赞

玛瑙璧

美。因此，陈后主对孔范极为宠信礼遇，常常对他言听计从。文武百官有胆敢直言进谏的，孔范都会给他冠以罪名，然后将他排挤出朝。中书舍人施文庆向来博览群书，陈后主当初还是皇太子的时候，施文庆曾供职于东宫，因为他聪明机敏，博闻强记，通晓深谙吏职政务，善于心算口占，随时随地都能把事情处理得井然有序，所以深受陈后主的亲近和宠幸。施文庆还向陈后主举荐了他的好友吴兴人沈客卿、阳惠朗、徐哲、暨慧景等人，说他们都有担任官吏的才能，陈后主因此对他们都给予提拔重用，并让沈客卿出任中书舍人。沈客卿生性能言善辩，很懂得朝廷的典章常例，兼带执掌中书省金帛局。按照旧制：国家不对军人、官吏征收入市关税。可是因为陈后主大兴土木、修筑宫室，装饰极其奢华，造成国库亏空，财政枯竭，再稍微有所兴造，就时常苦于没钱支付。沈客卿于是奏请不论官吏还是平民，都要对其征收入市关税，而且还提请增加征收数额。陈后主随即让阳惠朗出任太市令，暨慧景出任尚书金、仓都令史。阳、暨二人本是小吏出身，考校文簿，丝毫不差；然而却都不识为政大体，督责苛刻烦碎，聚敛贪得无厌，一时间，官吏百姓怨声载道。沈客卿督导总领，每年所得的收入，都超过往年数额的数十倍。陈后主因此大为喜悦，更加认为施文庆有善于知人的贤明，尤其亲信倚重他，把大小政事都悉数交由他处理。施文庆一伙人转相引荐，显赫朝野的多达五十人。

孔范自以为是文武全才，朝堂上下没有人能够与之相比，于是从容自若地对陈后主说道："朝外那些带兵作战的将帅，都出身行伍，空有匹夫之勇。至于深谋远虑、运筹帷幄，他们哪里会知晓！"陈后主因此征询施文庆的意见，施文庆因为畏惧孔范的权势，所以就随声附和；中书通事舍人司马申也对孔范的见解表示赞同。从此以后，将帅只要稍有过失，就立刻会被削夺兵权，分配给文职官吏；领军将军任忠的部曲因此被夺取分配给孔范和蔡徵。于是文臣武将全都离心离德、行将解体，最终导致了陈朝的覆灭。

【评析】

陈后主是历史上有名的昏君，他整天在后宫里与王妃宫女饮酒作乐，从来没有想过上朝的事情，朝中的大事都交给大臣去办理；他不知道朝中有多少个大臣，甚至连谁是文臣、谁是武将都分不清；他没过问过天下贫苦的百姓，不知道陈国的边疆有多大；他待在后宫，不知道春秋与冬夏。朝政一天比一天腐败，地方官员效仿朝中文武官员，只顾敲诈百姓，作威作福，陈朝的百姓都在死亡线上挣扎。这样的王朝怎么会不灭亡呢？

隋纪

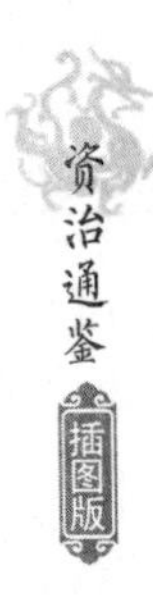

擒虎灭陈

【原文】

隋高祖文皇帝开皇九年

隋文帝

春，正月，乙丑朔，陈主朝会群臣，大雾四塞，入人鼻，皆辛酸，陈主昏睡，至晡时乃寤。

是日，贺若弼自广陵引兵济江。先是弼以老马多买陈船而匿之，买弊船五六十艘，置于渎内。陈人觇之，以为内国无船。弼又请缘江防人每交代之际，必集广陵，于是大列旗帜，营幕被野，陈人以为隋兵大至，急发兵为备，既知防人交代，其众复散；后以为常，不复设备。又使兵缘江时猎，人马喧噪。故弼之济江，陈人不觉。韩擒虎将五百人自横江宵济采石，守者皆醉，遂克之。晋王广帅大军屯六合镇桃叶山。

丙寅，采石戍主徐子建驰启告变；丁卯，召公卿入议军旅。戊辰，陈主下诏曰："犬羊陵纵，侵窃郊畿，蜂虿有毒，宜时扫定。朕当亲御六师，廓清八表，内外并可戒严。"以骠骑将军萧摩诃、护军将军樊毅、中领军鲁广达并为都督，司空司马消难、湘州刺史施文庆并为大监军，遣南豫州刺史樊猛帅舟师出白下，散骑常侍皋文奏将兵镇南豫州。重立赏格，僧、尼、道士，尽令执役。

【译文】

隋文帝开皇九年（公元589年）

这年春天正月初一，陈后主召见群臣。大雾弥漫整座建康城，有一股酸辣的味道充斥在空气中。陈后主一直昏睡到傍晚才逐渐清醒过来。

这一天，贺若弼统领隋朝大军从广陵横渡长江抵达济江。在此以前，贺若弼把军中的老马全都卖掉，买回了许多船只并把它们藏匿了起来；还另外买了五、六十艘破船停放在小河里，这都是为了制造假象来蒙蔽陈朝前来窥探军情的人，让他们以为隋朝大军缺乏船只。贺若弼还请求隋文帝让沿江戍防的战士每次换防时都在广陵聚集，因此这里到处插满旗帜，而且还有大片的营帐设在野外。陈朝的士兵都以为是隋军将要发动大规模的进攻了，急忙摆开阵势准备迎战。后来他们才弄明白原来这只是隋朝戍军在换防，便让众将士各自散去。后来又经过几次后，陈朝将士已经对于隋军的这种状况习以为常，也就不再急于设防抵御进攻了。贺若弼还时常让兵士沿江边狩猎，故意弄得人马喧嚣。陈军完全被隋军的举动蒙蔽，因此也就放松了警惕，所以当贺若弼率军渡江时，他们竟然一点也没有觉察到。韩擒虎率五百人趁着夜色从横江出发渡江抵达采石，当时江边戍防的陈军全部烂醉如泥，隋军不费吹灰之力便攻克了采石。晋王杨广则率领大军屯驻在六合镇桃叶山。

正月初二，戍防采石的主将徐马建驰马飞往京城报告隋军已经渡江的消息。初三，陈后主急忙召集所有公卿大臣到宫中协商对策。初四，陈后主下诏："隋军入侵我大陈境内，窃取侵占了建康周围的土地。虽然他们只是像蜂蝎一样微不足道，但总会带来坏的影响，应该尽快扫除才是。我打算亲自统率六军，把敌寇清理出境，因此京城建康和其他地方都要进入戒严状态，积极备战。"随后任命骠骑将军萧摩诃、护军将军樊毅、中领军鲁广达三人为都督，司空司马消难和湘州刺史施文庆为大监军，另外派遣南豫州刺史樊猛率领船队、水师从白下城出发，并让散骑常侍皋文奏领兵镇守南豫州。同时还设立了丰厚的奖赏制度，甚至连和尚、尼姑、道士等都应征入伍参加战斗。

【原文】

庚午，贺若弼攻拔京口，执南徐州刺史黄恪。弼军令严肃，秋毫不犯，有军士于民间酤酒者，弼立斩之。所俘获六千馀人，弼皆释之，给粮劳遣，付以敕书，令分道宣谕。于是所至风靡。

隋文帝祈雨图

樊猛在建康，其子巡摄行南豫州事。辛未，韩擒虎进攻姑孰，半日，拔之，执巡及其家口。皋文奏败还。江南父老素闻擒虎威信，来谒军门者昼夜不绝。

鲁广达之子世真在新蔡，与其弟世雄及所部降于擒虎，遣使致书招广达。广达时屯建康，自劾，诣廷尉请罪；陈主慰劳之，加赐黄金，遣还营。樊猛与左卫将军蒋元逊将青龙八十艘于白下游弈，以御六合兵；陈主以猛妻子在隋军，惧有异志，欲使镇东大将军任忠代之，令萧摩诃徐谕猛，猛不悦，陈主重伤其意而止。

于是贺若弼自北道，韩擒虎自南道并进，缘江诸戍，望风尽走；弼分兵断曲阿之冲而入。陈主命司徒豫章王叔英屯朝堂，萧摩诃屯乐游苑，樊毅屯耆阇寺，鲁广达屯白土冈，忠武将军孔范屯宝田寺，己卯，任忠自吴兴入赴，仍屯朱雀门。

【译文】

初六，贺若弼率军攻克京口，生擒南徐州刺史黄恪。贺若弼治军严谨，对百姓秋毫不犯，凡是到民间喝酒买醉的军士一律立即斩首。但却对所俘虏的六千余名陈朝军民宽容有加，不仅将他们全都释放，而且还发给粮食将他们遣送回家，附带发

隋·白釉双龙耳瓶

给他们隋文帝的敕书，让他们到处宣读散发。于是隋军所到之处，陈军都会望风而逃。

陈朝的南豫州刺史樊猛当时正好在建康，留下他的儿子樊巡代理他的职务。初七，隋将韩擒虎率军进攻姑孰。仅仅用了半天的时间就把姑孰攻陷了，樊巡全家都成了俘虏。皋文奏兵败以后便逃回到建康。江南父老素闻韩擒虎的威名，前来军营拜见韩擒虎的人昼夜不间断。

鲁广达的儿子鲁世真在新蔡与弟弟鲁世雄一起率军投降了韩擒虎，并派人送信以招降鲁广达。鲁广达当时正率军屯驻建康，接到信后，羞愧难当，主动请求弹劾自己，并亲自到廷尉那里去请罪。陈后主不但给予他安慰，还赏赐他大量黄金，让他回到军营。樊猛与左卫将军蒋元逊率领青龙战船八十艘在白下一带巡防，以抵御从六合来的隋军。陈后主担心樊猛会因为妻小都在隋军手里而有所顾忌，不能全力以赴地作战，甚至会叛陈归隋，所以就打算让镇东大将军任忠代替他的职务，于是派萧摩诃前去委婉地转达此意。樊猛知道后大为不悦，陈后主见他反应如此强烈只好作罢。

贺若弼、韩擒虎分别率军从北面、南面共同向前进击。沿江戍防的陈军将士全都吓得望风而逃。贺若弼分出一部分兵力占领了曲阿，隔断了陈朝援兵的来路，隋朝主力军因此放心大胆地向建康挺进。陈后主派司徒豫章人王叔英屯守朝堂，萧摩诃屯守乐游宛，樊毅屯守耆阇寺，鲁广达屯守白土冈，忠武将军孔范屯守宝田寺。十五日，任忠率军从吴兴赶赴建康，仍然屯守朱雀门。

【原文】

辛未，贺若弼进据钟山，顿白土冈之东。晋王广遣总管杜彦与韩擒虎合军，步骑二万屯于新林。蕲州总管王世积以舟师出九江，破陈将纪瑱于蕲口，陈人大骇，降者相继。晋王广上状，帝大悦，宴赐群臣。

时建康甲士尚十余万人，陈主素怯懦，不达军士，唯日夜啼泣，台内处分，一以委施文庆。文庆既知诸将疾已，恐其有功，乃奏曰："此等怏怏，素不伏官，迫此事机，那可专信！"由是诸将凡有启请，率皆不行。

贺若弼之攻京口也，萧摩诃请将兵逆战，陈主不许。及弼至钟山，摩诃又曰："弼悬军深入，垒堑未坚，出兵掩袭，可以必克。"又不许。陈主召摩诃、任忠于内殿议军事，忠曰："兵法：客贵速战，主贵持重。今国家足食足兵，宜固守台城，缘淮立栅，北军虽来，勿与交战；分兵断江路，无令彼信得通。给臣精兵一万，金翅三百艘，下江径掩六合，彼大军必谓其度江将士已被俘获，自然挫气。淮南土人与臣旧相知悉，今闻臣往，必皆景从。臣复扬声欲往徐州，断彼归路，则诸军不击自去。待春水既涨，上江周罗睺等众军必沿流赴援，此良策也。"陈主不能从。明日，欻然曰：“兵久不决，令人腹烦，可呼萧郎一出击之。”任忠叩头苦请勿战。孔范又奏：“请作一决，当为官勒石燕然。”陈主从之，谓摩诃曰：“公可为我一决!”摩诃曰：“从来行陈，为国为身；今日之事，兼为妻子。”陈主多出金帛赋诸军以充赏。甲申，使鲁广达陈于白土冈，居诸军之南，任忠次之，樊毅、孔范又次之，萧摩诃军最在北。诸军南北亘二十里，首尾进退不相知。

隋朝服饰

贺若弼将轻骑登山，望见众军，因驰下，与所部七总管杨牙、员明等甲士凡八千，勒陈以待之。陈主通于萧摩诃之妻，故摩诃初无战意；唯鲁广达以其徒力战，与弼相当。隋师退走者数四，弼麾下死者二百七十三人，弼纵烟以自隐，窘而复振。陈兵得人头，皆走献陈主求赏，弼知其骄惰，更引兵趣孔范；范兵暂交即走，陈诸军顾之，骑卒乱溃，不可复止，死者五千人。员明擒萧摩诃，送于弼，弼命牵斩之，摩诃颜色自若，弼乃释而礼之。

【译文】

贺若弼占据钟山，在白土冈东面驻军。晋王杨广派总管杜彦与韩擒虎合军，总共有两万步、骑兵屯驻新林。蕲州总管王世积率领水师船队从九江出军，在蕲口大败陈将纪瑱。陈军因此惊恐万分，相继投降隋军。晋王杨广把这一情况上报给隋文帝，隋文帝听后十分高兴，大肆宴请并赏赐群臣。

当时建康驻兵十多万人，可是陈后主一向胆怯懦弱，又不懂得如何行军作战，只知道不分昼夜地哭泣叹息，朝廷内外大小政事一律交由施文庆去处理。施文庆深知朝中许多将领都很忌恨自己，因此生恐他们立下战功会超过自己，于是便向后主上奏道：“这些人向来对您心怀不满，不愿服从陛下您的管理。如今在这样的危急关头他们的话怎能听信呢。”因此陈后主对于将领们的计策或请求多数不予准许。

贺若弼当初进攻京口时，萧摩诃上奏请求带兵迎击，没有得到陈后主的准许。后来等到贺若弼已经抵达钟山，萧摩诃再次上奏，说：“贺若弼孤军深入，趁他的脚跟还没有站稳，堡垒还没有建牢固，战壕也还没有深挖，赶紧带兵前去突袭，肯定能够攻克他们。”却再次遭到了陈后主的拒绝。陈后主在内殿召见萧摩诃、任忠，与他们商谈军事。任忠说：“兵法上说：客军贵在速战速决，主军重在坚守沉着。如今国内有充足的粮草和兵力，我们应当坚城固守，严守台城，沿着淮河边缘建立营寨。纵然隋军前来也不要同他们作战；并分出部分兵力阻断他们渡江的路，让他们彼此无法联系。请陛下拨给我精兵一万、金翅战船三百艘，然后我率军顺江而下去攻打六合军，他们必定会以为先前渡江的将士已经成了我们的俘虏，自然会士气大伤。加之淮南一带的民众都与我是旧相识，现在听说我去了，一定会纷纷响应。

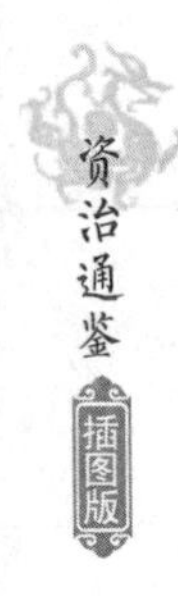

到那时我再派人放话说打算去徐州切断隋军的归路，那么他们就会不攻自破了。等到春天河水上涨，上游的周罗睺等人必定会率军沿江前来增援，这可是攻破敌人的良策啊。”可是这个绝佳方案依然没有被陈后主所采纳。第二天，陈后主突然说：“战事久久未决，真是令人烦忧。倒不如干脆让萧郎带兵出击吧。”任忠立即叩头苦苦请求不要出兵决战。孔范却火上浇油地奏请后主道：“请陛下下令出兵与隋军决战吧！我已经做好为朝廷刻石碑记录战功的准备了。”陈后主听罢立即点头答应，对萧摩诃说：“请你为我决战。”萧摩诃回答：“自古以来作战都是为了国家、为了自己；如今这一仗还要为我的妻子和儿女。”陈后主因此拿出许多黄金、绢帛赏赐给将士们。二十日，陈后主让鲁广达在白土冈布阵。鲁广达的军队位于最南边，任忠的稍微偏北，樊毅、孔范的军队则依次在任忠以北，萧摩诃的军队位于最北面。整个军队从南到北绵延了二十多里远。由于军队间相隔太远，以至于南北两端军队的进退竟然彼此都不知晓。

隋·舍利塔

贺若弼率领一支轻骑登上山头眺望，望见陈军人数众多，因此驰马下山组织隋军布阵。他与下属的七个总管杨牙、员明等人各领八千名身穿盔甲的战士，也很快拉开阵势准备迎战。萧摩诃因为妻子与陈后主私通，所以一开始就无心应战。唯独鲁广达尽全力上前拼杀，实力与贺若弼不相上下。几个回合下来，隋军略微有些不敌，四次退兵。贺若弼手下的兵士死去的已经有二百七十三人，无奈他只好施放浓烟作为掩护，让自己的队伍稍作休整，很快他们就从困境中重新振作起来。而陈军作战时，只要斩得隋军的人头，就会立马跑去向陈后主请赏。贺若弼知道陈军尽管人数众多，却个个骄纵懒惰，期间尤其以孔范所部最为虚弱，所以打算先从孔范下手。孔范的军队果真虚弱不堪，刚一交战就败走。陈朝的其他各路军队一见孔范败下阵来，即刻方寸大乱、溃不成军，有五千多名将士战死。员明生擒了萧摩诃，把他交给贺若弼，贺若弼下令将其斩杀，只见萧摩诃面不改色、神情自若，于是立即下令为他松绑，并以礼相待。

【原文】

任忠驰入台，见陈主言败状，曰：“官好住，臣无所用力矣！”陈主与之金两縢，使募人出战，忠曰：“陛下唯当具舟楫，就上流众军，臣以死奉卫。”陈主信之，敕忠出部分，令宫人装束以待之，怪其久不至。时韩擒虎自新林进军，忠已帅数骑迎降于石子冈。领军蔡征守朱雀航，闻擒虎将至，众惧而溃。忠引擒虎军直入朱雀门，陈人欲战，忠挥之曰：“老夫尚降，诸军何事！”众皆散走。于是城内文武百司皆遁，唯尚书仆射袁宪在殿中，尚书令江总等数人居省中。陈主谓袁宪曰：

"我从来接遇卿不胜馀人，今日但以追愧。非唯朕无德，亦是江东衣冠道尽!"

陈主遑遽，将避匿，宪正色曰："北兵之入，必无所犯。大事如此，陛下去欲安之！臣愿陛下正衣冠，御正殿，依梁武帝见侯景故事。"陈主不从，下榻驰去，曰："锋刃之下，未可交当，吾自有计!"从宫人十馀出后堂景阳殿，将自投于井，宪苦谏不从；后阁舍人夏侯公韵以身蔽井，陈主与争，久之，乃得入。既而军人窥井，呼之，不应，欲下石，乃闻叫声；以绳引之，惊其太重，及出，乃与张贵妃、孔贵嫔同束而上。

【译文】

隋·一佛二菩萨雕塑像

任忠驰马回到建康台城中，向陈后主如实禀报了陈军败绩的情况，说："陛下您好自为之吧，我已经无能为力了。"陈后主于是给了他两束金，让他出去招募兵士，任忠说："陛下现在应准备船只，到上游的军营中去，臣将以死保卫您的安全。"陈后主听信了他的话，就让他出宫去作准备，同时下令宫人为自己准备行装，可是过了很久仍然不见任忠回来。就在这时，韩擒虎已经率军从新林发兵，任忠则带领几个骑兵前往石子冈向他投降。领军蔡征率军戍守朱雀门，听说韩擒虎来了，守城的将士们个个吓得魂不附体，纷纷溃逃。任忠引领韩擒虎一行直奔朱雀门，陈军本想抵抗，只见任忠挥手说道："老夫我尚且向他投降，你们有什么能耐?"一时间，陈军全都溃散。没过多久，城里的文武百官几乎全都逃跑了，唯独尚书仆射袁宪仍然留在殿里，还有尚书令江总等数人仍留在尚书省中。陈后主对袁宪感慨道："我向来对你不如其他人好，现在回想起来真的很惭愧。这不仅仅是因为朕无德无能，的确也是江东衣冠楚楚的道貌岸然之徒道德尽失啊!"

得知韩擒虎已经向皇宫进逼的消息，陈后主惊恐万分，急着要寻觅藏身之地。袁宪正色道："纵然隋军进来也不会对您有所侵犯。既然事已至此，您还往哪里去躲？我劝陛下还是穿戴整齐，端坐在正殿上等待他们的到来，就像梁武帝当年拜见侯景那样。"但是陈后主并没有听从他的话，急忙走下座椅飞跑出去，边跑边说："锋利的刀刃之下，不能与他们正面接触，我有自己的打算。"随即带了十多个宫女从后堂景阳殿跑了出去，准备到枯井里去藏匿，袁宪苦苦相劝他也不听。后阁舍人夏侯公韵用身体挡在井旁跟他理论，可是最终陈后主还是从井口跳了下去。没过多久，隋军到达，前去井口窥探，大声喝叫下面却没有回应。当他们扬言要向井里扔石头时，只听见陈后主在下面惊叫起来；于是他们丢下绳子想把陈后主从井底拉出来，可是却很重，这让将士们大为吃惊。等到拉出来一看，原来是陈后主把自己和孔贵嫔、张贵妃捆在了一起。

隋·五牙战船

【原文】

沈后居处如常。太子深年十五，闭阁而坐，舍人孔伯鱼侍侧，军士叩阁而入，深安坐，劳之曰："戎旅在途，不至劳也！"军士咸致敬焉。时陈人宗室王侯在建康者百余人，陈主恐其为变，皆召入，令屯朝堂，使豫章王叔英总督之，又阴为之备，及台城失守，相帅出降。贺若弼乘胜至乐游苑，鲁广达犹督余兵苦战不息，所杀获数百人，会日暮，乃解甲，面台再拜恸哭，谓众曰："我身不能救国，负罪深矣！"士卒皆流涕歔欷，遂就擒。诸门卫皆走，弼夜烧北掖门入，闻韩擒虎已得陈叔宝，呼视之，叔宝惶惧，流汗股栗，向弼再拜。弼谓之曰："小国之君当大国之卿，拜乃礼也。入朝不失作归命侯，无劳恐惧。"既而耻功在韩擒虎后，与擒虎相詢，挺刃而出；欲令蔡徵为叔宝作降笺，命乘骡车归己，事不果。弼置叔宝于德教殿，以兵卫守。

【译文】

沈皇后起居照旧，一点都没有慌乱的迹象。皇太子陈深当时年方十五岁，关起门来，安然端坐，太子的舍人孔伯鱼在一旁陪侍，隋军兵士叩门进入，陈深稳坐不动，并好言慰劳隋军道："你们一路上奔波劳顿，还不至于太劳累吧？"隋军兵士于是纷纷向他致敬。当时陈朝宗室王侯在建康城中的有一百多人，陈后主生恐他们发起叛乱，就把他们全部召到了宫里去，并让他们都聚集在朝堂上，令豫章王陈叔英对他们加以监督，还暗中严加防备。等到台城失守后，他们都争相出降。

隋将贺若弼率军乘胜到乐游苑，陈朝都督鲁广达仍然督率残兵败将在那里苦战不休，先后杀死俘虏隋军数百人。当时正赶上天色已晚，鲁广达这才放下武器，朝着台城方向拜了又拜，禁不住悲声恸哭，他对部下说道："我自己没能拯救国家，真是罪孽深重啊！"部下兵士听后也都跟着痛哭流涕，随即被隋军生擒。台城的宫门侍卫都吓得四处溃逃，贺若弼率军趁夜烧毁了北掖门，得以进入皇宫，听说韩擒虎已经擒获了陈后主，于是就传唤他亲自察看，陈后主十分恐惧，只见他被吓得汗流浃背，瑟瑟发抖，不住地向贺若弼叩头跪拜。贺若弼因此说道："小国的君主见了大国的公卿大臣，按礼应该跪拜。阁下到了隋朝仍然会被封归命侯，所以不必恐惧。"随后，贺若弼因耻于功在韩擒虎之下，与韩擒虎发生激烈争吵，以致于怒气冲冲地拔刀相向，企图下令陈朝前吏部尚书蔡徵代陈后主起草降书，并下令陈后主乘坐骡车归附自己，然而未能实现。因此，贺若弼便将陈后主幽禁于德教殿内，派兵士严加守卫。

【评析】

公元589年，隋文帝派韩擒虎和贺若弼两人攻打陈朝。南朝的百姓早就不堪忍受，隋兵所到之处都受到人们的欢迎，陈朝很快就灭亡了。南北朝对峙的局面结束，分裂了二百多年的中国重新在隋朝统一了。

杨广伪善

【原文】

隋高祖文皇帝开皇二十年

晋王广弥自矫饰，唯与萧妃居处，后庭有子皆不育，后由是数称广贤。大臣用事者，广皆倾心与交。上及后每遣左右至广所，无贵贱，广必与萧妃迎门接引，为设美馔，申以厚礼；婢仆往来者，无不称其仁孝。上与后尝幸其第，广悉屏匿美姬于别室，唯留老丑者，衣以缦彩，给事左右；屏帐改用缣素；故绝乐器之弦，不令拂去尘埃。上见之，以为不好声色，还宫，以语侍臣，意甚喜，侍臣皆称庆，由是爱之特异诸子。上密令善相者来和遍视诸子，对曰："晋王眉上双骨隆起，贵不可言。"上又问上仪同三司韦鼎："我诸儿谁得嗣位？"对曰："至尊、皇后所最爱者当与之，非臣敢预知也。"上笑曰："卿不肯显言邪！"

隋炀帝杨广

【译文】

隋文帝开皇二十年（公元600年）

晋王杨广更加矫揉造作、伪装自己，他只和萧妃一起住，并对所生子女一律不予抚育，独孤皇后因此曾多次盛赞杨广有德行。朝廷中凡是执掌朝政的重臣，杨广都会尽心尽力地和他们结交。隋文帝和独孤皇后每次派左右侍从到杨广的住所，不论来人身份的高低贵贱，杨广必定会和萧妃一起前往门口迎接，并设盛宴款待来人，临走还要以厚礼相赠。因此来往的奴婢仆人无不称颂杨广为人仁慈贤孝的。隋文帝与独孤皇后曾经亲自驾临杨广的府第，杨广把他的美姬悉数藏到别的房间去，只留下年老色衰的不曾身着华服的宫女在身边服侍伺候。屋子里的屏帐都改用朴素的帐幔，故意把琴弦弄断，不让擦去上面的灰尘。隋文帝见此情景，以为杨广不爱声色，一回到皇宫，便将这一情况告诉侍臣。他感到异常高兴，侍臣们也都因此向隋文帝表示祝贺。从此以后，隋文帝对杨广的宠爱明显超出了其他儿子。隋文帝下

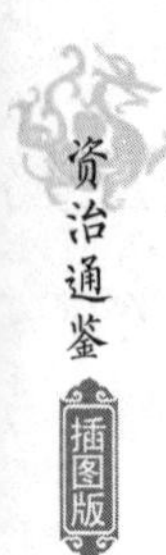

令善于看相的来和暗中把他的所有儿子都相看了一遍，来和看后说道："晋王杨广眉上双骨隆起，贵不可言。"隋文帝又征询上仪同三司韦鼎道："朕这些儿子当中，有谁可以继承皇位？"韦鼎回答道："陛下和皇后最宠爱的儿子应当继承皇位，这并非臣所能预知的。"隋文帝笑着说："爱卿是不愿意明说啊！"

隋·铜虎符

【原文】

晋王广美姿仪，性敏慧，沉深严重；好学，善属文；敬接朝士，礼极卑屈；由是声名籍甚，冠于诸王。广为扬州总管，入朝，将还镇，入宫辞后，伏地流涕，后亦泫然泣下。广曰："臣性识愚下，常守平生昆弟之意，不知何罪失爱东宫，恒蓄盛怒，欲加屠陷。每恐谗谮生于投杼，鸩毒遇于杯勺，是以勤忧积念，惧履危亡。"后忿然曰："睍地伐渐不可耐，我为之娶元氏女，竟不以夫妇礼待之。专宠阿云，使有如许豚犬。前新妇遇毒而夭，我亦不能穷治，何故复于汝发如此意！我在尚尔，我死后，当鱼肉汝乎！每思东宫竟无正嫡，至尊千秋万岁之后，遣汝等兄弟向阿云儿前再拜问讯，此是几许苦痛邪！"广又拜，呜咽不能止，后亦悲不自胜。自是后决意欲废勇立广矣。

【译文】

晋王杨广仪表堂堂，举止优雅，性情机敏聪慧，性格深沉稳重；勤奋好学，善于作诗著文；对朝中之士礼遇恭敬，待人礼貌谦卑至极，所以在朝廷内外享有很高的声誉，远远超过隋文帝的其他儿子。杨广被封任为扬州总管，前去拜见隋文帝，即将返回扬州，他前往后宫向独孤皇后辞行，跪在地上痛哭流涕，独孤皇后也因此潸然泪下。杨广说道："我生性见识少且愚钝低下，时常顾念兄弟之间的骨肉亲情，可是不知道什么地方得罪了皇太子，他常常心怀怒气，企图对我诬陷斩杀。我深恐谗言出于亲人之口、酒具食器中被投放毒药的事情发生，所以感到很忧虑，时常提心吊胆，唯恐突然遭受危亡。"独孤皇后听了非常气愤地说："睍地伐真是越来越不像话了！我为他娶了元氏的女儿为妻，他竟然不以夫妇之礼相待，反而特别宠爱阿云，让她生下了那么多猪狗一般的儿子。早先，儿媳妇元氏遭遇毒害，我也不能过分追究此事。为何他现在对你又生出这样的念头！我还没死，他就这样，如果我死了，他肯定该加害于你们了！我一想到东宫皇太子竟然没有正室，等到你们父皇百年之后，却要你们兄弟去向阿云儿跪拜问候，这是多么令人痛苦的事啊！"杨广听后重又跪倒在地上，啜泣不止，独孤皇后也悲伤得无法控制。从此以后，独孤皇后更是下定决心要废掉杨勇而立杨广为太子。

【评析】

杨广是个残忍的阴谋家，他害死自己的父亲、长兄终于当上了皇帝。当初隋文帝杨坚立杨勇为太子。杨广看见杨坚教训杨勇要注意节俭，就表面上装得特别简朴，骗得了隋文帝和独孤皇后的信任。再加上杨素帮他说话，隋文帝一直就没有发现杨广的真实面目，便把杨勇废掉，改立杨广为太子。

李密放粮

【原文】

隋恭皇帝义宁元年

李密说翟让曰："今东都空虚，兵不素练；越王冲幼，留守诸官政令不壹，士民离心。段达、元文都，暗而无谋。以仆料之，彼非将军之敌。若将军能用仆计，天下可指麾而定。"乃遣其党裴叔方觇东都虚实，留守官司觉之，始为守御之备，且驰表告江都。

密谓让曰："事势如此，不可不发。兵法曰：'先则制于己，后则制于人。'今百姓饥馑，洛口仓多积粟，去都百里有馀，将军若亲帅大众，轻行掩袭，彼远未能救，又先无豫备，取之如拾遗耳。比其闻知，吾已获之，发粟以赈穷乏，远近孰不归附！百万之众，一朝可集，枕威养锐，以逸待劳。纵彼能来，吾有备矣。然后檄召四方，引贤豪而资计策，选骁悍而授兵柄，除亡隋之社稷，布将军之政令，岂不盛哉！"让曰："此英雄之略，非仆所堪；惟君之命，尽力从事，请君先发，仆为后殿。"

庚寅，密、让将精兵七千人出阳城北，逾方山，自罗口袭兴洛仓，破之；开仓恣民所取，老弱襁负，道路相属。

【译文】

隋恭帝义宁元年（公元617年）

李密劝说翟让道："如今东都空虚，士兵平时又都没有受过什么训练，越王杨侗尚且年幼，留守京城的诸位官员又政令不一，士民早已人心涣散。段达、元文都愚昧而缺乏谋略，依我之见，他们并非将军您的对手。假如将军能够依从我的计策，天下便唾手可得。"随即派遣他的党羽裴叔方前去窥探东都的虚实。留守东都的官员对这一情况有了觉察之后，便开始着手防御的准备，并且还派人驰马去江都送奏表给隋炀帝。

李密对翟让说："事已至此，我军不得不有所行动了。兵法上云：'先动手就会争取到主动权，后动手就会受人挟制。'现在百姓正遭受饥荒，洛口仓囤积着很多粮食，距离东都有百余里，假如将军您能亲自率军，轻装上阵，掩杀突袭，他们必

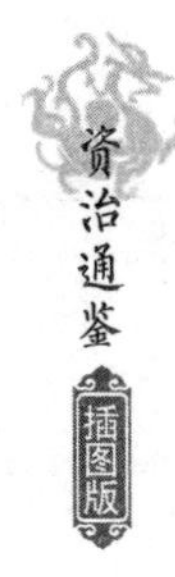

定会因路远而无法救援，预先又没有什么防备，那么攻取洛口仓简直就像从地上捡拾东西一样容易，等到对方得知消息，我们都已经得手了。发放粮食以赈济饥饿的百姓，远近之人有谁会不来归附我们呢？只需一个早晨就能聚集到百万之众。我们依仗着得来的威名，养精蓄锐，以逸待劳，即使东都派军队前来，我们也早已做好防备了。然后我们就发布檄文号召四方之士云集响应，任用豪杰贤士，听取他们的计谋，挑选骁勇强悍的将领，授予他们兵权，这样就能一举推翻隋朝，颁布将军您的政令，这难道称不上是一次盛举吗?”翟让说：“这是英雄的韬略，并非我所能够担负的，我只是听从您的安排，尽全力把事情办好，还是请您先行进发，我做殿后。”

二月初九，李密、翟让率领精兵七千人从阳城北出兵，翻越方山，从罗口突袭并攻破了兴洛仓，打开粮仓听任百姓取粮，一时间，来来往往取粮的老弱妇孺，在路上络绎不绝。

【评析】

杨玄感造反失败后，李密逃了出来，隋朝官府到处追捕他，他只得投奔瓦岗寨。为了迎取民心，李密向翟让献计，攻打兴洛仓，把夺得的粮食分给了贫苦百姓。这样一来，天下贫苦百姓都知道瓦岗寨的英名了，有志之士也都来归附，瓦岗寨的势力也因此一天天地壮大起来。

唐纪

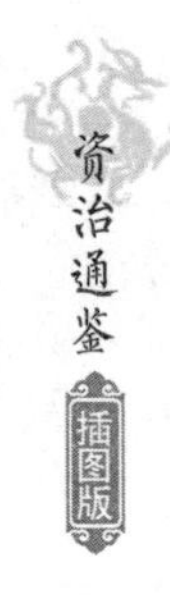

智退突厥

【原文】

唐高祖神尧大圣光孝皇帝武德七年

壬申，突厥寇忻州，丙子，寇并州；京师戒严。戊寅，寇绥州，刺史刘大俱击却之。

是时，颉利、突利二可汗举国入寇，连营南上，秦王世民引兵拒之。会关中久雨，粮运阻绝，士卒疲于征役，器械顿弊，朝廷及军中咸以为忧。世民与虏遇于豳州，勒兵将战。己卯，可汗帅万余骑奄至城西，陈于五陇阪，将士震恐。世民谓元吉曰："今虏骑凭陵，不可示之以怯，当与之一战，汝能与我俱乎？"元吉惧曰："虏形势如此，奈何轻出，万一失利，悔可及乎！"世民曰："汝不敢出，吾当独往，汝留此观之。"世民乃帅骑驰诣虏陈，告之曰："国家与可汗和亲，何为负约，深入我地！我秦王也，可汗能斗，独出与我斗；若以众来，我直以此百骑相当耳。"

唐高祖李渊像

【译文】

唐高祖武德七年（公元624年）

八月初五，突厥侵犯忻州。八月初九，突厥进犯并州；京城严加戒备。八月十一日，突厥入侵绥州，刺史刘大俱率军击退了突厥军队。

这时，突厥颉利、突利两可汗大举全国兵马前来进犯，营帐首尾相连，浩浩荡荡向南进发，秦王李世民率军前去抗击。当时恰逢关中地区连日降雨，运送粮草的道路被阻断，将士们经过长途跋涉早已疲惫不堪，武器损坏得也相当严重，朝廷官员和军队将士都为此深感担忧。李世民的军队在豳州遭遇了突厥军队，他下令布阵，准备迎战。八月十二日，突厥可汗率领一万多名骑兵行至豳州城的西面，在五陇阪摆开阵势，唐军将士感到十分恐惧。李世民对李元吉说："如今突厥依仗威势胁迫我军，我军绝不能有任何怯懦表现出来，应当与他们决一死战，你能和我一同出击吗？"李元吉畏惧地说："胡虏军队阵容如此强盛，怎能轻易与之交战呢？一旦交战失利，就会后悔莫及啊！"李世民说："既然你不敢出战，那么我就一个人前往了，你就在这里看我吧！"说罢，李世民就带领骑兵疾驰到突厥军阵前面，大声对他们说："我大唐与可汗联盟，相互结为姻亲，如今你们为何要违背盟约，深入到我大唐的腹地来呢？我就是秦王李世民，假如可汗愿意比武，那么就请出来与我单挑；假如可汗要让全军一齐上，那么我就只好用这一百名骑兵来与您决斗了。"

李世民

【原文】

颉利不之测，笑而不应。世民又前，遣骑告突利曰："尔往与我盟，有急相救；今乃引兵相攻，何无香火之情也！"突利亦不应。世民又前，将渡沟水，颉利见世民轻出，又闻香火之言，疑突利与世民有谋，乃遣止世民曰："王不须渡，我无它意，更欲与王申固盟约耳。"乃引兵稍却。是后霖雨益甚，世民谓诸将曰："虏所恃者弓矢耳，今积雨弥时，筋胶俱解，弓不可用，彼如飞鸟之折翼；吾屋居火食，刀槊犀利，以逸制劳，此而不乘，将复何待！"乃潜师夜出，冒雨而进，突厥大惊。世民又遣说突利以利害，突利悦，听命。颉利欲战，突利不可，乃遣突利与其夹毕特勒阿史那思摩来见世民，请和亲，世民许之。思摩，颉利之从叔也。突利因自托于世民，请结为兄弟；世民亦以恩意抚之，与盟而去。

【译文】

颉利可汗不明白李世民葫芦里究竟卖的什么药，所以只是笑而不答。李世民于是又趋马近前，派手下骑兵传话给突利可汗道："您曾经与我大唐订立盟约，说好对方有急难时要相互援救；如今却率军大举进攻我们，怎么就没有了订立盟约时的感情呢？"突利可汗仍然沉默不语。李世民再次向前进逼，即将渡过一条小河。颉利可汗看见李世民孤身一人轻易出阵，又听见他说有关盟约的事情，于是就怀疑突利可汗与李世民之间有什么密谋，因此派人阻止李世民过河，并说："秦王无须渡河过来，我并无其他意思，只是打算与秦王重申并巩固原有的盟约而已。"说罢，颉利可汗便率军稍微后退了一点。随后，雨越下越大，李世民满怀信心地对各位将领说道："突厥军队之所以横行霸道，他们所依仗的就是他们的强弓劲弩。如今这场大雨已经连绵不绝地下了这么久，他们的弓弦早已松弛，胶也失去了黏性，他们的弓箭根本无法再使用，这样一来，他们就犹如折断了翅膀的飞鸟。而我们居住在屋里，吃着熟食，刀枪依然锋利无比，以逸待劳，这么好的机会而不知道抓住，还等什么呢？"随即率军在夜里出兵，冒雨前进，突厥大惊。李世民又派人向突利可汗陈述利害关系，突利可汗听后非常喜悦，听从了李世民的建议。颉利可汗仍准备出击，突利可汗却不同意。于是颉利可汗派突利可汗与他的夹毕特勒阿史那思摩去会见李世民，请求和亲交好，李世民爽快地答应了。阿史那思摩是颉利可汗的叔

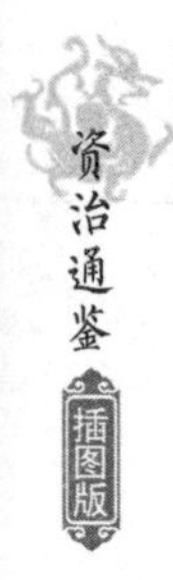

长孙无忌

父。突利可汗趁机主动要求依托于李世民，请求与他结为兄弟；李世民也对他进行善意的安抚，与他订立盟约后，突利可汗这才离去。

【评析】

俗话说：兵不厌诈。李世民凭着一队骑兵，三言两语就把颉利可汗的嚣张气焰打下了，他的勇气和风度真是令人欣赏！北方的匈奴一直是汉民族的祸患，每当汉民族大乱的时候，匈奴人就趁机而入，烧杀掳掠，无恶不作。隋末天下大乱的时候，匈奴人也是蠢蠢欲动，亏得李世民率军队在北方守护着，没有让他们得逞。不然估计又要上演“五胡乱中华”的大戏了。

玄武之变

【原文】

唐高祖神尧大圣光孝皇帝武德九年

建成、元吉与后宫日夜谮诉世民于上，上信之，将罪世民。陈叔达谏曰：“秦王有大功于天下，不可黜也。且性刚烈，若加挫抑，恐不胜忧愤，或有不测之疾，陛下悔之何及！”上乃止。元吉密请杀秦王，上曰：“彼有定天下之功，罪状未著，何以为辞？”元吉曰：“秦王初平东都，顾望不还，散钱帛以树私恩，又违敕命，非反而何！但应速杀，何患无辞！”上不应。

秦府僚属皆忧惧不知所出。行台考功郎中房玄龄谓比部郎中长孙无忌曰：“今嫌隙已成，一旦祸机窃发，岂惟府朝涂地，乃实社稷之忧；莫若劝王行周公之事以安家国。存亡之机，间不容发，正在今日！”无忌曰：“吾怀此久矣，不敢发口；今吾子所言，正合吾心，谨当白之。”乃入言世民。世民召玄龄谋之，玄龄曰：“大王功盖天地，当承大业；今日忧危，乃天赞也，愿大王勿疑！”乃与府属杜如晦共劝世民诛建成、元吉。

【译文】

唐高祖武德九年（公元626年）

李建成、李元吉与后宫的嫔妃不分昼夜地在高祖那里诬陷李世民，高祖信以为真，便打算治李世民的罪。陈叔达劝谏道：“秦王为国家立了大功，不可以废黜。更何况他性情刚烈，假如再加以贬斥之辱，恐怕他会承受不了内心的忧郁愤慨，一旦染上什么不测的疾病，到时陛下可就追悔莫及了！”高祖因此没有再处罚李世民。李元吉暗地里请求斩杀秦王李世民，高祖说：“他有平定天下之功，而他犯罪的事实并不确凿，何以用来作借口呢？”李元吉说：“秦王当初平定东都洛阳的时候，顾盼观望，不肯返还，大肆散发钱财绢帛，以便树立个人的恩德，又违背陛下的命令，这不是造反，又是什么！应当迅速将他处死，哪里用得着担忧找不到借口！”高祖并没有立即作答。

秦王府所属的官员人人自危，不知道该怎么做才好。行台考功郎中房玄龄对比部郎中长孙无忌说：“如今隔阂仇怨已经造成，一旦祸患暗发，岂止是秦王府危在旦夕，实际上恐怕连整个国家的存亡都成问题！不如劝说秦王依照周公平定管叔与蔡叔那样采取行动，以使皇室和国家得到安定。生死存亡，刻不容缓，今天正是绝佳的时机！”长孙无忌说：“我心怀此想法已经很久了，只是未敢说出口。今天你的这一番话，正合乎我的心意。请允许我为您禀告秦王。”说罢，长孙无忌便进去据实禀告李世民。李世民因此传唤房玄龄共同谋划，房玄龄说：“大王您功盖天地，应当继承江山社稷之大业，如今大王心怀忧虑戒惧，这正是上天要帮助大王啊！希望大王不要再犹疑不定了。”于是，房玄龄与秦王府属杜如晦一同劝说李世民除掉李建成与李元吉。

彩绘贴金武官俑

【原文】

建成、元吉以秦府多骁将，欲诱之使为己用，密以金银器一车赠左二副护军尉迟敬德，并以书招之曰：“愿迂长者之眷，以敦布衣之交。”敬德辞曰：“敬德，蓬户瓮牖之人，遭隋末乱离，久沦逆地，罪不容诛。秦王赐以更生之恩，今又策名藩邸，唯当杀身以为报；于殿下无功，不敢谬当重赐。若私交殿下，乃是贰心，徇利忘忠，殿下亦何所用！”建成怒，遂与之绝。敬德以告世民，世民曰：“公心如山岳，虽积金至斗，知公不移。相遗但受，何所嫌也！且得以知其阴计，岂非良策！不然，祸将及公。”既而元吉使壮士夜刺敬德，敬德知之，洞开重门，安卧不动，刺客屡至其庭，终不敢入。元吉乃谮敬德于上，下诏狱讯治，将杀之。世民固请，得免。又谮左一马军总管程知节，出为康州刺史。知节谓世民曰：“大王股肱羽翼尽矣，身何能久！知节以死不去，愿早决计。”又以金帛诱右二护军段志玄，志玄不从。建成谓元吉曰：“秦府智略之士，可惮者独房玄龄、杜如晦耳。”皆谮之于上而逐之。

【译文】

因为秦王府拥有许多骁勇善战的将领，李建成与李元吉便图谋引诱他们为己所用，于是暗地里将一车金银器物馈赠给左二副护军尉迟敬德，并写信招抚他道：

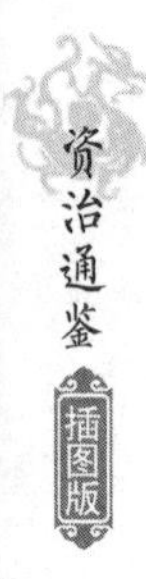

尉迟敬德

"希望能得到您的屈尊眷顾，以使我们之间的布衣之交加深。"尉迟敬德推辞道："我出身于编蓬为门、破瓮作窗的人家，遭遇隋朝末年纷争离乱的时局，长久地陷落在抗拒朝廷的境地里，罪不可赦，死有余辜。幸亏秦王赐予我再生的恩情，如今我又在秦王府效力为官，只应当以死回报秦王。我对于殿下没有任何功德，岂敢凭空接受殿下如此丰厚的赏赐。假如我暗中与殿下来往，那么就是对秦王怀有二心，就是见利忘义，殿下要这种人有何用途呢？"李建成听后怒不可遏，随即与他断绝来往。尉迟敬德将此事禀告李世民，李世民说："您的心犹如山岳那样坚实可靠，纵然他赠送给您的金子堆积得顶住了北斗星，我相信您的心依然会不为所动。他赠送您什么，您就全部收下，这又有什么好让人怀疑的呢？更何况这样做还能够了解他的阴谋诡计，岂不是一个绝妙的计策吗？要不然，灾祸很快就会降临到您的头上。"没过多久，李元吉派勇士在夜间刺杀尉迟敬德。尉迟敬德听说这一消息后，便将门窗大开，自己则安然躺在那里动也不动，刺客多次来到他家的院子，却始终没敢进屋。于是，李元吉又到高祖那里诬陷尉迟敬德，尉迟敬德因此被关进奉诏命特设的监狱里接受审讯，高祖打算下令将他斩杀。多亏李世民再三为他请求担保，才总算保住了他的性命。李元吉接着又诬陷左一马军总管程知节，高祖下令将他贬谪出朝廷，让他出任康州刺史。程知节对李世民说："大王您的左右近臣都快走完了，大王自己又怎么可能长久呢？我誓死不离开京城半步，唯愿大王尽快将计谋决定下来。"李元吉又用金银绢帛引诱右二护军段志玄，段志玄不肯从命。李建成对李元吉说："在秦王府有智谋才略的人士当中，值得顾忌的只有房玄龄和杜如晦罢了。"李建成与李元吉随即又向高祖进献谗言，使他们二人遭受贬黜。

【原文】

世民腹心唯长孙无忌尚在府中，与其舅雍州治中高士廉、右候车骑将军三水侯君集及尉迟敬德等，日夜劝世民诛建成、元吉。世民犹豫未决，问于灵州大都督李靖，靖辞；问于行军总管李世勣，世勣辞；世民由是重二人。

会突厥郁射设将数万骑屯河南，入塞，围乌城，建成荐元吉代世民督诸军北征；上从之，命元吉督右武卫大将军李艺、天纪将军张瑾等救乌城。元吉请尉迟敬德、程知节、段志玄及秦府右三统军秦叔宝等与之偕行，简阅秦王帐下精锐之士以益元吉军。率更丞王晊密告世民曰："太子语齐王：'今汝得秦王骁将精兵，拥数万之众，吾与秦王饯汝于昆明池，使壮士拉杀之于幕下，奏云暴卒，主上宜无不信。

吾当使人进说，令授吾国事。敬德等既入汝手，宜悉坑之，孰敢不服！'”世民以晊言告长孙无忌等，无忌等劝世民先事图之。世民叹曰：“骨肉相残，古今大恶。吾诚知祸在朝夕，欲俟其发，然后以义讨之，不亦可乎！”敬德曰：“人情谁不爱其死！今众人以死奉王，乃天授也。祸机垂发，而王犹晏然不以为忧，大王纵自轻，如宗庙社稷何！大王不用敬德之言，敬德将窜身草泽，不能留居大王左右，交手受戮也！”

【译文】

李世民

李世民的心腹只剩下长孙无忌尚且留在秦王府中，他与他的舅舅雍州治中高士廉、右候车骑将军三水人侯君集以及尉迟敬德等人日夜劝说李世民除掉李建成和李元吉，李世民仍然犹豫不决。李世民向灵州大都督李靖征询计谋，李靖推辞了；又向行军总管李世勣询问计谋，李世勣也推辞了。从此以后，李世民更加器重他们二人了。当时恰逢突厥郁射设率领数万骑兵屯驻黄河以南，进入边塞，包围乌城，李建成便举荐李元吉代替李世民督率诸军北征突厥。高祖依从了他的建议，命李元吉督率右武卫大将军李艺、天纪将军张瑾等人领兵前去援救乌城。李元吉请求让尉迟敬德、程知节、段志玄以及秦王府右三统军秦叔宝等人与自己共同前往，检阅并挑选秦王军中精锐强悍的将士，充斥李元吉的队伍。率更丞王晊秘密禀告李世民道：“太子对齐王说‘如今你已经全部得到了秦王骁勇的将领和精悍的士兵，拥有了数万兵马。我与秦王在昆明池为你饯行，并让勇士把秦王拉到帐幕里将其斩杀，上奏时就说他是暴病身亡，皇上应该不会不相信。我另外再让人上疏劝说，使皇上授予我处理国家事务的权力。尉迟敬德等人既然已经在你的手上，那么就应当将他们悉数活埋，有谁胆敢不服呢！'”李世民将王晊的话全都告诉了长孙无忌等人，长孙无忌等人劝说李世民在事发前先下手除掉他们。李世民叹息道：“骨肉互相残杀，是古往今来罪大恶极的事情。纵然我知道大祸临头，可我还是想要等祸事发生以后，再对他们进行仗义讨伐，这不也可以吗？”尉迟敬德说：“从人之常情出发，谁愿意去死呢？如今大家誓死拥戴大王，这正是上天对大王的恩赐。祸患的机关即将被发动，可在这千钧一发的紧要关头大王却仍旧泰然若素，不以此事为忧。诚然大王把自己看得很轻，可又怎能对得起社稷国家呢？假如大王不肯依从我的主张行事，那么我就要逃到荒野去了。我是不能够留在大王左右，遭受别人的屠戮啊！”

【原文】

无忌曰：“不从敬德之言，事今败矣。敬德等必不为王有，无忌亦当相随而去，不能复事大王矣！”世民曰：“吾所言亦未可全弃，公更图之。”敬德曰：“王今处事有疑，非智也；临难不决，非勇也。且大王素所畜养勇士八百馀人，在外者今已

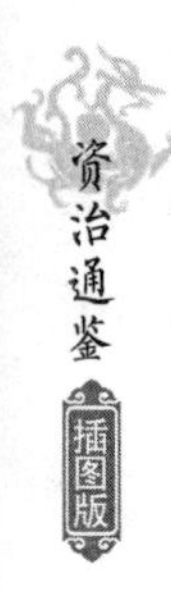

入宫，擐甲执兵，事势已成，大王安得已乎！”

世民访之府僚，皆曰：“齐王凶戾，终不肯事其兄。比闻护军薛实尝谓齐王曰：‘大王之名，合之成“唐”字，大王终主唐祀。’齐王喜曰：‘但除秦王，取东宫如反掌耳。’彼与太子谋乱未成，已有取太子之心。乱心无厌，何所不为！若使二人得志，恐天下非复唐有。以大王之贤，取二人如拾地芥耳，奈何徇匹夫之节，忘社稷之计乎！”世民犹未决，众曰：“大王以舜为何如人？”曰：“圣人也。”众曰：“使舜浚井不出，则为井中之泥，涂廪不下，则为廪上之灰，安能泽被天下，法施后世乎！是以小杖则受，大杖则走，盖所存者大故也。”世民命卜之，幕僚张公谨自外来，取龟投地，曰：“卜以决疑；今事在不疑，尚何卜乎！卜而不吉，庸得已乎！”于是定计。

【译文】

长孙无忌说：“假如大王不遵从尉迟敬德的主张，那么事到如今肯定没有别的指望了。而尉迟敬德等人必定不会再追随大王，我也应该跟随他们远离大王，不能够再侍奉大王了！”李世民说：“我所说的也不能够完全舍弃，您再考虑一下吧！”尉迟敬德说：“现今大王遇事优柔寡断，这是很不明智的；临危不决，这并非勇者的作为。更何况大王平时所蓄养的八百多名勇士，凡是在外面的，如今已经进入宫中，全副武装，为起事做好了充分的准备，大王哪里能够控制得了呢？”

李世民就此事征询秦王府所有幕僚的意见，大家一致说道：“齐王暴戾凶残，终究是不肯侍奉自己的兄长的。新近听说护军薛实曾经对齐王说‘大王的名字，合起来正好成为一个“唐”字，想必大王终究是要承继大唐基业的。’齐王大为喜悦，说道：‘只要能够除掉秦王，拿下太子简直是易如反掌。’可见，齐王和太子图谋作乱尚未成功，就已经有图谋太子的心思了。作乱的心思如此贪得无厌，还有什么事情他做不出来呢？如果让这两个人得手了，那么恐怕天下就不再属于大唐所有。凭借大王的贤能，夺取这两个人犹如捡起地上的草芥一样容易，怎么可以为了信守凡夫俗子的节操，而把国家社稷抛于脑后呢？”李世民仍然犹疑不定。大家说：“大王觉得虞舜这个人怎么样呢？”李世民说：“是圣人。”大家说：“如果虞舜在疏浚水井的时候没能躲过父亲与弟弟在上面的填土，恐怕他早已化作井中的泥土了；如果他在修筑粮仓的时候没能逃过父亲和弟弟在下面放的大火，恐怕他早已化为粮仓里的灰烬了。还如何能使自己恩泽遍及天下，法制流传后世呢？所以，虞舜才会在遭到父亲用小棍棒笞打的时候忍受，而在遭到父亲用大棍棒笞打的时候逃走，这都是因为虞舜心里所装的是国家大事啊！”李世民又

唐·银流金酒令筹筒

让人卜算看是否应当采取行动，正好赶上秦王府的幕僚张公谨从外面进来，便将龟甲全扔在地上说：“占卜原本是为了决定疑难之事的，如今事情并无疑难，还占卜做什么？假如卜算的结果不吉利，难道就真的不采取行动了吗？”于是，大家便开始谋划如何采取行动。

【原文】

世民令无忌密召房玄龄等，曰：“敕旨不听复事王；今若私谒，必坐死，不敢奉教。”世民怒，谓敬德曰：“玄龄、如晦岂叛我邪！”取所佩刀授敬德曰：“公往观之，若无来心，可断其首以来。”敬德往，与无忌共谕之曰：“王已决计，公宜速入共谋之。吾属四人，不可群行道中。”乃令玄龄、如晦著道士服，与无忌俱入，敬德自它道亦至。

己未，太白复经天。傅奕密奏：“太白见秦分，秦王当有天下。”上以其状授世民。于是世民密奏建成、元吉淫乱后宫，且曰：“臣于兄弟无丝毫负，今欲杀臣，似为世充、建德报仇。臣今枉死，永违君亲，魂归地下，实耻见诸贼！”上省之，愕然，报曰：“明当鞫问，汝宜早参。”

【译文】

李世民让长孙无忌暗地里召来房玄龄等人，房玄龄等人说：“敕书的旨意是不允许我们大家再侍奉秦王的。假如我们现在私下去谒见秦王，必定会因此获罪致死，所以我们不敢接受秦王的教令！”李世民十分恼怒，他对尉迟敬德说：“房玄龄与杜如晦难道也要背叛我不成？”他取下佩刀交给尉迟敬德说：“您前去窥视情况，假如他们真的没有前来的意思，您就可以砍下他们的头颅，带来见我。”尉迟敬德立即前往，与长孙无忌一同暗示房玄龄等人说：“秦王已经决定了采取行动的方案，你们最好赶紧前往秦王府共同谋划大事。我们这四个人，不可以一同走在街道上。”随即让房玄龄与杜如晦穿上道士的服装，与长孙无忌一同前往秦王府，尉迟敬德则由别的道路也进入秦王府。

唐·银盘

六月初三，金星又一次大白天出现在天空正南方的午位。傅奕秘密上奏道：“金星出现在秦地的分野，这是秦王执掌天下的迹象。”高祖将傅奕的密奏交给了李世民。当时，李世民正暗中上奏李建成与李元吉淫乱后宫嫔妃，并且说道：“我没有丝毫对不起哥哥与弟弟的地方，如今他们却图谋杀掉我，好像是要为王世充和窦建德报仇。现今我含冤而死，永远与父皇诀别，等到魂魄归于地下，假如见到王世充等人，实在感到羞耻！”高祖看着李世民，非常惊讶地说：“明天我就当堂审问此事，你最好尽早前来朝参。”

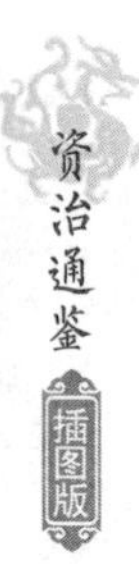

【原文】

庚申，世民率长孙无忌等入，伏兵于玄武门。张婕妤窃知世民表意，驰语建成。建成召元吉谋之，元吉曰："宜勒宫府兵，托疾不朝，以观形势。"建成曰："兵备已严，当与弟入参，自问消息。"乃俱入，趣玄武门。上时已召裴寂、萧瑀、陈叔达等，欲按其事。

建成、元吉至临湖殿，觉变，即跋马东归宫府。世民从而呼之，元吉张弓射世民，再三不彀，世民射建成，杀之。尉迟敬德将七十骑继至，左右射元吉坠马。世民马逸入林下，为木枝所绊，坠不能起。元吉遽至，夺弓将扼之，敬德跃马叱之。元吉步欲趣武德殿，敬德追射，杀之。翊卫车骑将军冯翊冯立闻建成死，叹曰："岂有生受其恩，而死逃其难乎！"乃与副护军薛万彻、屈咥直府左车骑万年谢叔方帅东宫、齐府精兵二千驰趣玄武门。张公谨多力，独闭关以拒之，不得入。云麾将军敬君弘掌宿卫兵，屯玄武门，挺身出战，所亲止之曰："事未可知，且徐观变，俟兵集，成列而战，未晚也。"君弘不从，与中郎将吕世衡大呼而进，皆死之。君弘，显俊之曾孙也。守门兵与万彻等力战良久，万彻鼓噪欲攻秦府，将士大惧；尉迟敬德持建成、元吉首示之，宫府兵遂溃，万彻与数十骑亡入终南山。冯立既杀敬君弘，谓其徒曰："亦足以少报太子矣！"遂解兵，逃于野。

【译文】

六月初四，李世民率领长孙无忌等人入朝，并派士兵在玄武门设伏。张婕妤暗中得知李世民奏表的大意，便急忙前去告诉李建成。李建成随即召来李元吉共同谋划，李元吉说："我们应该统率好东宫与齐王府中的军队，推托生病，不去上朝，以便观察形势。"李建成说："军队戒备已经很森严了，我与你应当入朝参见，好亲自探听消息。"随即二人一同入朝，朝着玄武门的方向走来。这时，高祖已经召集了裴寂、萧瑀、陈叔达等人前来，打算着手调查此事。

唐太宗

李建成与李元吉行至临湖殿的时候，察觉到了事情的变故，立即调转马头，企图向东返回东宫和齐王府。不料李世民跟在他们后面和他们打招呼，李元吉拉开弓想要射杀李世民，却连续三次，都未能拉满弓箭，李世民也于这时箭射李建成，将他射死。尉迟敬德率领七十骑兵相继赶到，他身边的将士将李元吉射下马来。李世民的坐骑受惊奔入树林，结果被树枝挂住，倒在地上起不来了。李元吉迅速赶到，从李世民手中一把夺过弓来，企图掐死李世民，尉迟敬德跃马前来大声喝叱他。李元吉准备步行前往武德殿，尉迟敬德从后面追着射他，将他射死。翊卫车骑将军冯翊人冯立听说李建成死去的消息后，叹息道："怎能人家活着的时候承蒙人家的恩泽，如今人家一死就逃避人家的祸难呢！”随即，他与副护军薛万彻、屈直府左车骑万年人谢叔方率领东宫和齐王府的精锐兵马两千人，急速驰往玄武门。张公谨素来力大无比，他独自一人将大门紧闭，将冯立等人挡在了门外，使他们无法进入。云麾将军敬君弘执掌宿卫军，屯驻在玄武门。他挺身而起，准备出战，左右亲近的人因此阻止他道：“事情不可预料，姑且慢慢观察事态的发展变化，等到兵力集合起来，再来开阵势出战，也为时不晚啊。”敬君弘不肯依从，随即与中郎将吕世衡高声呼喊着奔向前去，结果全都战死。敬君弘是敬显俊的曾孙。把守玄武门的士兵与薛万彻等人戮力交战，战争持续了很久，薛万彻率兵鼓噪前行，打算攻讨秦王府，将士们大为惊惧。这时，尉迟敬德提着李建成和李元吉的头颅，给薛万彻等人看，东宫和齐王府的人马顿时溃散，薛万彻与数十骑兵一同逃进终南山。冯立杀了敬君弘以后，对手下人说：“这也足够稍微报答太子了。”随即丢盔弃甲，仓皇逃窜。

唐代宫乐图

【原文】

上方泛舟海池，世民使尉迟敬德入宿卫，敬德擐甲持矛，直至上所。上大惊，问曰：“今日乱者谁邪？卿来此何为？”对曰：“秦王以太子、齐王作乱，举兵诛之，恐惊动陛下，遣臣宿卫。”上谓裴寂等曰：“不图今日乃见此事，当如之何？”萧瑀、陈叔达曰：“建成、元吉本不预义谋，又无功于天下，疾秦王功高望重，共为奸谋。今秦王已讨而诛之，秦王功盖宇宙，率土归心，陛下若处以元良，委之国事，无复事矣。”上曰：“善！此吾之夙心也。”时宿卫及秦府兵与二宫左右战犹未已，敬德请降手敕，令诸军并受秦王处分，上从之。天策府司马宇文士及自东上阁门出宣敕，众然后定。上又使黄门侍郎裴矩至东宫晓谕诸将卒，皆罢散。上乃召世民，抚之曰：“近日以来，几有投杼之惑。”世民跪而吮上乳，号恸久之。

癸亥，立世民为皇太子。

【译文】

高祖当时正在海池划船，李世民让尉迟敬德进入皇宫担任警卫，尉迟敬德身披盔甲，手持长矛，径直来到高祖所在的地方。高祖大为震惊，问他道：“今天是谁在作乱？你来这里又有什么事？”尉迟敬德回答道：“因为太子和齐王密谋作乱，所以秦王才起兵将他们诛杀。秦王唯恐陛下受惊，便派我前来担任警卫。”高祖听后对裴寂等人说：“想不到今天竟然会发生这样的事情，你们认为应当怎么办呢？”萧瑀和陈叔达回答道：“李建成与李元吉原本就对举义反隋的谋议没有过任何贡献，对夺取天下没有立下什么功劳。他们嫉妒秦王功劳显著、声望极高，所以就一同策划邪恶的阴谋。如今既然秦王已经讨伐并诛杀了他们，秦王的功绩威震寰宇，天下

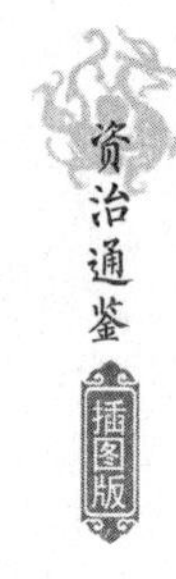

的仁人志士都一向臣服于他。假如陛下能够当机立断，立他为太子，将国家政事委托给他，那么就不会再有什么事端发生了。”高祖说：“好！这也正是我一向的心愿啊！”当时，宿卫军和秦王府的兵马与东宫和齐王府的士兵交战尚未停止，尉迟敬德请求高祖亲自颁布敕令，令各军一律听从秦王的安排，高祖听从了他的主张。天策府司马宇文士及由东上阁门出来宣布敕令，大家顿时安定下来。高祖又让黄门侍郎裴矩前往东宫开导诸位将士，将士们于是都弃职散开。接着，高祖又传召李世民前来，抚慰他说：“近来，我差点出现了曾母误听曾参杀人而丢开织具逃走的疑惑。”李世民听罢立即跪下，伏在高祖的胸前，号啕大哭了好一阵子。

六月八日，李世民被拥立为皇太子。

【评析】

在太原起兵的时候，唐高祖李渊本来迟疑不决，多亏了二儿子李世民态度坚决，想办法把他逼上了反隋的道路。此后的几年内，李世民东征西讨，屡建功勋。可以说，大唐的天下，一大半是李世民打下来的。但是，李渊却把长子李建成立为太子。即使李世民甘心，他的手下大将们也不愿意。况且，李建成也害怕李世民的势力强大，就想方设法要杀掉李世民。于是，两人之间的矛盾一天天激化了，终于有了玄武门之变，一代名君踏着兄弟的血迹走上历史舞台。

魏征直谏

【原文】

唐太宗文武大圣大广孝皇帝贞观二年

征状貌不逾中人，而有胆略，善回人主意，每犯颜苦谏；或逢上怒甚，征神色不移，上亦为之霁威。尝谒告上冢，还，言于上曰：“人言陛下欲幸南山，外皆严装已毕，而竟不行，何也?”上笑曰：“初实有此心，畏卿嗔，故中辍耳。”上尝得佳鹞，自臂之，望见征来，匿怀中；征奏事固久不已，鹞竟死怀中。

唐太宗文武大圣大广孝皇帝贞观六年长乐公主将出降，上以公主皇后所生，特爱之，敕有司资送倍于永嘉长公主。魏征谏曰：“昔汉明帝欲封皇子，曰：‘我子岂得与先帝子比！’皆令半楚、淮阳。今资送公主，倍于长主，得无异于明帝之意乎！”上然其言，入告皇后。后叹曰：“妾亟闻陛下称重魏征，不知其故，今观其引礼义以抑人主之情，乃知真社稷之臣也！妾与陛下结发为夫妇，曲承恩礼，每言必先候颜色，不敢轻犯威严；况以人臣之疏远，乃能抗言如是，陛下不可不从也。”因请遣中使赍钱四百缗、绢四百匹以赐征，且语之曰：“闻公正直，乃今见之，故以相赏。公宜常秉此心，勿转移也。”上尝罢朝，怒曰：“会须杀此田舍翁。”后问为谁，上曰：“魏征每廷辱我。”后退，具朝服立于庭，上惊问其故。后曰：“妾闻主明臣直；今魏征直，由陛下之明故也，妾敢不贺！”上乃悦。

魏征

【译文】

唐太宗贞观二年（公元628年）

魏征虽然貌不惊人，但是很有胆识和谋略，善于劝谏皇帝收回不合理的主意，因此常常犯颜直谏。有时正赶上唐太宗生气恼怒的时候，他依然神态自若，唐太宗的神威也因此有所收敛。他曾经告假回去祭扫祖墓，回来后，对唐太宗说：“人人都说陛下打算临幸南山，外面都已经严阵以待、整装待发，可是您最后竟然没去，不知是为何？”唐太宗笑道：“当初的确有此打算，但害怕爱卿再来责怪，所以就中途停止了。”唐太宗曾经得到一只上好的鹞鹰，将它放置在臂膀上把玩，远远望见魏征前来，赶紧把它藏在怀里；魏征站在那里上奏朝政大事，过了很久也没有奏完，鹞鹰最后竟然被捂死在唐太宗的怀里。

贞观六年（公元632年）长乐公主将要嫁给长孙仲为妻，因为她是皇后所亲生，所以唐太宗对她疼爱有加，下令有关部门准备陪嫁的物品远比皇姑永嘉长公主的多一倍。魏征劝谏道：“先前汉明帝打算分封皇子采邑，说：‘我的儿子怎能和先帝的儿子相比呢？’说罢便下令均分给楚王、淮阳王封地的一半。现在长乐公主的陪嫁，比长公主的多一倍，这不是与汉明帝的意思相去甚远吗？”唐太宗觉得他的话很有道理，便到后宫告知皇后，皇后感慨道：“我常常听陛下称赞魏征，不知其中缘故，今天见其引征古代礼义来抑制君王的私情，才知道他真是辅佐陛下的国家栋梁呀！我与陛下是多年的结发夫妻，备受陛下的恩宠礼遇，每每讲话还要察言观色，不敢轻易冒犯您的威严。更何况是大臣，与陛下较为疏远，可魏征却能如此直言强谏，陛下不能不听从他的意见。”于是皇后请求唐太宗派人到魏征家去，赏赐他四百缗钱、四百匹绢。并对他说：“听闻您正直无私，今日终得以亲见，所以赏赐这些。但愿您能时刻秉持此忠心，不要有所转变。”有一次，唐太宗罢朝回到宫中，怒气冲冲地说：“我以后一定找机会杀了这个乡巴佬！”长孙皇后忙问是谁惹恼他，唐太宗说：“魏征经常在朝堂上羞辱我。”长孙皇后退去，随即穿着朝服站立在庭院内，唐太宗大为吃惊地问她为什么这样做。长孙皇后说：“我听说君主开明则大臣正直，现在魏征直言进谏，不正是因为陛下的开明吗，所以我怎能不向您表示祝贺呢？”唐太宗听后随即转怒为喜。

【原文】

上宴近臣于丹霄殿，长孙无忌曰：“王珪、魏征，昔为仇雠，不谓今日得同此宴。”上曰：“征、珪尽心所事，故我用之。然征每谏，我不从，我与之言辄不应，

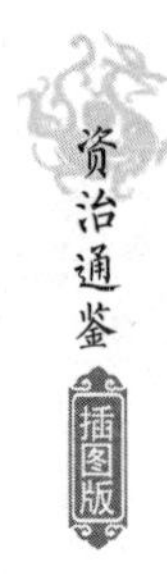

何也?”魏征对曰：“臣以事为不可，故谏；陛下不从而臣应之，则事遂施行，故不敢应。”上曰：“且应而复谏，庸何伤！”对曰：“昔舜戒群臣：‘尔无面从，退有后言。’臣心知其非而口应陛下，乃面从也，岂稷、契事舜之意邪！”上大笑曰：“人言魏征举止疏慢，我视之更觉妩媚，正为此耳！”征起，拜谢曰：“陛下开臣使言，故臣得尽其愚，若陛下拒而不受，臣何敢数犯颜色乎！”

贞观十年，魏王泰有宠于上，或言三品以上多轻魏王。上怒，引三品以上，作色让之曰：“隋文帝时，一品以下皆为诸王所顿踬，彼岂非天子儿邪！朕但不听诸子纵横耳，闻三品以上皆轻之，我若纵之，岂不能折辱公辈乎！”

【译文】

唐太宗在丹霄殿大宴近臣，长孙无忌说：“王珪、魏征两人，以前都曾是太子李建成的幕僚，与陛下为敌，怎能料到今天却能在此一同饮宴。”唐太宗说：“魏征与王珪因为尽心竭力地侍奉原来的主人，所以我才重用他们。然而魏征每次进谏，只要我不听从，那么我与他讲话，他也总是不做应答，这是为什么呢?”魏征回答道：“我认为事情不可为，所以才加以谏阻；如果陛下不听从我的谏阻而我再要对陛下的话做应答，那么事情就会被施行，所以我不敢应答。”唐太宗说：“暂且应答随后再谏阻，又有何妨呢?”魏征答道：“昔日舜帝告诫群臣：‘你们不要当面顺从，而却在背后说另一套。’如果我明知不对而嘴上却还要答应陛下的意见，那么就是当面顺从。这难道符合稷、契侍奉舜帝的本意吗！”唐太宗大笑道：“人人都说魏征行为举止粗鲁傲慢，而我却越看越觉得他妩媚可爱，正是这个原因啊！”魏征听罢赶紧起身离席，向唐太宗拜谢道：“这都是因为陛下的引导才让我能够畅所欲言，让我得以尽效愚诚；假如陛下拒不接受忠言，那么我又怎敢屡次直言强谏呢！”

贞观十年（公元636年）魏王李泰一向颇受唐太宗的宠爱，有人禀报奏称三品以上的臣子大都轻视魏王。唐太宗听后勃然大怒，随即召见三品以上大臣，对他们严厉责备道：“隋文帝的时候，一品以下的大臣悉数被亲王们操纵羞辱，难道魏王不是帝王的儿子吗？朕不过是不想听任皇子们纵横跋扈罢了，听说三品以上的大臣大都轻视他们，假如我也放纵他们胡来，难道就不能对你们进行羞辱吗?”

【原文】

房玄龄等皆惶惧流汗拜谢。魏征独正色曰：“臣窃计当今群臣，必无敢轻魏王者。在礼，臣、子一也。《春秋》：王人虽微，序于诸侯之上。三品以上皆公卿，陛下所尊礼，若纪纲大坏，固所不论；圣明在上，魏王必无顿辱群臣之理。隋文帝骄其诸子，使多行无礼，卒皆夷灭，又足法乎?”上悦，曰：“理到之语，不得不服。朕以私爱忘公义，向者之忿，自谓不疑，及闻征言，方知理屈。人主发言何得容易乎！”

贞观十七年郑文贞公魏征寝疾，上遣使者问讯，赐以药饵，相望于道。又遣中郎将李安俨宿其第，动静以闻。上复与太子同至其第，指衡山公主，欲以妻其子叔玉。戊辰，征薨，命百官九品以上皆赴丧，给羽葆鼓吹，陪葬昭陵。其妻裴氏曰：“征平生俭素，今葬以一品羽仪，非亡者之志。”悉辞不受，以布车载柩而葬。上登苑西楼，望哭尽哀。上自制碑文，并为书石。上思征不已，谓侍臣曰：“人以铜为镜，可以正衣冠，以古为镜，可以见兴替，以人为镜，可以知得失；魏征没，朕亡一镜矣！”

房玄龄

【译文】

房玄龄等人都惶恐惊惧得汗流浃背，不住地向唐太宗磕头谢罪。唯独魏征正色道：“我私下里认为当今的大臣们，肯定不敢轻视魏王。按照礼仪，大臣与皇子都是一样的。《春秋》中说：周王的人纵然卑微低贱，也都位列诸侯之上。三品以上都是公卿大臣，陛下向来对其尊崇礼待。如果纲纪败坏，固然不必说它；假如圣明在上，那么魏王必定没有羞辱大臣的道理。隋文帝骄溺放纵他的儿子们，使得他们举止无礼，最终全部被杀，难道这值得后人效法吗？”唐太宗高兴地说：“说得处处在理，朕不得不佩服。朕因私情溺爱而忘却公义，刚刚恼怒的时候，感觉自己很有道理；可是听了魏征的这一席话，才知道是自己理屈。身为君主怎能说出如此轻率不负责的话呢？”

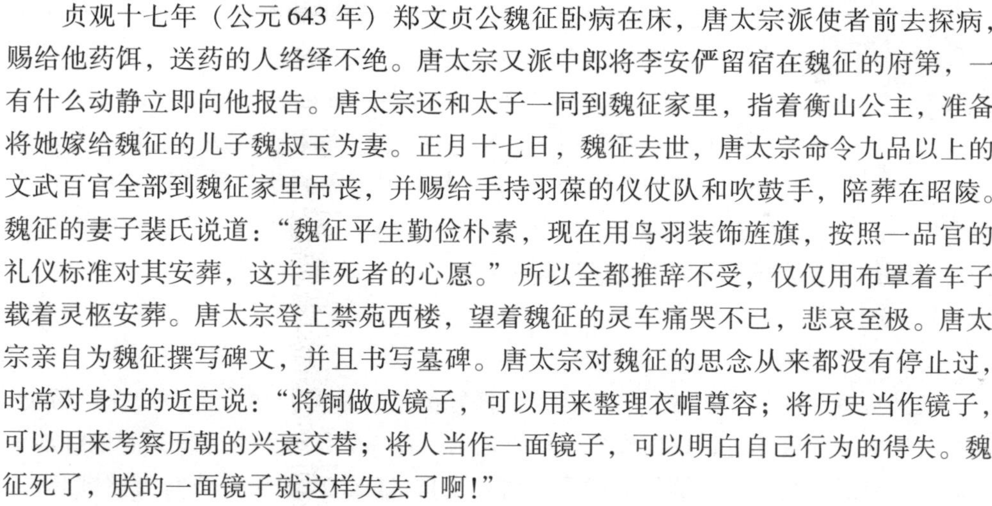

贞观十七年（公元643年）郑文贞公魏征卧病在床，唐太宗派使者前去探病，赐给他药饵，送药的人络绎不绝。唐太宗又派中郎将李安俨留宿在魏征的府第，一有什么动静立即向他报告。唐太宗还和太子一同到魏征家里，指着衡山公主，准备将她嫁给魏征的儿子魏叔玉为妻。正月十七日，魏征去世，唐太宗命令九品以上的文武百官全部到魏征家里吊丧，并赐给手持羽葆的仪仗队和吹鼓手，陪葬在昭陵。魏征的妻子裴氏说道：“魏征平生勤俭朴素，现在用鸟羽装饰旌旗，按照一品官的礼仪标准对其安葬，这并非死者的心愿。”所以全都推辞不受，仅仅用布罩着车子载着灵柩安葬。唐太宗登上禁苑西楼，望着魏征的灵车痛哭不已，悲哀至极。唐太宗亲自为魏征撰写碑文，并且书写墓碑。唐太宗对魏征的思念从来都没有停止过，时常对身边的近臣说：“将铜做成镜子，可以用来整理衣帽尊容；将历史当作镜子，可以用来考察历朝的兴衰交替；将人当作一面镜子，可以明白自己行为的得失。魏征死了，朕的一面镜子就这样失去了啊！”

【评析】

魏征是初唐的政治家，他原本是太子李建成的旧臣，曾经劝说李建成杀害李世民。李世民即位后，不计前嫌，重用他。魏征是中国历史上少有的敢言直谏的名臣，他和唐太宗李世民一个敢于直谏，一个从善如流，留下了一段历史佳话。常言道：“伴君如伴虎”，一不小心，逆了龙麟，捋了虎须，惹恼了皇上，就有可能掉脑袋。魏征却常常在朝廷上公开发表自己的意见，他认为对的事情，总是当着李世民的面直说。李世民也很尊重他的意见。正是有了像魏征这样一批敢言直谏的大臣，

唐初才出现了政治清明的局面。李世民的年号是贞观，历史上就把这一时期叫作“贞观之治”。

长孙皇后

【原文】

唐太宗文武大圣大广孝皇帝贞观十年

李世民

长孙皇后性仁孝俭素，好读书，常与上从容商略古事，因而献替，裨益弘多。上或以非罪谴怒宫人，后亦阳怒，请自推鞫，因命囚系，俟上怒息，徐为申理，由是宫壶之中，刑无枉滥。豫章公主早丧其母，后收养之，慈爱逾于所生。妃嫔以下有疾，后亲抚视，辍己之药膳以资之，宫中无不爱戴。训诸子，常以谦俭为先，太子乳母遂安夫人尝白后，以东宫器用少，请奏益之。后不许，曰：“为太子，患在德不立，名不扬，何患无器用邪！”

上得疾，累年不愈，后侍奉，昼夜不离侧。常系毒药于衣带，曰：“若有不讳，义不独生！”后素有气疾，前年从上幸九成宫，柴绍等中夕告变，上擐甲出阁问状，后扶疾以从，左右止之，后曰：“上既震惊，吾何心自安！”由是疾遂甚。太子言于后曰：“医药备尽而疾不瘳，请奏赦罪人及度人入道，庶获冥福。”

【译文】

唐太宗贞观十年（公元636年）

长孙皇后生性仁厚恭敬，勤俭朴素，喜好读书，常常与唐太宗一起探讨历史，趁机对唐太宗劝善规过，提出许多有益的意见。有一次，唐太宗无缘无故地对宫女发脾气，皇后也装作十分恼怒的样子，请求亲自过问，因而下令将宫女捆绑起来，后来等到唐太宗的怒气渐渐平息后，她才慢慢地为宫女申辩。从此以后，后宫之中，再也没有出现过枉滥刑罚的事情。豫章公主的生母死得早，皇后便收养了她，对她的慈爱超过了自己的亲生。自妃嫔以下有人生病，皇后都要亲自前去探视，还把自己的药物饮食拿给其服用，因此，后宫之中人人都十分爱戴皇后。她训诫几个儿子，常常把谦虚和节俭当作主要话题。太子的乳母遂安夫人曾经对皇后说，东宫的器物用具太少了，请求皇后奏请皇上再增加一些。皇后没有答应，她说：“身为太子，所应担忧的事在于德行不立、声名不扬，怎么会担忧到没有器物用具呢？”

唐太宗身染疾病，多年都没有彻底治愈，皇后悉心照料，时常是昼夜不离其左右。她还经常将毒药随身系在衣带上，说道："陛下如果有什么不测，我也不能单独活着。"皇后有多年的气喘病，前一年跟从唐太宗巡幸九成宫。柴绍等人深夜有急事相禀报，唐太宗身穿甲胄走出宫阁询问状况，皇后抱病紧随其后，左右的侍从因此都劝阻她，可她却说："既然陛下都感到震惊，那我的内心又怎能安定下来呢？"随即病情加重。太子对皇后说："所有的药物都用过了，却不见病情好转，我请求启奏陛下让其下诏大赦天下犯人并度俗人出家，或许可以获得阴间的福祉。"

唐太宗皇后长孙氏

【原文】

后曰："死生有命，非智力所移。若为善有福，则吾不为恶；如其不然，妄求何益！赦者国之大事，不可数下。道、释异端之教，蠹国病民，皆上素所不为，奈何以吾一妇人使上为所不为乎？必行汝言，吾不如速死！"太子不敢奏，私以语房玄龄，玄龄白上，上哀之，欲为之赦，后固止之。

及疾笃，与上诀。时房玄龄以谴归第，后言于帝曰："玄龄事陛下久，小心慎密，奇谋秘计，未尝宣泄，苟无大故，愿勿弃之。妾之本宗，因缘葭莩以致禄位，既非德举，易致颠危，欲使其子孙保全，慎勿处之权要，但以外戚奉朝请足矣。妾生无益于人，不可以死害人，愿勿以丘垄劳费天下，但因山为坟，器用瓦木而已。仍愿陛下亲君子，远小人，纳忠谏，屏谗慝，省作役，止游畋，妾虽没于九泉，诚无所恨。儿女辈不必令来，见其悲哀，徒乱人意。"因取衣中毒药以示上曰："妾于陛下不豫之日，誓以死从乘舆，不能当吕后之地耳。"己卯，崩于立政殿。

【译文】

皇后说："死生有命，并非人的智力所能够改变的。假如行善积德就会有福祉，那么我并没做什么恶事；假如不是这样，那么胡乱求福又有什么好处呢？大赦天下是国家的大事，不可以多次下达这样的诏令。道教、佛教本是异端邪说，祸国殃民，都是皇上向来所不愿意做的事，为何要因为我一个妇道人家而让皇上去做不愿意做的事呢？假如一定要依你说的去做，那么我还不如立刻去死！"太子不敢再上奏皇上，只是暗地里与房玄龄谈起，房玄龄如实禀明唐太宗。唐太宗十分哀痛，打算为皇后下诏大赦天下，皇后知道后坚决对他进行劝阻。

等到皇后的病情十分严重，与唐太宗做诀别时，房玄龄已经受谴归家暂歇，皇后对唐太宗说："房玄龄侍奉陛下那么久，为人小心翼翼，做事缜密，朝廷的机密要闻，未曾有一丝一毫的泄露，假如没有什么大的过错，我希望陛下不要将他抛

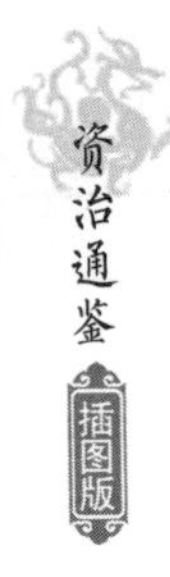

三彩马及牵马俑

弃。我的本族亲属，因为沾亲带故而得到禄位，既然并非因德行而升至高位，便很容易遭受灭顶之灾，如果想让他们的子孙得以保全，希望陛下不要再将他们安置在权要的位置上，只要以外戚身份定期朝拜陛下就足够了。我活着的时候对别人没有益处，死后就更不能有害于人，唯愿陛下不要大修陵墓而劳民伤财，只要依山作坟，用瓦木作随葬器物就可以了。仍旧希望陛下能够亲近君子，疏远小人，接纳忠言直谏，而摒弃谗言诡计，节省劳役，禁止游猎，这样我纵然到了九泉之下，也可以毫无遗憾了。也不必让儿女们前来探望，看见他们悲哀，只会白白搅乱人心。”说罢取出衣带上的毒药给唐太宗看，说道：“我在陛下生病的日子，曾经发誓以死跟定陛下同赴黄泉，不能步吕后那样的后尘。”十月二十一日，皇后驾崩于立政殿。

【原文】

后尝采自古妇人得失事为《女则》三十卷，又尝著论驳汉明德马后以不能抑退外亲，使当朝贵盛，徒戒其车如流水马如龙，是开其祸败之源而防其末流也。及崩，宫司并《女则》奏之，上览之悲恸，以示近臣曰：“皇后此书，足以垂范百世！朕非不知天命而为无益之悲，但入宫不复闻规谏之言，失一良佐，故不能忘怀耳！”乃召房玄龄，使复其位。

冬，十一月，庚午，葬文德皇后于昭陵。帝复为文刻之石，称“皇后节俭，遗言薄葬，以为‘盗贼之心，止求珍货，既无珍货，复何所求。’朕之本志，亦复如此。王者以天下为家，何必物在陵中，乃为已有。今因九嵕山为陵，凿石之工才百余人，数十日而毕。不藏金玉，人马、器皿，皆用土木，形具而已，庶几奸盗息心，存没无累。当使百世子孙奉以为法。”

上念后不已，于苑中作层观以望昭陵，尝引魏征同登，使视之。征熟视之曰：“臣昏眊，不能见。”上指示之，征曰：“臣以为陛下望献陵若昭陵，则臣固见之矣。”上泣，为之毁观。

【译文】

长孙皇后曾经搜集自古以来妇人得失诸事编成《女则》三十卷，又曾亲自写文章批驳汉明德马皇后不能抑制外戚势力的膨胀，致使他们在朝中盛极一时，而只是就他们车如流水马如龙这一罪过提出警告，这其实是开启了祸乱的根源而对其末流枝叶进行防范。皇后驾崩后，宫中尚仪局的司籍奏呈《女则》一书，唐太宗看后十分悲恸，一一传给左右近臣看，说道：“皇后的这本书，足以成为百世的典范。朕并非不知上天命数而要沉溺于无益的悲哀之中，实在是在宫中再也听不到规谏的话了。朕失去了贤内助，所以才久久不能忘怀啊！”随即征召房玄龄，并给他官复原职。

十一月，唐太宗将文德皇后安葬于昭陵。唐太宗又亲自为皇后撰写碑文，他是这样写的：“皇后一生节俭，遗嘱薄葬，认为‘盗贼所图谋的不过是珍宝罢了，既然没有珍宝，他们又有何求？’朕的本意也正如此。君王以天下为家，何必将宝物放在陵中，才算是据为己有呢？现在就借九嵕山为陵墓，凿石的工匠也才有一百多人，只用了数十天就完工了。不藏任何金银玉器，兵马俑和器皿都是用泥土和木料做成的，只是略具形状而已。这样就可以让盗贼打消念头，而对生者和死者都不构成累赘，应当让千秋万代子孙都以此为榜样。”

唐太宗时常想念皇后，因此便于后苑中设立了一个观望台，用以瞭望昭陵，他还曾经引领魏征一同登上观望台，让他观望。魏征看了很久，说道：“恕臣老眼昏花，我看不见。”唐太宗于是指给他看，魏征说：“我还以为陛下是在瞭望献陵，如果是昭陵，那我早就看见了。”唐太宗悲痛万分，为此下令将观望台拆除。

【评析】

唐太宗文德皇后长孙氏是历史上有名的难得的贤德皇后，她从小就喜欢读书，知书达理，凡事都能按礼法而行。在李世民还是秦王的时候，和太子李建成、齐王李元吉不和，长孙氏尽心侍奉李渊，处理好与太子、齐王嫔妃的关系，力争在李氏父子之间创造出一种和谐的气氛，对李世民的帮助很大。成为一国之母的皇后之后，长孙氏厉行节俭，深受唐太宗的敬重。她身为皇后，从不为自己谋私利。即使自己的哥哥，也总是不让唐太宗加以封赏。

则天女皇

【原文】

唐高宗天皇大圣大弘孝皇帝永徽五年

上之为太子也，入侍太宗，见才人武氏而悦之。太宗崩，武氏随众感业寺为尼。忌日，上诣寺行香，见之，武氏泣，上亦泣。王后闻之，阴令武氏长发，劝上内之后宫，欲以间淑妃之宠。武氏巧慧，多权数，初入宫，卑辞屈体以事后；后爱之，数称其美于上。未几大幸，拜为昭仪，后及淑妃宠皆衰，更相与共谮之，上皆不纳。昭仪欲追赠其父而无名，故托以褒赏功臣，遍赠屈突通等，而武士彟预焉。王皇后、萧淑妃与武昭仪更相谮诉，上不信后、淑妃之语，独信昭仪。后不能曲事上左右，母魏国夫人柳氏及舅中书令柳奭入见六宫，又不为礼。武昭仪伺后所不敬

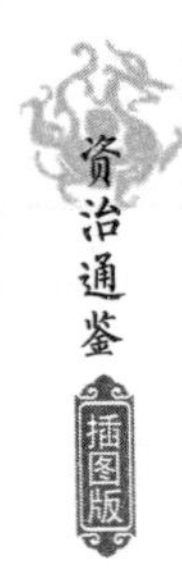

者，必倾心与相结，所得赏赐分与之。由是后及淑妃动静，昭仪必知之，皆以闻于上。

武后

【译文】

唐高宗永徽五年（公元654年）

高宗当初还是太子的时候，进寝宫服侍唐太宗，看见才人武氏便十分喜欢。唐太宗驾崩后，武氏随着众嫔妃到感业寺出家为尼。等到唐太宗的忌日，高宗亲自到感业寺行香拜佛，见到了武氏，武氏哭泣，高宗也跟着流泪。王皇后得知消息后，便暗中让武氏蓄发，并劝说高宗纳武氏入后宫，企图借以武氏来离间高宗对萧妃的宠幸。武氏天生乖巧聪慧，善于玩弄权术，刚刚入宫时，她卑躬屈膝地侍奉皇后；皇后因此十分喜欢她，多次在高宗面前称赞她。不久，武氏便得到高宗的极大宠幸，被拜为昭仪，皇后与萧妃于是均失宠，二人便开始一同诬告武氏，高宗对她们的诬告一概不予听从。武昭仪企图追赠他的父亲武士彟官爵，可是苦于名不正言不顺，因此便假托要褒奖赏赐十三位有功之臣，其中就有武士彟。王皇后、萧淑妃与武昭仪三人相互诬告诽谤，高宗从来都不相信王皇后、萧淑妃的话，唯独对武昭仪非常信任。王皇后不会曲意逢迎高宗的左右近臣，她的母亲魏国夫人柳氏及舅舅中书令柳奭入见六宫嫔妃，又不讲究礼节。武昭仪窥伺到王皇后讨厌的人，于是就与之倾心相交，所得到的赏赐也要分给她们。因此，王皇后与萧淑妃的一举一动，都逃不出武氏的掌控范围，她还把自己看到的、听到的全都禀告给高宗。

【原文】

后宠虽衰，然上未有意废也。会昭仪生女，后怜而弄之，后出，昭仪潜扼杀之，覆之以被。上至，昭仪阳欢笑，发被观之，女已死矣，即惊啼。问左右，左右皆曰：“皇后适来此。”上大怒曰：“后杀吾女！”昭仪因泣诉其罪。后无以自明，上由是有废立之志。又畏大臣不从，乃与昭仪幸太尉长孙无忌第，酣饮极欢，席上拜无忌宠姬子三人皆为朝散大夫，仍载金宝缯锦十车以赐无忌。上因从容言皇后无子以讽无忌，无忌对以他语，竟不顺旨，上及昭仪皆不悦而罢。昭仪又令母杨氏诣无忌第，屡有祈请，无忌终不许。礼部尚书许敬宗亦数劝无忌，无忌厉色折之。

永徽六年六月，武昭仪诬王后与其母魏国夫人柳氏为厌胜，敕禁后母柳氏不得入宫。秋，七月，戊寅，贬吏部尚书柳奭为遂州刺史。奭行至扶风，岐州长史于承素希旨奏奭漏泄禁中语，复贬荣州刺史。唐因隋制，后宫有贵妃、淑妃、德妃、贤妃皆视一品。上欲特置宸妃，以武昭仪为之，韩瑗、来济谏，以为故事无之，乃止。

【译文】

尽管王皇后已经失宠，但是高宗并没有废掉她的想法。恰巧这时武昭仪生了一个女孩，皇后怜爱她并逗弄她玩。皇后出去以后，武氏便趁没人看见将女婴掐死，并盖上被子。这时高宗正好来到，武氏假装欢笑，打开被子一同看孩子，却发现女婴已经死了，武氏当即大声哭闹。问左右侍女是怎么回事，左右都说："皇后刚刚来过这里。"高宗听后勃然大怒，说道："皇后杀了我的女儿!"武昭仪趁机哭泣着数落皇后的罪过。皇后无法替自己辩解，高宗从此有了废掉王皇后立武昭仪为后的打算。但他又深恐大臣们不服，因此便和武氏一道临幸太尉长孙无忌的府第，酒至酣畅后，于酒席上将长孙无忌宠姬的三个儿子都封为朝散大夫，又令人装载金银财宝、绫罗绸缎等共十车赏赐给长孙无忌。高宗趁机讲到王皇后没有子嗣，以此来暗示长孙无忌，可是长孙无忌却顾左右而言他，竟然没有顺从高宗的旨意。高宗与武氏二人于是在不愉快中结束了这场酒宴。武昭仪又让自己的母亲杨氏到长孙无忌的宅第，屡次请求，都没有得到长孙无忌的允许。礼部尚书许敬宗也曾经多次劝说长孙无忌，被长孙无忌义正词严地斥责了一顿。

永徽六年（公元655年）六月，武昭仪诬陷王皇后和她的母亲魏国夫人柳氏求巫婆施展厌胜术诅咒武昭仪，高宗因此敕令严禁皇后的母亲柳氏进出后宫。七月初十，将吏部尚书柳奭贬为遂州刺史。柳奭赴任走到扶风县，岐州长史于承素揣摩圣意，上奏称柳奭泄露宫禁秘密，又把他贬为荣州刺史。唐朝因袭隋朝制度，后宫贵妃、淑妃、德妃、贤妃都是正一品。高宗于是打算特别设置一个宸妃，以封给武昭仪，韩瑗、来济劝谏阻止，说以前没有这个先例，高宗只好作罢。

【原文】

中书舍人饶阳李义府为长孙无忌所恶，左迁壁州司马。敕未至门下，义府密知之，问计于中书舍人幽州王德俭，德俭曰："上欲立武昭仪为后，犹豫未决者，直恐宰臣异议耳。君能建策立之，则转祸为福矣。"义府然之，是日，代德俭直宿，叩阁上表，请废皇后王氏，立武昭仪，以厌兆庶之心。上悦，召见，与语，赐珠一斗，留居旧职。昭仪又密遣使劳勉之，寻超拜中书侍郎。于是卫尉卿许敬宗、御义大夫崔义玄、中丞袁公瑜皆潜布腹心于武昭仪矣。

武后行从图

长安令裴行俭闻将立武昭仪为后，以国家之祸必由此始，与长孙无忌、褚遂良私议其事。袁公瑜闻之，以告昭仪母杨氏，行俭坐左迁西州都督府长史。

上一日退朝，召长孙无忌、李勣、于志宁、褚遂良入内殿。遂良曰："今日之召，多为中宫，上意既决，逆之必死。太尉元舅，司空功臣，不可使上有杀元舅及

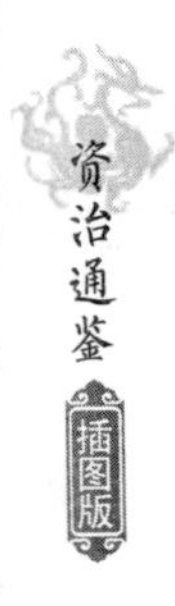

功臣之名。遂良起于草茅，无汗马之劳，致位至此，且受顾托，不以死争之，何以下见先帝！”勣称疾不入。无忌等至内殿，上顾谓无忌曰：“皇后无子，武昭仪有子，今欲立昭仪为后，何如?”遂良对曰：“皇后名家，先帝为陛下所娶。先帝临崩，执陛下手谓臣曰：‘朕佳儿佳妇，今以付卿。’此陛下所闻，言犹在耳。皇后未闻有过，岂可轻废！臣不敢曲从陛下，上违先帝之命！”上不悦而罢。明日又言之，遂良曰：“陛下必欲易皇后，伏请妙择天下令族，何必武氏！武氏经事先帝，众所具知，天下耳目，安可蔽也。万代之后，谓陛下为如何！愿留三思！臣今忤陛下，罪当死！”因置笏于殿阶，解巾叩头流血曰：“还陛下笏，乞放归田里。”上大怒，命引出。昭仪在帘中大言曰：“何不扑杀此獠！”无忌曰：“遂良受先朝顾命，有罪不可加刑！”于志宁不敢言。

【译文】

中书舍人、饶阳人李义府因为被长孙无忌所厌恶，被降职为壁州司马。敕令还未到门下省，李义府便已经暗中得知，于是向中书舍人、幽州人王德俭询问计谋，王德俭说：“高宗打算立武昭仪为皇后，如今正在犹豫不决，生怕宰相们会有异议。假如你能够提议策立武氏为后，那么就可以转祸为福了。”李义府对他的话深表赞同。这一天，他代替王德俭值宿，叩门向高宗上奏章，请求废掉王皇后，立武昭仪为后，以满足黎民百姓的心愿。高宗听后大为喜悦，随即亲自召见李义府，与他交谈，并赐他珍珠一斗，留下他让他官复原职。武氏也在私下里派人慰劳勉责力励他，不久他便被破格提拔为中书侍郎。从此以后，卫尉卿许敬宗、御史大夫崔义玄、御史中丞袁公瑜都暗地里向武氏表示愿意为其效劳。

长安县令裴行俭得知朝廷就要立武昭仪为皇后，认为国家的祸患将要从此开始了，于是便与长孙无忌、褚遂良一起私下里商议此事。袁公瑜听说后，便将这一情况据实禀告给武氏的母亲杨氏，裴行俭因此获罪，被贬谪为西州都督府长史。

李勣

有一天，高宗退朝后，又宣召长孙无忌、李勣、于志宁、褚遂良进入内殿。褚遂良说：“今天皇上宣召，多半是为了后宫的事，如今皇上的主意已定，如果胆敢违抗，必定是死罪。太尉是元舅，司空是功臣，不能让皇上背负杀元舅与功臣的坏名声。我褚遂良原本出身贫寒，也没有立下什么汗马功劳，能有今天这个地位，况且还接受了先帝临终托孤，不能不以死相谏，否则将无法向死去的先帝交代！”李称病没有去内殿。长孙无忌等人到了内殿，高宗便对他们说：“皇后没有子嗣，武昭仪有，现在朕想立武昭仪为皇后，你们觉得怎么样?”褚遂良回答道：“皇后出身名门望族，是先帝为陛下明媒正娶的妻子。先帝临死前，曾经握着陛下的手对我说：‘朕的好儿子、好儿媳，现在就托付给你了。’这些话都是陛下亲耳所闻，直到现在还犹如在耳边一样。未听说皇后有什么过错，怎能轻易地废掉呢！我不敢曲意顺从陛下，而违背先帝的遗愿啊！”高宗听后十分不悦，但也只好作罢。第二天，他又提及此事，褚遂良说：“陛下如果一定要更换皇后，那么我请求遴选天下的名门世家，何必非立武氏不可？武氏曾经侍奉过先帝，这是众所周知的事情，天下人的耳目，哪里能够遮掩呢？等到千秋万代以后，人们又将怎么看待陛下呢？愿陛下三思而后行！我如今忤逆陛下，罪当处死。”说完将朝笏置于殿内台阶上，并解下头巾向高宗叩头直到血流满面，他说道：“还给陛下朝笏，乞求陛下能够放我回老家养老去。”高宗当即勃然大怒，下令将他带出去。武昭仪则隔着帘幕大声说道：“何不就此斩杀了这老东西！”长孙无忌说：“褚遂良是先帝的顾命大臣，即使有罪也不可以加刑。”于志宁则什么话也不敢说。

【原文】

韩瑗因间奏事，涕泣极谏，上不纳。明日又谏，悲不自胜，上命引出。瑗又上疏谏曰：“匹夫匹妇，犹相选择，况天子乎！皇后母仪万国，善恶由之，故嫫母辅佐黄帝，妲己倾覆殷王，《诗》云：‘赫赫宗周，褒姒灭之。’每览前古，常兴叹息，不谓今日尘黩圣代。作而不法，后嗣何观！愿陛下详之，无为后人所笑！使臣有以益国，菹醢之戮，臣之分也！昔吴王不用子胥之言而麋鹿游于姑苏。臣恐海内失望，棘荆生于阙庭，宗庙不血食，期有日矣！”来济上表谏曰：“王者立后，上法乾坤，必择礼教名家，幽闲令淑，副四海之望，称神祇之意。是故周文造舟以迎太姒，而兴《关雎》之化，百姓蒙祚；孝成纵欲，以婢为后，使皇统亡绝，社稷倾沦。有周之隆既如彼，大汉之祸又如此，惟陛下详察！”上皆不纳。

后宫的嫔妃

【译文】

韩瑗趁机上奏疏，流泪对高宗废除皇后的打算进行极力劝阻，高宗并不接受。他第二天又劝谏高宗，悲伤得不能自已，高宗下令将他带出去。韩瑗因此又上奏章劝谏道：“一般的夫妇，尚且要经过相互选择后才结合，更何况天子呢？皇后母仪天下，是全天下妇女的典范，善恶皆因她而生，所以才会有嫫母辅佐黄帝、妲己倾覆殷朝这样的历史。《诗经》上说：‘赫赫有名的宗周，就毁灭在褒姒的手里。’我每次阅读前朝史事，常常会扼腕叹息，未曾想今天这样的圣明之世也会受到玷污。做事不依循法度，后世将如何看待呢！唯愿陛下能够三思，不要给后人留下笑柄。假如我的话能够有益于国家，那么即使被剁成肉酱，臣也死得心甘情愿！昔日吴王不听从伍子胥的话，结果致使吴都姑苏破败，麋鹿到处出没。我深恐陛下让海内外

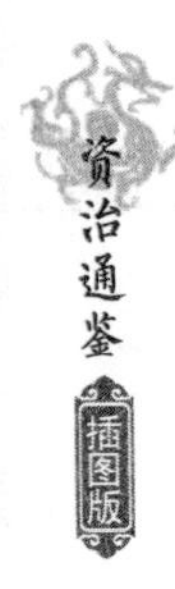

的有识之士失望，那样就离让皇宫长满荆棘、宗庙不能继续享有祭祀的情况为期不远了！”来济也上表劝谏高宗道：“君主册立皇后，应该因循天理法度，必须选择名门礼教之家的淑女，优雅娴静，贤淑美好，才能与四海的厚望相符，也能和神灵的意图相称。所以说周文王才要造船迎接太姒，世间从此才有《关雎》的教化，百姓蒙受福祉；汉成帝纵欲成性，让婢女当了皇后，因而使皇族血统遭到断绝，江山社稷因此倾覆沉沦。周代的昌盛是那般，汉代的灾祸又是这般，希望陛下能够明鉴啊！”高宗对这些谏言一律不予采纳。

彩绘女立俑

【原文】

它日，李勣入见，上问之曰：“朕欲立武昭仪为后，遂良固执以为不可。遂良既顾命大臣，事当且已乎？”对曰：“此陛下家事，何必更问外人！”上意遂决。许敬宗宣言于朝曰：“田舍翁多收十斛麦，尚欲易妇；况天子欲立一后，何豫诸人事而妄生异议乎！”昭仪令左右以闻。庚午，贬遂良为潭州都督。

高宗天皇大圣大弘孝皇帝永徽六年，冬，十月，己酉，下诏称：“王皇后、萧淑妃谋行鸩毒，废为庶人，母及兄弟，并除名，流岭南。”许敬宗奏：“故特进赠司空王仁祐告身尚存，使逆乱余孽犹得为荫，并请除削。”从之。乙卯，百官上表请立中宫，乃下诏曰：“武氏门著勋庸，地华缨黻，往以才行，选入后庭，誉重椒闱，德光兰掖。朕昔在储贰，特荷先慈，常得待从，弗离朝夕，宫壸之内，恒自饬躬，嫔嫱之间，未尝迕目，圣情鉴悉，每垂赏叹，遂以武氏赐朕，事同政君，可立为皇后。”

【译文】

有一天，李勣入宫晋见，高宗于是问他道：“朕打算册立武昭仪为皇后，可是褚遂良却固执己见认为不可以。褚遂良既然是先帝的顾命大臣，现在他极力反对，那么事情真就应该停止吗？”李回答道：“这是陛下的家务事，何必要去征询外人的意见呢！”高宗废后的主意随即定了下来。许敬宗在朝中扬言道：“庄稼汉多收了十斛麦子，尚且想要换个老婆呢！更何况是天子要册立皇后，人们又何必要管那么多事而妄生异议呢？”武昭仪让身边的人将此话传到了高宗那里。初三，高宗下诏将褚遂良贬为潭州都督。

永徽六年（公元655年）十月十三日，唐高宗下诏道：“王皇后、萧淑妃密谋用毒酒杀人，现今被废为平民。她们的母亲和兄弟也都全部被撤消官爵，流放到岭南一带。”许敬宗上疏道：“已故特进赠司空王仁祐尚且还留存有封官的凭证，这些会让逆乱的余孽还能受荫做官，请求一并削除他的官爵。”唐高宗答应了他的请求。

十月十九日，文武百官联名上奏唐高宗，请求册立武氏。唐高宗随即颁发诏书说：“武氏出身功勋之家，祖辈世代为官。她先前曾因为才德超群而被选入后宫。

在后宫中，她品行端正，声誉极佳。朕先前做太子时，她受到我已故母亲的特殊恩惠，得以经常服侍皇帝，日夜陪侍左右。她在后宫之中十分检点自己的行为，而且能很好地处理嫔妃之间的关系。皇帝对此十分清楚，经常垂青赞赏，于是便把武氏赏赐给朕，这就如同汉宣帝将宫女王政君赐给皇太子一样。因此，武氏是可以被册立为皇后的。"

【原文】

十一月，丁卯朔，临轩命司空李勣赍玺绶册皇后武氏。是日，百官朝皇后于肃义门。故后王氏、故淑妃萧氏，并囚于别院，上尝念之，间行至其所，见其室封闭极密，惟窍壁以通食器，恻然伤之，呼曰："皇后、淑妃安在?"王氏泣对曰："妾等得罪为宫婢，何得更有尊称!"又曰："至尊若念畴昔，使妾等再见日月，乞名此院为回心院。"上曰："朕即有处置。"武后闻之，大怒，遣人杖王氏及萧氏各一百，断去手足，投酒瓮中，曰："令二妪骨醉!"数日而死，又斩之。王氏初闻宣敕，再拜曰："愿大家万岁！昭仪承恩，死自吾分。"淑妃骂曰："阿武妖猾，乃至于此！愿它生我为猫，阿武为鼠，生生扼其喉。"由是宫中不畜猫。寻又改王氏姓为蟒氏，萧氏为枭氏。武后数见王、萧为祟，被发沥血如死时状。后徙居蓬莱宫，复见之，故多在洛阳，终身不归长安。

【译文】

十一月初一，武氏被册立为皇后。当天，文武百官于肃义门朝拜了武后。先前的皇后王氏和淑妃萧氏一同被囚禁在后宫别的院落里。唐高宗顾念当初的情分，于是秘密去囚禁她们的地方，只看见囚室封闭极严，只在墙壁上凿了一个小孔，以便能够送食物进去。他看见二人如此悲惨，便动了恻隐之心，大声呼喊道："皇后、淑妃你们在哪里?"王氏听到是皇上的声音，于是就哭着说道："臣妾等已经因罪被贬为宫中奴婢，哪里还会有后、妃的尊贵称号!"接着又说："假如陛下还能念及旧情，那么我请求让臣妾等重见天日，把这个院子改名为回心院吧。"皇上说："朕马上就安排。"武后很快便得知此事，她勃然大怒，随即派人去把王氏和萧氏各打一大板，接着砍去她们的手足，把她们投到酒坛子里去，还骂道："让这两个女人骨醉!"没过几天，两人相继死去，武后又令人砍下她们的脑袋。王氏当初听到宣布处置她们的敕令时，向高宗拜了又拜说："祝愿皇上万岁！武昭仪承蒙陛下的恩宠，死自然是我的事了。"淑妃萧氏则破口大骂道："阿武是一个狐狸精，奸诈狡猾，竟然狠毒到如此地步！只求来生我做猫，阿武做鼠，我活活地咬住她的咽喉。"因此宫中从此不再养猫。不久又将王氏改姓为蟒氏，把萧氏改姓为枭氏。武后随后多次看见王氏和萧氏的鬼魂在宫中作祟，披头散发，遍体流血，一如死的时候的样子。于是武后只得迁到蓬莱宫居住，可是还是能看见同样的情形，因此她就远远地移居到了洛阳，终生没有再回长安。

【评析】

唐高宗李治没有才能，昏庸而懦弱，大权几乎都落在武则天的手中。武则天本

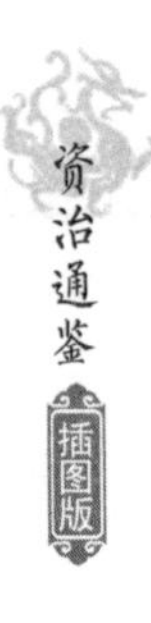

来是唐太宗的才人，唐太宗死后在感业寺出家，后被王皇后召回，被唐高宗封为昭仪。她并没有满足，陷害王皇后，甚至把自己的亲生女儿掐死，终于使李治对皇后产生厌恶。王皇后和萧妃搬起石头砸自己的脚，两虎相争，让武则天得利，到了最后已是后悔莫及。

狄公忠心

【原文】

唐高宗天皇大圣大弘孝皇帝仪凤元年

大理奏左威卫大将军权善才、右监门中郎将范怀义误斫昭陵柏，罪当除名；上特命杀之。大理丞太原狄仁杰奏："二人罪不当死。"上曰："善才等斫陵柏，我不杀则为不孝。"仁杰固执不已，上作色，令出，仁杰曰："犯颜直谏，自古以为难。臣以为遇桀、纣则难，遇尧、舜则易。今法不至死而陛下特杀之，是法不信于人也，人何所措其手足！且张释之有言：'设有盗长陵一抔土，陛下何以处之？'今以一株柏杀二将军，后代谓陛下为何如矣！臣不敢奉诏者，恐陷陛下于不道，且羞见释之于地下故也。"上怒稍解，二人除名，流岭南。后数日，擢仁杰为侍御史。

捣练图

初，仁杰为并州法曹，同僚郑崇质当使绝域。崇质母老且病，仁杰曰："彼母如此，岂可使之有万里之忧！"诣长史蔺仁基，请代之行。仁基素与司马李孝廉不叶，因相谓曰："吾辈岂可不自愧乎！"遂相与辑睦。

调露元年，司农卿韦弘机作宿羽、高山、上阳等宫，制度壮丽。上阳宫临洛水，为长廊亘一里。宫成，上徙御之。侍御史狄仁杰劾奏弘机导上为奢泰，弘机坐免官。左司郎中王本立恃恩用事，朝廷畏之。仁杰奏其奸，请付法司，上特原之，仁杰曰："国家虽乏英才，岂少本立辈！陛下何惜罪人，以亏王法。必欲曲赦本立，请弃臣于无人之境，为忠贞将来之诫！"本立竟得罪，由是朝廷肃然。

【译文】

唐高宗仪凤元年（公元676年）

大理寺上奏说左威卫大将军权善才、右监门中郎将范怀义误砍昭陵上的柏树，按照罪责法令应当被除去官吏名籍；唐高宗却特意命令将他们处死。大理丞太原人狄仁杰上奏道："这两个人的罪责不应当被处死。"唐高宗说："权善才等砍昭陵柏树，我不杀了他们就是我的不孝。"狄仁杰一再坚持自己的意见，看到唐高宗满脸怒色，命令他出去，他说："冒犯陛下的威严，直言强谏，自古以来就被认为是很难做到的。但我以为如果遇到桀、纣固然会很困难，而如果遇到尧、舜这样的仁君却很容易做到。如今依照法令不应当被处死的人，而陛下却执意要处死，这样一来，就会让法律失去取信于人的根本，那么人们以后将何所依从呢？汉朝张释之曾对文帝说过：'假如有人盗取高祖长陵一抔土，那么陛下将如何处分他呢？'如今因误砍一棵柏树而将两位将军处死，那么后代会怎么看待陛下？我之所以不奉诏执行陛下的命令，是唯恐让陛下陷落到无道的境地，也是因为害怕无颜去九泉之下见张释之的缘故。"听他这样一说，唐高宗的怒气这才稍微消了一点，权善才、范怀义因此只是被除去名籍，流放到了岭南一带。几天后，朝廷擢升狄仁杰为侍御史。

起初，狄仁杰担任并州法曹一职，同事郑崇质本应当出使遥远的地方。可是郑崇质的母亲年迈多病，狄仁杰说："他母亲的情况如此不妙，怎能再让她有万里离别的忧愁呢！"随即找到长史蔺仁基，请求他代替郑崇质担当出使的任务。蔺仁基素来与司马李孝廉有隔阂，此时 两人不禁相对说道："我们怎能不为自己的行为感到羞愧呢？"从此以后两人得以和睦相处。

武则天

调露元年（公元679年），司农卿韦弘机修筑宿羽、高山、上阳等宫，气势壮丽。上阳宫临近洛水，建有绵延一里长的长廊。等到宫殿落成后，唐高宗移居到了那里。侍御史狄仁杰因此上奏弹劾韦弘机引诱皇帝奢侈无度，韦弘机因此获罪被罢免官职。左司郎中王本立仗恃皇帝的恩宠而滥用权力，朝中文武百官因此都对他畏惧有加。唯独狄仁杰上奏揭发他的奸恶行径，并请求将他移交司法部门查办。唐高宗特地将他赦免。狄仁杰说："尽管国家缺乏优秀人才，可是难道缺少像王本立这样的人吗？陛下为什么要爱惜罪人，从而使王法得到损害？如果一定要赦免王本立，那就请先将我流放到荒无人烟的边远地带，以此来惩戒将来的忠贞之臣。"王本立最终被治罪。朝廷上下从此严肃而有法度。

【原文】

唐则天顺圣皇后垂拱四年以文昌左丞狄仁杰为豫州刺史。时治越王贞党与，当坐者六七百家，籍没者五千口，司刑趣使行刑。仁杰密奏："彼皆诖误，臣欲显奏，似为逆人申理；知而不言，恐乖陛下仁恤之旨。"太后特原之，皆流丰州。道过宁

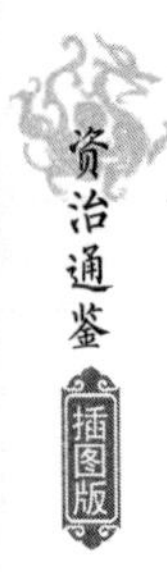

州，宁州父老迎劳之曰："我狄使君活汝邪?"相携哭于德政碑下，设斋三日而后行。

时张光辅尚在豫州，将士恃功，多所求取，仁杰不之应。光辅怒曰："州将轻元帅邪?"仁杰曰："乱河南者一越王贞耳，今一贞死，万贞生!"光辅诘其语，仁杰曰："明公总兵三十万，所诛者止于越王贞。城中闻官军至，逾城出降者四面成蹊，明公纵将士暴掠，杀已降以为功，流血丹野，非万贞而何！恨不得尚方斩马剑，加于明公之颈，虽死如归耳!"光辅不能诘，归，奏仁杰不逊，左迁复州刺史。

唐则天顺圣皇后天授二年太后谓仁杰曰："卿在汝南，甚有善政，卿欲知谮卿者名乎?"仁杰谢曰："陛下以臣为过，臣请改之；知臣无过，臣之幸也，不愿知谮者名。"太后深叹美之。

【译文】

唐则天皇后垂拱四年（公元688年）朝廷任命文昌左丞狄仁杰为豫州刺史。当时朝廷正在惩治越王李贞的党羽，按照法令应当被判罪的有六七百家，籍没官府充当奴婢的有五千人，司刑寺督促豫州方面执行判决。狄仁杰向太后上密奏道："他们都是受牵连的，我本打算奏明皇上，可是似乎有为叛逆的人申辩的嫌疑；可是知而不言，又深恐违背陛下仁爱怜悯的本意。"太后因此特地原谅了他们，将他们全都流放到丰州。当这一行人路过宁州时，当地老百姓迎接慰劳他们道："是我们的狄使君救了你们的命啊！"随即相互搀扶着在宁州百姓当年为狄仁杰树立的功德碑前痛哭流涕，斋戒三天后才继续向前离去。

武则天

当时张光辅仍在豫州，将士全都依仗有功对百姓巧取豪夺，狄仁杰对他们没有应合。张光辅因此大怒道："州将岂敢轻视全军主将！"狄仁杰说："河南作乱的只有一个越王李贞，现在一个李贞死了，却出现了一万个李贞！"张光辅于是责问他这话是什么意思，狄仁杰说："您统率三十万兵丁，所要诛杀的只限于越王李贞。城中百姓听说官军前来，越城出来投降的人很多，四面都被踩踏成道路了，可是您却放纵军士凶暴地抢掠，杀掉已投降的人用来报功，鲜血染红了郊野，这不是一万个李贞难道又是什么！我恨不能得到天子的尚方斩马剑用以加在您的脖颈上，我即使死了，也视作回家一样！"张光辅一时语塞，无话可说，回来以后，上奏章说狄仁杰不恭顺。因此狄仁杰很快被贬谪为复州刺史。

唐则天皇后天授二年（公元691年）太后对狄仁杰说："你在汝南的时候，很有善政，有口皆碑，你难道就不想知道是谁诬陷你的吗?"狄仁杰感谢太后道："陛下认为我有过错，那就请允许我改过；知道我没有过错，那是我的幸运，我不想知道是谁在诬陷我。”太后深深感慨并对他大加赞赏。

【原文】

武承嗣、三思营求为太子，数使人说太后曰：“自古天子未有以异姓为嗣者。”太后意未决。狄仁杰每从容言于太后曰：“文皇帝栉风沐雨，亲冒锋镝，以定天下，传之子孙。大帝以二子托陛下。陛下今乃欲移之他族，无乃非天意乎！且姑侄之与母子孰亲？陛下立子，则千秋万岁后，配食太庙，承继无穷；立侄，则未闻侄为天子而祔姑于庙者也。”太后曰：“此朕家事，卿勿预知。”仁杰曰：“王者以四海为家，四海之内，孰非臣妾，何者不为陛下家事！君为元首，臣为股肱，义同一体，况臣备位宰相，岂得不预知乎！”又劝太后召还庐陵王。王方庆、王及善亦劝之。太后意稍寤。他日，又谓仁杰曰：“朕梦大鹦鹉两翼皆折，何也？”对曰：“武者，陛下之姓，两翼，二子也。陛下起二子，则两翼振矣。”太后由是无立承嗣、三思之意。

唐则天皇后久视元年太后信重内史梁文惠公狄仁杰，群臣莫及，常谓之国老而不名。仁杰好面引廷争，太后每屈意从之。尝从太后游幸，遇风吹仁杰巾坠，而马惊不能止，太后命太子追执其鞚而系之。

【译文】

武承嗣、武三思图谋当太子，先后多次派人劝说太后，道：“自古以来，天子没有以外姓人为继承者的。”太后仍旧犹豫未决，狄仁杰常常从容不迫地对太后说：“太宗文皇帝栉风沐雨，亲自冒着刀枪箭镞，得以平定天下，并将这伟大基业传给子孙后代。高宗将两个儿子托付给陛下。陛下如今却想将国家移交给外族，这难道符合上天的意思吗？况且姑侄与母子相比谁更亲？陛下立儿子为太子，那么千秋万代之后，祭祀宗庙，代代承继，无穷无尽；假如立侄儿为太子，那么未曾听说过有侄儿当了天子而合祭姑姑于宗庙的。”太后说道：“这是朕的家事，你就不要掺和了。”狄仁杰说：“君王应当以四海为家，四海之内，有谁不是臣妾，有什么事不是陛下的家事呢？君主是元首，臣是四肢，意思是如同一个整体，更何况我还担任宰相，怎能不参与呢？”接着他又劝太后召回庐陵王，王方庆、王及善也在一旁劝说太后，太后的心里这才稍微有所醒悟。有一天，太后对狄仁杰说道：“我梦见一只大鹦鹉两翼都被折断了，这作何解释呢？”狄仁杰回答道：“武就是陛下的姓，两翼就是您的两个儿子。陛下如果起用了两个儿子，那么两翼就会都振作起来了。”太后从此便打消了册立武承嗣、武三思为太子的心思。

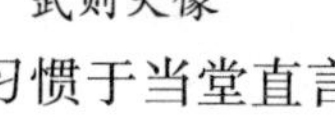

武则天像

唐则天皇后久视元年（公元700年），武则天十分信任和器重内史梁文惠公狄仁杰，众大臣没有哪一个可以与他相比的，她时常称狄仁杰为国老，而不是直呼其名。狄仁杰也习惯于当堂直言强

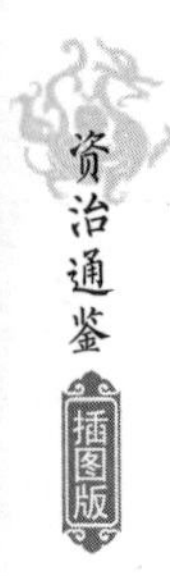

谏，而武则天也经常采纳他的建议，尽管这样做违背了自己的本意时也从不在意。有一次，狄仁杰随从武则天巡游，途中忽然遇到大风，将狄仁杰的头巾吹落在地，他的坐骑也因此受惊而飞奔不止，武则天于是命令太子李显追上惊马，抓住马的笼头并将它拴好。

【原文】

仁杰屡以老疾乞骸骨，太后不许。入见，常止其拜，曰："每见公拜，朕亦身痛。"仍免其宿直，戒其同僚曰："自非军国大事，勿以烦公。"辛丑，薨，太后泣曰："朝堂空矣！"自是朝廷有大事，众或不能决，太后辄叹曰："天夺吾国老何太早邪！"

太后尝问仁杰："朕欲得一佳士用之，谁可者？"仁杰曰："未审陛下欲何所用之？"太后曰："欲用为将相。"仁杰对曰："文学缊藉，则苏味道、李峤固其选矣。必欲取卓荦奇才，则有荆州长史张柬之，其人虽老，宰相才也。"太后擢柬之为洛州司马。数日，又问仁杰，对曰："前荐柬之，尚未用也。"太后曰："已迁矣。"对曰："臣所荐者可为宰相，非司马也。"乃迁秋官侍郎；久之，卒用为相。仁杰又尝荐夏官侍郎姚元崇、监察御史曲阿桓彦范、太州刺史敬晖等数十人，率为名臣。或谓仁杰曰："天下桃李，悉在公门矣。"仁杰曰："荐贤为国，非为私也。"

【译文】

狄仁杰曾经多次以年老多病为由向太后提出回家养老的请求，武则天每次都拒绝了。每当狄仁杰入朝参见的时候，武则天还时常阻止他行跪拜礼，她说："每当看见爱卿行跪拜大礼的时候，朕的身体都会隐隐作痛。"武则天还免除了狄仁杰晚上在宫中值宿的义务，并告诫他的同僚们说："如果不是什么军国大事，就不要去烦扰狄公。"八月十五，狄仁杰去世，武则天痛哭流涕，说："朝堂空了！"从此以后，朝廷一遇到大事，如果百官决断不了，武则天就会叹息道："老天为什么要把我的国老夺走得这么早呢？"

鎏金铜僧人像

武则天先前曾经征询狄仁杰道："朕想要得到一位贤士委以重任，您认为谁最合适呢？"狄仁杰问道："不知道陛下打算委以他什么重任？"武则天说："我准备让他出任宰相。"狄仁杰回答道："如果陛下想要的是学识渊博的才俊，那么苏味道、李峤本来就是最佳人选。如果陛下一定要找卓尔不群的奇才，那就非荆州长史张柬之莫属了，此人虽然年迈，但的确是块当宰相的料。"武则天随即擢升张柬之为洛州司马。几天后，武则天又让狄仁杰推荐人才，狄仁杰回答道："我前几天举荐的张柬之，陛下还没有任用呢！"武则天说："我已经升了他的职了。"狄仁杰说："我所举荐的张柬之是宰相之才，并非用来作司马的料。"武则天随即又任命张柬之为秋官侍郎。过了很久，终于将他升任为宰相。狄仁杰还曾经向武则天举荐了夏官侍郎姚元崇、监察御史曲阿人桓彦范、太州刺史敬晖等数十人，随后这些人都成了唐代的名臣。于是就有人对狄仁杰说道："治理天下的贤能良将，全都出自您狄公的门下啊。"狄仁杰回答道："引荐贤良是为了国家的利益，并非为了我的一己私利啊。"

【评析】

狄仁杰在武则天时期曾两度拜相，深受武则天的器重，是武则天手下为数不多的得以善终的重臣。狄仁杰做官的时候，十分重视提拔人才，可谓不拘一格，在这方面留下了很多佳话。狄仁杰秉性耿直，敢于据理力争，有时当面顶撞武则天，武则天也常常能接受他的意见。狄仁杰还经常被后人写进文学作品中，他和宋代的包拯一样，成为明察秋毫、睿智仁爱的清官的化身。

敬业反武

【原文】

唐则天顺圣皇后光宅元年

时诸武用事，唐宗室人人自危，众心愤惋。会眉州刺史英公李敬业及弟盩厔令敬猷、给事中唐之奇、长安主簿骆宾王、詹事司直杜求仁皆坐事，敬业贬柳州司马，敬猷免官，之奇贬括苍令，宾王贬临海丞，求仁贬黟令。求仁，正伦之侄也。盩厔尉魏思温尝为御史，复被黜。皆会于扬州，各自以失职怨望，乃谋作乱，以匡复庐陵王为辞。

思温为之谋主，使其党监察御史薛仲璋求奉使江都，令雍州人韦超诣仲璋告变，云"扬州长史陈敬之谋反"。仲璋收敬之系狱。居数日，敬业乘传而至，矫称扬州司马来之官，云"奉密旨，以高州酋长冯子猷谋反，发兵讨之。"于是开府库，令士曹参军李宗臣就钱坊，驱囚徒、工匠数百，授以甲。斩敬之于系所；录事参军孙处行拒之，亦斩以徇，僚吏无敢动者。遂起一州之兵，复称嗣圣元年。开三府，一曰匡复府，二曰英公府，三曰扬州大都督府。敬业自称匡复府上将，领扬州大都督。以之奇、求仁为左、右长史，宗臣、仲璋为左、右司马，思温为军师，宾王为记室，旬日间得胜兵十余万。

骆宾王

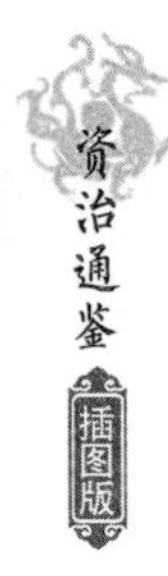

【译文】

则天皇后光宅元年（公元684年）

当时武氏家族独揽朝政，大唐皇族人人自危，个个心中愤慨惋惜。恰逢眉州刺史英公李敬业和他弟弟盩厔令李敬猷、给事中唐之奇、长安主簿骆宾王、詹事司直杜求仁等都因为一些事情被治罪，李敬业被贬谪为柳州司马，李敬猷被罢官，唐之奇被贬为括苍令，骆宾王被贬谪为临海丞，杜求仁被贬谪为黟县令。杜求仁是杜正伦的侄子。盩厔尉魏思温曾经担任御史，这次又被罢黜。他们这些遭贬之人都在扬州聚会，各自因失去官职心怀怨愤，便图谋趁机作乱，打着挽救恢复庐陵王的帝位的旗号。

簪花仕女图

魏思温是此次谋划的主谋，他指派自己的党羽监察御史薛仲璋请求奉命出使江都，然后让雍州人韦超向薛仲璋报告，说："扬州长史陈敬之阴谋反叛。"薛仲璋即刻派人逮捕陈敬之入狱。几天后，李敬业乘驿车抵达扬州，假称自己是扬州司马前来上任，说："奉太后密旨，因为高州酋长冯子猷阴谋造反，准备发兵进行讨伐。"于是大开府库，命令扬州士曹参军李宗臣到铸钱工场，驱遣囚徒、工匠数百人，并发给他们盔甲。将陈敬之在监狱做斩首处决；录事参军孙处行因为抗拒不从，也被斩首示众，于是扬州的大小官吏没有谁再敢反抗的。随即征发一州的兵马，恢复使用中宗时的年号嗣圣元年。设置三个府署：第一个是匡复府，第二个是英公府，第三个是扬州大都督府。李敬业自称是匡复府的上将，领扬州大都督。任命唐之奇、杜求仁分别为左、右长史，李宗臣、薛仲璋分别为左、右司马，魏思温为军师，骆宾王为记室，仅仅十几天的工夫便聚拢了十余万人的兵力。

【原文】

移檄州县，略曰："伪临朝武氏者，人非温顺，地实寒微。昔充太宗下陈，尝以更衣入侍，洎乎晚节，秽乱春宫。密隐先帝之私，阴图后庭之嬖，践元后于翚翟，陷吾君于聚麀。"又曰："杀姊屠兄，弑君鸩母，人神之所同嫉，天地之所不容。"又曰："包藏祸心，窃窥神器。君之爱子，幽之于别宫；贼之宗盟，委之以重任。"又曰："一抔之土未干，六尺之孤安在！"又曰："试观今日之域中，竟是谁家之天下！"太后见檄，问曰："谁所为？"或对曰："骆宾王。"太后曰："宰相之过也。人有如此才，而使之流落不偶乎！"敬业求得人貌类故太子贤者，绐众云："贤不死，亡在此城中，令吾属举兵。"因奉以号令。楚州司马李崇福帅所部三县应敬业。盱眙人刘行举独据县不从，敬业遣其将尉迟昭攻盱眙，行举拒却之。诏以行举为游击将军，以其弟行实为楚州刺史。

甲申，以左玉钤卫大将军李孝逸为扬州道大总管，将兵三十万，以将军李知十、马敬臣为之副，以讨李敬业。

【译文】

李敬业在各州县散布战斗檄文，大意是："窃取帝位的武氏，人并不温顺，出身非常贫寒卑微。她先前下榻在太宗的后宫，曾经找机会得以侍奉唐太宗，受到极大的宠幸，等到唐太宗晚年，她又勾引太子，淫乱后宫。她隐匿了同先帝的私情，却暗地里在后宫谋求高宗的宠幸，最终登上皇后的宝座，也使我们的国君从此陷落到形同禽兽的乱伦境地。"又说："武氏杀害姐姐，屠戮哥哥，杀死国君，毒死母亲，是人和神所共同憎恨的妇人，她的行为必将为天地所不容。"又说："她包藏祸心，图谋篡夺帝位。国君的爱子，被她幽禁于别殿；武氏的远近亲属，都被委以重任。"又说："先帝陵墓上的黄土还没有完全风干，未成年的孤儿将流落到哪里？"又说："试看如今的江山社稷，究竟是谁家的天下！"太后看到这些战斗檄文以后，问道："这些都出自谁手？"有人回答说："骆宾王。"太后说："这是宰相的失误。此人如此才华横溢，却让他流落漂泊，未能得到重用！"李敬业找到了一个外表酷似已故太子李贤的人，欺骗众人道："李贤并没有死，而是逃亡到了这个城里，现在他命令我们即刻起兵。"因此借助他的名义向天下发号施令。楚州司马李崇福统率所辖的三个县积极响应李敬业。唯独盱眙人刘行举据守着县城，不肯服从，李敬业派他的部将尉迟昭率军攻打盱眙。太后下诏任命刘行举为游击将军，任命他的弟弟刘行实为楚州刺史。

九月，朝廷任命左玉钤卫大将军李孝逸为扬州道大总管，统领三十万兵马，任命将军李知十和马敬臣为副总管，一起前来征讨李敬业。

唐·彩绘贴金文吏俑

【原文】

魏思温说李敬业曰："明公以匡复为辞，宜帅大众鼓行而进，直指洛阳，则天下知公志在勤王，四面响应矣。"薛仲璋曰："金陵有王气，且大江天险，足以为固，不如先取常、润，为定霸之基，然后北向以图中原，进无不利，退有所归，此良策也！"思温曰："山东豪杰以武氏专制，愤惋不平，闻公举事，皆自蒸麦饭为粮，伸锄为兵，以俟南军之至。不乘此势以立大功，乃更蓄缩，欲自谋巢穴，远近闻之，其谁不解体！"敬业不从，使唐之奇守江都，将兵渡江攻润州。思温谓杜求仁曰："兵势合则强，分则弱，敬业不并力渡淮，收山东之众以取洛阳，败在眼中矣！"

壬辰，敬业陷润州，执刺史李思文，以李宗臣代之。思文，敬业之叔父也，知

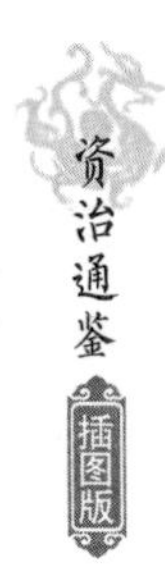

敬业之谋，先遣使间道上变，为敬业所攻，拒守久之，力屈而陷。思温请斩以徇，敬业不许，谓思文曰：“叔党于武氏，宜改姓武。”润州司马刘延嗣不降，敬业将斩之，思温救之，得免，与思文皆囚于狱中。刘延嗣，审礼从父弟也。曲阿令河间尹元贞引兵救润州，战败，为敬业所擒，临以白刃，不屈而死。丁酉，追削李敬业祖考官爵，发冢斫棺，复姓徐氏。徐敬业闻李孝逸将至，自润州回军拒之，屯高邮之下阿溪；使徐敬猷逼淮阴，别将韦超、尉迟昭屯都梁山。

【译文】

魏思温劝说李敬业道：“您以复兴天子的权力为名义，就应当统率大军大张旗鼓地前进，直接奔向东都洛阳，那么天下人都会知道您是以救援天子为志向的，这样一来，四面八方都会云集响应。”薛仲璋说：“金陵有着帝王的气象，况且又有长江天险可以凭借，足可以固守，不如先夺取常、润二州，作为奠定霸业的基础，然后再向北图谋夺取中原，这样就可以进则取胜，退而有归宿，这可是最佳策略。”魏思温说：“崤山以东的豪杰仁人因为武氏的专政，愤慨惋惜，心中不平，听说您起事的消息，都自愿蒸麦饭为干粮，举锄头为武器，用以等待南军的到来。不借此大好形势建功立业，反而畏畏缩缩，而图谋建立自己的巢穴，那么远近的人知道了，怎么会不人心离散的?”李敬业并没有依从他的主张，而是派唐之奇据守江都，自己则领兵渡过长江，攻讨润州。魏思温对杜求仁说：“兵力合在一起就会强大无比，分散就会被削弱，徐敬业不合并兵力渡过淮河，收集崤山以东的兵力以夺取洛阳，失败很快就要来临了!”

李敬业很快攻陷润州，生擒刺史李思文，让李宗臣取代他做了刺史。李思文是李敬业的叔父，得知李敬业的阴谋后，事先派遣使者从小道急速奔向朝廷报告了即将发生的叛乱，被李敬业进攻后，拒守了好久，终因力竭而被攻陷。魏思温请求将他斩首示众，李敬业不同意，对李思文说：“叔父对武氏阿谀逢迎，应当改姓武。”润州司马刘延嗣拒不投降，李敬业打算杀掉他，被魏思温给救下了，才幸免一死，和李思文一同被关进大牢。刘延嗣是刘审礼的堂弟。曲阿令河间人尹元贞领兵援救润州，结果却遭到失败，被李敬业擒获，李敬业拿着锋利的刺刀威胁他。他仍然不肯屈从，因而被杀死。丁酉，朝廷追削徐敬业祖父和父亲的官职封爵，掘墓斫棺，恢复其本姓徐氏。徐敬业听说李孝逸率军即将到达，便从润州回军进行抵御，在高邮境内的下阿溪屯兵；并派徐敬猷率兵紧逼淮阴，别将韦超、尉迟昭率军屯驻在都梁山。

【原文】

李孝逸军至临淮，偏将雷仁智与敬业战，不利，孝逸惧，按兵不进。监军殿中侍御史魏元忠谓孝逸曰：“天下安危，在兹一举。四方承平日久，忽闻狂狡，注心倾耳以俟其诛。今大军久留不进，远近失望，万一朝廷更命它将以代将军，将军何辞以逃逗挠之罪乎!”孝逸乃引军而前。壬寅，马敬臣击斩尉迟昭于都梁山。十一月，辛亥，以左鹰扬大将军黑齿常之为江南道大总管，讨敬业。

韦超拥众据都梁山，诸将皆曰：“超凭险自固，士无所施其勇，骑无所展其足；且穷寇死战，攻之多杀士卒，不如分兵守之，大军直取江都，覆其巢穴。”支度使薛克构曰：“超虽据险，其众非多。今多留兵则前军势分，少留兵则终为后患，不如先击之，其势必举，举都梁，则淮阴、高邮望风瓦解矣。”魏元忠请先击徐敬猷，诸将曰：“不如先攻敬业，敬业败，则敬猷不战自擒矣。若击敬猷，则敬业引兵救之，是腹背受敌也。”元忠曰：“不然。贼之精兵，尽在下阿，乌合而来，利在一决，万一失利，大事去矣！敬猷出于博徒，不习军事，其众单弱，人情易摇，大军临之，驻马可克。敬业虽欲救之，计程必不能及。我克敬猷，乘胜而进，虽有韩、白不能当其锋矣。今不先取弱者而遽攻其强，非计也。”孝逸从之，引兵击超，超夜遁；进击敬猷，敬猷脱身走。

唐·鎏金刻瑞兽银盒

【译文】

李孝逸率军抵达临淮，偏将雷仁智与徐敬业率先展开战争，形势极为不利，这让李孝逸很是恐惧，随即按兵不动。监军殿中侍御史魏元忠对李孝逸说：“天下安危，在此一举。天下太平已久，如今忽然听说有人阴谋叛乱，人人都注心倾耳以等待诛杀叛贼的消息。可是现在将军却停止不前，天下远近民众会因此失望，万一朝廷再让其他将军来替代将军您，那么您如何能够逃脱得了罪责呢？”李孝逸随即率兵前进。壬寅，马敬臣在都梁山将尉迟昭杀掉。

十一月初四，朝廷让左鹰扬大将军黑齿常之担任江南道大总管，征讨徐敬业。韦超率领部众占据都梁山，唐军将领都说：“韦超凭借天险而据守，我军兵士不能施展勇力，骑兵不能展足驰骋；况且与穷寇死战，对他们施行强攻，会给自己的兵力造成很大伤亡，不如分兵进行围困，大军直趋江都，捣毁他们的老窝。”支度使薛克杨说：“韦超虽然据守险要，但是他的兵力并不多。如今多留兵围困，那么前军的兵力就会分散，少留兵则终归会造成后患，倒不如先进攻他，只要强攻一定能将其攻下。攻下了都梁山，那么淮阴、高邮的敌人都会望风而自行瓦解了！”魏元忠请求先出击徐敬猷，诸将说：“不如先进攻徐敬业，徐敬业一旦失败，那么徐敬猷就可以不战而擒。假如进攻徐敬猷，那么徐敬业就会发兵援救他，到时我们将会腹背受敌。”魏元忠说：“不对。贼寇的精兵都集中在下阿，对待他们这群乌合之众，关键在一次决战，一旦我军失利，大事便没有挽回的余地！徐敬猷出身于赌徒，不熟习军事，他的兵力又很薄弱，军心很容易动摇，现在只要大军进逼，立即可以攻克。到时尽管徐敬业想救他，但从路程来看根本来不及。等我军攻克了徐敬猷，再乘胜前进，即使韩信、白起在世恐怕也抵挡不了我们。现在不先攻讨弱者而

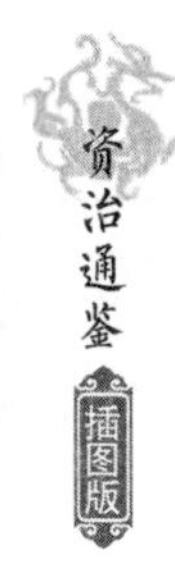

急于进攻强者，这并非上策。”李孝逸依从了他的主张，率军进击韦超，韦超连夜逃窜；接着向徐敬猷进攻，徐敬猷也落荒而逃。

【原文】

庚申，敬业勒兵阻溪拒守，后军总管苏孝祥夜将五千人，以小舟渡溪先击之，兵败，孝祥死，士卒赴溪溺死者过半。左豹韬卫果毅渔阳成三朗为敬业所擒。唐之奇绐其众曰：“此李孝逸也!”将斩之，三朗大呼曰：“我果毅成三朗，非李将军也。官军今大至矣，尔曹破在朝夕。我死，妻子受荣，尔死，妻子籍没，尔终不及我也!”遂斩之。孝逸等诸军继至，战数不利。孝逸惧，欲引退，魏元忠与行军管记刘知柔言于孝逸曰：“风顺荻干，此火攻之利。”固请决战。敬业置阵既久，士卒多疲倦顾望，阵不能整；孝逸进击之，因风纵火，敬业大败，斩首七千级，溺死者不可胜计。敬业等轻骑走入江都，挈妻子奔润州，将入海奔高丽；孝逸进屯江都，分遣诸将追之。乙丑，敬业至海陵界，阻风，其将王那相斩敬业、敬猷及骆宾王首来降。馀党唐之奇、魏思温皆捕得，传首神都，扬、润、楚三州平。

观灯市里

【译文】

十一月十三日，徐敬业率军凭借下阿溪的天险固守，后军总管苏孝祥趁着夜色率领五千名士兵，乘小船渡过溪水先行发起进攻，结果兵败身死，士卒渡过溪水时淹死的超过一半。左豹韬卫果毅渔阳人成三朗被徐敬业生擒，唐之奇欺骗他的部众说道：“这就是李孝逸!”即将斩首，成三朗大声呼喊：“我是果毅成三郎，并不是李将军。官军如今已经大批到达，你们马上就要灭亡了。我死后，妻子儿女都会因此蒙受荣耀；而你们死后，妻子儿女都将被籍没为奴婢，你们最终还是不如我。”他随即被斩首示众。

李孝逸等将领相继率军抵达，多次交战均遭失利。李孝逸心生恐惧，打算撤军，魏元忠与行军管记刘知柔对他说：“现在正是顺风向，芦荻也都很干燥，正是利用火攻的好机会。”他们坚持请求决战。徐敬业的军阵已经布置了很长时间了，士卒多疲倦观望，战阵一时不能整肃；李孝逸趁机进击，借着风势纵火，徐敬业顿时大败，士兵被斩首七千人，淹死的更是不计其数。徐敬业等人轻装骑马逃到了江都，携带妻子儿女投奔润州，企图从海路逃往高丽；李孝逸率军屯驻江都，分别派将领对徐敬业进行追击。十月十八日，徐敬业一行抵达海陵地界，被大风所困。他的部将王那相砍下徐敬业、徐敬猷和骆宾王的头颅去向官军投降。剩下的唐之奇、魏思温也都悉数被抓获。斩首后，他们的头颅都被送往神都，扬、润、楚三州的叛乱随即得到平定。

【评析】

武则天当上皇帝之后，李氏非常不甘心，总是时不时地反抗一下，其中就有李敬业借着死去的太子李贤的名义讨伐武氏。这场战争没有坚持多长时间就被李孝逸平定下去了。但是，骆宾王为李敬业写的《代李敬业传檄天下文》却流传了下来。这篇檄文立论严正，先声夺人，将武则天置于被告席上，列数其罪，借此宣告天下，共同起兵，起到了很大的宣传鼓动作用。据史书所载，武则天初观此文时，还嬉笑自若，当读到“一抔之土未干，六尺之孤安在”句时，惊问是谁写的，叹道：“有如此才，而使之沦落不偶，宰相之过也！”可见这篇檄文煽动力之强了。

韦氏灭亡

【原文】

唐睿宗玄真大圣大兴孝皇帝景云元年

散骑常侍马秦客以医术，光禄少卿杨均以善烹调，皆出入宫掖，得幸于韦后，恐事泄被诛；安乐公主欲韦后临朝，自为皇太女；乃相与合谋，于饼餤中进毒，六月，壬午，中宗崩于神龙殿。

韦后秘不发丧，自总庶政。癸未，召诸宰相入禁中，徵诸府兵五万人屯京城，使驸马都尉韦捷、韦灌、卫尉卿韦璿、左千牛中郎将韦锜、长安令韦播、郎将高嵩等分领之。璿，温之族弟；播，从子；嵩，其甥也。中书舍人韦元徼巡六街。又命左监门大将军兼内侍薛思简等将兵五百人驰驿戍均州，以备谯王重福。以刑部尚书裴谈、工部尚书张锡并同中书门下三品，仍充东都留守。吏部尚书张嘉福、中书侍郎岑羲、吏部侍郎崔湜并同平章事。羲，长倩之从子也。

唐·狩猎纹高足银杯

太平公主与上官昭容谋草遗制，立温王重茂为皇太子，皇后知政事，相王旦参谋政事。宗楚客密谓韦温曰：“相王辅政，于理非宜；且于皇后，嫂叔不通问，听朝之际，何以为礼！”遂帅诸宰相表请皇后临朝，罢相王政事。苏瑰曰：“遗诏岂可改邪！”温、楚客怒，瑰惧而从之，乃以相王为太子太师。

【译文】

唐睿宗景云元年（公元710年）

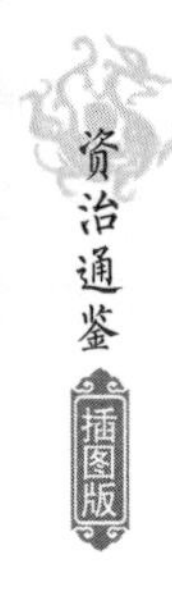

散骑常侍马秦客凭借着精湛的医术，光禄少卿杨均凭借着高超的厨艺，都被允许随意出入后宫，并成为韦后的男宠，他们深恐此事败露后会被诛杀；安乐公主想要让韦后出来临朝听政，自己也好当皇太女；于是她们合伙共同谋划杀掉唐中宗，在进献给唐中宗吃的糕饼里投放了毒药，六月初二，唐中宗驾崩于神龙殿。

韦后对唐中宗驾崩的消息秘而不宣，自己则临朝听政，总揽了朝廷的大小事务。六月初三，韦后将诸位宰相召集到宫中，又征调各府兵丁共五万人屯驻在长安城中，并派驸马都尉韦捷、韦灌、卫尉卿韦璿、左千牛中郎将韦锜、长安令韦播、郎将高嵩等人分头统领这些兵马。韦璿是韦温的族弟；韦播是韦温的侄子；高嵩是韦温的外甥。韦后还下令中书舍人韦元负责巡察城中六街，又命令左监门大将军兼内侍薛思简等人率领五百兵力迅速前往均州戍守，以防备均州刺史谯王李重福。韦后任命刑部尚书裴谈、工部尚书张锡为同中书门下三品，让他们继续充任东都留守。韦后又任命吏部尚书张嘉福、中书侍郎岑羲、吏部侍郎崔湜为同平章事。岑羲是岑长倩的侄子。太平公主与上官昭容谋划起草唐中宗的遗诏，立温王李重茂为皇太子，由韦皇后主持朝政，相王李旦参谋政事。宗楚客暗中对韦温说："由相王辅佐朝政不合乎情理，况且相王与韦后之间是叔嫂关系，不应当互相问候，两人在一起处理朝廷朝政事务时，礼规将如何执行呢？"于是宗楚客率领宰相们联名上疏，请求韦皇后临朝总揽所有朝政，罢免相王李旦参谋政事的职务。苏瑰质问道："先帝的遗诏岂能随意更改？"韦温和宗楚客勃然大怒，苏瑰甚感恐惧，只好依从了他们，于是相王李旦被任命为太子太师。

唐·抬蹄战马俑

【原文】

甲申，梓宫迁御太极殿，集百官，发丧，皇后临朝摄政，赦天下，改元唐隆。进相王旦太尉，雍王守礼为豳王，寿春王成器为宋王，以从人望。命韦温总知内外守捉兵马事。丁亥，殇帝即位，时年十六。尊皇后为皇太后；立妃陆氏为皇后。壬辰，命纪处讷持节巡抚关内道，岑羲河南道，张嘉福河北道。宗楚客与太常卿武延秀、司农卿赵履温、国子祭酒叶静能及诸韦共劝韦后遵武后故事，南北卫军、台阁要司皆以韦氏子弟领之，广聚党众，中外连结。楚客又密上书称引图谶，谓韦氏宜革唐命。谋害殇帝，深忌相王及太平公主，密与韦温、安乐公主谋去之。

相王子临淄王隆基，先罢潞州别驾，在京师，阴聚才勇之士，谋匡复社稷。初，太宗选官户及蕃口骁勇者，着虎文衣，跨豹文鞯，从游猎，于马前射禽兽，谓之百骑；则天时稍增为千骑，隶左右羽林；中宗谓之万骑，置使以领之。隆基皆厚结其豪杰。

兵部侍郎崔日用素附韦、武，与宗楚客善，知楚客谋，恐祸及己，遣宝昌寺僧普润密诣隆基告之，劝其速发。隆基乃与太平公主及公主子卫尉卿薛崇暕，苑总监赣人钟绍京、尚衣奉御王崇晔、前朝邑尉刘幽求、利仁府折冲麻嗣宗谋先事诛之。韦播、高嵩数榜捶万骑，欲以立威，万骑皆怨。果毅葛福顺、陈玄礼见隆基诉之，隆基讽以诛诸韦，皆踊跃请以死自效。万骑果毅李仙凫亦预其谋。或谓隆基当启相王，隆基曰："我曹为此以徇社稷，事成福归于王，不成以身死之，不以累王也。今启而见从，则王预危事；不从，将败大计。"遂不启。

【译文】

六月初四，韦后将唐中宗的灵柩移至太极殿，召集文武百官为中宗发丧，并宣布由她自己临朝摄政，大赦天下，更改年号为唐隆。韦后还将相王李旦擢升为太尉，改封雍王李守礼为豳王，改封寿春王李成器为宋王，以便顺从人们的愿望。此外，韦后还任命韦温总管朝廷内外守捉兵马事务。

六月初七，唐殇帝即位，殇帝当时只有十六岁。唐殇帝尊称韦后为皇太后，册封陆妃为皇后。六月十二日，韦后命令纪处讷持符节巡察安抚关内道、岑羲巡察安抚河南道、张嘉福巡察安抚河北道。宗楚客与太常卿武廷秀、司农卿赵履温、国子祭酒叶静能以及众多韦家亲属共同劝说韦后遵从武则天称帝的先例。当时，朝廷的南北禁卫军以及重要的尚书省各司，全都由韦氏子弟一手掌控，他们广泛聚集党羽，朝廷内外相互勾结。宗楚客又秘密上疏韦后，引用预言来劝说韦后应当取代大唐即位称帝。宗楚客本想再对唐殇帝进行谋害，但是又深恐相王李旦和太平公主不会答应，便暗中与韦温、安乐公主密谋想将他们除掉。

唐玄宗全身像

相王的儿子临淄王李隆基，先前被罢免了潞州别驾的官职，此时他在京城暗中聚集那些骁勇贤良之才，图谋复兴大唐江山。起初，唐太宗在官户和蕃口中挑选骁勇善战的人才，让他们穿上绘有虎皮花纹的衣服，使用刻有豹皮花纹的马鞍，跟随唐太宗一同外出巡游狩猎，这些人因此被称为百骑。武则天当政的时候，这些人逐渐增加到千骑，隶属左右羽林军统领。唐中宗时又把这支部队称为万骑，并设置专门的官员进行管理。李隆基与万骑中的每一位豪杰之士都结为深交。

兵部侍郎崔日用向来依附于韦氏和武氏集团，与宗楚客的关系十分要好。他得知宗楚客的阴谋后，生怕祸及自身，随即派遣宝昌寺僧人普润秘密去向李隆基禀告，并劝李隆基火速起兵。李隆基便与太平公主及其子卫尉卿薛崇暕、西京苑总监赣县人钟绍京、尚衣奉御王崇晔、前朝邑尉刘幽求、利仁府折冲麻嗣宗等人密谋先

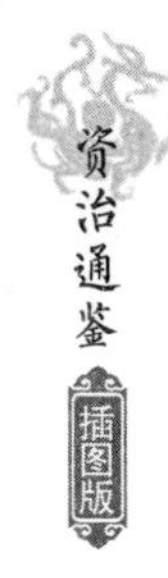

发制人，诛灭韦氏团伙。韦播、高嵩二人多次鞭笞万骑兵，企图借以树立自己的威信，结果却引起了万骑兵对他们的极大怨恨。果毅葛福顺、陈玄礼见到李隆基后，便向他诉说了他们万骑兵的不满，李隆基暗示他们诛灭韦氏团伙。两人听后，欢呼雀跃，极力表示愿意以死报效。万骑果毅李仙凫也参与了这件事情的谋划。有人对李隆基说，这件事情应当让他的父亲相王李旦知道，李隆基回答道："此举是为了大唐的江山社稷，事情成功后的福分归之于相王，一旦失败我们将以身殉国，所以还是不要牵连相王了。假如告诉他，他允许我们这样做，那么就算是他也参与了这件危险事情的谋划；假如他不同意，那将会坏了我们的大事。"因此李隆基并没有将这次谋划告诉父亲。

【原文】

庚子，晡时，隆基微服与幽求等入苑中，会钟绍京廨舍；绍京悔，欲拒之，其妻许氏曰："忘身徇国，神必助之。且同谋素定，今虽不行，庸得免乎！"绍京乃趋出拜谒，隆基执其手与坐。时羽林将士皆屯玄武门，逮夜，葛福顺、李仙凫皆至隆基所，请号而行。向二鼓，天星散落如雪，刘幽求曰："天意如此，时不可失！"福顺拔剑直入羽林营，斩韦璿、韦播、高嵩以徇，曰："韦后酖杀先帝，谋危社稷，今夕当共诛诸韦，马鞭以上皆斩之；立相王以安天下。敢有怀两端助逆党者，罪及三族。"羽林之士皆欣然听命。乃送璿等首于隆基，隆基取火视之，遂与幽求等出苑南门，绍京帅丁匠二百余人，执斧锯以从。使福顺将左万骑攻玄德门，仙凫将右万骑攻白兽门，约会于凌烟阁前，即大噪，福顺等共杀守门将，斩关而入。隆基勒兵玄武门外，三鼓，闻噪声，帅总监及羽林兵而入，诸卫兵在太极殿宿卫梓宫者，闻噪声，皆被甲应之。韦后惶惑走入飞骑营，有飞骑斩其首献于隆基。安乐公主方照镜画眉，军士斩之。斩武延秀于肃章门外，斩内将军贺娄氏于太极殿西。

【译文】

六月二十日，黄昏时分，李隆基身穿便装与刘幽求等人进入禁苑之中，到钟绍京的居所会合，钟绍京此时已经略微感到后悔，打算将李隆基等人拒之门外，他的妻子许氏对他说："为了江山社稷而不惜以身殉国，天神肯定会帮助这样的人。况且你一直都参与谋划这件事，即使现在不参加，到时照样逃脱不了干系！"钟绍京听了许氏的这番话，赶紧出来拜迎李隆基等人，李隆基握着他的手一起坐了下来。此时羽林军将士都聚集在玄武门。天黑以后，葛福顺、李仙凫相继到了李隆基的住所，请求起事信号以便行事。将近二更天时，天空中的流星像雪花一样散落着，刘幽求说："天意如此，机不可失！"葛福顺随即拔出利剑，直冲向羽林军军营，将韦璿、韦播、高嵩三人斩杀，并高声叫道："韦后毒杀了先帝，阴谋危害江山社稷，如今大家齐心协力，共同诛灭韦氏团伙，凡是高过马鞭以上的人一律处死；拥立相王为天子，使天下从此得以安定。如果有人胆敢心怀两端，图谋不轨，助纣为虐，立即诛灭三族！"羽林军将士因此全都欣然听命。于是，葛福顺把韦璿等的头颅拿

唐·三彩武官俑

给李隆基看，李隆基让人取来火把来看了之后，随即与刘幽求等人一同走出禁苑南门，钟绍京统率二百多名工匠，手持斧头、锯子紧随其后。李隆基让葛福顺带领左万骑攻向玄德门，派李仙凫带领右万骑向白兽门进攻，约好在凌烟阁前会合后，就立即大声喧闹。葛福顺等人分头将守门将士杀死，过关斩将进入宫中。李隆基则领兵守在玄武门外，等到三更时，听到宫中的鼓噪声，便率领总监和羽林兵进入宫中。在太极殿守卫灵柩的南牙卫兵们听到鼓噪声后，全都要披挂上马响应李隆基。韦后听到鼓噪声后，方知外边发生了变故，急急忙忙地逃入飞骑营中，有一个飞骑兵趁机杀掉了韦后，并将她的头颅割下来献给李隆基。安乐公主当时正对照着镜子画眉，被前来的军士斩杀。除此之外，武延秀也被斩杀于肃章门外，内将军贺娄氏也在太极殿西面被斩杀。

【评析】

唐中宗李显是个平庸之辈，毫无政治头脑，把所有的大权都交到皇后韦氏的手中，听任她的摆布。她的女儿安乐公主一心想要做第二个女皇帝，却没有武则天的手段和见识。母女两个合谋毒死了唐中宗李显。这真是一场惨不忍睹的宫廷悲剧，夫妻反目，女儿杀害父亲，都是为了皇帝的宝座。但是她们万万没有想到，“螳螂捕蝉，黄雀在后”，李隆基带兵冲进宫里，把韦氏母女都杀了，夺取了皇位。

开元宰相

【原文】

唐玄宗至道大圣大明孝皇帝开元二年

黄门监魏知古，本起小吏，因姚崇引荐，以至同为相。崇意轻之，请知古摄吏部尚书、知东都选事，遣吏部尚书宋璟于门下过官；知古衔之。崇二子分司东都，恃其父有德于知古，颇招权请托；知古归，悉以闻。它日，上从容问崇：“卿子才性何如？今何官也？”崇揣知上意，对曰：“臣有三子，两在东都，为人多欲而不谨，是必以事干魏知古，臣未及问之耳。”上始以崇必为其子隐，及闻崇奏，喜问：“卿安从知之？”对曰：“知古微时，臣卵而翼之。臣子愚，以为知古必德臣，容其为非，故敢干之耳。”上于是以崇为无私，而薄知古负崇，欲斥之。崇固请曰：“臣子无状，挠陛下法，陛下赦其罪，已幸矣；苟因臣逐知古，天下必以陛下为私于

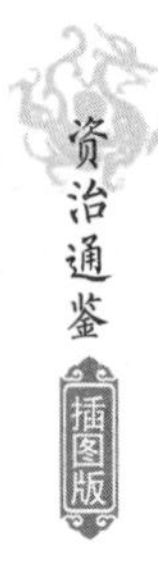

啖饼惜福

臣，累圣政矣。”上久乃许之。辛亥，知古罢为工部尚书。

开元三年，姚崇尝有子丧，谒告十余日，政事委积，怀慎不能决，惶恐入谢于上。上曰：“朕以天下事委姚崇，以卿坐镇雅俗耳。”崇既出，须臾，裁决俱尽，颇有得色，顾谓紫微舍人齐澣曰：“余为相，可比何人？”澣未对，崇曰：“何如管、晏？”澣曰：“管、晏之法虽不能施于后，犹能没身。公所为法，随复更之，似不及也。”崇曰：“然则竟如何？”澣曰：“公可谓救时之相耳。”崇喜，投笔曰：“救时之相，岂易得乎！”怀慎与崇同为相，自以才不及崇，每事推之，时人谓之“伴食宰相。”

【译文】

唐玄宗开元二年（公元 714 年）

黄门监魏知古本是小吏出身，因为姚崇的引荐，才得以与姚崇同朝为相。姚崇在内心里对他有点轻视，所以只让他代理吏部尚书的职务，并负责主持东都洛阳的官吏铨选一事，另外派吏部尚书宋璟在门下省负责审定吏部、兵部注拟的六品以下的职事官。魏知古因此对姚崇有些不满。姚崇的两个儿子分别在东都洛阳的中央行署任职，倚仗着其父曾经对魏知古有恩，所以大肆揽权，为他人暗中向魏知古求官；魏知古回到长安以后，便把这些事悉数禀告给了唐玄宗。有一天，唐玄宗不露声色地问姚崇道：“你的儿子才干品性如何？如今在担任什么官职啊？”姚崇揣摩到了皇上的意图，忙回答道：“臣有三个儿子，有两个在东都任职，他们生性欲望很强，做事也很不检点；现在他们肯定是暗地里托魏知古办事，只不过臣还没有来得及征询他们而已。”唐玄宗原本以为姚崇必定会为他的儿子隐瞒，等到听了他的这番回答之后，唐玄宗高兴地问道：“您是从哪里知道这件事的？”姚崇回答道：“魏知古当初地位卑微时，我曾经在多方给予他关照。我的儿子都是愚鲁之人，认为魏知古肯定会因此而对我感恩戴德，进而会容忍他们胡作非为，所以才胆敢向他请求。”唐玄宗因此而认为姚崇忠贞无私，而轻视魏知古的忘恩负义，打算罢黜他的职务。姚崇坚持为他向唐玄宗求情道：“这件事都是因为臣两个儿子的罪过，扰乱了陛下的法度，陛下赦免了他们的罪过，臣已经感到十分荣幸了；假如因为臣的缘故而罢免了魏知古，那么天下的百姓必定会认为是陛下在偏袒臣，这样朝廷的声誉也会跟着受到牵累。”唐玄宗沉思了好长时间，终于答应了他的请求。公元 714 年 5 月 25 日，魏知古被罢免了宰相一职，而改任工部尚书。

开元三年（公元715年），姚崇曾经为儿子办丧事而请了十几天的假，因此使得等着处理的政务堆积成山。卢怀慎无法做出决断，感到惶恐不安，于是便入朝向唐玄宗谢罪。唐玄宗对他说："朕把天下所有事情都委托给姚崇，只是想让您安坐从而镇抚雅士俗人罢了。"等到姚崇假满重返朝廷后，仅仅用了一会儿的工夫便将许久以来未决的事情全都处理完毕了，不禁脸上颇有些得意之色，回头对紫微舍人齐瀚说道："我做宰相，可以和历史上哪些宰相相比呢？"齐瀚没有作答。姚崇继续问道："我与管仲、晏婴相比，怎么样呢？"齐瀚回答道："管仲、晏婴所奉行的法度尽管未能在后世流传，但最起码还能终身得到实施。而您所制定的法度则可以随时更改，好像不如他们。"姚崇又问道："然而我究竟是怎么样的宰相呢？"齐瀚回答道："您可以称得上是一位救时之相。"姚崇听后大喜过望，将手中的笔随手往桌案上一扔，说道："救时的宰相，那也是不容易求得的啊！"卢怀慎与姚崇同时出任宰相，自认为才能比不过姚崇，所以每逢遇到一件事，都会推给姚崇来处理，因此在当时被人们称为"伴食宰相"。

唐·鼓手

【原文】

山东大蝗，民或于田旁焚香膜拜设祭而不敢杀，姚崇奏遣御史督州县捕而瘗之。议者以为蝗众多，除不可尽；上亦疑之。崇曰："今蝗满山东，河南、北之人，流亡殆尽，岂可坐视食苗，曾不救乎！借使除之不尽，犹胜养以成灾。"上乃从之。卢怀慎以为杀蝗太多，恐伤和气。崇曰："昔楚庄吞蛭而愈疾，孙叔杀蛇而致福，奈何不忍于蝗而忍人之饥死乎？若使杀蝗有祸，崇请当之！"

开元四年姚崇无居第，寓居罔极寺，以病痁谒告，上遣使问饮食起居状，日数十辈。源乾曜奏事或称旨，上辄曰："此必姚崇之谋也。"或不称旨，辄曰："何不与姚崇议之！"乾曜常谢实然。每有大事，上常令乾曜就寺问崇。癸卯，乾曜请迁崇于四方馆，仍听家人入侍疾；上许之。崇以四方馆有簿书，非病者所宜处，固辞。上曰："设四方馆，为官吏也；使卿居之，为社稷也。恨不可使卿居禁中耳，此何足辞！"

崇子光禄少卿彝、宗正少卿异，广通宾客，颇受馈遗，为时所讥。主书赵诲为崇所亲信，受胡人赂，事觉，上亲鞫问，下狱当死。崇复营救，上由是不悦。会曲赦京城，敕特标诲名，杖之一百，流岭南。崇由是忧惧，数请避相位，荐广州都督宋璟自代。

【译文】

山东遭受严重的蝗虫灾害，有些灾民干脆在受灾的田地旁边焚香膜拜设祭求

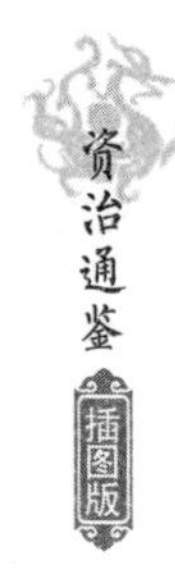

福，却不敢着手捕杀蝗虫。姚崇于是向唐玄宗奏请派遣御史督促各州县自行捕杀掩埋蝗虫。有人认为蝗虫数量众多，不能赶尽杀绝，唐玄宗也对此举能否奏效深表怀疑。姚崇说："如今山东的蝗虫遍布山野，黄河南北两岸的老百姓逃亡殆尽，哪里能坐视蝗虫吞噬禾苗，却无动于衷，不实行自救呢？纵然这样做不能将蝗虫全部除掉，也比养蝗虫造成更大的灾害要强得多。"唐玄宗随即准许了他的请求。卢怀慎认为如果杀蝗虫杀得太多，恐怕会因此损害到天地之间阴阳之气的调和。姚崇说："昔日楚庄王吞食了水蛭，他的病因此得以痊愈；孙叔敖杀死了两头蛇，从而得到了上天的赐福。为何不忍心看到蝗虫被杀掉却忍心眼睁睁地看着百姓被活活饿死呢？假如杀死蝗虫会招来祸患，那么就请让我姚崇一个人来承当罪责好了！"

开元四年（公元716年）姚崇没有自己的府第，寄居在罔极寺中，因为身患疟疾向唐玄宗告假，唐玄宗常常派使者前去探询他的日常饮食起居状况，每日竟多达数十次之多。源乾曜上表言事时，每当他的回答合乎唐玄宗的旨意，唐玄宗就会说："这肯定是姚崇的主意。"假如有时他的回答不符合唐玄宗的旨意，那么唐玄宗就会说："你为何不事先与姚崇商议一下呢？"源乾曜因此时常向唐玄宗谢罪，承认的确是这样。朝中每逢大事，唐玄宗就会让源乾曜到罔极寺去征询姚崇的意见。源乾曜向唐玄宗请求让姚崇从罔极寺搬到四方馆居住，并准许他的家属入馆照看他的病情，唐玄宗答应了这个请求。姚崇认为四方馆内存放有官署的文书，并非病人适宜居住的地方，所以坚决推辞。唐玄宗就对他说："设置四方馆原本就是为官员服务的；朕让你住进来，是为江山社稷考虑。如果可以，朕恨不得让你住到宫里去，你还有什么好推辞的呢？"

姚崇的两个儿子光禄少卿姚彝和宗正少卿姚异，平时广泛结交狐朋狗友，聚敛了很多财物，在当时很受人们的非议。主书赵诲向来颇受姚崇的亲近信任，他收受胡人的贿赂被告发，唐玄宗亲自审讯此案，本应当处以死刑，姚崇出面营救，因此惹得唐玄宗很不高兴。正赶上因特殊情况大赦京城的在押罪犯，唐玄宗在赦免敕书中特地标出赵诲的名字，另外处以杖刑一百，并流放到岭南一带。姚崇于是深感担忧和恐惧，便多次向唐玄宗请求辞去宰相一职，并举荐广州都督宋璟代替自己担任宰相。

【原文】

十二月，上将幸东都，以璟为刑部尚书、西京留守，令驰驿诣阙，遣内侍、将军杨思勖迎之。璟风度凝远，人莫测其际，在涂竟不与思勖交言。思勖素贵幸，归，诉于上，上嗟叹良久，益重璟。璟为相，务在择人，随材授任，使百官各称其职；刑赏无私，敢犯颜直谏。上甚敬惮之，虽不合意，亦曲从之。璟与苏颋相得甚厚，颋遇事多让于璟，璟每论事则颋为之助。璟尝谓人曰："吾与苏氏父子皆同居相府，仆射宽厚，诚为国器，然献可替否，吏事精敏，则黄门过其父矣。"姚、宋相继为相，崇善应变成务，璟善守法持正；二人志操不同，然协心辅佐，使赋役宽平，刑罚清省，百姓富庶。唐世贤相，前称房、杜，后称姚、宋，它人莫得比焉。二人每进见，上辄为之起，去则临轩送之。及李林甫为相，虽宠任过于姚、宋，然礼遇殊卑薄矣。紫微舍人高仲舒博通典籍，齐澣练习时务，姚、宋每坐二人以质所疑，既而叹曰："欲知古，问高君，欲知今，问齐君，可以无缺政矣。"

【译文】

十二月，唐玄宗将要巡幸东都洛阳，让宋璟担任刑部尚书、西京留守，并让他日夜兼程奔赴京城受封，还派内侍、将军杨思勖前去迎接他。宋璟此人风度凝重深沉，让人很难揣度，他在赴京途中竟然没有和杨思勖说一句话。杨思勖向来深受唐玄宗的宠幸，等到回京以后，他便当面向唐玄宗诉说了宋璟的沉闷，唐玄宗听后慨叹了好久，自此对宋璟更是越发器重。

宋璟作为宰相，把工作的重心放在了对人才的选拔上，他往往根据个人才能的不同而授予他们相应的官职，使得文武百官都很称职；宋璟对人的奖惩从来不徇私情，对皇帝也敢于犯颜强谏。唐玄宗因此对他敬畏有加，有时他的奏疏不合乎自己的旨意，唐玄宗也往往能够曲意听从。

宋璟与苏颋之间有着深厚的交情，苏颋遇事常常谦让宋璟，宋璟每次提出什么意见，苏颋都会鼎力相助。宋璟曾经对人说："我与苏颋父子都一同担任过宰相，苏仆射为人宽容敦厚，的确是国家的栋梁之才，可是在对朝政提出合理化建议以及处理政务的精敏程度方面，苏颋比他的父亲有过之而无不及。"

姚崇和宋璟相继出任宰相，姚崇善于借助随机应变来出色地完成任务，而宋璟则擅长遵循法度主持正道；两个人的志向情操各不相同，却能齐心协力辅佐唐玄宗，使得这个时期的赋役宽平，刑罚清省，百姓富庶。在唐代的诸多贤相当中，前有贞观朝的房玄龄和杜如晦，后有开元朝的姚崇和宋璟，其他的人根本无法与这四人相提并论。姚崇与宋璟每次进见，唐玄宗都要亲自站起来上前迎接；等到他们离去时，唐玄宗仍要亲临殿前相送。后来李林甫做宰相时，虽然受到的宠幸信任超过了姚崇和宋璟，然而得到的礼遇就十分微薄了。这一时期的紫微舍人高仲舒博通典籍，齐瀚通达时务，姚崇和宋璟每逢遇到疑难问题，都要征询高仲舒和齐瀚的意见，得到满意的答复后定会感叹道："想了解往古之事，可以请教高君；想通晓当今之事，可以请教齐君。这样一来，处理政事就可以完美无缺了！"

唐·西域石马

【评析】

姚崇曾任武则天、唐睿宗、唐玄宗三朝宰相，为开创"开元盛世"起了关键作用。姚崇辅佐朝政，革除旧弊，开辟了一代之风，推进了社会进步，是我国历史上不

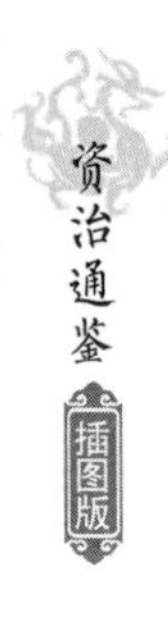

可多得的“贤相”。宋璟生性耿直，博学多才，为官清正廉明，从不附会权贵佞臣，遇到不法的事就敢站出来指正，坚持自己的立场。唐朝前期，政治清明，人民富庶，社会安定，与唐朝初期选拔正直贤明、敢于犯颜直谏的宰相大臣有很大关系。

安禄山反

【原文】

唐玄宗至道大圣大明孝皇帝天宝二年

春，正月，安禄山入朝；上宠待甚厚，谒见无时。禄山奏言：“去年营州虫食苗，臣焚香祝天云：‘臣若操心不正，事君不忠，愿使虫食臣心；若不负神祇，愿使虫散。’即有群鸟从北来，食虫立尽。请宣付史官。”从之。

唐玄宗天宝六载戊寅，以范阳、平卢节度使安禄山兼御史大夫。禄山体充肥，腹垂过膝，尝自称腹重三百斤。外若痴直，内实狡黠。常令其将刘骆谷留京师诇朝廷指趣，动静皆报之。或应有笺表者，骆谷即为代作通之。岁献俘虏、杂畜、奇禽、异兽、珍玩之物，不绝于路，郡县疲于递运。

禄山在上前，应对敏给，杂以诙谐。上尝戏指其腹曰：“此胡腹中何所有，其大乃尔！”对曰：“更无余物，正有赤心耳！”上悦。又尝命见太子，禄山不拜。左右趣之拜，禄山拱立曰：“臣胡人，不习朝仪，不知太子者何官？”上曰：“此储君也，朕千秋万岁后，代朕君汝者也。”禄山曰：“臣愚，向者唯知有陛下一人，不知乃更有储君。”不得已，然后拜。上以为信然，益爱之。上尝宴勤政楼，百官列坐楼下，独为禄山于御座东间设金鸡障，置榻使坐其前，仍命卷帘以示荣宠。命杨铦、杨锜、贵妃三姊皆与禄山叙兄弟。禄山得出入禁中，因请为贵妃儿。上与贵妃共坐，禄山先拜贵妃。上问何故，对曰：“胡人先母而后父。”上悦。

兵车行图

【译文】

唐玄宗天宝二年（公元 743 年）

这年春天正月，安禄山入朝谒见天子。唐玄宗对他宠爱礼遇有加，准许他随时谒见。有一天，安禄山向唐玄宗奏疏道：“去年秋天营州大量蝗虫吞食禾苗，我焚香向上苍祷告道：‘假如是我安禄山心术不正，侍奉皇帝不忠，那么就请蝗虫将我的心吃掉好了；假如我没有辜负神灵，那么就请让蝗虫自己飞走吧。’随即便有一群鸟从北面飞来，顷刻间将蝗虫全部吃掉了。我请求让史官把这件事记录下来。”唐玄宗欣然点头答应了他的请求。

天宝六载（公元747年）正月，唐玄宗让范阳、平卢节度使安禄山兼任御史大夫。安禄山生得膘肥体壮，肚子上的赘肉甚至垂过膝盖，他曾经对外宣称自己光腹部就有三百斤。他的外表看起来有点痴呆，表面上像是很直率，内心却十分阴险狡诈。他经常命令部将刘骆谷留守京城刺探朝廷的动向，一有情况立马向他汇报。他有时打算向皇帝上表奏疏事情，就由刘骆谷替他代写奏表。安禄山每年都要向朝廷进献大量俘虏、杂畜、奇禽、异兽以及珍宝玉器等物品，由于货物品种数量繁多，常常让沿途驿站因为转运这些东西而疲惫不堪。

安禄山很会在唐玄宗面前大献殷勤，他很会随机应变，反应相当敏捷，说话诙谐幽默，经常逗得唐玄宗开怀大笑。唐玄宗曾经戏弄安禄山，指着他的肚子说道：“你这个胡人的肚子里到底装的是什么东西，竟然会这么大?”安禄山回答道：“没有什么多余的东西，只有我对陛下的一片忠心呢!”唐玄宗听后喜不自禁。唐玄宗曾经令安禄山去拜见太子，安禄山见到太子后并不行跪拜礼。左右随从都让他赶紧跪拜，可是他却站着说：“我是胡人，不懂得朝中的礼仪，不明白太子是何官职?”唐玄宗说：“太子就是未来的皇帝，等到朕百年之后，代朕做国君统率你的就是他。”安禄山说：“我生性愚鲁无知，向来只知道有陛下一人，不知道还有太子。”迫不得已，然后才行了跪拜礼。唐玄宗竟然对他的话信以为真，随后更加宠幸他。

有一次，唐玄宗曾经在勤政殿大宴群臣，文武百官都坐在楼下，却唯独为安禄山在自己御座的东侧陈设画着金鸡的屏障，并安放床榻，让安禄山坐在前面，还令人把帘子卷起来，以表示对安禄山的特别宠信。唐玄宗又命令杨铦、杨锜、杨贵妃三兄妹善待安禄山，安禄山因此趁机向唐玄宗奏请做杨贵妃的儿子。唐玄宗与杨贵妃并肩坐在一起，安禄山先拜了贵妃，然后才拜唐玄宗，唐玄宗追问他其中缘故，安禄山便回答道：“我们胡人的礼节就是先母亲后父亲。”唐玄宗听罢大为喜悦。

唐玄宗

【原文】

唐玄宗至道大圣大明孝皇帝天宝十载甲辰，禄山生日，上及贵妃赐衣服、宝器、酒馔甚厚。后三日，召禄山入禁中，贵妃以锦绣为大襁褓，裹禄山，使宫人以彩舆舁之。上闻后宫喧笑，问其故，左右以贵妃三日洗禄儿对。上自往观之，喜，赐贵妃洗儿金银钱，复厚赐禄山，尽欢而罢。自是禄山出入宫掖不禁，或与贵妃对

食，或通宵不出，颇有丑声闻于外，上亦不疑也。禄山既兼领三镇，赏刑己出，日益骄恣。自以曩时不拜太子，见上春秋高，颇内惧；又见武备堕驰，有轻中国之心。孔目官严庄、掌书记高尚因为之解图谶，劝之作乱。

唐玄宗天宝十三年春，正月，己亥，安禄山入朝。是时杨国忠言禄山必反，且曰："陛下试召之，必不来。"上使召之，禄山闻命即至。庚子，见上于华清宫，泣曰："臣本胡人，陛下宠擢至此，为国忠所疾，臣死无日矣！"上怜之，赏赐巨万，由是益亲信禄山，国忠之言不能入矣。太子亦知禄山必反，言于上，上不听。

【译文】

天宝十载（公元751年）正月二十日，安禄山过生日，唐玄宗和杨贵妃为了让安禄山高兴，赏赐给他许多衣服、珠宝器物和美酒佳肴。三天后，杨贵妃又特意召安禄山进宫，用锦绣做成的大襁褓将安禄山包裹起来，并让宫女们用彩轿将其抬起。唐玄宗听到后宫的嬉笑声，就问左右侍从发生了什么事，身边的人就说是贵妃在为儿子安禄山行三天的洗身礼。唐玄宗听后便亲自前去观看，很是高兴，随即赏赐给杨贵妃洗儿金银钱，对安禄山也进行重重赏赐，随后众人尽兴而散。从此以后，安禄山可以任意出入后宫而不加限制，有时还与杨贵妃同桌吃饭，有时甚至整夜都不出后宫。一时间，朝廷内外有不少人都知道了这件丑事，可唐玄宗却还不怀疑。安禄山身兼范阳、平卢、河东三镇节度使，大权在握，赏罚完全由他一个人说了算，日益骄纵恣意。他自认为先前看见太子没有及时行跪拜礼，太子会因此忌恨在心，眼见唐玄宗年事已高，因此内心深感恐惧。他又看到唐朝的武备日益堕落松弛，便产生了轻视朝廷之心。孔目官严庄和掌书记高尚窥测到了他的心理矛盾，便伺机为他讲解图谶，卜算吉凶，劝他趁机作乱，起兵反唐。

唐肃宗

天宝十三载（公元754年）正月初三，安禄山入朝谒见。当时杨国忠向唐玄宗进言说安禄山必反，并且说："陛下试召他入朝，他肯定不会前来。"于是唐玄宗便派人召安禄山来见，安禄山接到圣旨后便立即起身赶赴朝廷。正月初四，安禄山在华清宫谒见唐玄宗，哭着诉说道："臣原本是一个胡人，承蒙陛下的宠信才得以擢升到今天的地位，可是杨国忠却因此嫉恨我，我恐怕离死不远了。"唐玄宗听后非常怜悯安禄山，又对他进行重重封赏，从此更加宠信他，而对杨国忠的话则全然不信。太子李亨也知道安禄山肯定会谋反，于是据实禀告唐玄宗，可是唐玄宗依然不予听从。

【评析】

唐玄宗李隆基做了二十多年的太平天子，渐渐滋长了骄傲怠惰的情绪，追求起享乐的生活来。他听信谗言，罢免了贤相张九龄，任用口蜜腹剑的李林甫为相，一大批贤能的大臣被排挤出朝廷。李林甫任用胡人做节度使，看中了安禄山。安禄山很会在唐玄宗面前讨好，他反应敏捷，说话诙谐幽默，常常使唐玄宗捧腹大笑，博得唐玄宗的喜欢，而暗地里却培养将领，准备叛乱。

马嵬兵变

【原文】

唐肃宗文明武德大圣大宣孝皇帝至德元载

丙申，至马嵬驿，将士饥疲，皆愤怒。陈玄礼以祸由杨国忠，欲诛之，因东宫宦者李辅国以告太子，太子未决。会吐蕃使者二十余人遮国忠马，诉以无食，国忠未及对，军士呼曰："国忠与胡虏谋反！"或射之，中鞍。国忠走至西门内，军士追杀之，屠割支体，以枪揭其首于驿门外，并杀其子户部侍郎暄及韩国、秦国夫人。御史大夫魏方进曰："汝曹何敢害宰相！"众又杀之。韦见素闻乱而出，为乱兵所挝，脑血流地。众曰："勿伤韦相公。"救之，得免。军士围驿，上闻喧哗，问外何事，左右以国忠反对。上杖屦出驿门，慰劳军士，令收队，军士不应。上使高力士问之，玄礼对曰："国忠谋反，贵妃不宜供奉，愿陛下割恩正法。"上曰："朕当自处之。"入门，倚杖倾首而立。久之，京兆司录韦谔前言曰："今众怒难犯，安危在晷刻，愿陛下速决！"因叩头流血。上曰："贵妃常居深宫，安知国忠反谋！"高力士曰："贵妃诚无罪，然将士已杀国忠，而贵妃在陛下左右，岂敢自安！愿陛下审思之，将士安则陛下安矣。"上乃命力士引贵妃于佛堂，缢杀之。舆尸置驿庭，召玄礼等入视之。玄礼等乃免胄释甲，顿首请罪，上慰劳之，令晓谕军士。玄礼等皆呼万岁，再拜而出，于是始整部伍为行计。

谔，见素之子也。国忠妻裴柔与其幼子晞及虢国夫人、夫人子裴徽皆走，至陈仓，县令薛景仙帅吏士追捕，诛之。

【译文】

唐肃宗至德元载（公元756年）

六月十四日，唐玄宗一行来到马嵬驿，随从将士饥饿疲惫过度，个个满怀愤怒。龙武大将军陈玄礼认为国家的一切祸患都是由杨国忠引起的，便打算将他杀掉，于是就让东宫宦官李辅国前去禀告太子，太子李亨犹豫不定。此时恰逢吐蕃使者二十多人拦住杨国忠的马，向他诉说没有食物可吃了。还未等杨国忠作答，军士们便大呼："杨国忠想伙同胡人谋反了！"于是就有人向杨国忠射箭，射中了杨国忠坐骑的马鞍。杨国忠急忙逃跑，逃至马嵬驿西门内，被追来的士兵杀死。士兵们肢解了杨国忠的尸体，将他的头颅挂在长矛上插到驿门外示众，并杀死了杨国忠的儿

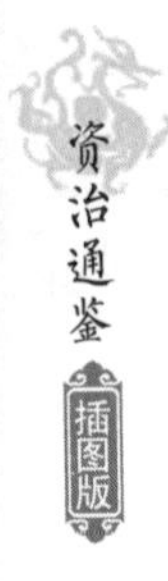

子户部侍郎杨暄以及韩国夫人、秦国夫人。御史大夫魏方进斥责兵士道："你们胆大包天，竟敢害死宰相！"军士们因此又杀了他。韦见素听见外面喧闹嘈杂，便走出驿门来察看，结果也被乱兵用鞭子抽打得头破血流。众人大叫道："不要伤害韦相公！"于是便上前相救，韦见素这才幸免于难。军士们随即包围了驿站，唐玄宗听到外面的喧闹声后，便询问外面发生了什么事情，身边的人就对他说是杨国忠谋反。唐玄宗于是拄着拐杖走出驿门，慰劳军士，下令他们撤掉包围圈，但军士们都不答应。唐玄宗便让高力士前去询问缘故，陈玄礼回答道："杨国忠谋反被士兵斩杀，杨贵妃不应当再继续侍奉陛下，希望陛下能够忍痛割爱，将杨贵妃就地斩杀，以正朝纲。"唐玄宗回答道："朕自有主张。"说完便走入驿门，拄着拐杖低头站立。过了好久，京兆司录参军韦谔上前进言道："如今众怒难犯，安危就在旦夕之间，希望陛下能够当机立断！"韦谔说着便跪在地上，磕头触地，直到血流满面。唐玄宗说："杨贵妃常年深居后宫，不与他人来往，哪里会知道杨国忠谋反呢？"高力士赶紧进言道："杨贵妃诚然无罪，然而将士们已经将杨国忠斩杀，而贵妃又在陛下的左右陪侍，他们哪里能安心呢？希望陛下能够审时度势，只有将士们安宁，陛下才能得到安全啊！"唐玄宗于是命令高力士将杨贵妃引到佛堂内，将她勒死。随后高力士令人把杨贵妃的尸体放置在驿站的庭院中，召陈玄礼等人进到驿站来察看。当他们确认是杨贵妃的尸体后，陈玄礼等人便立马脱下盔甲，放下兵器，向唐玄宗磕头谢罪。唐玄宗对他们进行安慰，并命令他们传达给其他的军士。陈玄礼等人随即高呼万岁，拜了两拜后而退出驿站，接着便整顿队伍继续行军。

韦谔是韦见素的儿子。杨国忠的妻子裴柔和他的幼子杨日晞以及虢国夫人与她的儿子裴徽都趁机逃走，逃到了陈仓县后，被县令薛景仙率领官吏和士兵追捕，捉到后统统被斩杀。

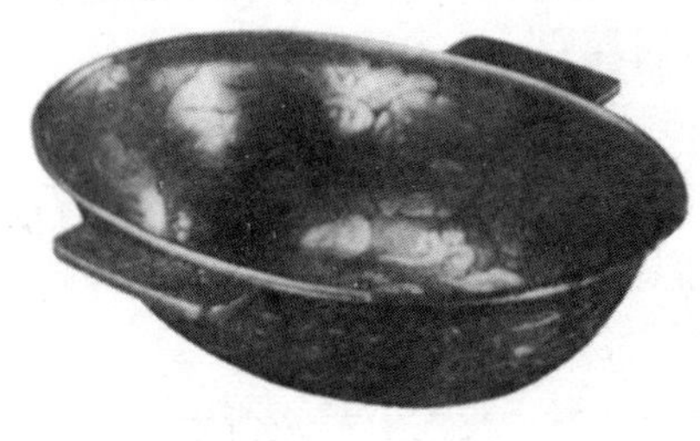

唐·蔓草鸳鸯纹银羽觞

【评析】

"渔阳鼙鼓动地来，惊破霓裳羽衣曲。九重城阙烟尘生，千乘万骑西南行。翠华摇摇行复止，西出都门百余里。六军不发无奈何，宛转蛾眉马前死。花钿委地无人收，翠翘金雀玉搔头。君王掩面救不得，回看血泪相和流……"白居易的《长恨歌》讲的就是在马嵬驿发生的事情。安禄山发动叛乱之后，唐玄宗李隆基不想办法抗击贼兵，反而带着杨贵妃、所有官女、大臣等人向西南方向逃去，当一行人暂时停留在马嵬驿的时候，随从士兵发生哗变，杀了丞相杨国忠，又坚决要将杨贵妃处死。唐玄宗在万般无奈之下，只得命人将杨贵妃勒死。一个曾经叱咤风云的帝王在自己爱妃被勒死的时候却只有掩面而泣的份，这是何等的悲哀啊。

张巡守城

【原文】

唐肃宗文明武德大圣大宣孝皇帝至德二载

庆绪以尹子奇为汴州刺史、河南节度使。甲戌，子奇以归、檀及同罗、奚兵十三万趣睢阳。许远告急于张巡，巡自宁陵引兵入睢阳。巡有兵三千人，与远兵合六千八百人。贼悉众逼城，巡督励将士，昼夜苦战，或一日至二十合；凡十六日，擒贼将六十余人，杀士卒二万余，众气自倍。远谓巡曰："远懦，不习兵，公智勇兼济，远请为公守，公请为远战。"自是之后，远但调军粮，修战具，居中应接而已，战斗筹画一出于巡。贼遂夜遁。

尹子奇复引大兵攻睢阳。张巡谓将士曰："吾受国恩，所守，正死耳。但念诸君捐躯命，膏草野，而赏不酬勋，以此痛心耳！"将士皆激励请奋。巡遂椎牛，大飨士卒，尽军出战。贼望见兵少，笑之。巡执旗，帅诸将直冲贼阵。贼乃大溃，斩将三十余人，杀士卒三千余人，逐之数十里。明日，贼又合军至城下，巡出战，昼夜数十合，屡摧其锋，而贼攻围不辍。

【译文】

唐肃宗至德二载（公元757年）

安庆绪让尹子奇出任汴州刺史、河南节度使。正月二十五日，尹子奇率领归州、檀州以及同罗、奚人部兵共十三万人前来进击睢阳。许远向张巡请求救援，张巡随即亲自率兵从宁陵进入睢阳。张巡手下有士兵三千人，与许远合兵后共六千八百人。贼军全力攻城，张巡亲自上前督战，勉励将士，与贼军进行昼夜苦战，有时一天甚至交战二十多回合，战争一共持续了十六天，生擒贼军将领六十多人，杀死贼军兵士二万多人。一时间，官军士气倍增。许远对张巡说："我生性懦弱，不懂得军事战略，您智勇双全，我请求为您坚守，也请您代我指挥作战。"自此以后，许远只管调集粮草、修理战争武器、留守军中处理杂事接应罢了，有关战争的筹措谋划全都交给了张巡。贼军久攻城而不下，随即乘夜逃走。

贼军大将尹子奇随后又率军进攻睢阳。张巡对将士们说："我蒙受国恩，正想誓死守此城，好报效国家。但是一想到大家为国捐躯，血染原野，而赏赐却难以回报所建立的功勋，就会感到万分痛心呢！"将士们听后都异常激动，争着上前请战。张巡随即杀牛设宴，犒劳将士，之后率领全军出去迎战。贼军望见官兵少得可怜，于是就嘲笑官军。这时只见张巡手握战旗，率领部众径直向贼军阵中冲杀，左右奔

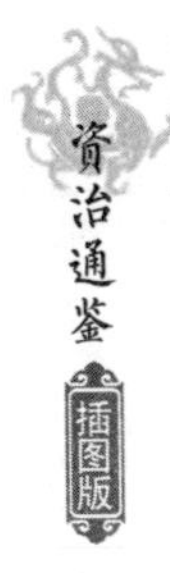

突，结果弄得贼军溃不成军，他们趁机大败贼军。一共斩杀贼将三十多人，杀死士卒三千多人，并一路追击贼军数十里。第二天，贼军又纠集残兵重新进逼睢阳城下，张巡率军出战，昼夜与之交战，足足有数十回合，多次挫败贼军进攻的前锋力量，但是贼军依然围城不停地发起进攻。

【原文】

尹子奇益兵围睢阳益急，张巡于城中夜鸣鼓严队，若将出击者；贼闻之，达旦儆备。既明，巡乃寝兵绝鼓。贼以飞楼瞰城中，无所见，遂解甲休息。巡与将军南霁云、郎将雷万春等十余将各将五十骑开门突出，直冲贼营，至子奇麾下，营中大乱，斩贼将五十余人，杀士卒五千余人。巡欲射子奇而不识，乃剡蒿为矢，中者喜，谓巡矢尽，走白子奇，乃得其状。使霁云射之，丧其左目，几获之。子奇乃收军退还。

睢阳士卒死伤之余，才六百人，张巡、许远分城而守之，巡守东北，远守西南，与士卒同食茶纸，不复下城。贼士攻城者，巡以逆顺说之，往往弃贼来降，为巡死战，前后二百余人。

唐·六曲熊纹银盘

是时，许叔冀在谯郡，尚衡在彭城，贺兰进明在临淮，皆拥兵不救。城中日蹙，巡乃令南霁云将三十骑犯围而出，告急于临淮。霁云出城，贼众数万遮之，霁云直冲其众，左右驰射，贼众披靡，止亡两骑。既至临淮，见进明，进明曰："今日睢阳不知存亡，兵去何益！"霁云曰："睢阳若陷，霁云请以死谢大夫。且睢阳既拔，即及临淮，譬如皮毛相依，安得不救！"进明爱霁云勇壮，不听其语，强留之，具食与乐，延霁云坐。霁云慷慨，泣且语曰："霁云来时，睢阳之人不食月余矣！霁云虽欲独食，且不下咽，大夫坐拥强兵，观睢阳陷没，曾无分灾救患之意，岂忠臣义士之所为乎！"因啮落一指以示进明，曰："霁云既不能达主将之意，请留一指以示信归报。"座中往往为泣下。

【译文】

贼军将领尹子奇不断派兵增援，把睢阳围得水泄不通。到了晚上，张巡让人在城中大声鼓噪整理队伍，假装要出击的样子。贼军听到动静后，也整夜严加守备。天亮以后，张巡却下令官兵停止鼓噪。贼军派人上到城楼上向城中瞭望，却什么没有看见，随即解甲开始休息。顷刻间，张巡与将军南霁云、郎将雷万春等十多名将领各领五十名骑兵打开城门突然冲出，直捣贼军大营，抵达尹子奇的战旗下，官兵的从天而降让贼军大营顿时大乱，官兵趁机斩杀敌将五十多人，杀掉士卒五千多人。张巡想要射杀尹子奇，却不认识他，于是他就让人削蒿草当作箭头，被射中的贼军都很是惊喜，认为肯定是张巡他们的箭头已经射完了，随即前去报告尹子奇，张巡因此得以认出尹子奇。于是他便让南霁云射杀尹子奇，结果他一箭射中了尹子奇的左眼，差一点将他抓获，尹子奇不得不狼狈撤军。

戍守守睢阳的士卒此时已经死伤得仅剩下六百人，张巡与许远于是把全城分成两部分，亲自率兵坚守，张巡守东北，许远守西南，两个人与士卒一同吃茶纸，日夜与贼军交战，不再下城。对于前来进攻的贼军，张巡都会对他们陈述分析逆顺的道理，所以常常有人离弃贼军，前来投降，为张巡死战，这样的人前后就有二百多。

当时，许叔冀在谯郡，尚衡在彭城，贺兰进明在临淮，都拥兵自重而不救援睢阳。城中的情形日益艰难，于是张巡下令南霁云率领三十名骑兵突围出城，前往临淮去请求援救。南霁云率军出城后，便有数万贼军前来阻击，南霁云率骑兵直冲敌阵，左右射击冲突，贼军死伤一大片，而南霁云仅仅伤亡了两名骑兵。南霁云一行抵达临淮，见到贺兰进明后，却听他说："如今睢阳城存亡难料，派援兵去又有何用呢！"南霁云说："睢阳城假如被攻陷，我南霁云宁愿以死来向您谢罪。更何况睢阳一旦被贼军攻克，那么下一个受敌的就是临淮，这两座城就好比是毛皮相互依附，怎么能够见死不救呢！"贺兰进明很欣赏南霁云的骁勇强悍，却不能听从他的劝告，想要强行将他留为己用，并且置办了酒宴与音乐歌舞，以宴请南霁云。南霁云慷慨激昂地哭着说："我突围出来的时候，睢阳城中的将士已经有一个多月没有粮食可吃了！我虽然想独自在此进食，却实在难以下咽。将军您坐拥强兵，却忍心眼睁睁地看着睢阳城陷落，而没有丝毫救援的意思，这难道是忠臣义士的所作所为吗！"南霁云说着就咬掉了自己一个手指头拿给贺兰进明看，并说："我南霁云既然完不成主将下达给我的命令，那么就请留下这个指头作为信用凭证让好我回报主将。"席间的人无不被感动得痛哭流涕。

【原文】

壬子，尹子奇复征兵数万，攻睢阳。先是，许远于城中积粮至六万石，虢王巨以其半给濮阳、济阴二郡，远固争之，不能得；既而济阴得粮，遂以城叛，而睢阳城至是食尽。将士人廪米日一合，杂以茶纸、树皮为食，而贼粮运通，兵败复征。睢阳将士死不加益，诸军馈救不至，士卒消耗至一千六百人，皆饥病不堪斗，遂为贼所围，张巡乃修守具以拒之。

唐・三彩骆驼载乐图

贼为云梯，势如半虹，置精卒二百于其上，推之临城，欲令腾入。巡预于城潜凿三穴，候梯将至，于一穴中出大木，末置铁钩，钩之使不得退；一穴中出一木，拄之使不得进；一穴中出一木，木末置铁笼，盛火焚之，其梯中折，梯上卒尽烧死。贼又以钩车钩城上棚阁，钩之所

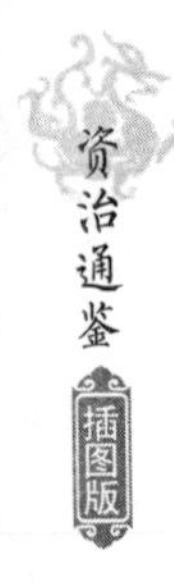

及，莫不崩陷。巡以大木，末置连锁，锁末置大镮，搨其钩头，以革车拔之入城，截其钩头而纵车令去。贼又造木驴攻城，巡熔金汁灌之，应投销铄。贼又于城西北隅以土囊积柴为磴道，欲登城。巡不与争利，每夜，潜以松明、干蒿投之于中，积十余日，贼不之觉，因出军大战，使人顺风持火焚之，贼不能救，经二十余日，火方灭。巡之所为，皆应机立办，贼伏其智，不敢复攻，遂于城外穿三重壕，立木栅以守巡，巡亦于其内作壕以拒之。

唐·鎏金凤鸟翼鹿纹银盒

【译文】

七月初六，叛军大将尹子奇重新征兵数万人，前去进攻睢阳。早先，许远于睢阳城中聚积粮食多达六万石，虢王李巨让他分出一半，供给濮阳、济阴两郡，却遭到了许远的坚决反对，但是他的意见并没有被李巨采纳，李巨还是按照自己的计划把粮食划拨给了两个郡。济阴郡一得到粮食，立刻举城投降了叛军，而睢阳城中的积粮至此已经被悉数吃光。将士每人每日只供给一合米，中间还夹杂着茶纸、树皮充当粮食，而贼军却粮运便利，兵力充足，士兵伤亡后能够得到及时的补充。睢阳守城的将士虽死伤惨重却得不到救援，诸军因为粮食补给久不到位，士兵损耗得仅仅剩下了一千六百人，且都因为饥饿和疾病的双重摧残而早已丧失了战斗力，于是睢阳城被贼军团团围住，张巡便整修守城的战具用以抵御敌人。

贼军制造了云梯，高大得犹如半个彩虹，在上面布置精兵二百，推临城下，企图让贼兵借此跳入城中。张巡事先让人在城墙上凿好三个洞穴，等到云梯即将临近时，便从一个洞穴中探出一根大木头，在木头的前面安置了铁钩，一把钩住云梯使它不能退去，然后又从另外一个洞穴中探出一根木头，卡住云梯使它前进不得；最后从剩下的一个洞穴中再探出一跟大木头，在木头前面放上一个铁笼，在笼中装上火以焚烧云梯，云梯随即从中间被烧断，梯上的士兵全都被烧死了。贼军又用钩车钩住城头上的阁楼，钩车所到之处，阁楼无不纷纷塌陷。张巡随即让人在大木头末端装上连锁，锁头上安装着大环，官兵就用这个大环将叛军的钩车头套住，然后再用皮车将钩车拽入城中，截掉车上的钩头，随即又把车放掉。贼军又制造木驴前来攻城，张巡就让人用熔化的铁水浇灌木驴，木驴纷纷被销毁。贼军最后又在城西北角用土袋和柴木堆积成阶道，企图借此登城。张巡并不率军与叛军交锋，只是每当夜幕来临后，就让人暗中把松明和干草扔到正在堆积的阶道中去，先后经过了十多天，贼军竟然没有发觉。张巡见时机成熟，便出军大战，派人顺风放火焚烧阶道，贼军看见熊熊燃起的大火却无法营救，大火整整烧了二十多天才得以熄灭。张巡的所作所为靠的都是他的随机应变，一有变数立刻就跟着变换对策。他的高超智谋让贼军非常心服，不敢再次派兵围攻。只好在城外挖了三道壕沟，并树立木栅用以围城，张巡也派人在城内挖了几道壕沟以便抵御敌人。

【原文】

霁云察进明终无出师意，遂去。至宁陵，与城使廉坦同将步骑三千人，闰月，戊申夜，冒围，且战且行，至城下，大战，坏贼营，死伤之外，仅得千人入城。城中将吏知无救，皆恸哭，贼知援绝，围之益急。

尹子奇久围睢阳，城中食尽，议弃城东走，张巡、许远谋，以为："睢阳，江、淮之保障，若弃之去，贼必乘胜长驱，是无江、淮也。且我众饥羸，走必不达。古者战国诸侯，尚相救恤，况密迩群帅乎！不如坚守以待之。"茶纸既尽，遂食马；马尽，罗雀掘鼠；雀鼠又尽，巡出爱妾，杀以食士，远亦杀其奴；然后括城中妇人食之；既尽，继以男子老弱。人知必死，莫有叛者，所余才四百人。

唐·三彩女立俑

癸丑，贼登城，将士病，不能战。巡西向再拜曰："臣力竭矣，不能全城，生既无以报陛下，死当为厉鬼以杀贼！"城遂陷，巡、远俱被执。尹子奇问巡曰："闻君每战眦裂齿碎，何也?"巡曰："吾志吞逆贼，但力不能耳!"子奇以刀抉其口视之，所余才三四。子奇义其所为，欲活之。其徒曰："彼守节者也，终不为吾用。且得士心，存之，将为后患。"乃并南霁云、雷万春等三十六人皆斩之。巡且死，颜色不乱，扬扬如常。生致许远于洛阳。

【译文】

南霁云明白贺兰进明最终也不会出兵救援，无奈只好从临淮离去。抵达宁陵，与宁陵城使廉坦共同率领步、骑兵三千人，于月初三夜，突然冲进贼军的包围圈，边战边向前进，很快来到睢阳城下，与贼军展开了激战，摧毁了敌营，而自己手下的士卒伤亡也很惨重，最后只剩下一千人得以入城。城中的将士与官吏得知救兵无望，纷纷大声恸哭。贼军得知他们没有援兵后，围攻得更加紧迫。贼军将领尹子奇领兵久围睢阳，城中的粮食早已被吃光，有人建议放弃睢阳城把军队向东撤去，张巡与许远商讨："睢阳是江、淮地区的屏障，假如放弃睢阳城，那么贼军必定会长驱南下，进攻江、淮地区。况且我军将士都已饥饿羸弱，即使撤退也必定不能脱身。战国时代，各国诸侯交战时，同盟国还能互相救援，更何况在离我们周围不远的地方就有许多朝廷的驻军将帅呢！不如坚守城池以等待救援。"茶纸吃完后，他们就杀掉战马充饥；战马被杀完后，又撒网捕鸟雀和挖地抓老鼠吃；等到鸟鼠都被吃尽后，张巡就杀掉自己的爱妾，让士卒们分食，随后许远也杀掉了他的家奴；然后又把城中的女人全都搜寻出来杀死吃掉，紧接着把老弱病残的男子也都杀掉充饥。城中的人都知道必有一死，所以没有谁想叛变的，到最后城中仅仅剩下四

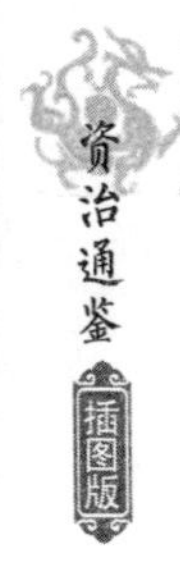

唐·彩绘贴金铠甲战马俑

百人。

十月初九，贼军登上城楼，将士们已经被饿得病恹恹的，根本无力交战。张巡不得已向西拜了两拜说："我已经竭尽全力了，但是仍然没能守住睢阳城，活着时既然无法报答陛下的恩德，那么死后就让我作为没有归宿的鬼魂去英勇杀敌吧！"随即城池被贼军攻陷，张巡与许远都被生擒。尹子奇问张巡道："听说将军你每逢作战时都会眼角睁裂，牙齿咬碎，请问这是什么原因?"张巡说："我是誓死想要吞食你们这伙叛逆的贼党，但却恨自己力不从心。"尹子奇随即用刀撬开张巡的口察看，见只剩下三四颗牙齿。尹子奇很欣赏张巡的忠义，不忍心将他杀掉。可是他的手下却说："像张巡这样忠义守节的人，最终也不可能为我们所用。况且他又深得军心，假如留着他，必定会成为后患。"于是尹子奇就把张巡与南霁云、雷万春等三十六人全部斩杀。张巡临死前，仍然气定神闲，面不改色，慷慨赴死。尹子奇则派人把许远押送往洛阳。

【原文】

巡初守睢阳时，卒仅万人，城中居人亦且数万，巡一见问姓名，其后无不识者。前后大小战凡四百余，杀贼卒十二万人。巡行兵不依古法教战陈，令本将各以其意教之。人或问其故，巡曰："今与胡虏战，云合鸟散，变态不恒。数步之间，势有同异。临机应猝，在于呼吸之间，而动询大将，事不相及，非知兵之变者也。故吾使兵识将意，将识士情，投之而往，如手之使指。兵将相习，人自为战，不亦可乎！"自兴兵，器械、甲仗皆取之于敌，未尝自修。每战，将士或退散，巡立于战所，谓将士曰："我不离此，汝为我还决之。"将士莫敢不还死战，卒破敌。又推诚待人，无所疑隐；临敌应变，出奇无穷；号令明，赏罚信，与众共甘苦寒暑，故下争致死力。

张镐闻睢阳围急，倍道亟进，檄浙东、浙西、淮南、北海诸节度及谯郡太守闾丘晓，使共救之。晓素傲很，不受镐命。比镐至，睢阳城已陷三日。镐召晓，杖杀之。

【译文】

张巡当初坚守睢阳时，手下只有一万名士卒，而城中居住百姓却多达数万人，张巡每见到一个人就会询问他的姓名，到后来城中的人他没有不认识的。先后总共经历了大小四百多次的战斗，杀死的贼军多达十二万人。张巡领兵不遵循古代的兵法作战布阵，而是下令部下的将领各自依照自己的战略方针教习作战。有人问其中的缘故，张巡说："如今是与胡虏作战，他们忽散忽合，变化无常，甚至有时在几步之内，军势也会各不相同。因此就需要将领们养成在短时间内应付突发事件的能力，假如让他们时不时地请示大将，恐怕就要贻误战机，到时可就来不及了，这一切都是因为不知道作战用兵的变化。所以我就让士卒能够明白将领的心意，将领也能及时把握士卒的情绪，这样一来，将领指挥士卒作战，就如同手使用自己的指头一样运用自如。兵与将都能互相了解，部队能够各自为战，这样不是很好吗?"自从与贼军作战以来，守城所用的器械与作战所用的兵器全都是从贼军手上缴获的，守城官兵不曾自己修理制造过。每逢激烈交战，有的将士就会后退，这时张巡就会站在阵地上对将士们大声说道："我绝对不会离开此地，请你们为我返回去继续与贼军交战。"将士们听罢，没有谁再敢后退的，重又纷纷上前，与贼军决一死战，最终都能够将贼军打退。张巡为人诚恳真挚，胸怀坦荡，遇事随机应变，常常能够出奇制胜。而且号令严厉，赏罚分明，能与将士们同甘共苦，因此手下的将士都愿意拼死为其效力。河南节度使张镐听说睢阳危急，便率兵日夜兼程前去救援，并沿途发放文书遍告浙东、浙西、淮南、北海等节度使以及谯郡太守闾丘晓，让他们也提兵前来救援。而闾丘晓向来狂傲，竟然不听从张镐的命令。等到张镐率兵抵达睢阳，睢阳城已经被攻陷了三天。张镐随即召来闾丘晓，下令用棍杖将其打死。

唐·三彩罐

【评析】

张巡率领六千多人坚守睢阳城，叛将尹子奇带了十三万人攻城，双方的兵力差距悬殊。可就是在这样的情况下，张巡仍然率军在睢阳城戍守了十个月之久。在这十个月中，前前后后总共进行了四百多场战斗，杀死了十二万叛军。张巡、许远、南霁云、雷万春等人最终被俘杀，后来唐肃宗加以褒奖，将他们的画像移入凌烟阁。这是一场极为惨烈的战争，睢阳城中的军民已经到了山穷水尽的地步，没有粮食吃，只得吃树皮、老鼠，甚至吃人。就是到了如此地步，仍旧没有人叛变。当时许叔冀在谯郡，尚衡在彭城，贺兰进明在临淮，都拥兵不救睢阳。南霁云被派去向贺兰进明求救，可是贺兰进明却拥兵自重，见死不救，正是这些自私自利的人断送了睢阳城中几千军民的性命！

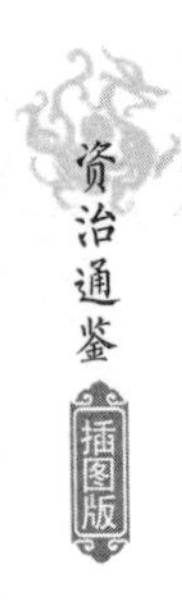

黄巢起义

鎏金铜佛坐像

【原文】

唐僖宗圣恭定孝皇帝乾符二年

王仙芝及其党尚君长攻陷濮州、曹州，众至数万。天平节度使薛崇出兵击之，为仙芝所败。

冤句人黄巢亦聚众数千人应仙芝。巢少与仙芝皆以贩私盐为事，巢善骑射，喜任侠，粗涉书传，屡举进士不第，遂为盗，与仙芝攻剽州县，横行山东，民之困于重敛者争归之，数月之间，众至数万。

乾符三年，王仙芝攻蕲州。蕲州刺史裴渥，王铎知举时所擢进士也。王镣在贼中，为仙芝以书说渥。渥与仙芝约，敛兵不战，许为之奏官；镣亦说仙芝许以如约。渥乃开城延仙芝及黄巢辈三十余人入城，置酒，大陈货贿以赠之，表陈其状。诸宰相多言："先帝不赦庞勋，期年卒诛之。今仙芝小贼，非庞勋之比，赦罪除官，益长奸宄。"王铎固请，许之。乃以仙芝为左神策军押牙兼监察御史，遣中使以告身即蕲州授之。

【译文】

唐僖宗乾符二年（公元875年）

王仙芝和他的党羽尚君长率领起义军先后攻陷濮州、曹州，其队伍迅速壮大至数万人。唐天平军节度使薛崇奉命出兵讨伐，结果被王仙芝大败。

冤句人黄巢这时也聚集了数千人响应王仙芝。黄巢年少时与王仙芝都以贩卖私盐为谋生之道，他善于骑马射箭，性格豪放任侠，虽然粗略地涉猎了经史子集，但屡次参加进士科都以落第告终，随即落草为寇，参与到王仙芝攻略州、县的行动中去，在崤山以东纵横行走。百姓因为苦于官府的横征暴敛而无法生存，于是争相前去投奔黄巢，几个月的时间，起义军的队伍就发展壮大到数万人之多。

乾符三年（公元876年）王仙芝领兵进攻蕲州。蕲州刺史裴渥是王铎主持科举考试时所选取的进士。王铎被起义军俘虏后，在贼军军营里，为王仙芝写信招降裴渥，使得裴渥与王仙芝达成协约，将军队收敛起来，不再与之交战，并答应替王仙芝向朝廷谋求一个官爵。王镣也劝说王仙芝答应裴渥的和约请求。于是裴渥大开蕲州城门请王仙芝及黄巢等三十余人入城，置办酒宴，并拿出大量的财宝馈赠给王仙芝等人，借以表明他约和的诚意。朝廷的众多宰相都以为这样做不妥，说：“先帝唐懿宗并没有赦免庞勋的罪责，当年就诛杀了庞勋，如今王仙芝不过是一个草莽小贼，他的势力根本无法和庞勋相匹敌，赦免他的罪责并给予他官爵，只能更加助长奸贼的反叛气焰。”只有王铎还坚持请求招降王仙芝，唐僖宗听信了王铎的话，答应了招降一事；随即任命王仙芝为左神策军押牙兼监察御史，派遣宦官中使将委任状送到蕲州，当面授予王仙芝。

【原文】

唐·越窑青瓷莲花碗

仙芝得之甚喜，镣、渥皆贺。未退，黄巢以官不及已，大怒曰：“始者共立大誓，横行天下，今独取官赴左军，使此五千余众安所归乎!”因殴仙芝，伤其首，其众喧噪不已。仙芝畏众怒，遂不受命。大掠蕲州，城中之人，半驱半杀，焚其庐舍。渥奔鄂州，敕使奔襄州，镣为贼所拘。贼乃分其军三千余人从仙芝及尚君长，二千余人从巢，各分道归去。

乾符五年，曾元裕奏大破王仙芝于黄梅，杀五万余人，追斩仙芝，传首，余党散去。

黄巢方攻亳州未下，尚让帅仙芝余众归之，推巢为主，号冲天大将军，改元王霸，署官属。巢袭陷沂州、濮州。既而屡为官军所败，乃遗天平节度使张裼书，请奏之。诏以巢为右卫将军，令就郓州解甲。巢竟不至。

广明元年，丁卯，黄巢陷东都，留守刘允章率百官迎谒；巢入城，劳问而已，闾里晏然。允章，迺之曾孙也。田令孜奏募坊市人数千以补两军。

【译文】

王仙芝得到委任状以后很喜悦，王镣、裴渥都前来向他道贺。王仙芝等当时还没有退出蕲州，黄巢因为朝廷没有给自己封官爵，勃然大怒，对王仙芝说道：“我刚开始曾与你共同立下誓言，打算横行天下，如今你独自获取朝廷的官爵而要赶赴长安担任禁军左军军官，让我们这五千多个弟兄怎么办？安身何处？”愤怒之余，黄巢竟然动手殴打王仙芝，王仙芝的头被打伤，其余的部众当时喧闹不已。王仙芝因为畏惧部众的怒气，于是拒不接受朝廷的委任状，在蕲州大肆搜掠。城中的百姓，有一半被驱逐出城，一半被屠戮，并且纵火烧毁了居民的房屋。蕲州刺史裴渥仓皇逃往鄂州，宦官中使也赶紧逃往襄州，王镣则被贼军拘禁了起来。随后贼军兵分两路，一路三千余人跟随着王仙芝及尚君长，一路二千余人由黄巢率领着一起北上。

乾符五年（公元878年），曾元裕上奏朝廷，宣称在黄梅大破王仙芝率领的贼军，杀死贼兵五万余人，并一路追击王仙芝，将其斩杀，现在把他的头颅送往京

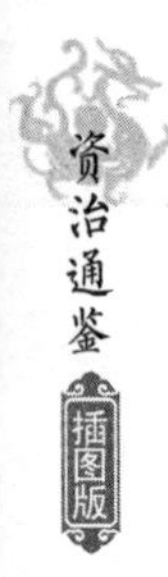

唐代妇女

师，王仙芝的党羽得知消息后，大都溃散而去。

黄巢当时正率军久攻亳州不下，尚让率领王仙芝的余部前来投奔，于是他们合力攻城，众人一致推举黄巢为盟主，号称“冲天大将军”，改年号为王霸，设置官僚行署。接着黄巢又率领义军攻陷沂州、濮州。可是随后却多次为唐朝官军所败，于是黄巢便给唐天平节度使张裼写了一封请降书，请求他代替自己向朝廷奏请。唐僖宗得到奏文后立即下诏任命黄巢为右卫将军，命令黄巢率部众前往郓州解除武装。黄巢竟然没有遵命，根本没有到郓州去。

广明元年（公元880年）十一月十七日，黄巢军攻陷了东都洛阳，唐东都留守刘允章率领百官出来迎拜；黄巢军得以入城，对城中百姓慰劳问候罢了，其他坊里一切照旧，人民生活安定如初。刘允章是刘迺的曾孙。田令孜上表请求征募长安坊市居民数千人以充斥左、右神策军。

【原文】

辛巳，贼急攻潼关，承范悉力拒之，自寅及申，关上矢尽，投石以击之。关外有天堑，贼驱民千余人入其中，掘土填之，须臾，即平，引兵而度。夜，纵火焚关楼俱尽。承范分兵八百人，使王师会守禁坑，比至，贼已入矣。壬午旦，贼夹攻潼关，关上兵皆溃，师会自杀，承范变服帅余众脱走。至野狐泉，遇奉天援兵二千继至，承范曰：“汝来晚矣!”博野、凤翔军还至渭桥，见所募新军衣裘温鲜，怒曰：“此辈何功而然，我曹反冻馁!”遂掠之，更为贼乡导，以趣长安。

田令孜闻黄巢已入关，恐天子责己，乃归罪于携而贬之，荐徽、澈为相。是夕，携饮药死，澈，休之从子也。

百官退朝，闻乱兵入城，布路窜匿，田令孜帅神策兵五百奉帝自金光门出，惟福、穆、泽、寿四王及妃嫔数人从行，百官皆莫知之。上奔驰昼夜不息，从官多不能及。车驾既去，军士及坊市民竞入府库盗金帛。

晡时，黄巢前锋将柴存入长安，金吾大将军张直方帅文武数十人迎巢于霸上。巢乘金装肩舆，其徒皆被发，约以红缯，衣锦绣，执兵以从，甲骑如流，辎重塞涂，千里络绎不绝。

【译文】

十二月初二，黄巢军向潼关发起猛攻，张承范竭尽全力抗击黄巢军。从早上一直交战到晚上，关上官军的弓箭已没有矢可以射，不得已开始用石头投击黄巢军，潼关外有壕沟，黄巢军驱遣千余名当地百姓来到壕中，让他们掘土将壕沟填平。没过多久，壕沟就被填平了，黄巢军随即渡过壕沟。到了晚上，他们放火将关楼焚烧得一干二净。张承范于是分出八百兵力，交给王师会，让他带领这八百人坚守禁坑，等到王师会率军赶到禁坑时，黄巢军已经通过了那里。初三早上，黄巢军分兵前后夹攻潼关，使得关上的唐朝守军全都溃散，王师会引颈自杀，张承范身穿便服率领残兵败将仓皇逃回了长安，等到官兵逃到野狐泉的时候，迎面碰上了相继到来的奉天援兵二千人，张承范对他们说："你们来晚了！"于是这些救援的官兵只得退回。博野镇和凤翔镇的军队退到渭桥，看见田令孜征募的新军个个身着新衣皮裘，大为愤怒，说道："这帮人究竟有何功劳竟然能穿上这么好的衣服，我们殊死激战却反倒落得个受冻挨饿的下场！"随即纷纷抢劫新军，并为黄巢军当向导，一路向长安进军。

田令孜得知黄巢率军已经入关的消息，深恐皇上追究他的罪责，于是把所有罪责都归咎于卢携，继而将他贬官，举荐王徽、裴澈为宰相。这天傍晚，卢携服毒自杀。裴澈是裴休的侄子。

唐·僧侣

文武百官退出朝堂后，听说黄巢军已经进入长安城，随即纷纷夺路逃窜。田令孜带领神策军士兵五百人护卫着唐僖宗从金光门逃出城去，唯独福王、穆王、泽王、寿王等四王以及几个妃嫔得以随銮驾逃走，文武百官竟然都不知道这件事，所以更无从知道皇帝的去向。唐僖宗一行日夜兼程，随从的官员几乎都赶不上。得到唐僖宗的车驾已经远去的消息后，长安城中的军士以及坊市百姓都开始争先恐后地闯入皇家府库盗取金帛。

将近傍晚时分，黄巢军前锋将柴存已经先行率军进入长安城，唐金吾大将军张直方率领文武官员数十人前往霸上迎接黄巢。只见黄巢坐着用黄金装饰的轿子，他的部下全部披头散发，穿着红丝锦绣的衣裳，手持兵器跟随其后，身穿盔甲的骑兵犹如流水一样向前行进，辎重车辆塞满了沿途道路，大军首尾延绵千里，络绎不绝。

【原文】

民夹道聚观，尚让历谕之曰："黄王起兵，本为百姓，非如李氏不爱汝曹，汝曹但安居毋恐。"巢馆于田令孜第，其徒为盗久，不胜富，见贫者，往往施与之。居数日，各出大掠，焚市肆，杀人满街，巢不能禁。尤憎官吏，得者皆杀之。

庚寅，黄巢杀唐宗室在长安者无遗类。辛卯，巢始入宫。壬辰，巢即皇帝位于

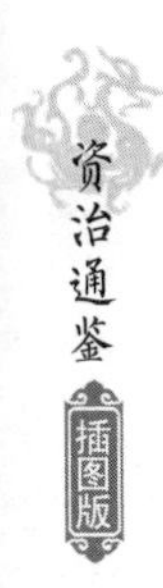

含元殿，画皂缯为衮衣，击战鼓数百以代金石之乐。登丹凤楼，下赦书。国号大齐，改元金统。谓广明之号，去唐下体而著黄家日月，以为己符瑞。唐官三品以上悉停任，四品以下位如故。以妻曹氏为皇后。以尚让为太尉兼中书令，赵璋兼侍中，崔璆、杨希古并同平章事，孟楷、盖洪为左右仆射、知左右军事，费传古为枢密使。以太常博士皮日休为翰林学士。璆，邠之子也，时罢浙东观察使，在长安，巢得而相之。

【译文】

一时间，长安军民夹道聚观，尚让挨个向军民宣传谕说："我们黄王起兵，原本就是为了百姓的利益！并非像唐朝李氏皇帝那样不怜爱你们，你们尽管安居乐业，不要有丝毫恐慌。"黄巢起居都在田令孜的府第，他的手下都已经做了很长时间的盗贼，突然富有起来，见到穷苦的百姓，往往会上前施舍以财物。但没过几天，却又各自出来大肆抢掠，到处焚烧坊市，随便杀人，死尸遍布街道，黄巢根本无法加以制止。黄巢的部下尤其憎恶唐朝的官吏，只要被他们抓到，就会被杀掉。

十二月十一日，黄巢将留在长安的唐朝宗室全都赶尽杀绝，一个不留。十二日，黄巢移居禁宫。十三日，黄巢在含元殿即位称帝，做天子礼服，叩击数百只战鼓代替金石音乐，作为登基的大礼。黄巢登上丹凤楼，颁发赦书：定国号为大齐，改年号为金统。宣称当朝年号"广明"是"唐"字去掉下面的部分而留"广"，"广"字加"黄"字，再合并日、月成"明"字，意思是黄家的日月，认为这正是自己将要称帝的符瑞。黄巢颁发诏令，凡是唐朝三品以上的官员悉数被停任，四品以下的官员仍然保留官位如故。并册立他的妻子曹氏为皇后。让尚让出任太尉兼中书令，赵璋兼任侍中，崔璆、杨希古并为同平章事，孟楷、盖洪分别担任左右仆射、知左右军事，费传古担任枢密使一职。又任太常博士皮日休担任翰林学士。崔璆就是崔邠的儿子，当时正好罢去浙东观察使的职务，在长安居住，被黄巢擒获后委任宰相一职。

【评析】

安史之乱后，唐王朝走上了下坡路，社会一片混乱，皇帝和贵族官僚们过着奢侈糜烂的生活。生活在水深火热之中的百姓再也活不下去了，只得起来反抗。当时相继爆发了裘甫、庞勋和黄巢起义，其中规模最大、历时最长、影响最深的首推黄巢起义。"飒飒西风满院栽，蕊寒香冷蝶难来。他年我若为青帝，报与桃花一处开。"这就是黄巢早期的诗作，从中我们可以看到他那冲天的豪气和阔大的胸怀。黄巢从揭竿起义到失败身亡，南北转战了十年之久，范围几乎遍及全国，沉重地打击了唐王朝的腐朽统治，加速了唐王朝的灭亡。

后梁纪

叔侄之争

【原文】

后梁太祖神武元圣孝皇帝开平二年

五代·文苑图

晋王疽发于首，病笃。周德威等退屯乱柳。晋王命其弟内外蕃汉都知兵马使、振武节度使克宁、监军张承业、大将李存璋、吴珙、掌书记卢质立其子晋州刺史存勖为嗣，曰：“此子志气远大，必能成吾事，尔曹善教导之！”辛卯，晋王谓存勖曰：“嗣昭厄于重围，吾不及见矣。俟葬毕，汝与德威辈速竭力救之！”又谓克宁等曰：“以亚子累汝！”亚子，存勖小名也。言终而卒。克宁纲纪军府，中外无敢喧哗。

克宁久总兵柄，有次立之势，时上党围未解，军中以存勖年少，多窃议者，人情恟恟。存勖惧，以位让克宁。克宁曰：“汝冢嗣也，且有先王之命，谁敢违之！”将吏欲谒见存勖，存勖方哀哭未出。张承业入谓存勖曰：“大孝在不坠基业，多哭何为！”因扶存勖出，袭位为河东节度使、晋王。李克宁首帅诸将拜贺，王悉以军府事委之。以李存璋为河东军城使、马步都虞侯。先王之时，多宠借胡人及军士，侵扰市肆，存璋既领职，执其尤暴横者戮之，旬月间城中肃然。

【译文】

后梁太祖开平二年（公元908年）

晋王李克用头上长了个毒疮，病情十分严重。周德威等撤退到乱柳屯驻。晋王李克用下令他的弟弟内外蕃汉都知兵马使、振武节度使李克宁、监军张承业、大将李存璋、吴珙、掌书记卢质等人拥立他的儿子晋州刺史李存勖为嗣，并说：“这个孩子从小志向远大，定能完成我的事业，你们可要好好教导他啊！”十九日，晋王对李存勖说：“李嗣昭被困在重围中，我来不及见到他了。等到丧葬完毕，你与周德威等立即竭尽全力援救他！”又对李克宁等人说道：“我就烦劳你们替我照看亚子了!”亚子是李存勖的小名。李克用说完就死了。李克宁治理军府极为严谨，因此内外没有人敢大声喧哗。

五代妇女

李克宁长时间总领兵权，很有兄死弟立的势头，当时上党的围困尚没有解除，军中大都认为李存勖年少，所以多在私下里悄悄议论，一时间，人心惶惶。李存勖甚感恐惧，打算将王位让给李克宁。李克宁说：“你是嫡长子，更何况有先王的遗命，谁敢违抗!”将吏们想要谒见李存勖，可是李存勖正在里边悲伤哭泣，一时没有出来。张承业于是就进去对李存勖说道：“大孝在于不失去基业，哭泣再多又有什么用!”随即将李存勖搀扶出来，继位做了河东节度使、晋王。李克宁首先率领诸将前来朝拜道贺，晋王李存勖于是把军府所有的事务全都委托给了李克宁。

晋王李存勖让李存璋出任河东军城使、马步都虞侯。先王李克用在世的时候，对胡人及军士非常宠信，致使他们经常侵犯扰乱街市店铺。李存璋就职以后，将其中尤其残暴霸道的抓起来斩首示众，仅仅一个月的时间，城中就变得秩序井然。

【原文】

初，晋王克用多养军中壮士为子，宠遇如真子。及晋王存勖立，诸假子皆年长握兵，心怏怏不服，或托疾不出，或见新王不拜。李克宁权位既重，人情多向之。假子李存颢阴说克宁曰：“兄终弟及，自古有之。以叔拜侄，于理安乎！天与不取，后悔无及!”克宁曰：“吾家世以慈孝闻天下，先王之业苟有所归，吾复何求！汝勿妄言，我且斩汝!”克宁妻孟氏，素刚悍，诸假子各遣其妻入说孟氏，孟氏以为然，且虑语泄及祸，数以迫克宁。克宁性怯，朝夕惑于众言，心不能无动；又与张承业、李存璋相失，数诮让之；又因事擅杀都虞侯李存质；又求领大同节度使，以蔚、朔、应州为巡属。晋王皆听之。

【译文】

起初，晋王李克用在军中收养了许多壮士作为养子，对他们的宠信待遇犹如亲生儿子一样。等到晋王李存勖继位后，诸位养子都已经年长并掌握了一定的兵权，因此心里都怏怏不服，有的干脆托病不出来晋见新王，有的虽然出来晋见但是却不

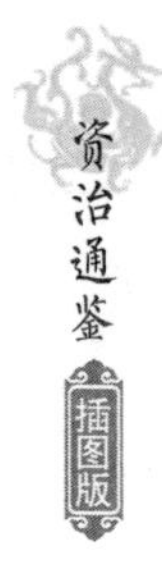

叩拜。李克宁的权力地位这时显得尤其重要，人情大多倾向于他。养子李存颢私下里劝说李克宁道："哥哥死了，弟弟继位，自古就有这样的例子。以叔叔的身份去向低自己一辈的侄子叩拜，怎能心安理得呢？现在正是上天授予的机会，如果您不接受，恐怕以后后悔都来不及了！"李克宁说："我家世代都以父慈子孝而闻名天下，先王的基业如今已经有了归属，我又有什么谋求呢！你再敢胡说，我就将你杀掉！"李克宁的妻子孟氏，平素刚强野蛮，诸位养子分别派他们的妻子到内室去劝说孟氏，孟氏认为她们的话很有道理，况且担心这些话会泄露出去为自己带来祸患，因此多次逼迫李克宁。李克宁生性怯懦，每天从早到晚都能听到众人的蛊惑之语，怎能无动于衷？再加上他又与张承业、李存璋不和，多次责备他们；又因故擅自杀死了都虞侯李存质；又要求兼任大同节度使，以蔚州、朔州、应州为巡属。晋王李存勖都悉数依从了他。

五星二十八宿神形图局部

【原文】

李存颢等为克宁谋，因晋王过其第，杀承业、存璋，奉克宁为节度使，举河东九州附于梁，执晋王及太夫人曹氏送大梁。太原人史敬镕，少事晋王克用，居帐下，见亲信，克宁欲知府中阴事，召敬镕，密以谋告之。敬镕阴许之，入告太夫人，太夫人大骇，召张承业，指晋王谓之曰："先王把此儿臂授公等，如闻外间谋欲负之，但置吾母子有地，勿送大梁，自它不以累公。"承业惶恐曰："老奴以死奉先王之命，此何言也！"晋王以克宁之谋告，且曰："至亲不可自相鱼肉，吾苟避位，则乱不作矣。"承业曰："克宁欲投大王母子于虎口，不除之岂有全理！"乃召李存璋、吴珙及假子李存敬、长直军使朱守殷，使阴为之备。壬戌，置酒会诸将于府舍，伏甲执克宁、存颢于座。晋王流涕数之曰："儿郎曩以军府让叔父，叔父不取。今事已定，奈何复为此谋，忍以吾母子遗仇雠乎！"克宁曰："此皆谗人交构，夫复何言！"是日，杀克宁及存颢。

【译文】

李存颢等人替李克宁出谋划策，让他趁晋王到李克宁的家里探望的机会，斩杀张承业、李存璋，拥奉李克宁为节度使，率河东所统辖的九个州一并归附后梁，逮捕晋王李存勖以及太夫人曹氏押送到大梁去。太原人史敬熔，年轻时曾经侍奉晋王李克用，居于晋王帐下，深受晋王宠信，李克宁想知道晋王府中的隐秘事情，于是召见史敬熔，秘密地将自己的计划告诉给他。史敬熔当时假装答应了他的要求，随后悄悄地去到晋王府当面向太夫人报告，太夫人听后极为惊骇，随即召见张承业，指着晋王李存勖对他说："当初先王拉着此儿的胳膊托付给您等的时候，说如果得知外边图谋想要背弃他的消息，就只求能有地方安置我们母子，千万不要送往大梁，其他就不连累您。"张承业诚惶诚恐地说："老奴以死奉先王的遗命，夫人这话是什么意思呢！"晋王李存勖于是把李克宁等人的阴谋告诉了张承业，并且说："亲人不能够互相残杀，假如我让位于叔父，那么就不会发生什么祸乱了。"张承业说："李克宁图谋将大王母子投入虎口，如果不将他除掉，怎么会有安全可言呢！"随即召见李存璋、吴珙以及养子李存敬、长直军使朱守殷，让他们于暗地里做好防备工作。二十一日，在晋王府大摆酒席宴饮诸将，一旁埋伏的甲兵从座位上将李克宁、李存颢等人逮捕。晋王李存勖泪流满面地对李克宁说道："孩儿过去曾把节度使府让给叔父，可是叔父却拒不接受。如今大局已定，怎么能再有这样的图谋，忍心将我们母子送到仇人那里去呢？"李克宁说："这些都是那些奸佞小人从中搬弄是非，我又有什么话好说呢！"这一天，李克宁和李存颢都被处死。

【评析】

晋王李存勖就是后来的后唐庄宗，他的父亲晋王李克用原本是唐朝的节度使。朱全忠灭唐之后，各地割据实力相互混战，逐渐建立了几个小国家，其中李克用就是其中一派。李克用生前为了收买人心，收下了很多养子，这些人都是骁勇善战的大将，李克用死后，他们不愿意服从李存勖的号令，就鼓动李克宁造反。李克宁原本老老实实地做自己的大臣，却经不住他人的撺掇，起兵造反不成，反倒弄得个家破人亡。

承业进谏

【原文】

后梁均王贞明三年

晋王还晋阳。王连岁出征，凡军府政事一委监军使张承业，承业劝课农桑，畜积金谷，收市兵马，征租行法不宽贵戚，由是军城肃清，馈饷不乏。王或时须钱蒱

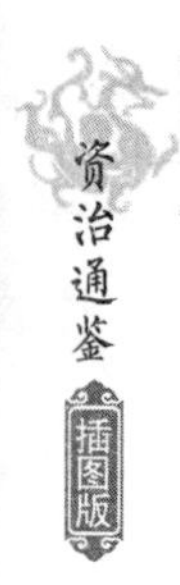

博及给赐伶人，而承业靳之，钱不可得。王乃置酒钱库，令其子继岌为承业舞，承业以宝带及币马赠之。王指钱积呼继岌小名谓承业曰："和哥乏钱，七哥宜以钱一积与之，带马未为厚也。"承业曰："郎君缠头皆出承业俸禄，此钱，大王所以养战士也，承业不敢以公物为私礼。"王不悦，凭酒以语侵之，承业怒曰："仆老敕使耳！非为子孙计，惜此库钱，所以佐王成霸业也，不然，王自取用之，何问仆为！不过财尽民散，一无所成耳。"

【译文】

后梁均王贞明三年（公元917年）

掐丝珐琅缠枝莲纹出戟觚

晋王返还晋阳后。由于晋王常年带兵出征，所以把所有军府政事全权委托给了监军使张承业代理，张承业大力倡导农业桑蚕，积蓄钱粮，厉兵秣马，合理征收捐税，从严执法，对权贵亲戚从不宽容，于是，晋阳城内肃然清静，军队粮饷向来都不会短缺。晋王有时候想要拿钱去博戏或者赏赐给乐官和伶人，张承业总是很吝啬，舍不得给他，晋王因此就拿不到钱。于是晋王就会在钱库里置办酒席，让他的儿子李继岌为张承业跳舞，张承业便用饰有珍宝的带子和币马馈赠给李继岌。晋王指着库里高高堆积的钱物大声叫着李继岌的小名对张承业说："和哥缺钱花，七哥您应当赏赐给他一堆积钱，宝带、币马不值几个钱的。"张承业说："我赠送给少爷的礼物，都是要从我的俸禄里扣除的，而钱库里的这些钱是让大王拿去供养士兵用的，我不敢挪用公款去作为个人的私礼。"晋王听了心里不太高兴，便趁着酒话讥讽他，张承业愤怒地说："我是大王的老臣，我并非是为自己的子孙后代考虑，我之所以会吝惜这库里的钱，是为了辅佐大王成就霸业，否则，大王自己可以随意取用，何必还要征询我的意见呢？不过等到钱财散尽，百姓也都会远离您，到那时大王您的事业将是一无所成。"

【原文】

王怒，顾李绍荣索剑，承业起，挽王衣泣曰："仆受先王顾托之命，誓为国家诛汴贼，若以惜库物死于王手，仆下见先王无愧矣。今日就王请死！"阎宝从旁解承业手令退，承业奋拳殴宝踣地，骂曰："阎宝，朱温之党，受晋大恩，曾不尽忠为报，顾欲以谄媚自容邪！"曹太夫人闻之，遽令召王，王惶恐叩头，谢承业曰："吾以酒失忤七哥，必且得罪于太夫人，七哥为吾痛饮以分其过。"王连饮四卮，承业竟不肯饮。王入宫，太夫人使人谢承业曰："小儿忤特进，适已笞之矣。"明日，太夫人与王俱至承业第谢之。未几，承制授承业开府仪同三司、左卫上将军、燕国公。承业固辞不受，但称唐官以至终身。

掌书记卢质，嗜酒轻傲，尝呼王诸弟为豚犬，王衔之。承业恐其及祸，乘间言曰："卢质数无礼，请为大王杀之。"王曰："吾方招纳贤才以就功业，七哥何言之过也！"承业起立贺曰："王能如此，何忧不得天下！"质由是获免。

卖子孝父母砖雕

【译文】

晋王勃然大怒，回过头去向李绍荣要剑，张承业赶紧站起身，扯住晋王的衣襟，哭泣着说："我受先王临终所托，发誓为国家诛灭汴梁朱贼，假如因为吝惜库存的财物而就这样死在大王的手里，那么我到地府之后见到先王也可以问心无愧了。今日就请大王将我处死好了！"阎宝慌忙从旁边拉开张承业的手，让他先退下。张承业气愤地使劲用拳头将阎宝打翻在地，还骂他道："阎宝，你是朱温的党羽，降晋后受到晋国的大恩大德，却不思报效国家，反而图谋用谄媚的手段苟且偷生吗？"曹太夫人听说了这件事后，火速派人前去召晋王来见，晋王吓得不住地叩头，向张承业谢罪，说道："我刚刚因为喝醉了酒而冒犯了七哥，这肯定得罪了太夫人，就请七哥痛饮几杯也好减轻我的罪过。"于是晋王连着喝了四杯酒，而张承业却连一杯也不肯喝。晋王入宫后，曹太夫人派人前去向张承业道歉，说道："小儿冒犯了您，刚刚我已经责打了他。"第二天，曹太夫人和晋王一起去到张承业的府第当面向他赔礼道歉。没过多久，遵照先王的遗诏，授予了张承业开府仪同三司、左卫上将军、燕国公等官衔。张承业一再推辞拒绝，不肯接受，一直到他去世都只称唐官。

掌书记卢质生性嗜酒如命，而且轻狂傲慢，曾经将晋王的弟弟们称作猪狗，晋王因此怀恨在心。张承业恐怕他因此会招致祸患，于是就趁机对晋王说："卢质曾经多次无礼，请允许我代为大王除掉他。"晋王说："我正在招贤纳士以便完成我的伟大功业，七哥为何要说出这样过分的话呢?"张承业听罢当即站起来向他祝贺道："大王果真能够如此，那还担忧什么得不到天下呢?"卢质的祸患就这样被免除了。

【评析】

晋王李存勖在五代十国的时期，还算得上一位比较英明的君主，特别是在他执政的前期，政治上比较清明，这大概要归功于一些忠心耿耿的老臣的劝谏。张承业

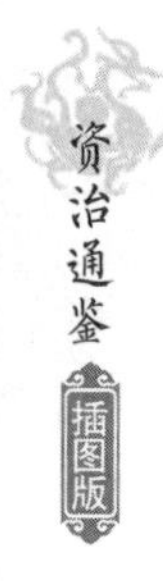

替晋王李存勖掌管钱粮，非常尽心，有时候即使晋王自己也拿不到钱。也亏得这样的忠臣，不然国库恐怕早就被李存勖全给戏子们了。

五代·韩熙载夜宴图

后唐纪

一代名将

【原文】

后唐庄宗光圣神闵孝皇帝同光元年

梁主闻郓州失守，大惧，斩刘遂严、燕颙于市，罢戴思远招讨使，降授宣化留后，遣使诘让北面诸将段凝、王彦章等，趣令进战。敬翔知梁室已危，以绳内靴中，入见梁主曰："先帝取天下，不以臣为不肖，所谋无不用。今敌势益强，而陛下弃忽臣言，臣身无用，不如死。"引绳将自经。梁主止之，问所欲言，翔曰："事急矣，非用王彦章为大将，不可救也。"梁主从之，以彦章代思远为北面招讨使，仍以段凝为副。

五代・唐庄宗击鼓图

帝闻之，自将亲军屯澶州，命蕃汉马步都虞侯朱守殷守德胜，戒之曰："王铁枪勇决，乘愤激之气，必来唐突，宜谨备之！"守殷，王幼时所役苍头也。

梁主召问王彦章以破敌之期，彦章对曰："三日。"左右皆失笑。彦章出，两日，驰至滑州。辛酉，置酒大会，阴遣人具舟于杨村；夜，命甲士六百，皆持巨斧，载冶者，具鞴炭，乘流而下。会饮尚未散，彦章阳起更衣，引精兵数千循河南岸趋德胜。天微雨，朱守殷不为备，舟中兵举锁烧断之，因以巨斧斩浮桥，而彦章引兵急击南城。浮桥断，南城遂破，斩首级千级。时受命适三日矣。守殷以小舟载甲士济河救之，不及。彦章进攻潘张、麻家口、景店诸寨，皆拔之，声势大振。

【译文】

后唐庄宗同光元年（公元923年）

后梁主得知郓州失陷的消息后，大为惊惧，随即将刘遂严、燕颙押到街市上斩首示众，还把戴思远的招讨使官职给免除了，将他降为宣化留后，梁主派遣使者去责问戍防北面的段凝、王彦章等将领，下令他们前进作战。敬翔知道后梁王室已经陷入了危险的境地，随即将绳子装入靴中入宫谒见后梁主，说道："当初先帝夺取天下的时候，从来都不认为我敬翔是没用的人，不论大小谋划都让我参与。如今敌人的势力比先前更加强大，然而陛下却不听从甚至忽视我的建议，看来我已经没有什么用武之地了，不如就让我去死吧。”说着就从靴子里掏出绳子来准备上吊自缢。后梁主慌忙进行劝阻，并问他想说什么。敬翔说：“如今情况十分紧急，如果不任命王彦章为大将，那么就不可能挽救梁王室于危亡之中。”后梁主因此听从了他的建议，让王彦章替代替戴思远出任北面招讨使，仍然任用段凝为副招讨使。

五代·散乐图浮雕局部

后唐帝听说了这件事后，便亲自统率亲军屯守澶州，命令蕃汉马步都虞侯朱守殷戍守德胜，并告诫他道：“王铁枪勇敢决绝，他们肯定会乘着士卒愤怒激动的气势，突然杀过来，你应当谨慎小心地严加防备。”朱守殷是后唐帝幼年时所用的奴仆。

后梁主召见王彦章，问他用多长时间能够将敌人击破，王彦章回答道：“三天。”左右大臣听后都不禁哑然失笑。王彦章率兵出征，用了两天时间，飞速抵达滑州。十八日，王彦章大办酒宴，并暗中派人在杨村准备舟船。夜里，下令六百名士卒全都手持巨斧，船上载着冶炼的工匠，并准备了吹火用的皮囊和炭，顺流而下。这时酒宴尚未结束，王彦章假装起身上厕所，而实际上已经率领数千精兵顺着黄河南岸直奔德胜而去。这时天下着小雨，朱守殷根本没有丝毫防备，王彦章船上的兵将用火将城门上的锁链烧断，并用巨斧把浮桥砍断。而王彦章则率兵迅速进击南城。因为浮桥被砍断，南城很快就被攻破了，而此时距离王彦章接受命令正好是三天的时间。朱守殷用小船载着士卒渡过黄河前来援救，可是早已来不及了。王彦章乘胜又向潘张、麻家口、景店诸寨发起了猛攻，先后将它们全都攻了下来，王彦章的声势从此大振。

【原文】

王彦章引兵逾汶水，将攻郓州，李嗣源遣李从珂将骑兵逆战，败其前锋于递坊镇，获将士三百人，斩首二百级，彦章退保中都。戊辰，捷奏至朝城，帝大喜，谓郭崇韬曰：“郓州告捷，足壮吾气。”己巳，命将士悉遣其家属归兴唐。

壬申，帝以大军自杨刘济河，癸酉，至郓州，中夜，进军逾汶，以李嗣源为前锋，甲戌旦，遇梁兵，一战败之，追至中都，围其城。城无守备，少顷，梁兵溃围出，追击，破之。王彦章以数十骑走，龙武大将军李绍奇单骑追之，识其声，曰：“王铁枪也！”拔矟刺之，彦章重伤，马踬，遂擒之，并擒都监张汉杰、曹州刺史李知节、裨将赵廷隐、刘嗣彬等二百余人，斩首数千级。廷隐，开封人；嗣彬，知俊之族子也。

【译文】

王彦章领兵过了汶水，准备进攻郓州，李嗣源派李从珂率领骑兵前来迎战，在递坊镇将王彦章的前锋部队打败，俘获了三百多名将士，斩首二百多人，王彦章只

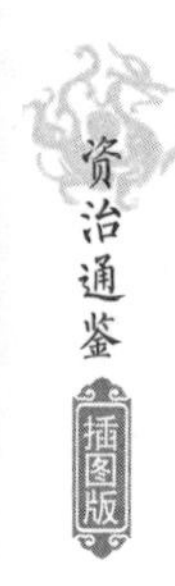

得率军退守中都。二十七日，捷报传到朝城，后唐帝大喜过望，对郭崇韬说：“郓州初战告捷，这足以壮大我军的士气。”二十八日，下令将士们将全部家属送回到兴唐府。

五代·文苑图

十月初二，后唐帝亲自统率大军从杨刘渡过黄河。初三，后唐大军抵达郓州，半夜里，继续向前行军，过了汶水，下令以李嗣源所部为前锋部队。初四早晨，大军遭遇了后梁军，只进行一次交战就将后梁军打败了，乘胜追击到了中都，将中都城包围了起来。城中没有任何守备，顷刻间，后梁军就冲出包围溃逃而去，后唐军一路追击，又将后梁军打败。王彦章趁乱率领几十个骑兵逃走了，龙武大将军李绍奇单枪独马地追击他们，李绍奇听出了王彦章的声音，大喝一声：“王铁枪！”只见李绍奇以迅雷不及掩耳之势拔出长枪刺向王彦章，王彦章身负重伤，跌落马下。王彦章就这样被李绍奇生擒了，同时被俘的还有后梁军都监张汉杰、曹州刺史李知节、副将赵廷隐、刘嗣彬等二百多人，斩首数千级。赵廷隐是开封人，刘嗣彬是刘知俊的同族后代。

【原文】

彦章尝谓人曰：“李亚子斗鸡小儿，何足畏！”至是，帝谓彦章曰：“尔常谓我小儿，今日服未？”又问：“尔名善将，何不守兖州？中都无壁垒，何以自固？”彦章对曰：“天命已去，无足言者。”帝惜彦章之材，欲用之，赐药傅其创，屡遣人诱谕之。彦章曰：“余本匹夫，蒙梁恩，位至上将，与皇帝交战十五年；今兵败力穷，死自其分，纵皇帝怜而生我，我何面目见天下之人乎！岂有朝为梁将，暮为唐臣！此我所不为也。”帝复遣李嗣源自往谕之，彦章卧谓嗣源曰：“汝非邈佶烈乎？”彦章素轻嗣源，故以小名呼之。于是诸将称贺，帝举酒属嗣源曰：“今日之功，公与崇韬之力也。曏从绍宏辈语，大事去矣。”

是夕，嗣源帅前军倍道趣大梁。乙亥，帝发中都，舁王彦章自随，遣中使问彦章曰：“吾此行克乎？”对曰：“段凝有精兵六万，虽主将非材，亦未肯遽尔倒戈，殆难克也。”帝知其终不为用，遂斩之。

【译文】

王彦章曾经对人说道：“李存勖是个斗鸡小儿，有什么可怕的？”现在，后唐帝李存勖对王彦章说：“你曾经说我是小儿，今天服输不？”又问王彦章道：“你名义上是英勇善战的将领，可为何不坚守兖州？中都根本没有修筑任何防御工事，何以能够保得住？”王彦章回答道：“天命已去，我没有什么话好说了。”后唐帝很爱惜王彦章的才能，想要起用他，不仅赐给他治疗伤口的药，还曾多次派人前去劝导他。王彦章说："我本是一介平民，承蒙梁国的恩惠，将我提拔为上将，与陛下交战了十五年。如今兵败力竭，死自当是分内之事，纵然陛下可怜我让我活着，我又有何面目去面对天下的人呢？怎么会有早上还是梁国的将领，到了晚上就变成唐朝的大臣的道理呢？我是不能这样做的。"后唐帝于是又派李嗣源亲自去劝说他，王彦章躺在床上对李嗣源说道："你不是邈佶烈吗？"王彦章向来就看不起李嗣源，所以就直呼他的小名。这时，诸位将领都在举杯庆祝胜利，后唐帝也举起酒杯对李嗣源说："今天的功业，全凭你和郭崇韬的力量。假如听从了李绍宏等人的话，那么我的大事可就被耽搁了。"

这天晚上，李嗣源率领前锋部队火速向大梁进发。初五，后唐帝亲自率军从中都出发，让人抬着王彦章紧随其后。后唐帝派中使征询王彦章道："我们此行能够战胜大梁吗？"王彦章回答道："段凝统领有六万人的精锐部队，尽管主将没有什么才能，但是也不会马上投降，想打败他们很难。"后唐帝知道他终究也不会为后唐所用，随即下令将他斩杀。

【评析】

王彦章是后梁的著名将领，以作战勇猛著称。他跟着朱温到处征战，非常勇猛，立下了不少战功。由于他善于使一杆铁枪，因此人称"王铁枪"。后唐庄宗李存勖对王彦章非常赏识，对他威逼利诱，却始终不能为己所用，就把他杀了。

巧谏庄宗

【原文】

石雕十一面观音像

后唐庄宗光圣神闵孝皇帝同光元年

帝幼善音律，故伶人多有宠，常侍左右；帝或时自傅粉墨，与优人共戏于庭，以悦刘夫人，优名谓之"李天下"。尝因为优，自呼曰"李天下，李天下"，优人敬新磨遽前批其颊。帝失色，群优亦骇愕，新磨徐曰："理天下者只有一人，尚谁呼邪！"帝悦，厚赐之。帝尝畋于中牟，践民稼，中牟令当马前谏曰："陛下为民父母，奈何毁其所食，使转死沟壑乎！"帝怒，叱去，将杀之。敬新磨追擒至马前，责之曰："汝为县令，独不知吾天子好猎邪？奈何纵民耕种，以妨吾天子之驰骋乎！汝罪当死！"因请行刑，帝笑而释之。

诸伶出入宫掖，侮弄缙绅，群臣愤嫉，莫敢出气；亦反

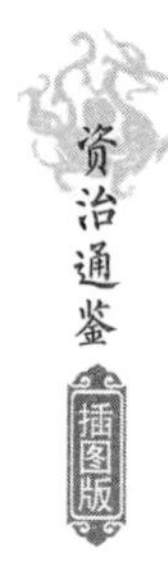

有相附托以希恩泽者，四方藩镇争以货赂结之。其尤蠹政害人者，景进为之首。进好采闾阎鄙细事闻于上，上亦欲知外间事，遂委进以耳目。进每奏事，常屏左右问之，由是进得施其谗慝，干预政事。自将相大臣皆惮之，孔岩常以兄事之。

【译文】

后唐庄宗同光元年（公元923年）

后唐庄宗自幼就擅长音律，因此伶人深得他的宠爱，常常陪侍在他身边。后唐帝有时就自己在脸上涂上一些粉墨，和伶人一起在宫廷里嬉闹，以此来讨得刘夫人的欢心，他还为自己取了个艺名叫“李天下”。有一次他演戏的时候，自己喊自己“李天下，李天下”，这时一个叫敬新磨的戏子突然上前打了他一耳光。后唐帝顿时脸色大变，众戏子因此都惊骇不已。只听敬新磨慢条斯理地说：“治理天下的人只有一个，你还在那呼谁呢？”后唐帝随即转怒为喜，厚厚地封赏了敬新磨。后唐帝曾经在中牟打猎，践踏了当地百姓的庄稼，中牟县令站在他的马前进谏道：“陛下身为老百姓的父母，怎么可以毁坏他们的口中之食呢？难道是想让他们被饿死后抛尸到山沟里去吗？”后唐帝听后大怒，大声喝叱他走开，想要将他杀死。敬新磨快马追上了他，并将他抓到后唐帝的马前，责骂他说：“你身为县令，难道就不知道我们的天子喜好打猎吗？你为何还要放纵百姓任意耕种，来妨碍我们的天子驰骋打猎呢？你所犯的罪责应当被处死。”因此请求后唐帝就地行刑，将他斩杀，后唐帝听后笑了笑，让人把他给放了。

伶人们时常出入皇宫，捉弄欺侮士大夫，惹得大臣们愤怒嫉恨，可只是敢怒不敢言；反而还有人依附或拜托他们来求得后唐帝的恩泽，四面八方的藩镇官员们也都争相贿赂、巴结伶人。这其中，荼毒国政、残害人民最为严重的，景进为首。景进喜欢搜集一些民间的琐碎小事说给后唐帝听，后唐帝也很想知道有关外面的事情，于是就把景进当成自己的耳目。景进每逢去向后唐帝奏报事情，后唐帝都要先屏退左右然后才问他，这样一来，景进就会乘机说一些别人的坏话，干预朝政。因此，从将相大臣以下的官员们都对他十分惧怕，孔岩常将他视作兄长来对待。

对书俑

【原文】

同光二年，初，胡柳之役，伶人周匝为梁所得，帝每思之；入汴之日，匝谒见于马前，帝甚喜。匝涕泣言曰：“臣之所以得生全者，皆梁教坊使陈俊、内园栽接使储德源之力也，愿就陛下乞二州以报之。”帝许之。郭崇韬谏曰：“陛下所与共取天下者，皆英豪忠勇之士。今大功始就，封赏未及一人，而先以伶人为刺史，恐失天下心。”以是不行。逾年，伶人屡以为言，帝谓崇韬曰：“吾已许周匝矣，使吾惭见此三人。公言虽正，当为我屈意行之。”五月，壬寅，以俊为景州刺史，德源为宪州刺史。时亲军有从帝百战未得刺史者，莫不愤叹。

【译文】

同光二年（公元924年），当初在胡柳战役中，伶人周匝被梁人生擒，后唐帝常常思念他；等到后唐军攻入汴梁的那一天，周匝在马前谒见后唐帝，后唐帝万分喜悦。周匝在后唐帝面前哭诉道："臣之所以能够得以保全到今天，全仰仗梁教坊使陈俊、内园栽接使储德源的鼎力相助，希望陛下能够封赏给他们两个州，用以回报他们对我的恩情。"后唐帝当即答应了他的请求。郭崇韬在一旁劝说后唐帝道："陛下应当封赏那些与您共同夺取天下的人，这些人全都是英豪忠勇之士。如今大功刚刚告成，这些人中尚没有一个得到封赏，而现在却要首先任命一个伶人担任刺史，恐怕陛下会就此失掉天下人的心。"于是周匝的建议没有被执行。过了一年后，伶人还时常提起这件事，后唐帝因此对郭崇韬说："我已经答应了周匝，我感到见这三个人有点惭愧。你所说的都对，但还是应当看在我的面子上委屈地执行一下。"五月初五，后唐帝任命陈俊为景州刺史，储德源为宪州刺史当时亲军中有跟从后唐帝南征北战而没有被封得刺史的人无不对此愤慨叹息。

【评析】

后唐庄宗灭掉后梁，为父亲报仇之后，志满意得，认为中原安定、天下无忧了，就开始贪图享受。由于他从小就喜欢音乐，就终日与唱戏的伶人混在一起，穿着戏装，把国家大事丢在一边。那些伶人受到皇帝的宠幸有的当了官，有的仗势欺人，有的进谗言诛杀功臣。但是其中也有一些明达世事的，如敬新磨，他就经常用诙谐的方式来劝谏后唐庄宗。

高郁冤死

【原文】

后唐明宗圣德和武钦孝皇帝天成四年

初，楚王殷用都军判官高郁为谋主，国赖以富强，邻国皆疾之。庄宗入洛，殷遣其子希范入贡，庄宗爱其警敏，曰："比闻马氏当为高郁所夺，今有子如此，郁安能得之！"高季兴亦以流言间郁于殷，殷不听；乃遣使遗节度副使、知政事希声书，盛称郁功名，愿为兄弟。使者言于希声曰："高公常云'马氏政事皆出高郁'，此子孙之忧也。"希声信之。

行军司马杨昭遂，希声之妻族也，谋代郁任，日谮之于希声。希声屡言于殷，称郁奢僭，且外交邻藩，请诛之。殷曰："成吾功业，皆郁力也；汝勿为此言！"希

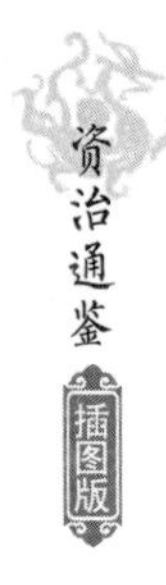

青瓷兽形樽

声固请罢其兵柄，乃左迁郁行军司马。郁谓所亲曰："亟营西山，吾将归老。猘子渐大，能咋人矣。"希声闻之，益怒，明日，矫以殷命杀郁于府舍，榜谕中外，诬郁谋叛，并诛其族党。至暮，殷尚未知，是日，大雾，殷谓左右曰："吾昔从孙儒度淮，每杀不辜，多致兹异。马步院岂有冤死者乎？"明日，吏以郁死告，殷拊膺大恸曰："吾老耄，政非己出，使我勋旧横罹冤酷！"既而顾左右 曰："吾亦何可久处此乎！"

【译文】

后唐明宗天成四年（公元929年）

起初，楚王马殷任用都军判官高郁为主要谋臣，国家依赖他得以富强起来，邻国因此都很嫉恨他。庄宗进入洛阳后，马殷便派他的儿子马希范入后唐进贡，庄宗很喜爱他的机警敏捷，对他说："最近听说马氏的政权即将被高郁所篡夺，如今有你这样的儿子，高郁哪里还能够夺取呢？"高季兴也在马殷面前用流言诋毁高郁，马殷并不听从，随即又派使者给节度副使、知政事马希声送去书信，对高郁的功劳和名誉大加赞赏，并希望能够和他结为兄弟。使者对马希声说道："高公高季兴常常说'马氏政事全都出于高郁'，这是子孙后代的祸患啊！"马希声于是便听信了他的话。

行军司马杨昭遂是马希声妻子的同族，他早就图谋取代高郁的职务，因此每天都会在马希声那里说高郁的坏话。马希声也曾经多次在他的父亲马殷面前说高郁奢侈越轨，而且还广泛结交周围的藩镇，请求将他杀掉。马殷说："我能够成就如此大的功业，全都仰仗高郁的力量，你千万不要再提这些话。"马希声坚持请求把高郁的兵权给收缴了，于是高郁就被被降职为行军司马。高郁对他的左右亲信们说："赶紧经营西山，我即将告老还乡。狗崽子们都已渐渐长大，能咬人了。"马希声听说这些后，更加恼怒，第二天，就假传马殷的命令在府舍里将高郁斩杀，随后张贴告示告知天下，诬陷说高郁图谋造反，同时诛灭了高郁的全家以及他的同党。等到天黑后，马殷仍然不知道这件事。这一天，天降大雾，马殷便对他身边的人说："我先前跟随孙儒渡淮河时，每逢杀死那些无辜的人时，多数都会出现此类怪现象。难道马步院现在有冤死的人吗？"第二天，官吏们把高郁被杀的消息告知了马殷，马殷抚摸着胸口大声恸哭道："我已经老得不中用了，政事如今已经不是我自己说了算，致使我过去的有功之臣横遭如此冤屈。"既而又回过头来对他身边的人说："我怎么还能长时间地居住此地呢？"

【评析】

"三人成虎"，忠贞的人总是无法得到足够的信任，曾子的母亲都不能充分地相信自己的儿子，更何况一般人呢？高郁不被马希声所信任，最后被人用计冤杀，这不仅是高郁的悲哀，更是人性的悲剧。

后晋纪

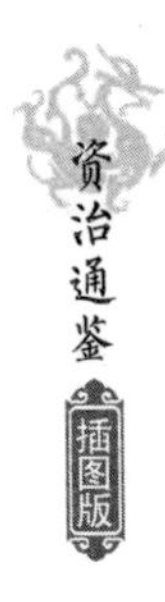

契丹崛起

【原文】

梁太祖神武元圣孝皇帝开平元年

初，契丹有八部，部各有大人，相与约，推一人为王，建旗鼓以号令诸部，每三年则以次相代。咸通末，有习尔者为王，土宇始大。其后钦德为王，乘中原多故，时入盗边。及阿保机为王，尤雄勇，五姓奚及七姓室韦、达靼咸役属之。阿保机姓耶律氏，恃其强，不肯受代。久之，阿保机击黄头室韦还，七部劫之于境上，求如约。阿保机不得已，传旗鼓，且曰："我为王九年，得汉人多，请帅种落居古汉城，与汉人守之，别自为一部。"七部许之。汉城，故后魏滑盐县也。地宜五谷，有盐池之利。其后阿保机稍以兵击灭七部，复并为一国。又北侵室韦、女真，西取突厥故地，击奚，灭之，复立奚王而使契丹监其兵。东北诸夷皆畏服之。

是岁，阿保机帅众三十万寇云州，晋王与之连和，面会东城，约为兄弟，延之帐中，纵酒，握手尽欢，约以今冬共击梁。或劝晋王："因其来，可擒也，"王曰："仇敌未灭而失信夷狄，自亡之道也。"阿保机留旬日乃去，晋王赠以金缯数万。阿保机留马三千匹，杂畜万计以酬之。阿保机归而背盟，更附于梁，晋王由是恨之。

契丹·备茶图

【译文】

梁太祖开平元年（公元907年）

当初，契丹有八个部落，每个部落各有大人，他们相互约定，想要推举一人为王，建置旗鼓以便对各部发号施令，每隔三年依次相代。咸通末年，有个名叫习尔的人做了大王，疆域从此得以扩大。随后钦德做大王时，乘着中原当时战争不断，经常入侵到中原边境进行抢劫。等到阿保机当上大王后，尤其雄武勇敢，五姓奚以及七姓室韦、达靼全都归附了他。阿保机姓耶律氏，依仗着自己的强大，在三年任期结束的时候不肯卸任，更不接受他人的替代。很久以后，阿保机进攻黄头室韦返还，其余七部都在边界上对他进行胁迫，勒令他遵守三年一换王的约定。阿保机迫不得已，只得将旗鼓传于下一任大王，并且说道："我做了九年的大王，得到了很多汉人子民，请允许我率领同种族部落居住在古汉城，与汉人一同守护，另外独自成为一部。"七部答应了他的要求。汉城是古代的后魏滑盐县。那里的土壤很适宜五谷生长，并有盐池这样的生财之物。随后阿保机逐渐发兵消灭了其他的七个部落，将他们全部合并成一个国家。阿保机接着又率军北侵室韦、女真，向西攻取了突厥旧地，进攻五姓奚，并将其消灭，后来又另外册立奚王并让契丹监督他的军队。从此以后，东北各夷族都对他敬畏服从。

这一年，阿保机统率部众三十万人进犯云州，晋王李克用与他进行和谈，在云州的东城会面，相约结为兄弟，宴请他到帐中，在那里纵情饮酒，把酒言欢，约好于同年冬天一同进攻后梁。有人劝说晋王道："趁着阿保机此次前来，可以将他生擒。"晋王说："仇敌朱全忠还没有被消灭，我却失信于夷狄，这是在自取灭亡之道。"阿保机在云州逗留了十天才离开，晋王馈赠给他金缯数万。阿保机也留下了三千匹马和数以万计的各种牲畜，用以酬谢晋王。阿保机回去以后随即就背叛了盟誓，投入了后梁的怀抱，晋王李克用因此对阿保机恨得咬牙切齿。

【原文】

后梁均王贞明二年初，燕人苦刘守光残虐，军士多归于契丹，及守光被围于幽州，其北边士民多为契丹所掠；契丹日益强大。契丹王阿保机自称皇帝，国人谓之天皇王，以妻述律氏为皇后，置百官；至是，改元神册。

述律后勇决多权变，阿保机行兵御众，述律后常预其谋。阿保机尝度碛击党项，留述律后守其帐，黄头、臭泊二室韦乘虚合兵掠之；述律后知之，勒兵以待其至，奋击，大破之，由是名震诸夷。述律后有母有姑，皆踞榻受其拜，曰："吾惟拜天，不拜人也。"晋王方经营河北，欲结契丹为援，常以叔父事阿保机，以叔母事述律后。

刘守光末年衰困，遣参军韩延徽求援于契丹，契丹主怒其不拜，使牧马于野。延徽，幽州人，有智略，颇知属文。述律后言于契丹主曰："延徽能守节不屈，此今之贤者，奈何辱以牧圉！宜礼而用之。"契丹主召延徽与语，悦之，遂以为谋主，举动访焉。延徽始教契丹建牙开府，筑城郭，立市里，以处汉人，使各有配偶，垦艺荒田。由是汉人各安生业，逃亡者益少。契丹威服诸国，延徽有助焉。

【译文】

后梁均王贞明二年（公元916年）当初，燕人深受刘守光的残暴虐待，军中有很多将士都归附了契丹。等到刘守光被围困于幽州时，幽州北面的士民有很多都被契丹人掠夺走了，契丹从此日益强大起来。契丹王阿保机自称皇帝，契丹国人都尊称他为天皇王，称他的妻子述律氏为皇后，设置了文武百官。至此，契丹王将年号改为神册。

述律后生性勇敢决断，又多权变，阿保机每次兴师动众，述律后都时常参与谋划。阿保机曾经一度穿过沙漠去进击党项，留下述律后守卫帐幕，黄头、臭泊二室韦企图乘着阿保机不在而合伙率兵抢掠帐幕。述律后得知消息后，于是就整治士兵等待他们的到来，然后亲自统兵给予他们

契丹·玉兽

奋力反击，大败了二室韦的士兵。从此以后，述律后名震诸夷。述律后有母亲、婆婆，述律后每次都坐在床上接受她们的礼拜，述律后说："我只拜天，不拜人。"晋王李存勖当初刚刚接手经营河北时，想要结交契丹好作为后援，所以时常将阿保机视作叔父来侍奉，也把述律后看作叔母来侍奉。

刘守光的晚年极度衰困，曾经派遣参军韩延徽前往契丹国求援，契丹主对于他不行拜见礼而十分恼怒，于是就将韩延徽流放到野外去牧马。韩延徽是幽州人，本人很有智慧谋略，也很懂得作诗著文。述律后因此对契丹王说："韩延徽能够坚守气节而不屈服，他是当今的贤士，哪里能够用放马这样的差事来侮辱他呢？应当待之以礼从而起用他。"于是契丹王便召见韩延徽，和他交谈后，非常喜欢他的谈吐，随即把他视作主要的谋臣，只要稍微有什么举动，就会前去和他商议。韩延徽刚到契丹的时候就教契丹建牙开府，修筑城郭，设立市场里巷，以便用来安置汉民，让每个人都拥有配偶，开垦种植荒田。因此，汉族人都得以安居乐业，逃亡的人日益减少。契丹之所以能够威服各国，都是因为有了韩延徽的鼎力相助。

【原文】

顷之，延徽逃奔晋阳。晋王欲置之幕府，掌书记王缄疾之；延徽不自安，求东归省母，过真定，止于乡人王德明家，德明问所之，延徽曰："今河北皆为晋有，当复诣契丹耳。"德明曰："叛而复往，得无取死乎！"延徽曰："彼自吾来，如丧手目；今往诣之，彼手目复完，安肯害我！"既省母，遂复入契丹。契丹主闻其至，大喜，如自天而下，拊其背曰："向者何往？"延徽曰："思母，欲告归，恐不听，故私归耳。"契丹主待之益厚。及称帝，以延徽为相，累迁至中书令。晋王遣使至契丹，延徽寓书于晋王，叙所以北去之意，且曰："非不恋英主，非不思故乡，所以不留，正惧王缄之谗耳。"因以老母为托，且曰："延徽在此，契丹必不南牧。"故终同光之世，契丹不深入为寇，延徽之力也。

后唐明宗圣德和武钦孝皇帝天成元年辛巳，契丹主阿保机卒于夫余城，述律后召诸将及酋长难制者之妻，谓曰："我今寡居，汝不可不效我。"又集其夫泣问曰："汝思先帝乎？"对曰："受先帝恩，岂得不思！"曰："果思之，宜往见之。"遂杀之。

【译文】

不久以后，韩延徽逃奔到了晋阳。晋王想要将他安置在自己的幕府里，掌书记王缄对他很嫉妒。韩延徽感到很不安，因此请求东归幽州省看自己的母亲，当他路过真定时，便在同乡人王德明的家中住了下来。王德明询问他下一步打算到哪里去，韩延徽说："如今整个河北地区都归晋国所有，我应当重新回到契丹国去。"王德明说："你背叛了契丹国，如今再返回，这不是去白白送死吗？"韩延徽说："契丹国自从我逃走后，国主如同丧失了手目，现在我再回到契丹国，契丹国主的手目重新又完整了，他怎么会杀掉我呢？"等他看望过母亲之后，就又重新返回契丹国。契丹国主得知韩延徽回来大为喜悦，就犹如韩延徽是从天而降一样，他抚摸着韩延徽的脊背说道："前一段时间你到哪里去了？"韩延徽说："我很想念我的老母亲，本打算告假回去省亲，可是又恐怕国主不允许，所以我就私自回去了。”自此以后，契丹国主更加厚待他。等到契丹国主称帝后，就让韩延徽担任宰相，一直将他提拔到中书令的位置上。晋王派人出使契丹国，韩延徽乘机写信给晋王，如实陈述了当年之所以北归契丹的原因，并且说：“并非我不留恋英明的君主，也并非我不思念故乡，我之所以没能继续留在晋国，正是因为惧怕王缄嫉妒我而向大王进谗言。”因此又将自己的老母亲托付给晋王，在信中还说道：“有我韩延徽在此，契丹国一定不会再向南进犯。”所以在李存勖成为后唐庄宗的时期，契丹果真没有再向南面深入进犯，这都因为有韩延徽的存在。

契丹·錾花银靴

后唐明宗天成元年（公元926年）七月二十七日，契丹主阿保机死于夫余城。述律后召见诸将以及酋长中难以制服的人的妻子，然后对她们说：“我如今寡居，你们不能不效法我。”随即又召集她们的丈夫边哭边问他们道：“你们想念先帝吗？”这些人回答道：“我们都承蒙先帝的大恩大德，怎么会不想念他呢？”述律后说：“果真想念他，那么就应该去见他。”说罢便下令斩杀了他们。

【原文】

天成元年契丹述律后爱中子德光，欲立之，至西楼，命与突欲俱乘马立帐前，谓诸酋长曰：“二子吾皆爱之，莫知所立，汝曹择可立者执其辔。”酋长知其意，争执德光辔欢跃曰：“愿事元帅太子。”后曰：“众之所欲，吾安敢违。”遂立之为天皇王。突欲愠，帅数百骑欲奔唐，为逻者所遏；述律后不罪，遣归东丹。天皇王尊述律后为太后，国事皆决焉。太后复纳其侄为天皇王后。天皇王性孝谨，母病不食亦不食，侍于母前应对或不称旨，母扬眉视之，辄惧而趋避，非复召不敢见也。以韩延徽为政事令。听姚坤归复命，遣其臣阿思没骨馁来告哀。

天成二年契丹改元天显，葬其主阿保机于木叶山。述律太后左右有桀黠者，后辄谓曰：“为我达语于先帝！”至墓所则杀之，前后所杀以百数。最后，平州人赵思温当往，思温不行，后曰：“汝事先帝尝亲近，何为不行？”对曰：“亲近莫如后，后行，臣则继之。”后曰：“吾非不欲从先帝于地下也，顾嗣子幼弱，国家无主，不得往耳。”乃断一腕，令置墓中。思温亦得免。

【译文】

天成元年（公元926年）契丹述律后十分宠爱中子德光，打算立他为契丹主。到了西楼，让他和突欲一起骑着马站在帐前，然后她对各位酋长说：“这两个儿子我都非常喜欢，不知道应该立哪一个为契丹主，你们挑选一个可以立为契丹主的，然后拉住他的马缰绳表明你们的决定。”酋长们深知她的心思，所以都争先恐后地去拉德光的马缰绳，并欢呼雀跃道：“臣等愿意侍奉元帅太子。”述律后说：“大家的心愿，我哪里敢违背？”随即立德光为天皇王。突欲心中很不平，率领手下几百

契丹·人首鱼笼壶

名骑兵企图投奔后唐，被巡逻的人所遏止。述律后并没有治罪于他，只是将他遣送回了东丹。天皇王尊称述律后为太后，国家大事全都听从她的安排。太后又接纳她的侄女为天皇王后。天皇王生性谨慎孝顺，他的母亲生病后不能饮食，于是他也跟着不吃东西，天天陪伴在母亲的左右。应对母亲有时候会不符合她的意旨，母亲就拿眼睛瞪他，这时他就会害怕得赶紧躲避，没有再叫他回来他绝对不敢再进来见太后。天皇王让韩延徽担任政事令，允许姚坤回归后唐国复命，还派遣他的大臣阿思没骨馁一同前去后唐国报告契丹主去世的消息。

天成二年（公元927年）契丹国改年号为天显，将契丹主阿保机安葬在了木叶山。述律太后身边的人中有残暴狡诈的人，太后就对他们说："请替我去向先帝传话。"等他们到了先帝的墓地，就派人把他们给杀了，就这样先后共杀死一百多人。最后，平州人赵思温也应当前往，可是赵思温却不前去。太后说："你侍奉先帝的时候曾经是那样的亲近，现在为什么就不去了呢?"赵思温回答道："我的亲近比不过太后，如果太后去，那我就跟着你去。"太后说："我并非不想跟随先帝到地下去，只是顾及到儿子幼弱，国家一时没有君主，所以才不能前往。"随即砍下一只手腕，令人放到了先帝的墓中。赵思温也因此幸免于难。

【评析】

五代十国时，东北的契丹崛起。公元916年，耶律阿保机建立契丹国。30年后，耶律德光进攻中原，灭掉后晋，建立辽帝国，历史从此进入南北对峙的时期。五代十国是契丹崛起的重要时期，后梁、后唐、后晋等政权为了争夺权力，都极力拉拢契丹，甚至不惜以割地、纳贡、称臣的条件请求契丹出兵。契丹趁机不断发展实力，从北方草原走向中原的政治历史舞台。

德钧之死

【原文】

后晋高祖圣文章武明德孝皇帝天福元年

初，赵德钧阴蓄异志，欲因乱取中原，自请救晋安寨；唐主命自飞狐踵契丹后，钞其部落，德钧请将银鞍契丹直三千骑，由土门路西入，帝许之。赵州刺史、北面行营都指挥使刘在明先将兵戍易州，德钧过易州，命在明以其众自随。在明，幽州人也。

德钧至镇州，以董温琪领招讨副使，邀与偕行，又表称兵少，须合泽潞兵；乃自吴儿谷趣潞州，癸酉，至乱柳。时范延光受诏将部兵二万屯辽州，德钧又请与魏博军合；延光知德钧合诸军，志趣难测，表称魏博兵已入贼境，无容南行数百里与德钧合，乃止。

契丹主虽军柳林，其辎重老弱皆在虎北口，每日暝辄结束，以备仓猝遁逃，而赵德钧欲倚契丹取中国，至团柏逾月，按兵不战，去晋安才百里，声问不能相通。德钧累表为延寿求成德节度使，曰：“臣今远征，幽州势孤，欲使延寿在镇州，左右便于应接。”唐主曰：“延寿方击贼，何暇往镇州！俟贼平，当如所请。”德钧求之不已，唐主怒曰：“赵氏父子坚欲得镇州，何意也？苟能却胡寇，虽欲代吾位，吾亦甘心，若玩寇邀君，但恐犬兔俱毙耳。”德钧闻之，不悦。

契丹·镶宝石短剑及剑鞘

【译文】

后晋高祖天福元年（公元936年）

当初，赵德钧暗地里存有二心，企图趁着动乱之机一举夺取中原，随即向朝廷请求前去救援晋安寨。后唐末帝于是命令他从飞狐道出代州，绕到契丹之后，偷袭契丹部落，赵德钧乘机请求将他在幽州用契丹降卒设置的银鞍契丹直三千骑兵，从土门路向西进发，末帝答应了他的请求。赵州刺史、北面行营都指挥使刘在明早先领兵戍守在易州，赵德钧率军经过易州的时候，下令刘在明带领所部跟随他向前进军。刘在明是幽州人。

赵德钧一行抵达镇州，让董温琪担任招讨副使，也邀请他参与到他的行动中。同时又上表奏请朝廷称自己的兵力薄弱，需要让泽潞的兵力前来会合；于是便从吴儿谷向潞州进发，十月十八日，行至乱柳。当时范延光接受末帝的诏命统率所部士兵二万人在辽州屯驻，赵德钧又奏请与魏博军合兵；范延光知道赵德钧挖空心思地合拢诸军，意图难以预测，随即上表朝廷声称魏博所部已经进入了贼境，无法再向南行军数百里去与赵德钧会合，于是就这样停止下来。契丹主尽管将军队屯驻在柳林，但是他们的辎重和老弱士兵却都在虎北口，每当太阳落山的时候他们便会结扎停当，时刻做着仓皇逃跑的准备。而赵德钧企图借助契丹的力量夺取中原，所以到达团柏一个多月，却依然按兵不动，距离晋安仅仅百里之遥，但却不能互通消息。赵德钧先后多次上表请求委任他的儿子赵延寿为成德节度使，他说：“臣如今远征在外，幽州形势孤弱，想让延寿在镇州戍守，这样向左向右都方便接应。”后唐末帝说：“延寿正在抗击贼兵，怎么会有闲暇去往镇州？等待贼兵被平定以后，自然会依从你的请求去办理。”赵德钧于是就不厌其烦地请求，后唐主随即发怒道：“赵氏父子坚持想要得到镇州，他们有什么企图？假如能够驱走胡寇，就是他们想要取代我的位置，我也会甘心愿意，假如想要玩弄寇兵来胁求君主，恐怕会落得个犬兔

都被烹煮的下场了。”赵德钧听说这番话后，心中很不悦。

【原文】

闰月，赵延寿献契丹主所赐诏及甲马弓剑，诈云德钧遣使致书于契丹主，为唐结好，说令引兵归国；其实别为密书，厚以金帛赂契丹主，云：“若立己为帝，请即以见兵南平洛阳，与契丹为兄弟之国；仍许石氏常镇河东。”契丹主自以深入敌境，晋安未下，德钧兵尚强，范延光在其东，又恐山北诸州邀其归路，欲许德钧之请。

国王王后与大臣的半身像

帝闻之，大惧，亟使桑维翰见契凡主，说之曰：“大国举义兵以救孤危，一战而唐兵瓦解，退守一栅，食尽力穷。赵北平父子不忠不信，畏大国之强，且素蓄异志，按兵观变，非以死徇国之人，何足可畏，而信其诞妄之辞，贪豪末之利，弃垂成之功乎！且使晋得天下，将竭中国之财以奉大国，岂此小利之比乎！”契丹主曰：“尔见捕鼠者乎，不备之，犹或啮伤其手，况大敌乎！”对曰：“今大国已扼其喉，安能啮人乎！”契丹主曰：“吾非有渝前约也，但兵家权谋不得不尔。”对曰：“皇帝以信义救人之急，四海之人俱属耳目，奈何一旦二三其命，使大义不终！臣窃为皇帝不取也。”跪于帐前，自旦至暮，涕泣争之。契丹主乃从之，指帐前石谓德钧使者曰：“我已许石郎，此石烂，可改矣。”

【译文】

闰十一月，赵延寿向朝廷献出契丹主所赐的诏书以及盔甲、马匹、弓矢、刀剑等，假称赵德钧派的使者送信给契丹主，为后唐向契丹求结和好，劝说契丹国让他们引兵归附后唐；其实他又另外准备了秘密书信，并用丰厚的金宝绢帛贿赂契丹主，还说：“假如拥立自己为皇帝，请求就用现有兵马立即向南平定洛阳，与契丹国约为兄弟之国；仍然准许石敬瑭常镇河东。”契丹主自认为深入敌境，晋安没能攻下，赵德钧的兵力很强大，范延光又在他的东面，更生怕太行山以北的诸州阻断他的归路，所以就想答应赵德钧的请求。

后晋帝听说后深感恐惧，急忙派桑维翰去见契丹主耶律德光，劝说他道：“您大国大举义兵前来救援孤危，仅仅一次交战就将唐兵瓦解，退守到一栅之后，粮食已经吃光，力量也已经穷竭。赵德钧父子不忠于唐，不信于契丹，只是畏惧大国的强盛，况且向来心存二心，按兵不动，是想借以窥测变化，他们并不是以死殉国的人，何足挂齿？您怎么能就此相信他们的妄诞之辞，贪图蝇头小利，而抛弃即将完成的功业呢？而且假如让晋国拥有了天下，那么我将会倾尽一国之财用以贡奉给大国，岂是这些小利可以比得上的？”契丹主说：“你见过捕鼠的人吗？不加以防备老鼠，还有可能被咬伤了手，更何况是大敌呢！”桑维翰回答道：“如今大国已经扼住了它的喉咙，哪里还能再咬人啊！”契丹主说：“我并非想要毁掉以前的约定，只是兵家的权谋不能不这样。”桑维翰回答道：“皇帝用信义解救了别人的急难，全天下人的耳目都会注意到这件事，怎么能三心二意，变化多端，致使大义不能贯穿始终呢？臣私下里认为皇帝真的不能这样做啊！”说罢，就长跪在帐前不起，从早上一直到晚上，痛哭流涕地争辩不止。契丹主后来只得依从了他，指着帐前的石头对赵德钧的使者说：“我已经答应了石郎，除非这块石头烂了，我才能改变我的主意。”

【原文】

赵德钧、赵延寿南奔潞州，唐败兵稍稍从之，其将时赛帅卢龙轻骑东还渔阳。帝先遣昭义节度使高行周还具食，至城下，见德钧父子在城上，行周曰：“仆与大王乡曲，敢不忠告！城中无斗粟可守，不若速迎车驾。”甲戌，帝与契丹主至潞州，德钧父子迎谒于高河，契丹主慰谕之，父子拜帝于马首，进曰：“别后安否？”帝不顾，亦不与之言。契丹主问德钧曰：“汝在幽州所置银鞍契丹直何在？”德钧指示之，契丹主命尽杀之于西郊，凡三千人。遂琐德钧、延寿，送归其国。

德钧见述律太后，悉以所赍宝货并籍其田宅献之，太后问曰：“汝近者何为往太原？”德钧曰：“奉唐主之命。”太后指天曰：“汝从吾儿求为天子，何妄语邪！”又自指其心曰：“此不可欺也。”又曰：“吾儿将行，吾戒之云：赵大王若引兵北向渝关，亟须引归，太原不可救也。汝欲为天子，何不先击退吾儿，徐图亦未晚。汝为人臣，既负其主，不能击敌，又欲乘乱邀利，所为如此，何面目复求生乎？”德钧俛首不能对。又问：“器玩在此，田宅何在？”德钧曰：“在幽州。”太后曰：“幽州今属谁？”曰：“属太后。”太后曰：“然则又何献焉？”德钧益惭。自是郁郁不多食，逾年而卒。

【译文】

赵德钧、赵延寿南逃到潞州，后唐败兵有的跟随着他们，其将领时赛率领卢龙的轻骑兵向东返还渔阳。后晋高祖先派遣昭义节度使高行周回到潞州准备粮草，抵达城下，看见赵德钧父子在城上，高行周便喊话道：“我与您是同乡，怎敢不向您提出忠告呢？城中没有一斗粟米可以作为固守的资本，还不如火速前去迎接晋帝的车驾。”十九日，后晋高祖与契丹主一起抵达潞州，赵德钧父子在高河迎接并谒见，于是契丹主好言劝慰他们，赵氏父子于马前拜见后晋高祖，又走到后晋高祖的身边说道：“分别以后您是否安康？”后晋高祖看也不看他们一眼，也不跟他们说话。契丹主问赵德钧说：“你在幽州所设置的银鞍契丹兵如今在什么地方？”赵德钧于是指给他看，契丹主因此下令在西郊将这些人全都杀死了，总共有三千人。随即又令人给赵德钧、赵延寿戴上镣铐，押回契丹国去。

赵德钧拜见契丹主的母亲述律太后，把自己所带来的所有珍宝以及没收得来的田宅统统都献出来作为贡物，太后问道：“你近来为什么到太原去？”赵德钧说：“我是奉唐主的命令。”太后指着天说道：“你向我儿请求拥立你当天子，为什么还要说谎话呢？”说着又指指自己的心说：“这里是不可以欺骗的。”又说：“我儿即将出行时，我告诫他说：赵大王假如率军北上渝关，就火速率领部众返还，太原不必去救它。你既然想要当天子，可为什么不先将我儿击退，再慢慢图谋也不晚。你身为人臣，既辜负了自己的君主，又不能攻击敌人，还想借着纷乱之时图谋自己的

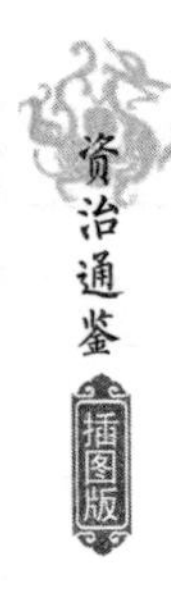

利益，你做出这样的事情，活着还有什么面目呢?”赵德钧低着头无言以对。太后又问道：“你所进献的器物玩好都在这里，可你所进献的田宅却又在哪里呢?”赵德钧说：“在幽州。”太后说：“幽州如今是属于谁的?”他回答道：“属于太后。”太后说：“那你为何还要进献呢!”赵德钧随即越发羞愧。从此以后，郁郁寡欢，不能多吃食物，一年之后就死去了。

【评析】

赵德钧与赵延寿真是忘恩负义、心怀鬼胎的奸佞小人！后唐末帝派他们父子攻打契丹，赵延寿却奉献出契丹主所赐的诏书以及铠甲、马匹、弓矢、刀剑，诈称赵德钧遣派的使者致信给契丹主，为后唐求结和好，劝说契丹让他们引兵归国；其实又另具秘密书信，用丰厚的金宝财帛贿赂契丹主，请求扶持自己为帝。赵德钧的全盘计划被述律太后一眼就看穿了，自己也竹篮打水一场空。

儿皇敬瑭

【原文】

后晋高祖圣文章武明德孝皇帝天福元年

石敬瑭遣间使求救于契丹，令桑维翰草表称臣于契丹主，且请以父礼事之，约事捷之日，割卢龙一道及雁门关以北诸州与之。刘知远谏曰：“称臣可矣，以父事之太过。厚以金帛赂之，自足致其兵，不必许以土田，恐异日大为中国之患，悔之无及。”敬瑭不从。表至契丹，契丹主大喜，白其母曰：“儿比梦石郎遣使来，今果然，此天意也。”乃为复书，许俟仲秋倾国赴援。

石敬瑭

张敬达筑长围以攻晋阳。石敬瑭以刘知远为马步都指挥使，安重荣、张万迪降兵皆隶焉。知远用法无私，抚之如一，由是人无贰心。敬瑭亲乘城，坐卧矢石下，知远曰：“观敬达辈高垒深堑，欲为持久之计，无它奇策，不足虑也。愿明公四出间使，经略外事。守城至易，知远独能办之。”敬瑭执知远手，抚其背而赏之。

唐主使端明殿学士吕琦至河东行营犒军，杨光远谓琦曰：“愿附奏陛下，幸宽宵旰。贼若无援，旦夕当平；若引契丹，当纵之令入，可一战破也。”帝甚悦。帝闻契丹许石敬瑭以仲秋赴援，屡督张敬达急攻晋阳，不能下。每有营构，多值风雨，长围复为水潦所坏，竟不能合，晋阳城中日窘，粮储浸乏。

【译文】

后晋高祖天福元年（公元936年）

石敬瑭派使者从僻路去契丹请求救援，让桑维翰草拟表章向契丹主称臣，并且请求用对待父亲那样的礼节来侍奉契丹主，相约等事情成功的那一天，将卢龙一道以及雁门关以北诸州全都划割给契丹。刘知远劝谏他道：“称臣就可以了，再用父亲的礼节侍奉他那就实在太过分了。用丰厚的金银绢帛贿赂他，自然足够促使他发兵救援了，没有必要再许诺割给他土地，那样的话，恐怕以后就会成为中原的大患，到那时后悔可就来不及了。”石敬瑭却不听劝。依然派人将表章送到了契丹，契丹主耶律德光看后大喜过望，告诉他的母亲说道：“孩儿我近来梦见石郎派使者前来，如今果然来了，这真是天意啊！”随即便给石敬瑭写了回信，许诺等到中秋时节，就会倾尽全国兵马前来救援他。

张敬达修筑很长的包围工事用以进攻晋阳。石敬瑭让刘知远担任马步都指挥使，把安重荣、张万迪的降兵都交付他统领。刘知远依法办事，从不徇私舞弊，对待军民抚恤一视同仁，因此他手下的人都没有二心。石敬瑭亲自登临城上视察兵力部署，坐卧在敌人的矢石投射之下。刘知远说：“察看张敬达这些人修筑高垒深沟，是想作持久的打算，他们根本没有什么奇策，是不值得顾虑的。请您向四面派出走僻路的使者，多多经办对外事务。守城的事其实很容易，就交给我知远一个人就行了。”石敬瑭因此握着刘知远的手，抚拍他的脊背而对他大加赞赏。

戴凤纹回鹘冠的妇女

后唐主派遣端明殿学士吕琦到河东行营去犒劳军队，杨光远对吕琦说：“请您附带着上奏陛下，希望主上不要为此太过操劳。贼兵假如没有援兵，那么用不了多久就会被平定；假如他勾结契丹前来进犯，那么就故意放他进来，一次战斗就可以将他打败。”后唐末帝听后甚是喜悦。末帝得知契丹答应石敬瑭等到中秋时节发兵前来支援他的消息后，就连着好几次督促张敬达火速攻打晋阳，却都没能攻下。每逢对包围工事有所营建，往往会遭遇风雨天气，这样一来，很长的包围工事就又被水浸泡破坏，竟然不能合拢。晋阳城中越来越窘迫，粮食储备都因遭到浸泡而短缺。

【原文】

九月，契丹主将五万骑，号三十万，自扬武谷而南，旌旗不绝五十余里。代州刺史张朗、忻州刺史丁审琦婴城自守，虏骑过城下，亦不诱胁。审琦，洺州人也。辛丑，契丹主至晋阳，陈于汾北之虎北口。先遣人谓敬瑭曰：“吾欲今日即破贼可乎？”敬瑭遣人驰告曰：“南军甚厚，不可轻，请俟明日议战未晚也。”使者未至，契丹已与唐骑将高行周、符彦卿合战，敬瑭乃遣刘知远出兵助之。张敬达、杨光远、安审琦以步兵陈于城西北山下，契丹遣轻骑三千，不被甲，直犯其陈。唐兵见其羸，争逐之，至汾曲，契丹涉水而去。唐兵循岸而进，契丹伏兵自东北起，冲唐兵断而为二，步兵在北者多为契丹所杀，骑兵在南者引归晋安寨。契丹纵兵乘之，

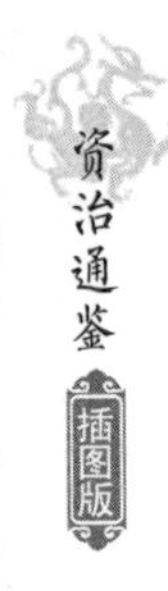

唐兵大败，步兵死者近万人，骑兵独全。敬达等收馀众保晋安，契丹亦引兵归虎北口。敬瑭得唐降兵千余人，刘知远劝敬瑭尽杀之。

是夕，敬瑭出北门见契丹主，契丹主执敬瑭手，恨相见之晚。敬瑭问曰："皇帝远来，士马疲倦，遽与唐战而大胜，何也?"契丹主曰："始吾自北来，谓唐必断雁门诸路，伏兵险要，则吾不可得进矣。使人侦视，皆无之。吾是以长驱深入，知大事必济也。兵既相接，我气方锐，彼气方沮，若不乘此急击之，旷日持久，则胜负未可知矣。此吾所以亟战而胜，不可以劳逸常理论也。"敬瑭甚叹伏。

【译文】

九月，契丹主耶律德光亲自统领五万骑兵，号称是三十万，从代州扬武谷一路向南进发，旌旗连绵不断长达五十多里。代州刺史张朗、忻州刺史丁审琦孤城自守，契丹骑兵路过城下时，竟然也没有诱降威胁他。丁审琦是洺州人。十五日，契丹主一行抵达晋阳，将兵马设列在汾北的虎北口。先派人对石敬瑭说："我准备今天动手讨伐贼兵，你觉得怎么样?"石敬瑭派人驰马告诉他道："南军兵力非常雄厚，不可以轻敌，请等到明天议论好后再出战也不迟。"使者还未抵达契丹军营，契丹兵就已经同后唐骑将高行周、符彦卿等人开始交战，石敬瑭随即派刘知远出兵援助他们。张敬达、杨光远、安审琦用步兵在城西北山下布阵。契丹派三千轻骑兵，不披盔甲，直接冲突到唐兵的阵列中。唐兵见契丹兵势单力薄，便争相对他们进行驱赶，等到了汾水转弯处，契丹兵涉水而去。唐兵沿着河岸一路向北进军，这时契丹的伏兵从东北蜂拥而出，冲击唐兵，将唐兵分成了两部分，位于北面的步兵大多都被契丹所杀，位于南面的骑兵则撤回了晋安营寨。契丹任由兵马趁乱出击，唐兵随即大败，步兵死亡人数将近万人，骑兵却得以保全。张敬达等人集中剩余兵力退守晋安，契丹也率领其兵士返回到虎北口屯驻。石敬瑭俘虏了后唐降兵一千多人，刘知远劝说石敬瑭将他们全都杀掉。

这天晚上，石敬瑭从北门出去，谒见契丹主。契丹主拉着石敬瑭的手，大有相见恨晚的意味。石敬瑭问道："皇帝远道而来，兵疲马倦，急切与唐兵交战结果却还能大获全胜，这是何原因呢?"契丹主说："刚开始我从北面过来的时候，想到唐兵肯定会切断雁门的各条道路，在险要之地派兵设伏，那样的话，我就不可能顺利前行了。于是我就派人前去侦察，结果并没有发现断路和伏兵，这样才让我得以长驱直入，知道事情已经胜利在望了。等到兵马相接以后，我军的气势正盛，彼军的气势却很沮丧，假如不趁此机会急速进击他，那么等到时间拖得长了，到时谁胜谁负就不可预测了。这正是我之所以能够速战速决的道理，是不能用谁劳谁逸的通常情理来加以衡量的。"石敬瑭听后非常叹服。

【原文】

壬寅，敬瑭引兵会契丹围晋安寨，置营于晋安之南，长百余里，厚五十里，多设铃索吠犬，人跬步不能过。敬达等士卒犹五万人，马万匹，四顾无所之。甲辰，敬达遣使告败于唐，自是声问不复通。唐主大惧，遣彰圣都指挥使符彦饶将洛阳步骑兵屯河阳，诏天雄节度使兼中书令范延光将魏州兵二万由青山趣榆次，卢龙节度使、东北面招讨使兼中书令北平王赵德钧将幽州兵由飞狐出契丹军后，耀州防御使潘环纠合西路戍兵由晋、绛两乳岭出慈、隰，共救晋安寨。契丹主移帐于柳林，游骑过石会关，不见唐兵。

契丹主谓石敬瑭曰："吾三千里赴难，必有成功。观汝器貌识量，真中原之主也。吾欲立汝为天子。"敬瑭辞让者数四，将吏复劝进，乃许之。契丹主作册书，命敬瑭为大晋皇帝，自解衣冠授之，筑坛于柳林。是日，即皇帝位。割幽、蓟、瀛、莫、涿、檀、顺、新、妫、儒、武、云、应、寰、朔、蔚十六州以与契丹，仍许岁输帛三十万匹。己亥，制改长兴七年为天福元年，大赦；敕命法制，皆遵明宗之旧。

【译文】

十六日，石敬瑭率领兵马会合契丹兵马将晋安寨包围了起来，并在晋安的南面安营扎寨，长达一百多里，宽约五十里，遍布戴铃索的吠犬，人们根本连半步都休想过去。这时张敬达等人的士兵尚有五万人，马有万匹，四面张望着，却不知道往哪里去好。十八日，张敬达派使者向后唐朝廷奏报打了败仗，之后便再也没有任何音讯了。后唐主深感恐惧，派遣彰圣都指挥使符彦饶统领洛阳步兵、骑兵在河阳屯驻，末帝还诏令天雄节度使兼中书令范延光率领魏州的两万兵马从邢州青山奔赴榆次，卢龙节度使、东北面招讨使兼中书令北平王赵德钧统率幽州兵悄悄地从契丹军阵之后突击，耀州防御使潘环纠会合西路戍守的兵士从晋州、绛州间的两乳岭出兵向慈州、隰州共同援救晋安寨。契丹主把军帐移到了柳林，游骑过了石会关，竟然还没有遇见唐兵。

契丹·青铜观音菩萨像

契丹主对石敬瑭说："我从三千里以外赶来为你解决危难，肯定会成功。我察看你的器宇容貌和见识气量，真的很有中原国主的风范啊！我打算拥立你做天子。"石敬瑭推辞谦让了好多次，将吏们也都反复劝说他进大位，因此他才答应了。契丹主令人制作册封的文书，命令石敬瑭做大晋皇帝，自己解下衣服冠冕亲自授予他，在柳林搭台筑坛。当天，就让石敬瑭登上了皇帝的宝座。石敬瑭答应割让了幽、蓟、瀛、莫、涿、檀、顺、新、妫、儒、武、云、应、寰、朔、蔚十六个州给契丹，并且仍然许诺每年输送三十万匹绢帛给契丹。十一月十四日，后晋高祖皇帝石敬瑭下令，更改年号长兴七年为天福元年，大赦天下；敕命各种法制都继续遵循明宗时的旧规。

【原文】

以节度判官赵莹为翰林学士承旨、户部侍郎、知河东军府事，掌书记桑维翰为翰林学士、礼部侍郎、权知枢密使事，观察判官薛融为侍御史知杂事，节度推官白水窦贞固为翰林学士，军城都巡检使刘知远为侍卫军都指挥使，客将景延广为步军都指挥使。延广，陕州人也。立晋国长公主为皇后。

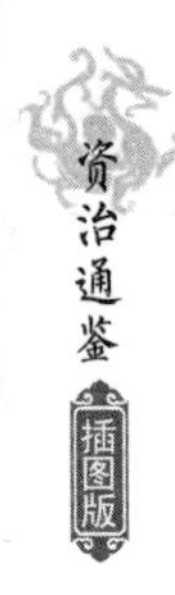

天福三年，帝上尊号于契丹主及太后，戊寅，以冯道为太后册礼使，左仆射刘煦为契丹主册礼使，备卤簿、仪仗、车辂，诣契丹行礼；契丹主大悦。帝事契丹甚谨，奉表称臣，谓契丹主为“父皇帝”；每契丹使至，帝于别殿拜受诏敕。岁输金帛三十万之外，吉凶庆吊，岁时赠遗，玩好珍异，相继于道。乃至应天太后、元帅太子、伟王、南、北二王、韩延徽、赵延寿等诸大臣皆有赂。小不如意，辄来责让，帝常卑辞谢之。晋使者至契丹，契丹骄倨，多不逊语。使者还，以闻，朝野咸以为耻，而帝事之曾无倦意，以是终帝之世与契丹无隙。然所输金帛不过数县租赋，往往托以民困，不能满数。其后契丹主屡止帝上表称臣，但令为书称“儿皇帝”，如家人礼。

【译文】

让节度判官赵莹担任翰林学士承旨、户部侍郎、知河东军府事，掌书记桑维翰担任翰林学士、礼部侍郎、权知枢密使事，观察判官薛融担任侍御史知杂事，节度推官白水人窦贞固担任翰林学士，军城都巡检使刘知远担任侍卫马军都指挥使，客将景延广担任步军都指挥使。景延广是陕州人。立晋国长公主为皇后。

天福三年（公元938年）后晋高祖为契丹国主耶律德光及述律太后上尊号，让冯道担任太后册礼使，左仆射刘煦担任契丹主册礼使，配备卤簿、仪仗、车辂，送到契丹行礼；契丹主万分喜悦。后晋高祖对契丹的侍奉恭谨有加，上奏表称臣，称契丹主为“父皇帝”；每当契丹的使者前来，后晋高祖都会特意在别殿拜接契丹的诏书和敕令。每年除了要输送金帛三十万给契丹外，还有各种吉凶庆吊、季节馈赠、玩好珍异，运送的车马在道路上络绎不绝。甚至于对述律太后、元帅太子、伟王、南王、北王、韩延徽、赵延寿等诸大臣都分别有贿赠；他们稍微有不满意的地方，便会前来责备、索取，后晋高祖常常用谦卑的言辞谢罪。晋朝的使者去到契丹，契丹往往骄傲倨慢，出言不逊。使者回到朝廷后，向后晋高祖据实报告，朝廷内外都以此感到羞耻，而后晋高祖却依然对待契丹卑躬屈膝，从来不敢有丝毫的怠慢。因此，在后晋高祖的有生之年，和契丹国没有发生过任何摩擦。然而所输送的金帛，只不过是几个县的田租赋税。常常托辞说民间困乏，不能够全额送到。后来，契丹主屡次制止后晋高祖，不让他再上表称臣，只让他在写信的时候自称“儿皇帝”就可以了，犹如家人之间相互行礼一样。

【评析】

石敬瑭为了同后唐作战，派使者请求契丹援助，提出尊奉耶律德光为父皇帝，把幽、蓟、瀛、莫、涿、檀、顺、新、妫、儒、武、云、应、寰、朔、蔚十六州的土地都割让给契丹。耶律德光早就有进军中原的野心，就立即亲自率领五万骑兵南下，给中原各个国家造成极大的恐慌。有些心怀鬼胎的大臣就趁机结好他们，打算自立，而有的忠臣还敢于怒骂契丹人。契丹扶持石敬瑭做了后晋的皇帝，后来直接把后晋灭掉，“儿皇帝”石敬瑭的臭名却流传下来了。

后汉纪

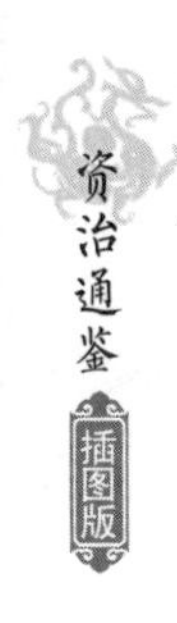

血洗大梁

【原文】

后晋齐王开运三年

癸酉，未明，彦泽自封丘门斩关而入，李彦韬帅禁兵五百赴之，不能遏。彦泽顿兵明德门外，城中大扰。

契丹·铜八臂观音坐像

帝于宫中起火，自携剑驱后宫十余人将赴火，为亲军将薛超所持。俄而彦泽自宽仁门传契丹主与太后书慰抚之，且召桑维翰、景延广，帝乃命灭火，悉开宫城门。帝坐苑中，与后妃相聚而泣，召翰林学士范质草降表，自称“孙男臣重贵，祸至神惑，运尽天亡。今与太后及妻冯氏，举族于郊野面缚待罪次。遣男镇宁节度使延煦、威信节度使延宝，奉国宝一、金印三出迎。”太后亦上表称“新妇李氏妾”。傅住兒入宣契丹主命，帝脱黄袍，服素衫，再拜受宣，左右皆掩泣。帝使召张彦泽，欲与计事。彦泽曰：“臣无面目见陛下。”帝复召之，彦泽微笑不应。

或劝桑维翰逃去。维翰曰：“吾大臣，逃将安之！”坐而俟命。彦泽以帝命召维翰。维翰至天街，遇李崧，驻马语未毕，有军吏于马前揖维翰赴侍卫司。维翰知不免，顾谓崧曰：“侍中当国，今日国亡，反令维翰死之，何也？”崧有愧色。彦泽倨坐见维翰，维翰责之曰：“去年拔公于罪人之中，复领大镇，授以兵权，何乃负恩至此！”彦泽无以应，遣兵守之。

【译文】

后晋齐王开运三年（公元946年）

十二月十七日，天还没有亮，张彦泽已经率军从封丘门破关杀入城中，李彦韬率领五百禁军出来迎敌，没能遏止。张彦泽于是将大军屯驻在明德门外，城中随即大乱。

后晋帝开始在宫中纵火，并亲自握着宝剑驱赶后宫的十几个人准备跳入火海，被亲军将领薛超挟制住了。没过多久，张彦泽从宽仁门外传进契丹主写给太后的书信以表示抚慰，并且召桑维翰、景延广前来，后晋帝随即下令将大火扑灭，并令人将所有的宫门都打开。后晋帝坐在御苑中和后妃们相拥而泣，召见翰林学士范质让他草拟降表，自称：“孙男臣重贵，大祸临头，神鬼蛊惑，运数已到，天命灭亡。如今和太后以及妻子冯氏，全族上下都两手反绑向前排列在郊野等待降罪。现派儿子镇宁节度使石延煦、威信节度使石延宝，特意奉上国宝一枚、金印三枚出城迎接。”太后也上表自称为“新妇李氏妾”。傅住兒于是进入皇宫宣读契丹主的诏令，后晋帝慌忙脱下黄袍，穿着素布衣衫，再三叩拜接受宣令，宫内的左右侍从们都纷纷掩面哭泣。后晋帝派人去召张彦泽来，想要和他商谈事情。张彦泽说：“臣没有脸面去见陛下。”皇帝再次派人召他来，他只是微笑却不作任何回应。

契丹·青铜观音坐像

有人规劝桑维翰逃走。可是他说：“我是大臣，还能逃到哪里去?”随即静坐待命。张彦泽假借皇帝的命令召见桑维翰入宫，桑维翰行至天街时，碰到了李崧，于是就停下马来和他说话，话还没有说完，就见有个军吏在马前揖请桑维翰赶紧到侍卫司去，桑维翰明白自己难以幸免，于是回过头对李崧说道：“您这位侍中执掌朝政，如今国家灭亡，反而让我去死，这都是为什么啊?”李崧脸上顿时露出羞愧的神色。张彦泽非常傲慢地坐着接见桑维翰，桑维翰斥责他道：“去年将你从罪人之中提拔出来，又让你统领一个大的藩镇，并授予你兵权，你怎么能忘恩负义到如此地步!”张彦泽无以应对，只是派兵将桑维翰严加看守。

【原文】

彦泽纵兵大掠，贫民乘之，亦争入富室，杀人取其货，二日方止，都城为之一空。彦泽所居宝货山积，自谓有功于契丹，昼夜以酒乐自娱，出入骑从常数百人，其旗帜皆题“赤心为主”，见者笑之。军士擒罪人至前，彦泽不问所犯，但瞋目竖三指，即驱出断其腰领。彦泽素与阁门使高勋不协，乘醉至其家，杀其叔父及弟，尸诸门首。士民不寒而栗。

中书舍人李涛谓人曰：“吾与其逃于沟渎而不免，不若往见之。”乃投刺谒彦泽曰：“上书请杀太尉人李涛，谨来请死。”彦泽欣然接之，谓涛曰：“舍人今日惧乎?”涛曰：“涛今日之惧，亦犹足下昔年之惧也。曏使高祖用涛言，事安至此!”彦泽大笑，命酒饮之。涛引满而去，旁若无人。

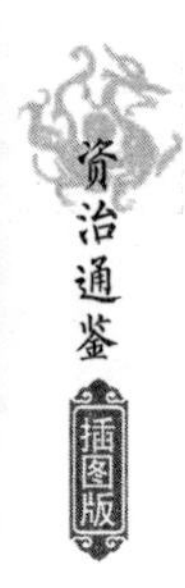

甲戌，张彦泽迁帝于开封府，顷刻不得留，宫中恸哭。帝与太后、皇后乘肩舆，宫人、宦者十余人步从，见者流涕。帝悉以内库金珠自随。彦泽使人讽之曰："契丹主至，此物不可匿也。"

【译文】

张彦泽放任士兵大肆抢掠，贫民趁乱也争相闯进富人家里杀人越货，整整持续了两天时间才停止，而此时的都城已经被洗劫一空。张彦泽的居所里金银财宝堆积如山，他自以为对契丹有功，所以就没日没夜地饮酒作乐；每次出入随从的骑兵常常有数百名之多，他的所有旗帜上都题着"赤心为主"四个字，看见的人没有不耻笑他的。军士擒获罪人押解到他跟前，他根本不问所犯罪责，只是瞪着眼睛竖起中指，以示意手下将其拉出去腰斩。张彦泽一向与门使高勋不和，于是就借着酒醉去到他家，将他的叔父和弟弟全部斩杀，并抛尸门前。士民们看后都不寒而栗。

契丹·鎏金铜佛坐像

中书舍人李涛对人说："我与其逃到水沟里也难免一死，倒不如前去见他。"随即让人递上名刺请求谒见张彦泽说："上书请死太尉人李涛，现在特地来请死。"张彦泽毫不犹豫地接见了他，问李涛道："你今天害怕了?"李涛说："我今天的害怕，犹如你当年的害怕一样。假如先前高祖听从我李涛的建议，事情何至于落到今天这个地步!"张彦泽听后大笑不止，让人拿酒来给李涛喝，李涛斟满杯后一饮而尽，随后旁若无人地离去。

十八日，张彦泽将后晋帝迁至开封府，并且片刻不容停留，宫里于是哭作一团。后晋帝和太后、皇后乘坐肩舆，宫人、宦官等十几人步行紧随其后。路上遇见的人无不痛哭流涕。后晋帝将内库的金银珠宝都随身携带走，张彦泽派人讽刺他道："等到契丹主来了以后，这些东西根本无法藏匿得住。"

【原文】

帝悉归之，亦分以遗彦泽，彦泽择取其奇货，而封其余以待契丹。彦泽遣控鹤指挥使李筠以兵守帝，内外不通。帝姑乌氏公主赂守门者，入与帝诀，相持而泣。归第自经死。帝与太后所上契丹主表章，皆先示彦泽，然后敢发。

是夕，彦泽杀桑维翰。以带加颈，白契丹主，云其自经。契丹主曰："吾无意杀维翰，何为如是!"命厚抚其家。高行周、符彦卿皆诣契丹牙帐降。契丹主以阳城之战为彦卿所败，诘之。彦卿曰："臣当时惟知为晋主竭力，今日死生惟命。"契丹主笑而释之。

天福十二年，高勋诉张彦泽杀其家人于契丹主，契丹主亦怒彦泽剽掠京城，并傅住兒锁之。以彦泽之罪宣示百官，问："应死否？"皆言："应死。"百姓亦投牒争疏彦泽罪。

己丑，斩彦泽、住兒于北市，仍命高勋监刑。彦泽前所杀士大夫子孙，皆绖杖号哭，随而诟詈，以杖扑之。勋命断腕出锁，剖其心以祭死者。市人争破其脑取髓，脔其肉而食之。

【译文】

后晋帝随即又将这些财宝重又放回了内库，也分出一部分给张彦泽；张彦泽从中挑选奇珍异宝，将剩余的封存起来留给契丹。张彦泽派控鹤指挥使李筠领兵看守后晋帝，于是后晋帝和外界失去了联系。后晋帝的姑姑乌氏公主想办法贿赂守门人，才得以进来与他诀别，相拥而泣，随后回到家中自缢身亡。后晋帝和太后上奏给契丹主的奏章，都得先拿给张彦泽看过后，然后才敢发出。

这天傍晚，张彦泽令人斩杀桑维翰，并让人用带子将他的脖子套住，告知契丹主他是自缢身亡。契丹主说："我并没有杀桑维翰的意思，他为何要这样做呢！"随即让人给他的家属送去丰厚的抚恤。

高行周、符彦卿都到契丹主的牙帐内投降。契丹主因为阳城之战曾经败给符彦卿，所以就此事质问符彦卿，符彦卿说："臣当时只知道为晋主竭力拼杀，今天是死是活全听你的安排。"契丹主微微一笑，下令将他释放。

天福十二年（公元 947 年）高勋向契丹主耶律德光控诉张彦泽诛杀他的家属。契丹主原本也很恼恨张彦泽剽掠京城，随即下令将张彦泽和监军傅住兒全都逮捕起来。契丹主当着百官的面宣布张彦泽的罪行，并问道："应不应当处死张彦泽？"百官齐声说："应当处死。"全城百姓也都争相呈递状牒指责张彦泽的罪行。

穿封襟窄袖短襦的五代妇女

正月初三，契丹主下令将张彦泽、傅住兒押往北市斩首，并任命高勋为监斩官。张彦泽先前所杀的士大夫的子孙们，这时纷纷携带

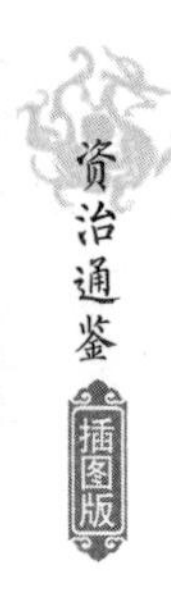

丧杖，大声嚎哭怒骂，用丧杖痛击张彦泽的尸骨。高勋下令将他的手腕砍断，然后从铐锁中取出他的尸体，剖腹取心用以祭奠被他杀害的人。市民们争着将他的头颅砸碎，取出他的脑髓，将他的肉剁碎并分吃掉。

【评析】

张彦泽曾经是后唐、后晋时的将领，后来却背叛后晋投靠契丹。他甚至还领兵洗劫后晋都城大梁，终于招致怨愤。张彦泽占领大梁之后，到处搜刮钱财，烧杀掳掠，诛杀和自己有嫌隙的大臣，还杀掉耶律德光非常欣赏的桑维翰。文武百官都要求把他处死，全城百姓也争先恐后递上状牒上书张彦泽的罪行，真是天怒人怨，耶律德光只好下令把他杀掉。

延寿献计

【原文】

后汉高祖睿文圣武昭肃孝皇帝天福十二年

初，杜重威既以晋军降契丹，契丹主悉收其铠仗数百万贮恒州，驱马数万归其国，遣重威将其众从己而南。及河，契丹主以晋兵之众，恐其为变，欲悉以胡骑拥而纳之河流。或谏曰："晋兵在它所者尚多，彼闻降者尽死，必皆拒命。不若且抚之，徐思其策。"契丹主乃使重威以其众屯陈桥。会久雪，官无所给，士卒冻馁，咸怨重威，相聚而泣。重威每出，道旁人皆骂之。

契丹武士像

契丹主犹欲诛晋兵。赵延寿言于契丹主曰："皇帝亲冒矢石以取晋国，欲自有之乎，将为它人取之乎?"契丹主变色曰："朕举国南征，五年不解甲，仅能得之，岂为它人乎!"延寿曰："晋国南有唐，西有蜀，常为仇敌，皇帝亦知之乎?"曰："知之。"延寿曰："晋国东自沂、密，西及秦、凤，延袤数千里，边于吴、蜀，常以兵戍之。南方暑湿，上国之人不能居也。它日车驾北归，以晋国如此之大，无兵守之，吴、蜀必相与乘虚入寇，如此，岂非为它人取之乎?"契丹主曰："我不知也。然则奈何?"延寿曰："陈桥降卒，可分以戍南边，则吴、蜀不能为患矣。"契丹主曰："吾昔在上党，失于断割，悉以唐兵授晋。既而返为寇雠，北向与吾战，辛勤累年，仅能胜之。今幸入吾手，不因此时悉除之，岂可复留以为后患乎？”延寿曰：“曩留晋兵于河南，不质其妻子，故有此忧。今若悉徙其家于恒、定、云、朔之间，每岁分番使戍南边，何忧其为变哉！此上策也。”契丹主悦曰：“善！惟大王所以处之。”由是陈桥兵始得免，分遣还营。

【译文】

后汉高祖天福十二年（公元947年）

起初，杜重威率领后晋军队投降契丹后，契丹主将他们的兵器铠甲统统收缴了，足足有数百万件之多，将这些兵器全都贮存在恒州；然后派人驱赶着数万匹军马向北返回国中；并派杜重威率领他的部下跟随自己向南征发。一行人抵达黄河岸边，契丹主看见投降的后晋兵卒很多，恐怕发生变故，企图让自己的骑兵将他们统统赶进黄河里。有人劝谏道：“晋兵在其他地方的还有很多，假如他们得知投降的都死了，肯定都会抗拒到底的；所以不如先将他们安抚，随后再慢慢想万全之策。”契丹主于是就让杜重威率领他的降兵屯驻在陈桥。恰逢下了很长时间的雪，粮饷都没有得到供给，士兵们因此饥寒交迫，都对杜重威心生怨恨，随即相拥而泣；杜重威每次走出帐外，路边的士兵都会对他破口大骂。

契丹主还是想将后晋降兵全都杀掉。赵延寿对他说：“陛下亲自率兵冒着飞矢流石攻取了晋国江山，是打算占为己有呢，还是打算替他人攻取呢？”契丹主听后脸色大变，说道：“朕统率全国兵力一起南征，五年不曾解掉衣甲，如今才刚刚得到，怎能是为了他人！”赵延寿说：“晋国的南面有唐，西面有蜀，时常互相仇视，这想必陛下也知道吧？”契丹主回答道：“知道。”赵延寿又说：“晋国东起沂州、密州，西至秦州、凤州，绵延广袤数千里，边境与吴、蜀相接壤，常要派兵戍防。南方暑热潮湿，北方人不习惯在那里居住。等到过一段时间您驾车北归，留下这么广袤无垠的晋国疆土将无人把守，吴、蜀两国必定乘虚而入，如此一来，岂不是替他人攻取江山吗？”契丹主说：“这倒是我没考虑到的。那么依你之见，我应该怎么办才好呢？”赵延寿说：“陈桥的降兵，可以将他们分开来把守南部边疆，这样吴、蜀就不能构成后患了。”契丹主说：“我昔日在上党，失策就在于不够果断，而把唐兵全都交给了晋。没想到他们反过来会与我为敌，北面与我作战，让我辛劳了这么多年，才终于将他们战胜。如今任命落到了我的手里，不乘此机会将他们铲除干净，难道能再留作后患吗？”赵延寿说：“先前将晋兵留在黄河以南，而没有将他们的妻子押作人质，所以才会有这种祸患。如今假如将他们的家全部迁到恒、定、云、朔各州之间，每年轮番让他们把守南部边疆，还怕他们发生突变不成！这是上策。”契丹主听后十分高兴地说：“对呀！那就完全按照燕王你的意思去办理吧！”

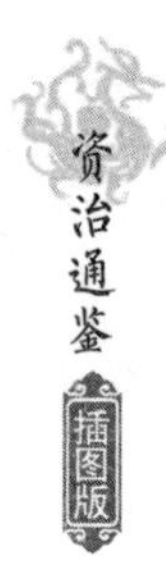

陈桥降兵随即得以豁免，分别被遣返兵营。

【评析】

赵延寿的一番话救下了那么多后晋降兵的命，真是“救人一命，胜造七级浮屠”！契丹人都是在马背上长大的，占领中原之后，根本不懂得治理，还是采取老办法，到处烧杀掳掠，中原的人民非常反感他们。耶律德光在中原只待了三个月，这三个月的统治是失败的，但是不可否认的是，契丹民族已经崛起了，成为中原各政权最强大的敌人。

五代·白瓷象形烛台

后周纪

简朴皇帝

【原文】

后周太祖圣神恭肃文孝皇帝广顺元年

帝谓王峻曰："朕起于寒微，备尝艰苦，遭时丧乱，一旦为帝王，岂敢厚自奉养以病下民乎！"命峻疏四方贡献珍美食物，庚辰，下诏悉罢之。其诏略曰："所奉止于朕躬，所损被于甿庶。"又曰："积于有司之中，甚为无用之物。"又诏曰："朕生长军旅，不亲学问，未知治天下之道，文武官有益国利民之术，各具封事以闻，咸宜直书其事，勿事辞藻。"帝以苏逢吉之第赐王峻，峻曰："是逢吉所以族李崧也！"辞而不处。

帝悉出汉宫中宝玉器数十，碎之于庭，曰："凡为帝王，安用此物！闻汉隐帝日与嬖宠于禁中嬉戏，珍玩不离侧，兹事不远，宜以为鉴！"仍戒左右，自今珍华悦目之物，无得入宫。

郭威

【译文】

后周太祖广顺元年（公元951年）

后周太祖对王峻说："朕出身贫寒，饱尝人世艰辛困苦，遭遇时世纷争动乱，现在一朝成为帝王，怎敢自己养尊处优而让下面的百姓受苦呢！"随即命令王峻清理各地进贡的珍美食物。十八日，诏令全部停止进贡事宜。诏书上大致说道："所供奉的只是给朕一个人，而所损害的却是全天下黎民百姓的利益。"又说："贡品堆积到府库之中，大多都成了无用之物。"又下诏书说："朕生长在军队，不曾亲自从师学习，不懂得治理天下的道理，文武百官如果有利国利民的计策，就请各自上书奏报让我知晓，都应当直陈其事，不要讲求什么辞藻。"后周太祖将苏逢吉的宅第赏赐给了王峻，王峻说："这房子就是苏逢吉之所以诛灭李崧家族的起因啊！"所以推辞不接受。

后周太祖让人将后汉宫中数十件珠宝玉器全部拿出，并在厅堂上当众砸碎，说道："凡是当帝王的，哪里会用得着这些东西？听说汉隐帝整天与宠臣姬妾在宫禁中嬉戏玩耍，珍宝古玩不离左右，这件事距离现在并不遥远，应当引以为戒。"说罢还告诫身边的人，从今往后那些珍贵华丽、赏心悦目的物品，一律不允许进入宫廷。

五代妇女

【原文】

显德元年军士有流言郊赏薄于唐明宗时者，帝闻之，壬午，召诸将至寝殿，让之曰：“朕自即位以来，恶衣菲食，专以赡军为念。府库蓄积，四方贡献，赡军之外，鲜有赢余，汝辈岂不知之！今乃纵凶徒腾口，不顾人主之勤俭，察国之贫乏，又不思已有何功而受赏，惟知怨望，于汝辈安乎！”皆惶恐谢罪，退，索不逞者戮之，流言乃息。

帝屡戒晋王曰：“昔吾西征，见唐十八陵无不发掘者，此无他，惟多藏金玉故也。我死，当衣以纸衣，敛以瓦棺；速营葬，勿久留宫中；圹中无用石，以甓代之；工人役徒皆和雇，勿以烦民；葬毕，募近陵民三十户，蠲其杂徭，使之守视；勿修下宫，勿置守陵宫人，勿作石羊、虎、人、马，惟刻石置陵前云：‘周天子平生好俭约，遗令用纸衣、瓦棺，嗣天子不敢违也。’汝或吾违，吾不福汝！”

【译文】

显德元年（公元954年）将士中有人传言说郊祀的赏赐比不过后唐明宗时，后周太祖听说以后，正月初七，召集诸位将领前来寝殿，责备他们道：“朕即位以来，节衣缩食，特意把保证军队的供给充足放在心上。国库的积蓄，四方的贡献，除去军队的供给粮饷，很少再有什么剩余，这你们难道不知道吗！现在却纵容凶恶之徒信口雌黄，完全不顾念君主的勤勉俭朴，体察国家的贫穷匮乏，也不仔细思考一下自己到底有什么功劳而应当接受赏赐，唯有抱怨和奢望，你们这样做于心何忍呢？”众将于是都惶恐不安地谢罪，退下后，遍搜军中不逞之徒立即将其斩杀。一时间，流言飞语便得以平息。

后周太祖多次告诫晋王说：“先前我率军西征的时候，看见唐朝十八座皇陵没有不被发掘的，这其中肯定没有别的原因，只是因为里面埋藏的金银财宝太多了。我死了以后，一定要给我穿上纸做的衣裳，将我装殓在用土烧的棺材里；迅速埋掉，千万不要在宫中久留；修筑墓穴不要用石头，用砖头替代；工匠役徒统统由官府出钱雇佣，不能烦扰老百姓；丧葬完毕，征募靠近陵墓的百姓三十户，免除他们的各种赋税徭役，让他们看守陵墓；千万不要修建地下宫室，不要布置守陵宫人，不要制造石羊、石虎、石人、石马等，只刻一块石碑立在陵前，在上面写道：‘周天子平生好俭约，遗令用纸衣、瓦棺，嗣天子不敢违也。’假如你有些微违背我的意思，我就不会降福给你。”

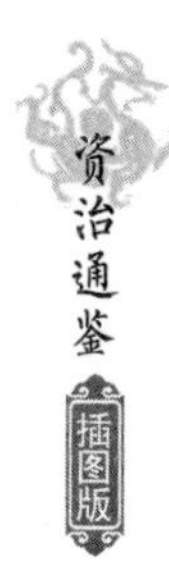

【评析】

后周太祖郭威是历史上有名的简朴皇帝，他的简朴并不像梁武帝萧衍那样是因为信仰佛教，而是从自己的切身体验中吸取的教训。他在行军打仗的过程中，看到唐朝的十八座皇陵没有不被发掘的，都是多藏金银宝玉的缘故。有了这些前车之鉴，所以他叮嘱儿子，等自己百年以后要“纸衣瓦椁”，不要留任何殉葬品。至今他的坟墓还是完好无损，跟这有很大的关系。

郭威大度

【原文】

后周太祖圣神恭肃文武皇帝广顺二年

后周太祖郭威

枢密使王峻，性轻躁，多计数，好权利，喜人附己，自以天下为己任。每言事，帝从之则喜，或时未允，辄愠怼，往往发不逊语。帝以其故旧，且有佐命功，又素知其为人，每优容之。峻年长于帝，帝即位，犹以兄呼之，或称其字，峻以是益骄。副使郑仁诲、皇城使向训、恩州团练使李重进，皆帝在籓镇时腹心将佐也，帝即位，稍稍进用。峻心嫉之，累表称疾，求解机务，以诇帝意。帝屡遣左右敦谕，峻对使者辞气亢厉。又遗诸道节度使书求保证，诸道各献其书，帝惊骇久之，复遣左右慰勉，令视事，且曰：“卿倘不来，朕且自往。”犹不至。帝知枢密直学士陈观与峻亲善，令往谕指，观曰：“陛下但声言临幸其第，严驾以待之，峻必不敢不来。”从之。秋，七月，戊子，峻入朝，帝慰劳令视事。

【译文】

太祖圣神恭肃文武皇帝广顺二年（公元952年）

枢密使王峻生性轻浮急躁，善于算计，好玩弄权术，喜欢别人都逢迎他。他自负地认为治理天下的重任唯独自己才能够担当。他每逢论及政事，后周太祖依从他的主张，他就欢喜；有时不同意他的看法，他就会嗔怒，往往对后周太祖出言不逊，太祖念及他是元老旧臣，况且有辅佐创立帝业的功勋，又素来颇为了解他的为人，所以每每宽容原谅他。王峻年长于太祖，太祖即位称帝，仍然以兄尊称王峻，有时也称他的字，王峻因此越发骄横。枢密副使郑仁诲、皇城使向训、恩州团练使李重进，都是太祖在藩镇时的心腹将佐，太祖即位后，逐渐地对他们进行提拔起用。王峻于是心中很嫉妒，便屡次上表声称自己有病，请求解除政务，用以试探太祖的意思。太祖多次派遣身边侍者前往王峻的住所敦促劝慰，王峻回答使者的言辞气势非常坚决，同时又给各道节度使写信寻求保举证书；各道于是分别进献保举王峻的书信，后周太祖看后惊骇了良久，随即重新派身边侍从前去慰问劝勉王峻，让他出来治理朝政，并且还说："爱卿假如不来，朕将亲自去请。"王峻依然没有前往朝廷。太祖知道枢密直学士陈观向来与王峻亲密友善，便让他前去宣读谕旨。陈观说："陛下只需放话出去，说要亲自驾临他的住所，王峻肯定不敢不来。"后周太祖依从了他的建议。秋季，七月，王峻入朝，太祖慰劳他并让他接受处理朝政。

【原文】

五代·北人会宴图

广顺三年王峻固求领藩镇，帝不得已，壬寅，以峻兼平卢节度使。

枢密使、平卢节度使、同平章事王峻，晚节益狂躁，奏请以端明殿学士颜衎、枢密直学士陈观代范质、李谷为相，帝曰："进退宰辅，不可仓猝，俟朕更思之。"峻力论列，语浸不逊，日向中，帝尚未食，峻争之不已。帝曰："今方寒食，俟假开，如卿所奏。"峻乃退。

癸亥，帝亟召宰相、枢密使入，幽峻于别所。帝见冯道等，泣曰："王峻陵朕太甚，欲尽逐大臣，翦朕羽翼。朕惟一子，专务间阻，暂令诣阙，已怀怨望。岂有身典枢机，复兼宰相，又求重镇！观其志趣，殊未盈厌。无君如此，谁则堪之！"甲子，贬峻商州司马，制辞略曰："肉视群后，孩抚朕躬。"帝虑邺都留守王殷不自安，命殷子尚食使承诲诣殷，谕以峻得罪之状。峻至商州，得腹疾，帝犹愍之，命其妻往视之，未几而卒。

【译文】

广顺三年（公元953年），王峻坚持请求兼领藩镇，后周太祖迫不得已，便让王峻兼着担任平卢节度使。

枢密使、平卢节度使、同平章事王峻，晚年性情更加狂傲焦躁，上疏奏请任用端明殿学士颜衎、枢密直学士陈观取代范质、李谷为宰相，后周太祖说："任免宰相，不能仓促行事，容朕再好好考虑考虑。"王峻极力陈述自己的主张，言辞越来越不恭敬。太阳已经接近正中天了，可是太祖还没有吃东西，王峻争执个没完没

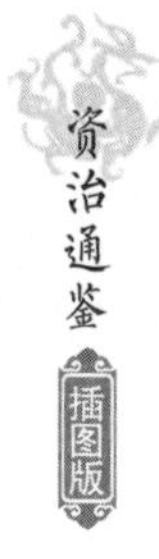

了，太祖说：“现在正是寒食节，等到大家休假结束，朕就遵照爱卿的奏表办理。”王峻这才怏怏退去。

二月十三日，后周太祖紧急召见宰相、枢密使入朝，将王峻幽禁在别的地方。太祖看见冯道等人，痛哭流涕地说道：“王峻欺朕太甚，企图驱逐所有大臣，除掉朕的左膀右臂。朕只有一个儿子，王峻却特意从中横加阻拦，朕暂时让他进京入朝，王峻得知后便已满怀怨恨。况且哪里有一身既主持枢密院，又兼任宰相，还请求遥领重要藩镇的道理！察看他的志向意趣，从来都没有满足的时候。目中无君到如此地步，任谁都不能够忍受他这样！”十四日，诏令将王峻贬谪为商州司马，制书上大致是这样说的：“将群臣都当作是案板上的鱼肉，将朕身看作几岁的孩童。”太祖考虑到邺都留守王殷会因此自感不安，于是就命王殷的儿子尚食使王承诲前往王殷的住处，如实告知他有关王峻获罪的情况。王峻抵达商州后，得了腹泄病，太祖仍然怜悯他，让他的妻子前去探视他，没过多久，王峻就去世了。

【评析】

后周太祖郭威是一个平易近人、宽厚仁慈的皇帝，他对自己的大臣宽容有礼，即使对像王峻这样飞扬跋扈、毫不知足的大臣也给予了充分的宽容优待，一点都不加以为难。王峻性情轻浮急躁，善于算计，贪图权利，喜欢别人逢迎自己，自负得认为治理天下的重任只有自己才能担当。即使是这样，后周太祖还是原谅了他。但是最后他竟然变本加厉，既主持枢密院，又兼任宰相，还要求遥领重要藩镇。后周太祖实在是忍无可忍，于是将他流放商州。

罪有应得

【原文】

后周世宗睿武孝文皇帝显德五年

初，唐太傅兼中书令楚公宋齐丘多树朋党，欲以专固朝权，躁进之士争附之，推奖以为国之元老。枢密使陈觉、副使李征古恃齐丘之势，尤骄慢。及许文稹等败于紫金山，觉与齐丘、景达自濠州遁归，国人恼惧。唐主尝叹曰：“吾国家一朝至此！”因泣下。征古曰：“陛下当治兵以扞敌，涕泣何为！岂饮酒过量邪，将乳母不至邪？”唐主色变，而征古举止自若。会司天奏：“天文有变，人主宜避位禳灾。”唐主乃曰：“祸难方殷，吾欲释去万机，栖心冲寂，谁可以托国者？”征古曰：“宋公，造国手也，陛下如厌万机，何不举国授之！”觉曰：“陛下深居禁中，国事皆委宋公，先行后闻，臣等时入侍，谈释、老而已。”唐主心愠，即命中书舍人豫章陈乔草诏行之。乔惶恐请见，曰：“陛下一署此诏，臣不复得见矣！”因极言其不可。唐主笑曰：“尔亦知其非邪？”乃止。由是因晋王出镇，以征古为之副，觉自周还，亦罢近职。

【译文】

后周世宗显德五年（公元958年）

起初，南唐太傅兼中书令楚公宋齐丘大肆结党营私、培植朋党，企图以此来独揽朝政大权。一时间，浮躁急进的人士都争先恐后地攀附于他，推崇夸赞宋齐丘为国家的元老。枢密使陈觉、副使李征古仗恃着宋齐丘的势力，尤其显得骄狂傲慢。后来等到许文稹等人在紫金山打了败仗后，陈觉与宋齐丘、李景达一路从濠州逃奔回来，国人因此都感到非常惊惧。南唐国主曾经感慨道：“我的国家一眨眼的工夫竟然落到了这步田地！”边说边流下了眼泪。李征古说：“陛下应当整治军队来抵御敌人，哭泣流泪有什么用呢！难道是喝酒过量了吗，抑或是者奶妈还没有到呢？”南唐国主听后顿时变了脸色，而李徵古的言谈举止却依然泰然若素。当时正赶上司天奏报：“天象有变，请陛下最好避位以祈求消灾。”南唐国主趁机说道：“祸乱灾难正频繁发生，我想要让出君位摆脱烦琐的政务，好让心境能够处于淡泊宁静之中，你认为可以将国家托付给谁呢？”李征古说：“宋公是统治国家的最佳人选，陛下假如真的厌烦政务，为何不将国家交付给他去治理呢？”陈觉也趁机说：“这样一来，陛下就可以深居在宫禁之中，将国家大事都托付给宋公，先处理后奏报，我们经常入到宫禁之中伺候，只和您谈谈释迦牟尼、老子就行了。”南唐国主心中极为愠怒，随即下令中书舍人豫章人陈乔草拟诏书实行。陈乔惶恐不安地请求谒见，说道：“陛下一旦下达此诏令，我就再也见不到陛下了。”于是就极力陈述不可以这样做的道理。南唐国主笑道：“你也知道那样不可以吗？”于是只好作罢，因此借着晋王出任藩镇的时机，让李征古担任他的副手，陈觉从后周返还后，也被罢免了朝廷近臣的官职。

五代·仕女图

【原文】

钟谟素与李德明善，以德明之死怨齐丘。及奉使归唐，言于唐主曰：“齐丘乘

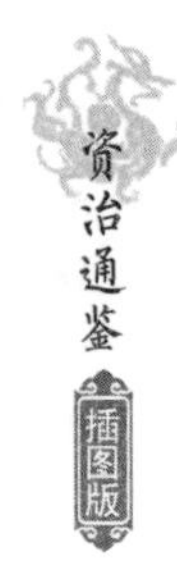

国之危，遽谋篡窃，陈觉、李征古为之羽翼，理不可容。”陈觉之自周还，矫以帝命谓唐主曰：“闻江南连岁拒命，皆宰相严续之谋，当为我斩之。”唐主知觉素与续有隙，固未之信。钟谟请覆之于周。唐主乃因谟复命，上言：“久拒王师，皆臣愚迷，非续之罪。”帝闻之，大惊曰：“审如此，则续乃忠臣，朕为天下主，岂教人杀忠臣乎！”谟还，以白唐主。唐主欲诛齐丘等，复遣谟入禀于帝。帝以异国之臣，无所可否。己亥，唐主命知枢密院殷崇义草诏暴齐丘、觉、征古罪恶，听齐丘归九华山旧隐，官爵悉如故；觉责授国子博士，宣州安置；征古削夺官爵，赐自尽；党与皆不问。遣使告于周。

显德六年，唐宋齐丘至九华山，唐主命锁其第，穴墙给饮食。齐丘叹曰：“吾昔献谋幽让皇帝族于泰州，宜其及此！”乃缢而死。谥曰丑缪。

【译文】

钟谟素来就与李德明交往甚好，后来因为李德明的死开始怨恨宋齐丘；等到他奉命出使后周回归南唐后，便对南唐国主进言道：“宋齐丘趁着国家的危难，就马上谋划篡权夺位，陈觉、李征古都是他的帮凶，这些人的行为天理不容。”陈觉从后周返还，假称后周世宗的命令对南唐国主说：“听闻江南连年抗拒诏令，都是宰相严续的主意，应当替我将他处死。”南唐国主深知陈觉素来与严续有摩擦，本来就对他的话很不相信。恰逢此时钟谟请求到后周去核对，南唐国主于是就通过钟谟回复命令，上言道：“长久以来，抗拒王命，都是我一个人的愚昧糊涂，并非严续的罪过。”后周世宗听后，极为惊讶地说：“果真如此的话，那么严续就是国家的忠臣，朕身为天下之主，难道能教唆人去杀害忠臣吗！”钟谟回到南唐后，将具体情况如实禀告给南唐国主。南唐国主准备诛杀宋齐丘等人，随即又派遣钟谟到后周去向后周世宗禀报。世宗因为受处决的是别国的臣子，所以就没有提出任何异议。二十三日，南唐国主命令知枢密院殷崇义起草诏书宣示宋齐丘、陈觉、李征古的罪恶，准许宋齐丘返还九华山旧日隐居地，官职爵位一如既往；陈觉被贬谪授予国子博士，发配到宣州进行安置；李征古则被革除官职爵位，赐令自杀；对于他们的党羽，一概不予追究。并派遣使者将有关处理决定报告给了后周。

显德六年（公元959年），南唐宋齐丘抵达九华山，南唐国主下令将他居住的宅第的所有门窗全都锁住，然后在墙上挖洞以供给饮食。宋齐丘感叹道：“我先前曾经献计将吴让皇帝家族幽禁于泰州，所以如今也应该得到这样的下场！”随即自缢身亡。死后被追赠谥号为丑缪。

【评析】

南唐宋齐丘大肆拉帮结伙、培植党羽，想以此垄断朝廷大权，受到南唐国主的猜疑。南唐国主打算诛杀宋齐丘等人，又派遣钟谟入朝向后周世宗禀报。周世宗因为是别国的臣子，所以就没有提出任何异议。南唐国主命令知枢密院殷崇义起草诏书公布宋齐丘、陈觉、李征古的罪恶，允许宋齐丘返归九华山旧日隐居之地。在那里，宋齐丘对自己作恶多端的过去开始感到羞惭，终于因为忍受不了今昔的巨大反差而自缢身亡。造成这样的结果完全是宋齐丘自己贪图富贵权位，不尽人臣的本分，妄图谋权篡位所应有的报应，他纯粹是咎由自取、罪有应得。

参考文献

[1] 冯国超. 资治通鉴故事 [M]. 北京：中国文史出版社，2004.

[2] 司马光. 资治通鉴 [M]. 北京：北京出版社，2006.

[3] 藏瀚之. 资治通鉴故事 [M]. 北京：京华出版社，2002.

[4] 司马光. 资治通鉴 [M]. 长沙：岳麓书社，1990.

[5] 姜鹏. 姜鹏品读《资治通鉴》：帝王教科书 [M]. 北京：西苑出版社，2014.

[6] 郝建杰. 资治通鉴译注 [M]. 上海：上海三联书店，2014.